JACQUES CORDIER

JEANNE D'ARC

JACQUES CORDIER

JEANNE D'ARC

Kriegerin◆Prophetin◆Märtyrerin

Bechtermünz Verlag

Originalausgabe
JEANNE D'ARC
Sa Personalité – Son Role
Verlag
Les Editions de la Table Ronde
Paris
Aus dem Französischen übersetzt
von Eva Rapsilber
Bearbeitet von Guido Pressler

Genehmigte Lizenzausgabe für
Bechtermünz Verlag im
Weltbild Verlag GmbH, Augsburg 1996

Umschlagbild: Denkmal der Johanna von Orleans
auf der Place des Pyramides in Paris. –
Reiterstatue 1899, von Emanuel Fremier (1824–1910)
Foto: AKG Photo, Berlin
Einbandgestaltung: Georg Grabolus, Augsburg
Gesamtherstellung: Wiener Verlag, Himberg bei Wien
Printed in Austria
ISBN 3-86047-159-7

INHALT

ANSTELLE EINES VORWORTS

Montag, den 19. August 1850

»... Bei dieser mitreißenden Aufgabe, wo wir in jedem Augenblick zu Begeisterung neigen und den Legenden Glauben schenken möchten, sollen uns nur Liebe und Wahrheit leiten. Welcher Standpunkt auch eingenommen wird, selbst wenn wir uns gegen jede Exaltation wappnen, so gibt es doch keine ergreifendere Gestalt, keine, die des Mitleids und der Bewunderung würdiger ist, als Johanna ...

Nach dem ersten Aufkommen von Interesse und Bewunderung für dieses junge, einfache und großherzige Opfer, möchten wir uns Johanna ganz zu erklären versuchen und uns über die Aufrichtigkeit ihrer Handlungsmotive und Glaubensempfindungen, die sie dabei hatte, klar werden. Zu weiterem Nachdenken sehen wir uns veranlaßt; wir möchten die Wirklichkeit ihrer Eingebungen von Grund aus selbst erforschen. Wir kommen nicht umhin, die Frage zu stellen: kann Johanna als natürliche, heroische und erhabene Gestalt gedeutet werden, die Eingebungen zu haben glaubt, die jedoch nur auf menschliche Gefühle zurückgehen? Oder muß ganz darauf verzichtet werden, sie zu erklären, wollen wir nicht, wie sie selbst, ein übernatürliches Eingreifen zugeben? ...

Ergreifend und erhaben ist die Tatsache, daß die erste Eingebung dieses einfachen Mädchens unendliches Mitleid war, das sie mit der französischen Heimat und dem Dauphin, der sie symbolisierte, empfand. Johannas Eingebung war Mitleid; jedoch nicht das Mitleid einer weinenden und heftig klagenden Frau, sondern das Mitleid einer Heldin, die sich zu einer Sendung berufen fühlt und die das Schwert ergreift, um zu helfen ...

Mir scheint, man muß zwei verschiedene Gestalten in Johanna unterscheiden, die zu oft verwechselt wurden. Die eine entspricht nicht ganz der Tradition und Legende (und die Legende um sie entstand sehr früh);

diese Johanna ist nicht so sanft und ausgeglichen wie die andere, sie ist tatkräftig und wirklich. Als dieses Kind sein Dorf verließ, war es entschlossen, sich Frankreich zu erobern. Seine Worte und Taten waren von Kraft und Mut erfüllt, die es während der monatelangen Gefangenschaft in Rouen schon ein wenig verloren und vergessen hatte; jedoch jedes seiner Worte strahlte Frohsinn und Vertrauen aus. Ich glaube, hier eine ursprüngliche Johanna zu sehen, die, von ihrem Dämon oder Genie besessen, kraftvoll und nicht weichlich, froh und stolz, in ihrer etwas derben Art auf ihren Stock vertraut und ihn nach Bedarf gebraucht...

Wir müssen, glaube ich, eine Johanna herausstellen, über die die Kritik noch so viel Macht behält, daß ihr nur jene Züge bleiben, die großzügige und kluge Denker befriedigen. Wenn Kritik und Wissenschaft bei Johanna jedoch auf ewig unerklärliche Punkte stießen, wäre nach meiner Überzeugung das Unglück letztlich nicht groß. Wenn wir die Texte aufmerksam lesen, halte ich es nicht für unmöglich, daß wir aus der Gesamtheit der sorgfältig gelesenen und geprüften Urkunden, ohne sie zu entstellen, ein Bild Johannas gewinnen können, das sie in ihrer Echtheit, ihrem feinen Empfinden und ihrer Natürlichkeit zeigt.«

C.-A. Sainte-Beuve

I.

PROBLEM UND METHODE

Dieses Buch soll nicht, wie so viele andere, eine anekdotische Biographie über Jeanne d'Arc sein. Seine Aufgabe ist vielmehr, die wesentlichen Züge ihrer Persönlichkeit und ihrer genauen geschichtlichen Rolle zu rekonstruieren. Das Unternehmen ist sehr problematisch und muß mit Vorsicht angegangen werden, denn seine gesamten Schwierigkeiten liegen in der Materie selbst sowie in dem leidenschaftlichen Ton der gegenwärtigen johannischen Literatur begründet.

Jeder weiß aus täglicher Erfahrung, wie schwer es schon ist, die individuelle Struktur der mit uns lebenden Menschen zu erfassen, über die man Beobachtungen und Experimente machen kann. Um so schwieriger ist es, den Charakter und die Taten einer vor fünfhundert Jahren verstorbenen Persönlichkeit nach oft unvollständigen, nicht von Augenzeugen stammenden, entweder ungeprüften oder unter dem Einfluß einer vorgefaßten Meinung aufgezeichneten Berichten zu analysieren. Darin liegt der unvermeidliche Nachteil einer Untersuchung über Menschen und Dinge der Vergangenheit, mit dem wir uns im vorliegenden Fall notgedrungen und ohne schwerwiegende Folgen abfänden, wenn nur alle Denker, die Johanna zu verstehen suchen, sie mit dem Abstand betrachten wollten, den eine unbefangene Forschung erfordert.

Unglücklicherweise und durch einen einmaligen Zufall in der Geschichtsliteratur ist das nicht der Fall. Wenn wir die großen Männern (wie Karl dem Großen, Ludwig XI., Heinrich IV., Richelieu, Colbert, Ludwig XIV. oder Napoléon I.) gewidmeten Werke aufschlagen, können wir oft unterschiedliche und manchmal gegensätzliche Anschauungen über ihre Persönlichkeit und Rolle feststellen. Im allgemeinen behandeln die Autoren ihre Aufgabe jedoch mit Maß und ohne Vorurteil, und dem Leser wird die Möglichkeit gelassen, aus den erhaltenen Eindrücken eine eigene Synthese zu ziehen.

Sobald es sich jedoch um Johanna handelt, entflammen die Leidenschaften, und wer die zahlreichen Bände durchblättert, die ihren Namen auf dem Titelblatt tragen, hat das Gefühl, einer Polemik beizuwohnen, die von vorgefaßten Ansichten, tendenziösen Auslegungen und willkürlichen Auslassungen genährt wird. Offen gestanden bemerkt er recht bald, daß das Andenken an diese edle Gestalt die unverdiente Kränkung erfuhr, durch ein bedauerliches Spiel von bekehrungseifrigen oder parteiischen Hintergedanken, die dem Bedürfnis nach der ungeschminkten Wahrheit durchaus fremd sind, zu einem Zankapfel zu werden.

Diese ständig vorhandene, wenn auch nicht immer eingestandene Kontroverse ist eine Folge unterschiedlicher Methoden, mit denen das Problem der ›Stimmen‹ untersucht wird, die – zu Recht oder Unrecht, das ist die Frage – in den Augen vieler Beobachter das johannische Kernproblem darstellen.

Die katholischen Schriftsteller behaupten ohne Umschweife, daß Johanna von der Gottheit, die sie selbst verehren, mit einer wunderbaren ›Sendung‹ betraut wurde. Das ist zweifellos keine Gewissensverpflichtung ihrerseits, denn in der reinen Orthodoxie ist diese ›Sendung‹ kein Glaubensartikel, sondern eine freie Anschauung, die nur um ihres erhebenden Beispiels willen empfohlen wird[1]. Doch haben sie wenigstens das Verdienst der Ehrlichkeit, wenn sie auch ganz offensichtlich Glauben und Kenntnis, Lobrede und Kritik, Verteidigung und Geschichte verwechseln.

---

[1] Die von Papst Calixtus III. beauftragten Richter für den Rehabilitationsprozeß waren 1456 der Meinung, »daß es sehr schwierig sei, ein sicheres Urteil für die Frage der Offenbarungen (Johannas) zu finden.« Aufgrund der von seinem Amtsvorgänger Benedikt XIV. (1740–1758) in der Abhandlung ›Über die Selig- und Heiligsprechung von Heiligen‹ festgelegten Anordnung ließ 1920 Papst Benedikt XV. Johanna im hagiographischen Katalog nicht als ›Märtyrin‹, was die Anerkennung ihrer göttlichen ›Sendung‹ bedeutet hätte, eintragen, sondern nur als Jungfrau wegen 1. ihrer theologischen und Kardinaltugenden und 2. der ihrer Fürsprache zugeschriebenen Genesung zweier plötzlich Erkrankter, Lourdes, 22. August 1909 und Hôpital-Dieu, Orléans, Februar 1910.

Aus der Gesamtheit der metaphysischen Systeme und Religionen, durch die Generationen von Denkern die ersten Grundlagen und endlichen Ursachen des Weltgeschehens zu ergründen suchten, ergibt sich die allgemeine Entwicklung des menschlichen Denkens, d. h. der Geschichte selbst. Letztere darf nicht irgendeiner dieser Anschauungen unterworfen werden, denn für alle historischen Untersuchungen muß eine einheitliche Methode angewandt werden und wir dürfen uns nicht auf Abwegen verlieren.

Andererseits wollen viele Schriftsteller a priori nicht zugeben, daß um Johanna ein Geheimnis, d. h. etwas der wissenschaftlichen Betrachtung Unzulängliches, sein könne. In der Tat stehen alle oder fast alle unter dem Eindruck der von ihr ausgesprochenen Worte, sie sei das gehorsame Werkzeug des göttlichen Willens, und sie gehen von diesem Gedanken einer Beeinflussung aus, wenn sie annehmen, ihre Handlungen seien notwendigerweise auf äußeren Antrieb oder durch unbekannte Einflüsse erfolgt. So sah man nacheinander in ihr: ein Mittel der Inkarnation, das politische Werkzeug der Welt- oder Ordensgeistlichkeit, eine natürliche Tochter Ludwigs von Orléans und Isabeaus von Bayern, deren Existenz am Hofe Karls VII. geheimgehalten wurde, die betrügerische Doppelgängerin einer seiner Schwestern, eine religiöse Reformatorin, eine aufständische Jungfrau, eine Abgesandte von Geheimgesellschaften. Diese Vorstellungen, bunte Phantastereien der Autoren, stützen sich in keinem Fall auf echte Texte und enthalten nicht mehr Wahrheit als antike Legenden.

Manchmal wird auch die Meinung vorgebracht, der Fall Johanna sei im wesentlichen pathologischer Natur, was im Grunde genommen nichts erklärt, ihn aber wenigstens als Sonderfall hervorhebt.

Erwähnen wir endlich noch, daß verschiedene Autoren es für ratsam halten, der Schwierigkeit aus dem Wege zu gehen, indem sie vorgeben, der Historiker solle sich nicht mit dem Studium von Johannas Persönlichkeit befassen, da das Problem der ›Stimmen‹ außerhalb seines Zuständigkeitsbereiches liege. Im Grunde aber kann niemand seine eigene Entlassung beantragen, und dieses ausdrückliche ›Verbot‹ ist offensichtlich zu willkürlich, als daß wir es beachten müßten.

Alles in allem entspricht keine dieser apologetischen Absichten, agnostischen Ansichten, persönlichen oder phantastischen Berechnungen den

Anforderungen der Kritik. Natürlich ist die Geschichte keine exakte Wissenschaft und kann es auch nicht sein. Sie sucht in der erloschenen Asche, um dort die mehr oder weniger nützlichen fragmentarischen Überreste einer Vergangenheit zu finden, von der ihr viele Tatsachen für immer unbegreiflich bleiben. Wenn sie in dieser undankbaren Lage jedoch besonnen bleibt und nicht in Roman, Erzählung oder Legende abgleiten will, muß sie sich selbst zwei grundsätzliche Verhaltensmaßregeln auferlegen: sie muß alle Zeugnisse, ohne Ausnahme, an der Quelle studieren und darf sie niemals nach einem Postulat auslegen.

Da der Historiker nach rein wissenschaftlichen Methoden arbeitet, hat er unbedingt das Recht, seine Nachforschungen auf die geringsten Nebenumstände auszudehnen. Die grundsätzlich geistige Rechtschaffenheit zwingt ihn, ebenso aufrichtig gegen sich selbst wie gegen andere zu sein. Er wünscht einzig und allein, zu wissen, und das Recht hierzu liegt in der Suche nach der Wahrheit.

Wer Johannas historische Stellung und ihre Persönlichkeit untersuchen will, stößt auf drei Hauptschwierigkeiten:

1. Unvollständiges oder unglaubwürdiges Urkundenmaterial über Tatsachen, die mehr als fünf Jahrhunderte zurückliegen.

2. Einen schlecht informierten Leserkreis, der in seinem Urteil schwankend bleibt durch immer weiter verbreitete gegensätzliche und nicht bewiesene Anschauungen.

3. Das mißliche Fehlen (außer einigen Monographien über Einzelheiten oder wissenschaftlichen Anmerkungen) einer objektiv methodischen, vollständigen und solide ausgeführten Arbeit eines Psychologen oder Historikers für mittelalterliche Geschichte, die auf diesem Gebiet, wo der Zauber der Täuschung sich unaufhörlich mit den wirklichen Tatsachen mischt, eine wertvolle Hilfe gewesen wäre.

Um diese gewiß nicht geringen Nachteile aufzuwiegen, ist es nötig, auf einen in jeder Beziehung unangebrachten Ehrgeiz zu verzichten und innerhalb der Grenzen eines festabgesteckten Ziels und nach einer vorher festgelegten Regel zu arbeiten.

Es handelt sich darum, Johanna so weit wie möglich und wie jede andere Persönlichkeit zu verstehen. Jedes Einzelwesen hängt offensichtlich von einem gänzlich unwandelbaren Erbteil ab. Niemals werden wir erfahren, warum unter Laetitia Bonapartes Söhnen gerade Napoléon ein genialer Führer war, während seine Brüder nur einfache Komparsen blieben. Auf dieser tief innerlichen Basis wird der Mensch stets ein Geheimnis bleiben. Alles, was man an einem menschlichen Wesen erklären kann, ist das Spiel seiner geistigen und sensorischen Funktionen, und die so erhaltenen Ergebnisse müssen mit den allgemeinen Forschungsergebnissen über Charakter und Temperament verglichen werden.

Den besten Leitfaden bietet die heutige Methodik des historischen Forschens. Um ihr gerecht zu werden, müssen wir an uns selbst folgende Anforderungen stellen:

1. Strenge Anwendung der äußeren Kritik (Restitution und Herkunft) und der inneren Kritik (Auslegung, Wahrheitsgehalt, Genauigkeit) auf die johannischen Quellentexte.

2. Prinzipielle Ablehnung jedes vorbestimmten Systems, das im Bestreben, sich selbst zu rechtfertigen, zu Werturteilen führt.

3. Eine unpersönliche Untersuchung der Tatsachen, die, von der Analyse ausgehend, zur Synthese führt und endgültige Urteile ermöglicht.

4. Verifikation der letzteren durch Stichproben in Form von Vergleichen mit den durch Psychologie und verwandte Wissenschaften festgestellten Tatsachen, wobei, wie es erforderlich ist, vom Unbekannten auszugehen ist.

Endlich sind innerhalb dieser großen Linien einige Punkte, die nur der näheren Betrachtung zugänglich sind, in ihren Einzelheiten nachzuprüfen, wobei wir nicht vergessen wollen, daß die Gesetze des menschlichen Herzens in Zeit und Raum beständig bleiben.

Was die Frage der ›Stimmen‹ betrifft, werden wir das diesen Richtlinien entsprechende Verfahren anwenden. Im vorliegenden Fall wollen wir verstehen, was Johanna war und was sie getan hat – nichts weiter. Von diesem begrenzten Standpunkt aus, der sich selbst genügt, betrachten wir die ›Stimmen‹ als rein psychologisches Problem, das zu folgendem Dilemma führt: entweder hat Johanna, was sie selbst auch aufrichtig glaubte, nur einem äußeren Willen gehorcht, oder sie handelte in Wirklichkeit unter dem Einfluß ihres eigenen Temperaments und Charakters. Das Geheimnis ihrer Persönlichkeit liegt in dieser Alternative zwischen zwei völlig entgegengesetzten Auslegungen. Wenn Johanna nur das Echo ihrer ›Stimmen‹ ist, wird sie notwendigerweise zum Widerschein eines fremden Denkens, zum Schattenbild einer stärkeren Persönlichkeit. Sie erscheint als willenloses Werkzeug ohne Entschlußkraft und Originalität, rechtfertigt nur negative Feststellungen und verliert somit das Interesse der Forschung und selbst der Würdigung. Wenn die ›Stimmen‹ hingegen nur das Echo Johannas sind, enthüllt sie durch deren Sprache die wesentlichen Elemente ihrer intellektuellen und moralischen Struktur. Es wird möglich, von ihnen positive Feststellungen abzuleiten, die die Forschung bereichern und zu Ergebnissen kommen.

Nachdem wir das Problem der ›Stimmen‹ in dieser Weise dargelegt haben, werden wir es in einer Technik behandeln, die nicht von den gebieterischen Satzungen einer übergeordneten Autorität abhängt, sondern in einem gewissenhafteren Verfahren, das aus der weiter zu vervollkommnenden Summe von Überlegungen, Untersuchungen und Beispielen besteht, die die an diesem Werk beteiligten Wissenschaftler durch ihre Arbeit beigesteuert haben.

Diese Methode lehrt uns, Urkunden aller Art zu beurteilen, einschließlich derjenigen, die von Tatsachen berichten, die in jener Zeit als wunderbar angesehen wurden:

1. Diese Urkunden vermitteln uns nur eine indirekte Kenntnis, denn sie stellen nur einfache Spuren psychologischer Vorgänge dar, die wir nicht beachtet haben.

2. Die Wirklichkeit des Gestern wird nur durch ihre Ähnlichkeit mit der heutigen Wirklichkeit erkenntlich. Um sich die Bedingungen vorstellen zu können, unter denen sich ehemalige Geschehnisse vollzogen, müssen wir sie mit den bekannten Bedingungen ähnlicher gegenwärtiger Tatsachen vergleichen.

3. Der Historiker (wie nach Cicero auch der Advokat) müßte, theoretisch gesehen, da der Bereich seiner Forschungen unbegrenzt ist, über enzyklopädische Kenntnisse verfügen. Dieses universale Wissen ist unerreichbar; er wird praktisch gezwungen, andere Wissenschaften zu Rate zu ziehen, die ihm, von Fall zu Fall, die notwendigen Aufklärungen geben können.

4. Wenn wir es mit Überlieferungen zu tun haben, die, wie es häufig bei allen Völkern geschieht, einem bestimmten Phänomen einen wunderbaren Charakter zusprechen, müssen wir unter Anwendung der obenerwähnten Regel die vergangene Beschreibung mit den gegenwärtigen Kenntnissen überprüfen. Und da »die indirekte historische Methode niemals den Wert der von den beobachtenden Wissenschaften angewandten direkten Methode haben kann . . . kann sie nicht den Anspruch erheben, mit ihren unvollkommenen Möglichkeiten die Ergebnisse der anderen (Wissenschaften) zu kontrollieren, anzufechten oder zu berichtigen . . . indem sie durch die indirekte Art ihrer Informationsmöglichkeiten in (gewissem) Abstand von der Wirklichkeit bleibt, unterwirft sie sich den Gesetzen, die von den Wissenschaften aufgestellt wurden und sich auf die direkte Wirklichkeit beziehen[1].«

Aus diesem methodologischen Schema läßt sich mit Recht die Schlußfolgerung ziehen, daß der Historiker angesichts einer Tatsache, die von den überlieferten Zeugnissen als wunderbar angesehen wird, zuerst nach einer befriedigenden psychologischen Erklärung suchen soll. Wenn er diese Erklärung findet, kann er nicht umhin, sie anzunehmen; wenn nicht, muß er auf ein Ergebnis verzichten. Nur so hat er seine Arbeit einwandfrei ausgeführt, und man kann ihm keine Vorhaltungen machen.

Um die Berechtigung dieser Methode durch ein besonders angesehenes Beispiel zu verdeutlichen, führen wir die Worte von H. Delacroix an, die im Vorwort seines bedeutenden Werkes über ›Die großen christlichen Mystiker‹ stehen, die durch die Intensität ihres religiösen Glaubens und ihre häufigen Visionen eine so auffallende Ähnlichkeit mit Johanna haben[2]. »Wenn man«, so schreibt er, »rein pathologische Beobachtungen mit unseren historischen Beobachtungen gleichsetzen will... so ermöglicht eine solche Gegenüberstellung eine große Anzahl Symptome zu erklären und zu verdeutlichen . . . Man kann ohne Gefahr nicht darauf verzichten, eine der wertvollsten Arbeitsmethoden der Psychologie zu Rate zu ziehen. Wir haben den Versuch gemacht, in unsere Arbeit alle Erkenntnisse der Pathologie einzubeziehen, so wie auch alles, was uns die Religions-

[1] Ch. Langlois u. Ch. Seignobos, a.a.O., 178.

[2] H. Delacroix, Les Grands mystiques chrétiens, a.a.O., XVIIIf.

psychologie durch die von ihr gesammelten zeitgenössischen Urkunden bietet . . . Wir glauben, daß die erhabensten Zustände des Mystizismus die Kraft der Natur nicht übersteigen; das religiöse Genie genügt, um ihre Größe zu erklären, wie die Krankheit ihre Schwächen verdeutlicht. Auf jeden Fall muß jede a priori aufgestellte Behauptung den Tatsachen weichen; wenn die psychologische Methode ihren Zweck erreicht, wird jeder dogmatische Streit hinfällig, und nichts darf sie davon zurückhalten, den Versuch zu machen.«

Unter Anwendung dieser Prinzipien und Beispiele müssen wir, wenn möglich, die Bedeutung und Tragweite von Johannas ›Stimmen‹ erfassen und darum die Psychologie und Medizin (deren Zusammenarbeit täglich enger wird) um den Beistand ihrer Beobachtungen bitten. Die Absicht, korrekt vorzugehen, verpflichtet uns zweifellos, die etwas trockene Technologie dieser beiden Wissenschaften anzuwenden und die Tatsachen unter Verzicht auf jegliche Empfindsamkeit auszulegen. Deswegen brauchen wir uns jedoch nicht zu entschuldigen, da wir schließlich nur die Erfahrungen und Ansichten bewährter Spezialisten übernehmen, und die Aufrichtigkeit es erfordert.

Das Studium der Rolle Johannas verlangt eine ebenso genaue Analyse wie das ihrer Persönlichkeit. Auch da gehen die Ansichten auseinander, wenn sie auch nicht so verschiedenartig sind. Manche glauben, sie habe von Karl VII. die Führung der königlichen Armee übertragen bekommen oder sich ihrer gar mit Gewalt bemächtigt. Andere geben zu, sie habe kein Kommando innegehabt, jedoch eine große Feldherrnbegabung besessen und den verantwortlichen Anführern ihren Willen aufgezwungen. Viele glauben, sie sei unaufhörlich von deren Eifersucht und der Feindschaft der mächtigen königlichen Ratgeber behindert worden, die ihr nicht haben folgen wollen und sie endlich im Stich gelassen hätten. Einige sehen in ihr eine Art Symbolgestalt des nationalen Charakters, deren Wirkung auf ihrer bloßen Gegenwart und nicht auf ihren Entscheidungen beruhte.

Um ihre wahre Rolle in dieser Wirrnis der Meinungen wiederzufinden, d. h. das genaue Ausmaß des Einflusses, den sie auf Menschen und Ereignisse ausübte, zu erkennen, müssen wir vor allem die Quellen sorgfältig prüfen und befragen. Die Wertunterschiede sind dabei so groß, daß eine gerechte Auswahl nur nach peinlicher Prüfung erfolgen kann. Die wertvollsten Informationen werden wir in den authentischen Worten Johannas, den Aussagen der Rehabilitationszeugen und den offiziellen zeitgenössischen Urkunden über ihren Ritt finden, denn die späteren Chronisten sind bereits zu sehr von der Legende beeinflußt, als daß wir sie noch als zuverlässig betrachten könnten. Diese unerläßliche Bemühung um eine innere Reinigung muß vorurteilslos bis zum Ende aufrechterhalten werden.

Es scheint, daß unter Beobachtung dieser allgemeinen und besonderen Disziplinen, unter Verzicht auf die Errichtung einer Beweisführung, indem man sich damit begnügt, die Schatten der Vergangenheit aufzuhellen und ausdrücklich zwischen Sicherheit, Möglichkeit und Hypothese unterscheidet, die besten Bedingungen für ernsthafte Ergebnisse geschaffen werden. Dies wenigstens ist die Aufgabe, die wir uns in voller Erkenntnis der Gefahren und Unzulänglichkeiten für unsere Untersuchung gestellt haben. Der Mensch kann jedoch nicht über sich selbst hinauswachsen, und wer nur endgültige Wahrheiten formulieren wollte, käme nie zum Reden oder Sprechen.

Methode und Ergebnisse eines Werkes verpflichten selbstverständlich nur den Autor. Einige Namen müssen jedoch erwähnt werden: der verstorbene Professor Henry Claude von der Medizinischen Akademie; Professor Louis Halphen, Mitglied des Instituts; Professor René Lacroze von der Philosophischen Fakultät der Universität Bordeaux; Doktor Henri Ey, Arzt an den Psychiatrischen Kliniken. Jeder von ihnen hat uns aus seinem Gebiet wertvolle Hinweise gegeben und sei hier meines aufrichtigen Dankes versichert.

II.

UMWELT

Allgemeine Betrachtungen

Bevor mit der Untersuchung einer historischen Persönlichkeit begonnen wird, ist es unbedingt erforderlich, sich ihren Lebenskreis, d. h. die kollektive Psychologie und die politischen Umstände ihrer Zeit zu vergegenwärtigen. Das will nicht heißen, daß sie aus der Zeitatmosphäre allein zu erklären ist, denn diese ist für alle Zeitgenossen gleich. Sie bildet jedoch den Boden, auf dem sich ihr Auftreten, von der jedem Geschick innewohnenden Möglichkeit unterstützt, vorbereitete. Und darum erklärt sie auch einige ihrer wichtigen Charakterzüge, die der Denkweise und den Anforderungen des Augenblicks entsprechen.

Wie auch die relative Bedeutung dieses äußerlichen Beitrags zu werten sei, wobei nicht zu vergessen ist, daß angeborene Eigenschaften sich unter denselben äußeren Einflüssen verschieden auswirken können, es bleibt zu berücksichtigen, daß Erziehung, Nachahmung, Gewohnheit, Beeinflussungen durch Ideen und Geschehnisse bei der Feststellung von Meinungen, Wünschen und Handlungen eine wichtige Rolle spielen. Jeder versteht z.B., daß Bonaparte ohne die französische Revolution nicht auftreten konnte, und daß er über ein außergewöhnliches Maß an Intelligenz, Methode, Willen und Autorität verfügen mußte, um auf ebender Basis der neuen Ideologie – die zum Aufruhr geführt hatte – die Ordnung wiederherzustellen.

In Wahrheit kann man erst dann auf ein Milieu einwirken, wenn man vorher unter dem Einfluß desselben gestanden, seine Gefühle gekannt, wenn nicht voll geteilt, und intuitiv seine augenblicklichen Bedürfnisse empfunden hat. In dieser Hinsicht entspricht Johannas Fall zu Anfang des 15. Jahrhunderts dem aller Persönlichkeiten, die sich aus der Masse hervorhoben, um ihren Namen in das Buch der Geschichte zu schreiben. Wir müssen uns also die Meinungen und Gefühle vergegenwärtigen, von denen ihre geistigen Äußerungen und Gemütserregungen beeinflußt wurden.

Wir haben nicht die Absicht, das geistige Leben der wenigen kultivierten Kreise jener Zeit einer Untersuchung zu unterziehen. Wir wissen, daß für das 14. und den Beginn des 15. Jahrhunderts eine sichtbare Entwicklung des wissenschaftlichen Geistes und die Anwendung experimenteller Methoden kennzeichnend sind. Wilhelm von Occam (1270–1347), Nicolas Oresme (1330–1382), Albert von Sachsen (1316–1390), Nikolaus von Cues (1401–1464) sind Vorläufer der modernen Mechanik, obwohl ihre, wenn auch sehr verdienstvollen Schriften noch von einem Übermaß an logischen Diskussionen und metaphysischen Betrachtungen belastet sind. Wir wissen auch, daß die Streitgespräche der scholastischen Philosophie seltener wurden; der ›Realismus‹ hatte vor dem ›Nominalismus‹, der die Nichtexistenz der Ideen außerhalb des denkenden Verstandes vertritt, zurückweichen müssen, und somit war der Weg zur unparteiischen Forschung außerhalb der traditionellen Vorschriften frei geworden. Nicolas d'Autrecourt, Schüler Occams, der ›unbesiegbare Doktor‹, schrieb: »Die ganze Naturphilosophie und die gesamte Metaphysik des Aristoteles ermöglichen keine zwei Schlußfolgerungen und vielleicht nicht einmal eine einzige.« All diese neuen, von der Wissenschaft und vereinzelten Philosophen aufgestellten Ideen blieben unbeachtet und erreichten weder die große Masse noch die oberen Klassen, die entweder nicht die notwendige Vorbildung hatten oder nicht den erforderlichen Wissensdrang mitbrachten.

Darum wird es genügen, nur die geistige Haltung der Masse in Betracht zu ziehen, d. h. das Weltbild der Leute, unter denen Johanna ihr kurzes Leben verbrachte. Zuerst müssen wir die Eltern, die Verwandten, die Brüder und Schwestern, den Onkel Laxart, die Nachbarn, die Kinderfreundschaften, den Dorfpfarrer betrachten; später Baudricourt, die Waffengefährten, die Doktoren von Poitiers, die Edlen des Hofes und den ›edlen Dauphin‹ selbst. Dann wenden wir uns den äußeren Tatsachen zu: Königtum, öffentliche Meinung, Ursprung und Entwicklung des anglo-französischen Konfliktes, allgemeines Gleichgewicht der Kräfte im Jahre 1428, internationale Lage, militärische und diplomatische Gewohnheiten, Situation des Hofes, Fähigkeiten der Führungsschicht, Absichten und Mittel der französischen Politik und die Reaktion, die durch die Ankunft der Engländer vor Orléans ausgelöst wurde.

Kennen wir erst Geist und Situation der Zeit, so besitzen wir die ersten allgemeinen Ausgangspunkte, um Bildung, Auftreten, Persönlichkeit und Rolle Johannas zu würdigen.

Die kollektive Psychologie am Anfang des 15. Jahrhunderts

Am Ende des Mittelalters[1], zu Beginn des 15. Jahrhunderts, sieht es in den Herzen der Menschen leer und traurig aus. Der trübe Ausdruck auf fast allen Porträts aus dieser Zeit, wie das Karls VII. von Fouquet, genügt, um uns das zu vergegenwärtigen. Mehrere Jahrhunderte hindurch, in denen der anglo-französische Konflikt seinen Lauf nimmt, lebt das Land in einem endemischen Kriegszustand. Dieser gleicht sicher nicht den großen modernen Auseinandersetzungen, in denen sich Hunderttausende von Kriegern bis zur völligen Vernichtung einer der beiden Parteien bekämpfen. Es handelt sich um einen räumlichen und zeitlichen Kleinkrieg, eine Art unbestimmte Guerilla, der durch seine Art jedoch mit jedem Tag die Angst vor dem Morgen, die Furcht vor Plünderung, Mord und Brand wachsen läßt, ohne dazu noch die schweren Steuerlasten zu rechnen, deren Bezahlung immer schwieriger wird. Dieser eigenartige Krieg wird durch ›Zivilkriege‹ zwischen König und Vasallen und ›Privatkriege‹ unter den Vasallen ständig noch verwickelter. Der kleine Mann muß dabei alle Lasten tragen. Von Kindheit an hören die Heranwachsenden nur von vergangenem, gegenwärtigem und künftigem Unglück reden.

Das genügt, um einer ganzen Bevölkerung einen Hintergrund von Angst und Melancholie zu verleihen, ihre Empfindsamkeit zu schärfen,

[1] In diesem Abschnitt, der nur bekannte Tatsachen darstellt, geben wir, mit einigen Ausnahmen, keine Anmerkungen. Der Leser kann sich in den verschiedenen in unserer Bibliographie unter ›Allgemeine Geschichte‹ zitierten Werken orientieren.

sie momentan aus ihrem natürlichen Gleichgewicht zu reißen und zu den gegensätzlichen Exzessen der Verzweiflung und der Begeisterung zu führen. Für die gesteigerte Entwicklung der Einbildungskraft gibt es keine günstigeren Umstände als Beweise, deren Ursprung in das nächtliche Dunkel der Vergangenheit getaucht ist, und diese Grenze wird immer weiter zurückverlegt. Der dunkle Erhaltungstrieb, der Drang zur trostreichen Besänftigung bringen bei den Individuen ein unbewußtes Bestreben nach geistiger Evasion hervor, die es von der traurigen Wirklichkeit isoliert.

Der unwissende und ungebildete Mensch des 15. Jahrhunderts trägt das Erbe einer tausendjährigen Gläubigkeit in sich. Im 6. Jahrhundert versichert der Bischof Gregor von Tours, daß ein auf das Grab des heiligen Petrus gelegtes Stück Stoff nach gläubigem Gebet sehr viel schwerer werde, weil es von göttlicher Kraft erfüllt ist. Sechshundert Jahre später berichtet der Chronist Rigord ernsthaft, daß man in Chartres während des großen Brandes von 1194 Raben fliegen gesehen habe, die in ihren Schnäbeln glühende Kohlen getragen und diese auf die noch vom Feuer verschonten Häuser niederfallen gelassen hätten. Solche Berichte hätten die Untertanen von Karl VII. nicht verwundert, denn sie hatten dem Leben und seinen Problemen gegenüber die gleiche Haltung bewahrt.

Alle Franzosen, ob Parteigänger oder Feinde des Königs von Burgund, sind in der Tat gläubig. In der Religion ihrer Väter kommen sie zur Welt, leben und sterben sie, und wenn man zu dieser Zeit von einem Ungläubigen spricht, handelt es sich gewiß nicht um einen vorzeitigen Schüler Comtes oder Haeckels, sondern um einen Mann, der sich einer bestimmten hierarchischen oder rituellen Ordnung nicht beugen will. Ihr Glaube entspringt nicht der ›gläubigen Vernunft‹ der Doktoren, von deren Streitigkeiten sie keine Kenntnis haben, und noch weniger dem ›gläubigen Vertrauen‹, das erst ein Jahrhundert später mit Luther seinen Ausdruck findet und ebenfalls einen großen Anteil intellektueller Grübelei voraussetzt. Es ist ein ›blinder Glaube‹, der Glaube der Gewohnheit, der Erziehung, Ergebnis der ständigen unmerklichen Einwirkung der religiösen Gesellschaft auf das Einzelwesen, da sie ihm ihre Art zu fühlen, zu denken und zu handeln aufzwingt, die unabhängig von ihm entstand, und ihn aufgrund der unbewußten Teilnahme am Konformismus seiner Umwelt ganz durchdringt. Es handelt sich um einen im wesentlichen kollektiven Glauben, der stets in den Religionen der Stämme, Stadtstaaten und Nationen zu finden ist. H. Delacroix, der ihn so klarsichtig analysierte, fügt noch hinzu: »Sie (die Religion) kann durchaus machtvolle Gefühle erwecken, neben erloschenen bestehen heftige, so z.B. im Fall einer kollektiven Erregung; die Gefühle, die sie erweckt . . . so individuell sie auch sein mögen . . . sind in gewisser Beziehung unpersönliche Gefühle, da der Mensch sie mehr von anderen empfängt als selbst hervorbringt.«

Dieser Glaube entspricht dem unbewußten Bedürfnis des mittelalterlichen Menschen und ist somit seine Hauptmöglichkeit zur imaginären Weltflucht. Die modernen Kommentatoren geben im allgemeinen zu, daß der christliche Glaube ursprünglich ein ägypto-assyro-judeo-griechischer Synkretismus gewesen ist; ebenso kann man von der volkstümlichen Religion des 15. Jahrhunderts sagen, sie ist ein pagano-christlicher Glaube gewesen, in dem das Heidentum durch die ständige Verbindung der täglichen Ereignisse mit dem Übernatürlichen verkörpert wird.

Das will jedoch nicht heißen, daß sich der Pflüger des ›flachen Landes‹ und der Bürger der ›Stadt‹ einer pünktlichen Ausübung der praktischen Kulthandlungen befleißigen. Dies ist bestimmt nicht der Fall. Sie achten das Priesteramt um seiner selbst willen, sie sind ständig bereit, sich um predigende Wandermönche zu scharen, und begierig, die apokalyptischen Ermahnungen anzuhören, die mit Andeutungen auf das Unglück der Zeit und die menschlichen Sünden reich beladen sind. Der Person der Geistlichen gegenüber – von deren moralischer und sozialer Entartung häufig in den moralischen Lehrbüchern und satirischen Schriften, den synodischen Satzungen und den Berichten über seelsorgerische Besuche der zeitgenössischen Bischöfe die Rede ist – bewahren sie jedoch eine mißtrauische und sarkastische Haltung. Die Menschen des Mittelalters sind, wie F. Lot feststellt, sowohl sehr fromm als auch antiklerikal eingestellt. Ihre Frömmigkeit richtet sich nicht nach den streng kirchlichen Satzungen, sondern ist von den alten, überlebenden heidnischen Traditionen beeinflußt.

Äußerlich gesehen sind sie grob und unflätig. Die Gewohnheit oder gar der berechnete Zynismus der Gotteslästerung sind allen sozialen

Klassen gemeinsam. Die Burgunder standen in dem Ruf, die schlimmsten Lästerer zu sein, weil sie den Ausdruck ›Ich leugne Gott‹ gebrauchten. Jean de Gerson (1362–1424), der ›sehr christliche Doktor‹, bedeutender Kirchenpolitiker, und der Kardinal Pierre d'Ailly (1350–1420), Persönlichkeiten von hohem geistigen und moralischem Wert, weisen in ihren Schriften auf die Notwendigkeit hin, »diese schreckliche Sünde, Ursache von Pest, Krieg und Hungersnot« zu bekämpfen. Die Obrigkeit versuchte wohl, diese unangenehme Angewohnheit zu unterdrücken. Die Verordnung des heiligen Ludwigs von 1269, die Lästerer mit Lippenspalten und Zungenabschneiden bedroht, wurde 1330, 1348 und 1397 erneuert, jedoch ohne praktische Wirkung. Von Karl VII. wurde sie 1420, 1422 und 1425 neu erlassen; er war der Ansicht, daß als Strafe für diese Lästerer »unser Herrgott die Drangsale, Kriege und großes Herzeleid über unser Königreich hat kommen lassen.« So wird im ›Livre des faicts‹ des Marschalls Boucicaut, das 1409 von einem seiner Verehrer veröffentlicht wurde, dieser vollendete Ritter sehr gelobt, weil er unter anderem von seinen Dienern eine anständige und fromme Lebensweise forderte und ihnen das Fluchen abgewöhnte.

Im übrigen werden die Kulthandlungen vernachlässigt oder gar verhöhnt. Der Humanist Nicolas de Clémanges (geb. 1360) klagt, daß die meisten Männer den Sonntag damit verbrächten, sich in der Schenke zu betrinken, und die Gläubigen der Messe nicht bis zum Ende beiwohnten. Andere berichten, daß man sich in den Kirchen verabrede, obszöne Bilder verkaufe, und die Prostituierten sogar hier die Männer ansprächen. Neugier und Anteilnahme der Menge sind hingegen vor allem auf das äußerliche Gepränge gerichtet: es ist das Zeitalter der Prozessionen, Wallfahrten, Mysterien, der ambulanten Reliquienanbetung und der Heiligenverehrung.

Eine Prozession kann entweder die nebensächliche Zeremonie eines traditionellen religiösen Festes oder einer Gedächtnisfeier sein oder durch ihre Inszenierung zu einer gemeinschaftlichen Beschwörung werden, durch die man ein gefürchtetes natürliches oder gesellschaftliches Ereignis abwenden möchte: Regen, Trockenheit, Krieg und Hungersnot. Von dieser Seite her gesehen, ist ihre Konzeption von alten heidnischen Anschauungen abzuleiten und entspricht der mittelalterlichen Mentalität auf hervorragende Weise. Um nur eine Vorstellung ihrer weitgehenden Bedeutung zu geben, genügt es, an die Beschreibung des ›Bürgers von Paris‹ über die im Mai 1412 in der Hauptstadt veranstalteten Prozessionen zu erinnern, die anläßlich des Aufbruchs der Armee Johanns ohne Furcht stattfanden. Die Armee zog nach Bourges, um gegen den Herzog von Berry, einen Anführer der Partei der Armagnacs, zu kämpfen. Die Prozessionen fanden zwei Monate lang täglich statt. Hinter den Reliquien gingen Tausende von Menschen barfuß: Geistliche, Laien und Kinder.

Die berühmten Wallfahrtsorte wie: Mont St. Michel, Notre Dame du Puy, St. Martin de Tours, Notre-Dame de Vézelay, Rocamadour, St. Martial de Limoges, bis nach Santiago de Compostela, dem ›westlichen Mekka‹ im spanischen Galizien, waren damals, trotz der Länge und Schwierigkeit der Reise, besuchter als heute. Nach Aussagen zeitgenössischer Moralisten fanden außerdem zahlreiche örtliche Wallfahrten statt, die ein Zeugnis der ewigen Vermischung von Heiligem und Irdischem sind, wo man oft Gelegenheit zu Vergnügungen und ausschweifenden Abenteuern fand.

Der Zudrang zu den ›Mysterien‹, sowohl religiöses Schauspiel als auch Komödie, war so groß, daß man ihn mit dem Zulauf zu den olympischen Spielen in Griechenland verglichen hat. Kurz nach der Niederlage von Verneuil, 1425, die noch schwerer war als die von Azincourt, liefen so viele Leute in St. Flour, inmitten der von umherziehenden Banden verwüsteten Auvergne zusammen, um das dreitägige Schauspiel der ›Passion‹ zu sehen, daß man das Stadttor offenlassen und polizeilich bewachen mußte. Die Schauspieler spielten stets mit einem so aufrichtigen Eifer, daß Satan manchmal wirklich in den Flammen und Jesus beinah am Kreuz umkam. Neben diesem kollektiven Verhalten hat das persönliche einen ebenso großen psychologischen Wert. Der Reliquienkult war so verbreitet, daß er bei fast allen Gelegenheiten des öffentlichen und privaten Lebens zu finden war. Darum konnte Luchaire schreiben, »er bildete die wahre Religion des Mittelalters.« Keine Versammlung, kein Konzil oder private Konvention fand statt, ohne auf die Reliquien zu schwören. Der Ritter, der zum Kampf auszog, trug sie im Knauf seines Schwertes, der Kaufmann, der zur Reise aufbrach, in einer kleinen Börse am Hals. Die Bettelmönche trugen Gebeine von Stadt zu Stadt und die Einwohner berührten sie gegen ein festgesetztes Almosen, um die Erfüllung ihrer Wünsche zu erlangen.

Diesen Reliquien wurde natürlich eine erwiesene Heilkraft zugeschrieben. Rigord berichtet, daß 1191 Philipp-Augusts Sohn Ludwig im Alter von vier Jahren von einer schweren Ruhr geheilt wurde, nachdem man die Dornenkrone Christi, einen Nagel des heiligen Kreuzes und einen Arm von St. Siméon, die in feierlichem Aufzug von St. Denis geholt worden waren, auf seinen Leib gelegt hatte. Als Ludwig XI. sein Ende nahen fühlte, ließ er das Salbgefäß von St. Remi zu Reims und das vom Papst gesandte heilige Meßbuch neben sein Bett bringen. Als 1204 die Einnahme Konstantinopels durch die Kreuzfahrer verkündet wurde, waren die Franzosen sehr erfreut, denn sie hofften, viele Reliquien durch die Rückkehr der Kreuzfahrer zu erhalten.

Auf diesem Gebiet teilten die Fürsten und hohen Würdenträger den Glauben der Menge. Während einer Zeremonie verteilte Karl VI. an Pierre d'Ailly und die Herzöge von Berry und Burgund die Rippen seines Ahnherrn, Ludwigs des Heiligen, und die anwesenden Bischöfe, die nur einen Knochen erhielten, mußten sich denselben nach dem Mahle teilen. In der Schatzkammer der Herzöge von Burgund befanden sich: das Schwert des heiligen Georg, ein Zahn des Wildebers von Garin le Loherrain und ein Psalmbuch des heiligen Ludwig. Zu Anfang des 16. Jahrhunderts erhielt Papst Leo X. als kostbare Gabe einen Arm des latino-heidnischen Historikers Titus Livius.

Dieser wahrhafte Fetischismus hatte einen skandalösen Handel und heftige Streitigkeiten zur Folge. Noch zu Johannas Zeiten war man sich nicht darüber einig, welches der authentische Kopf des heiligen Denis wäre: der, den die Mönche in der Abtei aufbewahrten, oder der, den man 1186 in Notre Dame von Paris entdeckt hatte. Luchaire hat eine Liste der Reliquien aufgestellt, die zu Anfang des 13. Jahrhunderts von der Priorei von Travaux (Hte-Vienne) erworben wurden. Zahl und Mannigfaltigkeit sind eindrucksvoll. Außer den Gebeinen zahlreicher Nebenheiliger des ersten Jahrhunderts finden wir: einen der Steine, mit denen der heilige Stephan gesteinigt wurde, die Haare des heiligen Petrus, ein Bruchstück der Krippe Christi, Fetzen vom Kleid und einen Schuh der heiligen Jungfrau und einen Finger von Johannes dem Täufer. Dann geht es noch weiter in die Vergangenheit zurück: zwei Zähne des Propheten Amos, der zu Anfang des 8. Jahrhunderts vor Christi lebte, Asche von den Patriarchen Abraham, Isaak und Jakob, deren sagenhafte Existenzen sich im Dunkel der Geschichte verlieren. Aber nur sehr wenigen Menschen des 15. Jahrhunderts kam es in den Sinn, an der Echtheit der Herkunft zu zweifeln.

Da die Skelettüberreste eines Heiligen so viel Trost und Hoffnung spenden konnten, wurden selbstverständlich mit seiner übernatürlichen Persönlichkeit ebenso vertrauliche Beziehungen unterhalten. Diese Haltung wird übrigens weniger durch die Denkweise als durch die sichtbaren Zeugnisse der Ikonographie erklärlich. Sobald der Heilige von einem Bildhauer oder Maler als menschliches Wesen dargestellt worden ist, existiert er wirklich, wenn auch in einem anderen Leben; doch ist er den Menschen so nahe, daß sie ihn zu jeder Gelegenheit wie einen hilfreichen Nachbarn um Beistand bitten können.

Die strenge Dogmatik erkennt die Heiligen natürlich nur als Fürsprecher bei Gott an und verbietet die Anbetung ihrer Bilder. Die Kraft der Vorstellungsgabe, die das Tor der Tröstung geöffnet sieht, ist jedoch nicht aufzuhalten. Der mittelalterliche Mensch betrachtet die Heiligen als Vertreter Gottes, von denen jeder eine besondere Vollmacht besitzt, und tritt mit ihnen – je nach seinen verschiedenen Bedürfnissen – in Beziehung. Die einen sind speziell für die Heilung bestimmter Krankheiten da: Der heilige Anton heilt Hautkrankheiten, der heilige Rochus die Pest, die heilige Apollonia Zahnschmerzen, der heilige Mauritius die Gicht, der heilige Fiaker Eiterpusteln, der heilige Damian Harnverhaltung, die heilige Eutropia die Wassersucht . . . usw. . . . Obendrein sind sie noch ›namengebende‹ Heilige. Trägt die betreffende Krankheit nicht ihren Namen, so hängt sie von ihrem Wohlwollen ab. Nach einem unbewußten Übergang von der christlichen zur heidnischen Ethik, können sie die Krankheit sowohl hervorrufen als auch heilen. Darum werden die Heiligen fast ebenso gefürchtet wie verehrt.

Auf einer höheren Stufe der Hierarchie stehen die ›heiligen Nothelfer‹, im allgemeinen vierzehn an der Zahl, so wie sie 1446 einem jungen Schäfer aus Frankenthal (bei Bamberg) erschienen. Mit der allgemeinen Vollmacht Gottes ausgestattet, für ›alle Gefahren‹ zuständig, haben sie persönliche Attribute: der heilige Ägidius ein Reh, der heilige Denis trägt seinen Kopf, die heilige Margareta einen Drachen, die heilige Barbara einen Turm, der heilige Cyriakus wird von einem gefesselten Teufel begleitet. In der Vorstellung des Volkes sind sie alle Nebengötter. Außer den Heiligen gibt es noch Schutzengel (von unbestimmter Gestalt), die der Ikonographie unzugänglich sind, doch ständig persönliche Hilfe leisten, und vor allem: die Erzengel, deren bekanntester und am meisten angerufener der heilige Michael ist, Schutzpatron der Ritter und des Königs von Frankreich.

So wenden sich die wichtigsten religiösen Kundgebungen vor allem an den Gesichtssinn und fördern eine Erregbarkeit, die das wirkliche Nachdenken ersetzt. Diese Erregbarkeit wiederum fördert eine symbolische Anschauungsweise, die Tatsachen nie durch Existenzurteile, sondern durch den Vergleich zwischen Bedeutung und Zweck erklärt. Die Zeit ist voller Tränen. Es gibt keinen Prediger, der seine Zuhörerschaft – und sich selbst dazu – nicht zum Weinen brächte, wie St. Vincent Ferrier (1350–1419) jedes Mal, wenn er die Hostie weiht oder von den Leiden Christi, den Qualen der Hölle und dem Jüngsten Gericht spricht. Wenn die Chronisten offizielle Zeremonien beschreiben: fürstliche Begräbnisse, Empfang eines Gesandten, abgeschlossene Verträge, legen sie oft das Gewicht auf Seufzer, Stöhnen und Schluchzen der Anwesenden. Diese Beschreibungen sind zwar übertrieben, vermitteln aber doch die leichte Erregbarkeit der Zeit.

Es steht zwar fest, daß die volkstümliche Einbildungskraft zu allen Zeiten den Glauben an Übernatürliches und übertriebene Auslegungen vorzog. Am Ende des Mittelalters war diese Neigung jedoch ganz besonders auffallend. Ludwigs XI. Verehrung von Reliquien und heiligen Amuletten haben wir bereits erwähnt. Er glaubte auch fest an Vorzeichen und trug nie wieder die Kleidung, die er beim Empfang einer schlechten Nachricht angehabt, auch bestieg er das Pferd nicht mehr, auf dem er die Botschaft erhalten hatte. Einen Teil des Waldes von Loches, in dem er den Tod eines neugeborenen Sohnes erfuhr, ließ er kahlschlagen; eines Tages schrieb er seinem Kanzler, ihm keine Botschaften mehr durch einen bestimmten Kurier zu übersenden, da er das letztemal vor dessen »schrecklich verändertem

Gesicht eine große Angst« empfunden hätte. Daß ein Politiker, dessen zynischer Realismus wohl bekannt ist, zugleich einem so groben Aberglauben anhing, ist nicht etwa ein Zufall, sondern das Zeugnis einer sehr bedeutsamen kollektiven Psychologie. Der 28. Dezember, Jahrestag des Bethlehemischen Kindermordes, wurde als Unglückstag angesehen und so auch (nach einer weit verbreiteten Ansicht) jeder Wochentag, an dem diese Tat geschehen war. Im Jahre 1476 weigerten sich die Landsknechte Renés von Lothringen zu kämpfen, weil es der Tag der ›unschuldigen Kindlein‹ sei. Nach der Überlieferung soll in Gent der heilige Bertoul, der in der Abtei St. Peter begraben lag, vor einem großen Ereignis heftig gegen die Sargwand geklopft haben. Der Chronist Chastellain, der dieses Ereignis zweimal berichtet, zweifelt selbst nicht im geringsten daran.

Der Theologe Jean Petit kann in seiner berühmten Verteidigung Johanns ohne Furcht, des Mörders Ludwigs von Orléans (1407), ohne sein Publikum zu überraschen, erzählen, daß das Opfer – offensichtlich ein Anhänger der Nekromantie und Dämonologie – eines Tages von einem abtrünnigen Mönch zwei Teufel namens Hérémas und Estramen beschwören ließ, die grün und braun gekleidet waren. Dann sei er mit ihnen zum Galgen von Monfaucon gegangen, um einen Gehängten zu holen. Ende des 14. Jahrhunderts glaubten viele Leute, daß seit Bestehen des großen Schismas niemand ins Paradies gekommen sei, daß man während der Messe nicht altere und an dem Tag, an dem man sie gehört hatte, weder blind werden noch den Schlagfluß bekommen könne. Diese in verschiedenen Formen auftretende Leichtgläubigkeit wurde noch von Unglücksfällen aller Art gefördert. Die schwarze Pest von 1348, der wenigstens ein Fünftel der französischen Bevölkerung zum Opfer fiel, wurde sowohl dem Erscheinen eines Kometen von 1345 als auch der Vergiftung von Quellen und Brunnen durch die Juden zugeschrieben. Dann folgte ein Ausbruch mystischer Verzückung, in dem die ›Flagellanten‹, von St. Vincent Ferrier zwei Jahre vor seinem Tode noch ermutigt, völlig nackt durch die Rhein- und Maasdörfer zogen und sich mit nagelbesetzten Lederriemen schlugen.

Häufig machte man von der Zauberkraft einer nach dem Bild des Feindes geformten Wachsfigur Gebrauch, die man, um den Feind zu töten, mit Nadeln durchstach. Die davon ausgehende Wirkung wurde in allen Kreisen gefürchtet. Anfang des 14. Jahrhunderts wurde Guichard, der Bischof von Troyes, angeklagt, er hätte auf diese Weise den Tod Johannas von Navarra, der Gemahlin Philipps des Schönen, verursacht. Sein Prozeß erregte großes Aufsehen. Philipp IV. von Valois rief, als er eine dieser ihm zugedachten verhexten Puppen verbrannte: »Wir werden sehen, ob der Teufel mächtiger ist, mich zu verderben, als Gott mich zu rächen.« Als Karl der Kühne noch Dauphin war, klagte er, daß er nicht an diese »vom Teufel getauften Wachsstücke voll schrecklicher Geheimnisse herankäme«, die zu seinem Schaden angefertigt worden waren.

Die Vornehmen und Reichen beriefen oft Astrologen, Seher und Asketen an ihre Seite, um gefürchtete Ereignisse zu verhindern und die Zukunft zu erkennen. Der weise Karl V. war sehr von der Astrologie eingenommen und ließ 1380 Guillemette de la Rochelle nach Paris kommen, der, wie man sagte, sich in der Ekstase zwei Fuß hoch über den Boden erhob. Sein Sohn Karl VI. empfing in seinen lichten Momenten mehrmals Jeanne-Marie de Maille (1331–1414), die ihm Geheimnisse anvertraute, und Marie Robine, ›la gasque d'Avignon‹, beschrieb ihm ihre Visionen und riet ihm, dem Papst Benedikt XII. Gehorsam zu leisten. Der bereits erwähnte Ludwig XI. ließ, als er sein Ende nahen fühlte, François de Paule zu seinem Ruhesitz kommen, denn von den Gebeten des kalabrischen Einsiedlers erhoffte er eine Verlängerung seines Daseins. Papst Gregor XI. empfing und hörte in Avignon Brigitte von Schweden (1302–1373) und Katharina von Siena (1347–1380), die ihm das Versprechen abnahmen, nach Rom zurückzukehren, denn dies wäre ihnen durch ihre Offenbarungen enthüllt worden, bei denen sich Brigitte mit der Jungfrau Maria, Katharina mit Gottvater, umgeben von den Heiligen Petrus, Paulus und Johannes dem Täufer, unterhalten hätten. Philipp der Gute, Herzog von Burgund (1396–1467), befragte oft Colette de Corbie (1380–1445) und den Kartäuser Denys (1394–1471) aus Rekel in Belgien. Colette hatte schon im Alter von vier Jahren Offenbarungen gehabt und ihre Stimmen hatten ihr gesagt, daß der heilige Franz und der heilige Dominikus sie auserwählt und Gott vorgeschlagen hätten, um einige religiöse Orden zu reformieren. Bei Verhandlungen zwischen Frankreich und Burgund diente sie als Vermittlerin. Denys, der ›ekstatische Doktor‹, mystischer Asket und Seher, der in fünfundvierzig Quartbänden die Probleme der mittelalterlichen Theologie behandelte, wurde in allen wichtigen Fällen um seine Ansicht befragt. Colette de Corbie wiederum überzeugte 1435 Jakob II. von Bourbon, der damals Schwierigkeiten mit seiner königlichen Gemahlin hatte, sich von der Welt zurückzuziehen und Franziskaner zu werden.

Denkende Menschen, die den Enthüllungen der Seher keinen Glauben schenkten, waren sehr selten. Im allgemeinen bezweifelten weder die Herren noch das gemeine Volk, daß sich Gott und die Heiligen durch die Vermittlung Auserwählter, denen sie allein sichtbar wurden, ständig um die schwer geprüfte Welt kümmerten. Niemand wunderte sich über ihre große Anzahl, und das einzige Problem bestand darin, zu unterscheiden, ob es sich um göttliche oder teuflische Eingebungen handelte. Das war jedoch Sache der Theologen. Im ersten Fall hörte man ihnen zu, im anderen wurden sie als Ketzer der heiligen Inquisition übergeben.

Auf allgemeinerer Basis erhielt die Idee des Kreuzzuges durch diese kollektive Erregbarkeit eine ganz besondere Bedeutung, und das gesamte »Europa sah die Türkenfrage als einen Bestandteil der großen heiligen Pflicht an, bei deren Erfüllung die Vorfahren versagt hatten: der Befreiung Jerusalems[1].« Philipp von Mézières (1327–1405) widmete dem Aufruf zu diesem großen Unternehmen sein ganzes Leben. Philipp VI. von Valois und später sein Sohn Johann der Gute bereiteten seine Ausführung vor – jedoch ohne Erfolg. 1422 teilte der sterbende Heinrich von England seiner Umgebung mit, daß er, hätte Gott ihm ein längeres Leben beschieden, nach Befriedung des Königreichs Frankreich zur Befreiung Jerusalems ausgezogen wäre.

Alle diese unter vielen anderen ausgewählten, von den verschiedensten Umständen begleiteten Tatsachen zeigen offensichtlich einen ganz einheitlichen Charakter. Sie zeugen von einer ständigen Verbindung der geistigen Ansichten mit zeitbedingten Umständen und somit von der Naivität eines tiefen Glaubens, der Gott zu allen Bedürfnissen des täglichen Lebens mit

[1] Huizinga, a.a.O., 115.

einer Vertraulichkeit in Anspruch nimmt, die manchmal fast unschicklich wird. Diese geistige Situation ist jedoch nicht unbekannt; die Arbeiten der gegenwärtigen Soziologie haben sie bei den primitiven Gesellschaften von damals und heute aufgezeigt, und man kann mit Recht sagen[1]: »Die primitive Mentalität fühlt den Unterschied zwischen Natur und Übernatürlichem, sieht sie jedoch als Bestandteile einer einzigen Wirklichkeit an. Außer den mystischen Erfahrungen, die an einem bestimmten Ort und zu einem bestimmten Zeitpunkt stattfinden, entsteht bei den primitiven Völkern eine allgemein mystische, sozusagen unterirdische Weltkenntnis. Sie besteht in einem kontinuierlichen Gefühl, ohne klares Bewußtsein, von der augenblicklichen Gegenwart jener Wesen, die den Gestalten von Mythos und Legende ähneln.«

Somit kann man folgende Feststellung Huizingas über den seelischen Zustand des 15. Jahrhunderts als absolut richtig anerkennen: »Alle Lebensformen der mittelalterlichen Christenheit sind mit religiösen Vorstellungen durchsetzt. Auch in den gewöhnlichsten Dingen und Akten sucht man ständig die Beziehung zum Glauben herzustellen.« Als Ganzes gesehen, lebt das ausgehende Mittelalter, trotz seiner Härten und Grobheiten, in der Atmosphäre eines utilitaristischen Mystizismus, der Himmel und Erde ständig verwechselt.

Königtum und Nationalgefühl

Die Franzosen zu Beginn des 15. Jahrhunderts leben natürlich, wie die Menschen aller Zeiten, nicht von ihren Glaubensüberzeugungen, sondern von den Erzeugnissen ihrer Arbeit. Ihr Land war Königreich geworden und wird seit über vier Jahrhunderten von der Dynastie der Kapetinger regiert. Was empfinden sie nun also dem König und dem Lande selbst gegenüber?

Im Hinblick auf diese Epoche hat man oft geschrieben, der vaterländische Gedanke sei unter Johannas Schritten aus dem Boden gewachsen.

---

[1] Lévy-Bruhl, L'expérience mystique chez les primitifs, in: N.R.F., 1. März 1938.

Dies ist jedoch nur eine allegorische, wahrheitsfremde Erklärung. A priori ist es unbegreiflich, daß ein bisher unbekanntes Nationalgefühl so plötzlich entstanden ist und unter Millionen von Einzelwesen wie eine Flamme um sich gegriffen hat. Ein so starkes Kollektivempfinden ist notwendigerweise das Ergebnis einer progressiven Entwicklung, die durch tausendjährige Herdengewohnheiten, gemeinsame Bedürfnisse, Bräuche und Wünsche von Geschlecht zu Geschlecht ein unsichtbares Band gewoben hat.

Eine Prüfung der bekannten Tatsachen beweist andererseits die Unrichtigkeit einer so einfältigen oder wenigstens tendenziösen Ansicht. Wenn die Regierungspolitik auch schon 1429 sowohl die innere Einigung als auch die Erweiterung der östlichen Stammesgrenzen erstrebt, so entspricht der volkstümliche Patriotismus jener Zeit doch nicht unserem heutigen. Für die ungebildete Masse lagen seine Wurzeln weder in der Vergangenheit, noch richtete er sich nach den gegenwärtigen oder zukünftigen internationalen Belangen. Er ist ursprünglich, erdgebunden, und um es ganz einfach zu sagen, auf den Wunsch nach einem dauerhaften Frieden beschränkt, den er geduldig von seinem König erhofft.

Anziehungspunkt all dieser Wünsche ist die Person des Königs; das lebende Symbol des Vaterlandes bleibt praktisch außerhalb jeder Auseinandersetzung. Stehen die Dinge schlecht, und das ist häufig der Fall, so ist das nicht seine Schuld, sondern die seiner ›schlechten Ratgeber‹. Der ›Bürger von Paris‹ berichtet, das gemeine Volk der Hauptstadt habe, während es dem Sarg Karls VI. gefolgt sei, dessen dreißigjähriger Irrsinn wohlbekannt war, gerufen: »Oh, teuerster Fürst, nie wieder werden wir einen so guten Herrscher haben, nie werden wir Dich wiedersehen. Verdammt sei der Tod. Immer wird Krieg sein, da Du uns verlassen hast. Ruhe in Frieden, wir bleiben in ewiger Betrübnis und Trauer zurück.«

In den Augen seiner Untertanen wird der König von Frankreich zu einer geweihten Persönlichkeit durch die Salbung mit dem nie versiegenden Öl aus der ›Sainte Ampoule‹, die eine Taube zur Taufe des heiligen Chlodwig vom Himmel brachte. Durch die Krönung zu Reims wird er nicht nur ›Stellvertreter Gottes‹, von dem er sein Königreich als Lehen empfängt, und Haupt der gallikanischen Kirche, sondern er erhält auch auf Lebenszeit eine wunderbare Gabe der Skrofelheilung; dieses Vorrecht hat kein anderer Würdenträger der Erde je empfangen, nicht einmal der Papst. ›Im Traum des Vergier‹ (1376) heißt es: »Niemand soll daran zweifeln, daß der König von Frankreich durch die heilige Salbung die besondere Gnade des Heiligen Geistes empfängt.« Und Jean Gerson stellt in Übereinstimmung mit der thomistischen Lehre fest, daß die Schutzengel der königlichen Personen einen höheren Rang einnehmen als die ihrer Untertanen. Diesen Prinzipien zufolge bestehen die Kapetinger dem Papst gegenüber stets darauf, daß das Königreich Frankreich ›ein von Gott und durch das Schwert empfangenes Freigut‹ ist, und Philipp August segnete wie ein Priester alle seine Ritter vor der Schlacht von Bouvines. Im Jahre nach dem Tod Karls VI., er hatte am 30. Oktober 1422 den Königstitel angenommen, äußerte Karl VII. in seinem Schreiben an die Einwohner von Tournai[1] zweimal (am 22. Januar und 9. Oktober 1423) die Absicht, »sobald wie möglich nach Reims zu ziehen, um sich dort salben und krönen zu lassen[2].« Ungekrönt ist er also noch nicht König und kann für sich und sein Königreich keinen göttlichen Schutz beanspruchen: davon ist jeder einzelne in Frankreich fest überzeugt.

Trotz Eifersucht und Streitigkeiten zwischen dem Fürsten und seinen großen Vasallen und einem partikularistischen, provinziellen Geist, der bis zur Revolution von 1789 fortbesteht, konnte eine so fromme und weitverbreitete Auffassung von der königlichen Autorität nicht mehrere Jahrhunderte hindurch gefestigt und weitergegeben werden, ohne sich auf die gemeinsamen Empfindungen einer Bevölkerung gleicher Rasse und Sprache — wenigstens offiziell — zu stützen, die von der Kraft des gleichen Bodens lebte.

Wahrscheinlich kannte das Volk im 15. Jahrhundert die Werke der Legisten und Gelehrten des 13. Jahrhunderts nicht: Beaumanoir (1246 bis 1296), der beim Studium der Rechtsgepflogenheiten ›*den allgemeinen Nutzen des Landes*‹ anführt; Guillaume Durand (1237–1296), der schreibt: »Der König, dem die Verwaltung des Königreichs obliegt, ruft sie

---

[1] Und gewiß auch an alle ›anderen guten Städte‹.

[2] Beaucourt, III, 490 u. II, 59.

(die Vasallen) zum *allgemeinen Nutzen* zusammen, d. h. zur *Verteidigung des Vaterlandes und der Krone ... um das Vaterland zu verteidigen, ist es sogar erlaubt, den eigenen Vater zu töten*[1].« Pierre Dubois (1250 bis etwa 1321) und seine Theorie von einem ›ewigen Frieden der Christenheit unter der Vorherrschaft Frankreichs‹, die danach von Jean de Jandun erweitert wird, für den ›*die monarchische Regierung des ganzen Weltalls dem sehr erlauchten und erhabenen König von Frankreich gehört*‹. Da er nicht zur Schule gegangen war, konnte er die Schriftsteller des 14. und des beginnenden 15. Jahrhunderts nicht lesen: Eustache Deschamps (1340–1407), der über den Tod Du Guesclins, die ›*Zierde der Helden und Ruhm Frankreichs*‹, ein Gedicht in Versen verfaßt und endlich ausruft, man solle die Engländer von Calais verjagen und auf ihrer Insel überfallen; Robert Blondel (1390–1460), der 1420 in der ›Klage der guten Franzosen‹ die Ermordung Johanns ohne Furcht auf der Brücke von Montereau durch die Männer des Dauphins rechtfertigt und seinen Landsleuten zuruft: »Erwacht aus dem Schlaf. Der Feind wacht! Wacht!« Alain Chartier (1385–1433), Sekretär Karls VII., der in seiner Allegorie vom ›Quadrilogue invectif‹ (1422) Frankreich zu seinen Kindern sagen läßt: »Außer zum katholischen Glauben, *hat die Natur Euch vor allem dazu ausersehen, zum gemeinsamen Heil Eures Vaterlandes und der Verteidigung der Herren zu wirken*, unter denen Gott Euch zur Welt kommen ließ ... Wer für *die gemeinsamen Bedürfnisse und zum Heil des Landes und seines Herrn* nicht alles tut, was in seinen Kräften steht, handelt wider die Natur, und es ist besser, mit *dem Staat unterzugehen* als ihn in der Gefahr zu verlassen.«

Es ist jedoch ganz offensichtlich, daß Legisten, Gelehrte und Dichter eine solche Sprache nicht hätten führen können, wenn diese nicht das Echo einer mehr oder weniger verbreiteten Anschauung gewesen wäre. Diese Anschauung war teilweise eine Folge der zentralen Administration Philipps des Schönen, die zur Einheit des Landes führte, und auch des Brauches, der bereits vor der Thronbesteigung der Valois bestand, die drei Stände der Nation bei wichtigen Angelegenheiten zu befragen. Wenn man politische Fragen auf diese Weise behandelt, so überträgt man stets

---

[1] Diese und die folgenden Stellen des Kapitels wurden vom Autor unterstrichen.

nur die Ideen und Empfindungen des Volkes: die tiefe Treue zum Fürsten, der dem Königtum einen ›herrlichen Glanz‹ gab, entsprang hauptsächlich einem Bedürfnis nach kollektiver Sicherheit.

Außerdem ist die Geschichte reich an Beispielen, aus denen die progressive Kristallisation des vaterländischen Gedankens in der Person des Königs hervorgeht. F. Lot[1] verlegt die Konzeption des Nationalgefühls einerseits bis an das Ende der merowingischen Epoche, in das 8. Jahrhundert, in dem sich eine fränkische Mentalität, Vorerscheinung der französischen Nationalität, bildet. Andererseits beweist er, daß dieses Gefühl bereits tief in den Herzen verankert sein mußte, sonst wäre das Königreich, bei der Ablösung der Karolinger durch die Kapetinger (987), in ein Dutzend Fürstentümer zerfallen. »Aber«, präzisiert er, »keiner dieser oft mächtigeren Fürsten dachte daran, Recht und Bestand des französischen Königreichs anzuzweifeln.«

Suger, der bereits im 12. Jahrhundert den Beinamen ›Vater des Vaterlandes‹ erhielt, berichtet: nie habe eine so große Erregung über einen deutschen Einfall geherrscht wie 1124, als Kaiser Heinrich V., im Bündnis mit Heinrich I. von England, über Lothringen nach Frankreich eindrang, um auf Reims zu marschieren. Aus allen Gegenden nördlich der Loire sammelten sich die Truppen der Vasallen und Kirchenfürsten um Ludwig den Dicken. Die Großen bereiteten sich zum Kampf vor und sagten: »Marschieren wir den Feinden kühn entgegen, ohne Bestrafung sollen sie nicht heimkehren. Sie sollen nie berichten, sie hätten die *stolze Absicht gehabt*, *Frankreich*, *die Herrin der Erde*, anzugreifen.« Vor dieser kraftvollen Reaktion zog sich Heinrich V. kampflos zurück. Luchaire[2] sagt: »Die gleiche Erscheinung wird später bei Bouvines auftreten ... *Die unabhängigen Fürsten hatten das Gefühl*, *daß der Nation Gefahr* drohte, sie besannen sich, daß sie einem Königreich angehörten, und daß dieses Königreich einen Anführer hatte.«

Derselbe Autor[3] schreibt über die Regierungszeit Ludwigs VII., »daß seine Korrespondenz ... von *Zeugnissen dieser Solidarität* (zwischen König und Untertanen) erfüllt ist. *Sie ist viel stärker als das Lehnsverhältnis.*«

---

[1] a.a.O., 61 u. 166. [2] Lavisse, II, 2, S. 330. [3] Lavisse, III, 1, S. 57 u. 65.

Ermengarde, Vicomtesse von Languedoc, die sich von den Engländern bedroht fühlt, schreibt an ihren Herrscher: »Meine Landsleute und ich sind tief betrübt, durch Eure Abwesenheit, um nicht zu sagen, durch Eure Schuld, unsere Heimat von einer *Fremdherrschaft bedroht zu sehen*, die *über uns nicht das geringste Recht hat.*«

Guillaume le Breton beschreibt den volkstümlichen Enthusiasmus nach dem Sieg von Bouvines im Jahre 1214 mit folgenden Worten: »Wer hätte sich das vorstellen können . . . der freudige Beifall, die Hymnen des Triumphes, das unaufhörliche Tanzen des Volkes, die erquickenden Lieder der Geistlichen, das melodische Geläut der Kirchenglocken, die innen und außen geschmückten Heiligtümer, die Straßen, Häuser, Wege in allen Dörfern und Städten, die mit Vorhängen und Seidenstoffen behängt, mit Blumen und Laubwerk bedeckt sind. *Einwohner jeden Alters und Geschlechts und aus allen Gesellschaftsklassen strömten von allen Seiten herbei* . . . die Bürger von Paris und vor allem fast alle Studenten, die Geistlichen und das Volk gingen vor dem König her, sangen Hymnen und Loblieder, zeigten durch Gesten und ihre äußere Haltung *die Freude, die ihre Seele erfüllte* . . . sieben Tage lang war Festbeleuchtung.« Zwei Jahre später werden die Untertanen Karls VII. mit nicht geringeren Freudenausbrüchen die Befreiung von Orléans feiern.

Enguerrand de Marigny rief 1314 die Barone, Bischöfe und mehrere Bürger aus jeder Stadt in Paris zusammen und fragte, wer dem König bei seinem Feldzug gegen die Flamen beistehen wolle. Die ›Grandes chroniques de St. Denis‹ berichten, daß: »Etienne Barbète, Bürger von Paris, sich erhob und für die besagte Stadt sprach: er sagte, ›sie seien *alle bereit, ihm – jeder nach seinen Kräften – Hilfe zu leisten und* auf eigene Kosten *dorthin zu gehen, wohin er sie führen wolle.*‹ Und alle Bürger, die als Vertreter der Gemeinden gekommen waren, gaben die gleiche Antwort wie Etienne.«

1328, beim Tod Karls VI., des dritten Sohnes von Philipp dem Schönen, erklären die Barone, daß ›nach dem Brauch keine Frau und folglich auch nicht ihr Sohn den französischen Thron besteigen könne‹ und sie rufen Philipp VI. von Valois auf den Thron. Damit wollen sie Edward III. von England, den nächsten Erben der weiblichen Linie, ausschließen, der durch seine Mutter, Isabella von Frankreich, Enkelsohn Philipps des Schönen ist: ein sehr deutlicher Ausdruck ihres eigenen Nationalgefühls.

Heinrich III. von England belagerte 1346 Caen und rief den Einwohnern zu, sich zu ergeben, aber die Einwohner von Caen widersetzten sich tapfer mit einmütiger Entschlossenheit und sagten: »*Sie würden dem König von England niemals gehorchen.*« Trotz des energischen Widerstandes der Einwohner, zu dem die Frauen beitrugen, wurde die Stadt erobert und die Bürger zu Tausenden geopfert. 1355 berief Johann der Gute die Stände von Languedoc, um Hilfsgelder zu erlangen; die drei Stände erwiderten, jeder durch den Mund seines Sprechers: »*Sie seien alle bereit, mit dem König zu leben und zu sterben und stellten ihm Leib und Eigentum zur Verfügung.*«

Froissart schreibt, daß bei der Schlacht von Poitiers (1356) »*die Blüte ganz Frankreichs anwesend war, kein Ritter und kein Schildknappe blieb zu Hause, denn sonst hätte er seine Ehre verloren.*« Nach der Niederlage erklärt ein kluger Beobachter, der die begangenen Fehler erkannt hat: »Es gibt nur ein Mittel gegen die Flucht und nur eine Garantie für den Sieg: eine strenge militärische Disziplin, die genauestens befolgt wird[1].« A. Coville weist darauf hin[2], daß 1359, als der zukünftige Karl V. die Regierungsgeschäfte übernimmt, er bei seinen Bundesgenossen, darunter Du Guesclin, einen erstaunlich starken Beistand findet. »Der Dauphin«, sagt er, »hat weder Geld noch Truppen. Trotzdem wird überall gekämpft und Widerstand geleistet. Dies erklärt sich daraus, *daß die örtliche Verteidigung nicht das Werk einiger Kompanien bewaffneter Männer ist, sondern das des gesamten Volkes.*« Im selben Jahr lehnen es die zu Paris versammelten Stände ab, den Vertrag von London, der zwischen dem gefangenen Johann dem Guten und dem englischen König abgeschlossen wurde, zu ratifizieren: »*Dieser Vertrag war dem ganzen französischen Volke sehr zuwider.* Und nachdem sie beraten hatten, antworteten sie dem Regenten, daß der Vertrag weder annehmbar noch gültig sei, und sie beschlossen daher, den Engländern einen guten Krieg zu liefern.« Ein Jahr später wird die Ausführung des Vertrages von Brétigny (oder Calais)

---

[1] Guibal, a.a.O., 35. [2] Lavisse, IV, 1, S. 147.

durch stärkeren Widerstand in allen an die Engländer abgetretenen Gebieten erschwert, vor allem in Calais, Poitou, Quercy und Rouergue.

Als Du Guesclin 1372 den Engländern Poitiers abnimmt, findet er die Bewohner noch königstreu, wie ein Gedicht jener Zeit zeigt:

> Qui les aurait ouvers, ainsi c'un porc lardé
> On arait en leur cuer la fleur de lis trouvé.
> (Wer sie geöffnet hätte, so wie ein fettes Schwein,
> hätte in ihrem Herzen die Lilienblüte gefunden.)

Und acht Jahre später, am 13. Juli 1380, empfiehlt er sich auf seinem Totenbett vor dem belagerten Chateauneuf Gott, der Jungfrau, dem König, den Brüdern des Königs ›und jedem edlen Blut Frankreichs und *allen, den Edlen, Prälaten und dem Volk des gesamten französischen Königreichs*‹. So bestätigt er diese Einheit, an der er mitgearbeitet hatte.

Nach der Niederlage der Cabochiens (Anhänger Caboches), 1413, und der Rückkehr der Fürsten der armagnakischen Partei in die Hauptstadt schreibt der Vorsteher der Pariser Kaufmannschaft an den Vorsteher von Noyon: »*In einem Notfall wie dem unseren, muß jeder mithelfen und das Mitgefühl für das Land allem anderen voranstellen.*« Johanna wird sechzehn Jahre später nicht anders sprechen. Nachdem Caen 1417 nach schwerem Kampf durch die englische Armee zurückerobert worden war, zogen es fünfundzwanzigtausend Einwohner, die dem englischen König nicht huldigen wollten, vor, in die Verbannung zu gehen. Als im nächsten Jahr die Stadt Rouen belagert wird, rufen die Einwohner den Herzog von Burgund, der in Paris geblieben war, mit dieser heftigen Drohung zu Hilfe: »Wenn wir, weil Ihr uns den Beistand verweigert, *Untertanen des Königs von England werden*, habt Ihr auf der ganzen Welt keine schlimmeren Feinde als uns, und wenn wir könnten, *würden wir Euch und Euer Geschlecht vernichten.*«

Beaucourt[1] erwähnt:

1. Daß 1418, nach der Eroberung von Paris durch die Burgunder und der Flucht des Dauphins über Melun nach Bourges, »dort die Edlen des

[1] a.a.O., I, 96 u. 223.

Königreichs von überallher zusammenkamen.« »Dies war«, so schreibt er, *»eine wahrhaft nationale Bewegung.«*

2. 1421, nach dem Sieg von Baugé über die Engländer, stieg bei den Franzosen ›eine Welle der Begeisterung und des Vertrauens auf‹. In Bourges kamen die Truppen aus Poitou, Guyenne, Languedoc und der Dauphiné zusammen. Im Juni machten sie den Perchefeldzug und gewannen Montmirail, Brou, Illiers, Nogent-sur-Eure und Gallardon zurück.

Als man 1422 Guillaume Prieux, den Prior der Karmeliter zu Reims, freundlicher Zuneigung für Karl VII. bezichtigt, bestätigt er seine Königstreue und ruft: *»Noch nie war ein Engländer König von Frankreich und wird es auch nie sein.«* Der Vertrag von Troyes (1420), demzufolge Frankreich ganz unter die Lehnsherrschaft der englischen Krone fallen sollte, hatte im Volk diese Widerstandsstimmung gegen die Fremdherrschaft hervorgerufen. Alle Franzosen südlich der Loire und die große Mehrheit im Norden – d. h. einige Edlen, Geistlichen oder Bürger ausgenommen, die durch die feindliche Besatzung materielle Vorteile genossen – wollten niemanden auch nur davon reden hören, daß sie von den ›Coués‹ (= Hunde, deren Schwänze nicht gestutzt wurden) beherrscht würden.

In der Zeit von 1420 bis 1428 mehren sich die Anzeichen dieses aktiven Widerstandes. Nach dem Tod Heinrichs V. und Karls VI. organisiert Michael Lailler, Präsident der Rechnungskammer, der vom Rat Heinrichs VI. mit der Vollstreckung des Testamentes von Karl VI. beauftragt worden war, in Paris selbst ein Komplott gegen die Engländer. Es wird aufgedeckt, und er kann entkommen. 1423 und 1428 kommen jedoch andere Verschwörungen auf. In der Normandie nehmen diese verstreuten, doch zahlreichen Kämpfe die Form einer regelrechten ›Chouannerie‹ an. Die Partisanenbanden, größtenteils Bauern, werden meist von Edlen oder Mönchen angeführt und verfolgen Engländer und ›abtrünnige Franzosen‹ mit einem endlosen Kleinkrieg, der manchmal zu wahren Schlachten führte. Diese ›Brigands‹, so werden sie von ihren Gegnern genannt, finden immer Komplicen, die sie mit Lebensmitteln versorgen und ihnen helfen, obwohl auf ihren Kopf oft ein Preis ausgesetzt ist. Zahlreiche Massenhinrichtungen konnten ihre Kampflust nicht mäßigen, und Thomas Basin zitiert die Antwort eines Priesters, den die englischen Hauptleute nach einem Mittel fragten, durch das man sich von ihnen befreien könnte: »Wenn alle Engländer Frankreich verließen, wären die Briganten sofort verschwunden.«

Der gleiche Widerstand herrscht in der Champagne, der Pikardie und der Maine, wo Le Mans im Jahre 1428 mit dem Beistand des Bischofs und der Bürger mehrere Tage von einer französischen Truppe besetzt wird. Kurze Zeit vor der grausamen Niederlage von Verneuil legen Charles de Longueval und andere Adlige zugunsten Karls VII. zu Roye (Somme) ein Gelöbnis ab. Da am Tag der Schlacht zuerst die Nachricht eines französischen Sieges aufkommt, metzeln die Einwohner von Vire und Pont-Audemer die englische Garnison nieder. Als man jedoch erfährt, daß sie verloren ist, gehen die Barone der Auvergne, des Bourbonnais, der Guyenne und des Languedoc spontan zum König, um ihm die Hilfe ihrer Soldaten anzubieten.

Im Jahre 1428 besteht also offensichtlich ein französisches Nationalgefühl, dessen Wurzeln in ferne Vergangenheit zurückreichen, das sich im Laufe der zeitlichen Entwicklung in der Person des Königs, des Herrschers durch göttlichen Auftrag, kristallisierte. Seit mehreren Jahrhunderten hat sich das Nationalgefühl in kritischen Augenblicken stets machtvoll geäußert, und die Prüfungen eines endlosen Krieges haben es nur noch mehr gefestigt. Mit jedem Monat wächst die kampfbereite Feindseligkeit des Volkes gegen das verhaßte Joch der Fremdherrschaft.

Die Situation Frankreichs und seiner Regierung

Die Lage Frankreichs Ende 1428 wurde bereits historisch erforscht, und so genügt es hier, nur die wichtigsten Ereignisse anzuführen. Der Krieg gegen die Engländer besteht seit drei Jahrhunderten. Der Keim des Konfliktes entstand 1066, als Wilhelm der Eroberer, Herzog der Normandie, König von England wird und dabei Vasall des Königs von Frankreich bleibt.

Die Situation verschlechterte sich im Jahre 1152, als Eleanor von Aquitanien, die von ihrem Gemahl Ludwig VII. verstoßen wurde, bald danach Heinrich Plantagenet, Graf von Anjou und Maine, dann Herzog der Normandie, heiratete, der zwei Jahre später die englische Krone erlangte. Seit 1154 besaß England auf französischem Boden mit dem ›Kaiserreich Anjou‹, das sich von Bresle bis zu den Pyrenäen erstreckte, eine größere Bodenfläche als das magere königliche Gebiet und die Besitzungen der großen Vasallen zusammengenommen. Ein dauernder Konflikt zwischen dem König von Frankreich als Lehnsherrn und dem König von England, seinem Vasallen, wurde unvermeidlich. Der Kapetinger versucht, den Plantagenet im Vasallenverhältnis zu halten, und dessen Nachfolger versuchen, sich davon zu befreien. In versteckter Form wird der Kampf zwei Jahrhunderte dauern. Episodische Krisen, wie die berühmten Schlachten von Bouvines (1214) oder Taillebourg (1242) und territoriale Schwankungen, die von Erbschaften oder Heiraten herrühren, sind dafür bezeichnend.

Im allgemeinen verläuft diese Entwicklung einschließlich verschiedener Zufälle zuerst sehr deutlich zum Vorteil der Kapetinger. Bei der Thronbesteigung Philipps VI. von Valois, 1336, besitzen die Engländer in Frankreich nur noch die kleine Grafschaft von Ponthieu und einen Streifen Küstenland von ungefähr 80 Kilometer Breite zwischen der Charente und dem Gave-de-Pau. Da werden die Ursachen des Konfliktes verlegt. Die Revolte des englischen Vasallen gegen den französischen Lehnsherrn, die das mittelalterliche Volk nur als einen äußerlichen gotteslästerlichen Skandal ansah, wird die Form eines offenen monarchischen Ringens annehmen, die die Unabhängigkeit der Könige in Zukunft gefährdet. Am 7. Oktober 1337 nimmt Edward III. von England den Titel eines französischen Königs an und schickt Philipp VI., dem ›sogenannten französischen König‹ ein herausforderndes Schreiben. Aus dem feudalen wird ein nationales Ringen, und nun beginnt jenes harte Zeitalter, das man im allgemeinen den Hundertjährigen Krieg nennt.

Obwohl er nicht ununterbrochen stattfindet, werden diese Kämpfe im 14. und 15. Jahrhundert doch sehr viel häufiger und aktiver sein als die militärischen Konflikte des 12. und 13. Jahrhunderts. Gegensätzliche Umstände wechseln, aber im Gegensatz zu den vorangegangenen Kriegen scheint seine allgemeine Entwicklung für Frankreich bis 1429 sehr ungünstig zu sein. Der Beginn ist verheerend. Unter der Regierung Philipps VI. von Valois wird die französische Flotte 1340 bei Ecluse vernichtet, dann, am 26. Juli 1346, die Armee bei Crécy niedergemacht. Dreizehn Jahre später, am 15. September 1359, wird sein Sohn Johann der Gute bei Poitiers geschlagen und gefangengenommen. Diese doppelte Katastrophe führt am 8. Mai 1360 zwischen Johann dem Guten und Edward III. zum Vertrag von Brétigny, der am 24. Oktober desselben Jahres in Calais ratifiziert wird. Darin verzichtet der englische König ausdrücklich auf alle Ansprüche hinsichtlich der französischen Krone und verpflichtet sich, seinen königlichen Gefangenen gegen ein hohes Lösegeld freizugeben. Er erhält jedoch die Herrschaft über: Poitou, Saintonge, Agenais, Périgord, Limousin, Quercy, Bigorre, Angoumois, Rouergue, Calais und verschiedene nahegelegenen Städte. So wird der englische König Besitzer eines Gebiets, das die Größe von vierzehn gegenwärtigen französischen Departements hat, d. h. eines Viertels des ehemaligen Königreichs.

Nach dem Tod Johanns des Guten 1364 gelang es seinem Nachfolger Karl V., trotz der durch den bretonischen Erbkrieg und die Intrigen Karls des Bösen (König von Navarra und Urenkel Philipps III., des Kühnen) entstandenen Schwierigkeiten, durch seine kluge diplomatische Tätigkeit und die glückliche Wahl seiner Vertrauten, vor allem Du Guesclins, der den Titel eines Konnetabels erhält, die Situation in der kurzen Regierungszeit von sechzehn Jahren zu meistern. Als er 1380 stirbt, sind die Schwierigkeiten in der Bretagne überwunden, Karl der Böse machtlos, die Nachfolge in Flandern für seinen jüngsten Bruder gesichert und fast die gesamten bei Brétigny verlorenen Gebiete zurückgewonnen.

Unglücklicherweise zeigt sein Sohn Karl VI. seit seinem sechzehnten Lebensjahr die Anzeichen einer Geisteskrankheit, die acht Jahre später in den Wäldern von Le Mans zu einer heftigen Wahnsinnskrise führen. Von diesem Augenblick an werden sich der Bruder des Königs, Ludwig, Herzog von Orléans, dann dessen Sohn, Karl von Orléans, Gatte der Tochter des Grafen Bertrand VII. von Armagnac, und sein Onkel, Philipp der Kühne, Herzog von Burgund und dessen Sohn, Johann ohne Furcht, ab 1404 den Einfluß und die Autorität innerhalb der königlichen Regierung heftig streitig machen. Zwischen beiden Parteien steht Isabeau von Bayern, die ränkevolle und lasterhafte Gattin des irrsinnigen Fürsten, die sich erst der einen, dann der anderen Seite zuwendet.

Am Anfang scheinen die englischen Angelegenheiten zu einem echten Frieden zu führen, der die Erbfolge Karls V. festigt. 1396 wird zwischen beiden Königreichen ein Vertrag abgeschlossen, demzufolge:

1. der ›Waffenstillstand‹, der zwei Jahre später abgelaufen wäre, bis 1426 verlängert wird.

2. Isabella, die Tochter Karls VI., am 4. November 1396 in Calais Richard II., den König von England, heiratet. Das Ende der alten französisch-englischen Rivalität scheint gekommen.

Zwei sehr schwerwiegende und fast gleichzeitig erfolgende Ereignisse erschüttern diese hoffnungsvolle Lage: in Frankreich der Bürgerkrieg, in England der Dynastiewechsel. Die Rivalität zwischen den Parteien von Orléans und von Burgund hatte sich soweit vertieft, daß Johann ohne Furcht am 27. Oktober 1407 Ludwig von Orléans in Paris ermorden ließ. Das bedeutet den Beginn des heftigen Streites zwischen den Armagnacs (Orléans) und den Burgundern, der bis zum Frieden von Arras dauert (1435). Während dieser Zeit wird Burgund ins englische Lager getrieben.

Im September 1399 war Richard III. von England, der Letzte der Plantagenets, durch Heinrich IV. von Lancaster abgesetzt worden. Heinrich bestieg nun den Thron; er starb am 20. März 1403. Sein Sohn, Heinrich V., ein Heuchler voll verzehrendem Ehrgeiz, doch mit weitgehender politischer und militärischer Begabung, träumte davon, den französischen Bürgerkrieg auszunutzen, um die Erfolge Edwards III. gegen Johann den Guten zu erneuern und anschließend einen Kreuzzug zu unternehmen. Im August 1414 schickt er einen Gesandten zu Karl VI., um von ihm die ›Rückgabe‹ des Königreichs Frankreich und die Hand seiner Tochter Katharina zu fordern. Nach einigen erfolglosen Verhandlungen über den zweiten Punkt, auf die geheime militärische Vorbereitungen folgten, schickt er ihm am 28. Juli 1415 ein herausforderndes Schreiben und landet am folgenden 13. August mit einer für jene Zeit bedeutenden Armee von dreißigtausend Mann bei St. Adresse in der Nähe von Le Hâvre. Nach einer Unterbrechung von fünfundzwanzig Jahren beginnt der Krieg von neuem.

Anfangs erleidet die zahlenmäßig überlegene Kriegsmacht Karls VI. eine neue Niederlage. Am 25. Oktober 1415 schlagen dreizehntausend

Engländer bei Azincourt, in der Nähe von Arras, seine fünfzigtausend Mann in die Flucht. Die Besten des französischen Adels bleiben auf der Walstatt oder geraten in Gefangenschaft. Danach kehrt Heinrich V. nach England zurück und verkündet, er sei wegen seiner Tugend und Papsttreue (das große Schisma bestand noch) von Gott zum Werkzeug seiner Rache gegen die Franzosen erwählt worden. Im Mai 1418 besetzen die Burgunder Paris, wo der Konnetabel von Armagnac, Schwiegervater Karls von Orléans, der bei Azincourt gefangen wurde, getötet wird. Der fünfzehnjährige Dauphin Karl, der seit dem Edikt vom 6. November 1417 dem Namen nach die Statthalterschaft des Königreichs innehat, wird nur mit knapper Not von Tanguy du Châtel, dem Vorsteher der Kaufmannschaft, gerettet, der ihn aus der Hauptstadt entkommen läßt. Nach einer Belagerung von sechs Monaten wird Rouen im Januar 1419 von den Engländern eingenommen. Am 10. September desselben Jahres wird Johann ohne Furcht, aus Vergeltung für die vor zwölf Jahren von ihm befohlene Ermordung Ludwigs von Orléans, von den Männern des Dauphins auf der Brücke von Montereau ermordet.

Dieser neue Mord festigt endgültig das anglo-burgundische Bündnis, und der unglückliche Karl VI. wird mit Beistand Isabeaus von Bayern so weit gebracht, daß er den Vertrag von Troyes (20. – 21. Mai 1420) unterzeichnet, wonach der französische König: 1. seinen Sohn Karl, den ›sogenannten Dauphin von Frankreich‹, wegen seiner ›ungeheuerlichen‹ Verbrechen und ›wiederholten Frevel gegen besagtes französisches Königreich‹ enterbt, d. h. wie der Kanzler vor dem Parlament von Paris, dessen Vorsitz der Herzog von Bedford innehat, erklärt: »Wegen des schrecklichen und verwerflichen Verbrechens, das in seiner Gegenwart und mit seiner Zustimmung begangen wurde.« 2. nach seinem Tod die ›Krone und das Königreich Frankreich mit allen Rechten und Pertinenzen‹ auf ewig seinem Schwiegersohn Heinrich V., König von England, und dessen Leibeserben vermacht.

Zwei Jahre später, 1422, sterben beide innerhalb weniger Monate, der König von Frankreich und sein mutmaßlicher Erbe: Heinrich V. am 31. August in Vincennes, Karl VI. am 21. Oktober in Paris.

Da der neue englische König, Heinrich VI., erst zehn Jahre alt ist, geht der Kampf von nun an zwischen seinem Onkel, dem Herzog von Bedford,

Regent des Königreichs Frankreich, und dem erst neunzehnjährigen Karl VII. weiter. Bis zum Sommer 1428 sind die Bestrebungen des Feindes (der Engländer) vor allem auf Maine und Anjou gerichtet. Für diese Zeit sind zwei schwere französische Niederlagen kennzeichnend: Cravant (Yonne) am 31. Juli 1423 und Verneuil (Orme) am 17. August 1424. Glücklicherweise folgte ein vierjähriger Waffenstillstand, den Frankreich und England am 28. September 1424 unterzeichneten, und zu dem England durch die inneren Schwierigkeiten veranlaßt wurde, die der Herzog von Gloucester, Regent in England, seinem Onkel, dem Kanzler und Kardinal von Winchester, machte:

Wegen dieser Schwierigkeiten muß Bedford sechzehn Monate in London verbringen, um die Streitigkeiten zu schlichten. Am 5. September 1427 werden die Engländer durch das Eingreifen des Bastards von Orléans, Gravilles und La Hires gezwungen, die vor zwei Monaten begonnene Belagerung von Montargis aufzugeben. Erst Anfang Oktober 1428, als der Graf von Salisbury Orléans belagert, um freie Straße nach Bourges, der Hauptstadt Karls VII., zu erzwingen, leben die Feindseligkeiten in bedrohlicher Weise wieder auf.

In diesem Augenblick sieht die allgemeine politische und militärische Situation so aus: das Königreich Frankreich, außer der Dauphiné östlich der Rhône, die zum Kaiserreich gehört, wird begrenzt von: der Nordsee, dem Atlantischen Ozean, den Pyrenäen und der ›Vierflüsselinie‹: Rhône, Saône, Maas, Escaut. In großen Zügen entspricht dieses Gebiet noch den Besitzungen Karls des Kahlen nach dem Vertrag von Verdun (843). Innerhalb dieser Grenzen besitzt England alle Gebiete nördlich der Loire außer Anjou, Blois, Orléans, Puisaye (zwischen Gien und Auxerre) und die Enklaven des Mont St. Michel, von Tournai und Vaucouleurs, die der Lilienblüte treu geblieben sind. Der französische König ist seinerseits Herr des Gebiets südlich der Loire (einen Teil von Guyenne ausgenommen, der den gegenwärtigen Departements der Gironde und der Landes entspricht). Das königliche Territorium ist also in zwei Teile geteilt, und die Flanke Karls VII. ist durch die gefährliche und beständige Bedrohung durch die mit den Engländern verbündeten Burgunder in Gefahr. Die großen Lehnsmänner hingegen: Johann V., Herzog von Bretagne, und Johann von Grailly, Graf von Foix und königlicher Statthalter in Languedoc, sind weder besonders zuverlässig noch sehr gefährlich; sie versuchen vor allem außerhalb dieses Konfliktes zu bleiben und versichern darum den beiden Gegnern wechselseitig ihre Sympathie.

Die äußere diplomatische Situation birgt andererseits nicht die Gefahr, daß eine dritte Macht von diesen Umständen profitieren könne, um die Schwierigkeiten Frankreichs noch zu erhöhen. Kastilien bleibt der traditionelle Verbündete; Aragon kann nicht so schnell die engen Bande mit der Königin Yolande, Schwiegermutter Karls VII., vergessen, die Visconti in Mailand sind nahe mit dem Hause Orléans verwandt, der Herzog Amadeus von Savoyen spielt eine ständige Vermittlerrolle zwischen Bourges und Dijon, Karl II., König von Lothringen, ist von der burgundischen Partei abgefallen, seitdem er am 20. März 1419 der Hochzeit seiner Tochter Isabella mit René von Anjou, Schwager Karls VII., zustimmte und hinter den Erbansprüchen Antoines de Vaudémont auf seine Krone die Machenschaften Philipps des Guten erkannte. Über diesen ziemlich unbedeutenden Fürsten steht Kaiser Sigismund, dessen Nachbarschaft von der Escautmündung bis zur Rhônemündung reicht; auch er ist nicht feindlich gesinnt. Wie der Herzog von Lothringen, erkennt und fürchtet er die unersättliche Besitzgier des Burgunders. Von 1421 bis 1428 hat er erfolglos versucht, ihn an der Erwerbung von Namur, Luxemburg, des Hennegaus, von Holland und Seeland zu hindern. Seit 1424 jedoch wurde mit den Gesandten Karls VII. ein Bündnis gegen Philipp den Guten in Aussicht genommen, das zehn Jahre später zustande kommt. Schottland hatte am 17. Juli 1428 durch den Vertrag von Perth ein ›altes Bündnis‹ mit Frankreich erneuert und die Bedingungen einer Heirat von Margareta, der Tochter König Jakobs I., mit Ludwig, dem Dauphin von Frankreich, vertraglich ausgemacht.

Außer diesen weltlichen Mächten zeigt der römische Hof unter dem Anschein der Unparteilichkeit Frankreich gegenüber wenig echte Sympathie, und man kann ihn als ›Verbündeten‹ des Herzogs von Bedford ansehen[1]. In Wahrheit hatte Papst Martin V., den das Konzil von Kon-

---

[1] Lavisse, IV, 2, S. 16.

stanz am 11. November 1417 erwählte, nicht vergessen, daß sich die französischen Prälaten seiner Wahl widersetzt hatten und einen beunruhigenden Gallikanismus vertraten. Mit Rücksicht auf das bevorstehende Baseler Konzil (1431–1434), wo über das Problem der Oberherrschaft von Papst oder Konzil verhandelt werden sollte, durfte er jedoch die mächtige Pariser Universität nicht gegen sich einnehmen, denn ihre Meinung hatte großen Einfluß auf die Christenheit, und sie hing ebenso offensichtlich an der englischen Sache, wie sie den Konziliarismus vertrat. Während andererseits die Ratgeber Karls VII. ständig einen mehr oder weniger deutlichen Widerstand gegen die fiskalischen Ansprüche Roms zeigten, hatte es Bedford verstanden, Martin V. mit geschickter Zuvorkommenheit zu begegnen. Vermittler war oft ein ehemaliger Rat seiner Kanzlei, der auf dem Konzil von Konstanz für seine Wahl gestimmt hatte: Pierre Cauchon, Bischof von Beauvais, besoldeter Ratgeber Heinrichs VI. von England[1]. Somit wird das Papsttum vor, während und nach dem Auftreten Johannas nichts tun, um die französischen Chancen zu unterstützen, obwohl es ganz genau über die Ereignisse informiert ist und jede Gelegenheit zum Eingreifen wahrnimmt, die ihm einen Vorteil bringen könnte. Bis zu seinem Tod am 20 Februar 1431 hat Martin V. nur ein Ziel: Einkünfte und päpstliche Autorität zu vergrößern und seine Familienmitglieder zu bereichern.

Wenn die militärische Lage des Königreichs auch Anlaß zu Besorgnis gibt, so ist sie jedoch gewiß nicht aussichtslos. Vor allem war das Unternehmen der Lancaster aus sich selbst nicht lebensfähig. Es war praktisch unmöglich, daß ein kleines Land – wie es England ohne Irland und Schottland damals war – eine Nation mit fast dreifacher Bevölkerungszahl erobern und absorbieren konnte. Hinzu kam, daß die Engländer, trotz der unbestreitbaren Überlegenheit ihrer politischen Führung in der starken Persönlichkeit des Regenten Bedford und ihrer ausgezeichneten militärischen Organisation auf gegnerischem Boden, inmitten einer feindseligen Bevölkerung und mit völlig unzureichenden Truppen kämpften. Salisbury unternimmt mit viertausendfünfhundert Mann die Belagerung von Or-

[1] Vgl. S. Luce, preuves, 200f.

léans, einer befestigten Stadt mit dreißigtausend Einwohnern, die von einem großen Fluß gesichert und reich mit Geschützen versehen ist. Die Besetzung von Rouen war 25 Soldaten, die von Evreux 12 anvertraut!

Im ganzen ist das jeweilige Gleichgewicht der materiellen Kräfte, der besetzten Gebiete, der inneren Schwierigkeiten und äußeren Beziehungen in jenem Augenblick für Frankreich sicher nicht ungünstiger als nach der Schlacht von Poitiers und der Gefangennahme Johanns des Guten. Nur hatte das Königreich im Jahre 1357 in der Person des einundzwanzigjährigen Dauphins, des zukünftigen Karls V., einen Anführer, der seiner Sache gewachsen war. Er war mehr Politiker als Soldat, jedoch ein Mann der Tat, voller Unternehmungsgeist; zielstrebig und geschickt wußte er sich mit den rechten Leuten zu umgeben. 1425 hängt sein Schicksal hingegen von einem fünfundzwanzigjährigen schwachen Prinzen ab, der den anderen und sich selbst mißtraut und weder schöpferische Vorstellungskraft noch Willensstärke besitzt.

In diesem Spiel ist der König Frankreichs schlechteste Karte. Seit dem Tag, an dem der Jugendliche unter einem Mantel verborgen aus der Hauptstadt geflohen war, war Karl VII. Beute und Spielzeug einer Reihe von Günstlingen, die er nicht einmal selbst ausgewählt hatte, und die vor seinen anscheinend gleichgültigen Augen einer nach dem anderen verjagt oder sogar ermordet wurden. Ende 1428 war der unter dem Titel ›Großkämmerer‹ ernannte erste Minister alleiniger Herrscher über alle Entscheidungen: Georges de la Trémoille war ungefähr 45 Jahre alt, ehemaliger Offizier des Hauses Johanns ohne Furcht, später Frankreichs Obermeister für Gewässer und Forstwesen. Diese intelligente, autoritäre, aber unmoralische Persönlichkeit verdankte ihre Stellung der Gönnerschaft des Konnetabels de Richemont, den er zum Dank vom Hofe vertrieben hatte (ohne seine Stelle neu zu besetzen), und mit dem er von Ende 1427 bis März 1432, inmitten der schlimmsten Prüfungen des Landes, einen grausamen ›Privatkrieg‹ führte.

Die beiden einflußreichsten Persönlichkeiten außer La Trémoille sind: Regnault de Chartres, Erzbischof von Reims[1] und Kanzler, ein geschickter

---

[1] Damals der höchste Würdenträger der französischen Kirche.

Vermittler, der sich seiner zahlreichen Missionen mit Erfolg entledigte. Er ist jedoch übervorsichtig, zu sehr von seinen Talenten und der größeren Wirksamkeit diplomatischer Wege überzeugt; dann Robert Le Maçon, ehemaliger Kanzler, Mitglied des Kronrats, ein bejahrter Mann mit kürzlich erworbenem Dienstadel: ehrlich, arbeitsam und klug, aber ängstlich. Um sie herum scharen sich die großen Herren und kirchlichen Würdenträger mit ihren Vorurteilen, Nebenbuhlerschaften, sowie oft sehr energische Hauptleute, die jedoch vor allem beim Waffenhandwerk glänzen. Die Regierung ist also eine der mittelmäßigsten, die Frankreich im Laufe seiner Geschichte je gekannt hat: eine Regierung ohne Führer, kein großer Beamter, ein anrüchiger Günstling und zweitrangige Befehlsempfänger.

Doch vernachlässigen diese Männer, wie ihre Vorgänger, trotz ihrer Unfähigkeit, ihres Egoismus, ihrer Laster und Leidenschaften, im allgemeinen das Geschick ihres Landes nicht. Sie wirken unaufhörlich für die völlige Wiederherstellung der königlichen Autorität in ganz Frankreich und in allen ›Sendschreiben‹, die zu jeder Gelegenheit an die ›guten Städte‹ gerichtet werden, unterstreichen sie die ständige Absicht des Königs und seines Kronrats, ›die von unseren schlimmsten Feinden usurpierte Herrschaft wiederzuerlangen‹. Auch wollen sie, wie wir bereits erwähnt haben, Karl VII. in Reims krönen lassen. Unglücklicherweise glauben sie seit den Niederlagen von Cravant und Verneuil nicht mehr an einen militärischen Sieg, und da sie selbst keinen Unternehmungsgeist besitzen und ihre Truppen ohne Anführer und Organisation lassen, sind sie nicht in der Lage, eine offensive Befreiungspolitik zu machen.

So bleibt ihnen auf militärischem Gebiet nichts anderes übrig, als die Angriffe des Feindes abzuwehren. Wenn der Feind droht oder angreift, versammeln sie in aller Eile zusammengewürfelte Truppen aus berittenen Soldaten, ländlichem ›Fußvolk‹, Banden fremder Herumtreiber und schicken sie ihm entgegen. Ob die Schlacht für den König günstig oder ungünstig verläuft, hat wenig Bedeutung. Anschließend nehmen sie sogleich ihre Zuflucht zu diplomatischen Schlichen und treten mit dem Gegner wegen eines der zahllosen ›Waffenstillstände‹ in Verhandlung, an denen die Geschichte jener Zeit so reich ist. An diesen nehmen regelmäßig die Legaten des Papstes teil, der die Plünderung und Zerstörung der Kirchengüter fürchtet; man kommt jedoch zu keinem Ergebnis, denn der Waffenstillstand wird bald gebrochen, und Scharmützel, Geldeintreibungen, Brandschatzungen und Zerstörungen beginnen von neuem. Diese Art der Kriegführung ist seit Jahrhunderten üblich, der Kriegszustand wird aufgrund der unzureichenden materiellen Mittel und durch seine zu weite territoriale Ausdehnung zum Dauerzustand.

Es ist verständlich, daß die Ratgeber Karls VII., die selbst in jahrhundertealter Tradition befangen und zur Konzeption und Ausführung von Kraftlösungen unfähig sind, sich während dieser ganzen Zeit hauptsächlich mit Kanzleigeschäften befassen. Ihr Hauptziel, das oft ihren Geist voll zu beanspruchen scheint, besteht darin, den verderblichen Bürgerkrieg der Armagnacs und Burgunder zu beenden, indem sie den mächtigen Philipp den Guten von der englischen Partei loslösen und in das königliche Lager ziehen. Im Hinblick auf die gegebenen Umstände gibt es offensichtlich kein klügeres und dringenderes Vorhaben. Selbst die Königin Yolande und der Konnetabel de Richemont, die vor und nach dem Ministerium von La Trémoille (Juli 1427 bis Juni 1433) die Zügel der Macht in den Händen halten, werden keine andere Politik verfolgen. Und als diese Politik mit dem Vertrag von Arras (1435) ihre Früchte trägt, erhält die englische Herrschaft in Frankreich den Todesstoß.

Der Irrtum oder das Unvermögen dieser Männer besteht jedoch darin, dieses Ziel mit hastiger und leicht entmutigender Ungeduld zu verfolgen. Der stolze Gegner ist hingegen viel unternehmender und hat mehr Bewegungsfreiheit. Anstatt ihn zum Verbündeten zu machen, stoßen sie ihn nur noch mehr zurück und regen ihn an, in seinem Doppelspiel zwischen Frankreich und England zusätzlich Profite zu suchen.

Der politische Zustand Frankreichs zeigt 1428, als die Engländer mit der Belagerung von Orléans beginnen, folgendes Bild: eine im allgemeinen zufriedenstellende politische Lage, ein Feind mit vielen schwachen Seiten, der am burgundischen Bündnis festhält, ein unfähiger König, eine mittelmäßige Regierung, die nicht mehr an eine Lösung durch Waffengewalt glaubt und in Verteidigungsstellung verharrt, weil sie die ausschlaggebende Hilfe nicht durch militärische Mittel oder Gelegenheiten erhofft.

Der Beginn der Belagerung von Orléans im Jahre 1428

Nach einem relativen Ruhezustand der militärischen Operationen, und nachdem ihre inneren Schwierigkeiten, wenigstens provisorisch, behoben waren, entschlossen sich die Engländer, in der Hoffnung, die Eroberung Frankreichs zu vollenden, zu einer energischen Offensive gegen Karl VII. Das britische Parlament gewährte für dieses Unternehmen Kredite und am 24. Juni 1428 landete der Graf von Salisbury, der als bester Feldherr der Armee galt, mit einer kleinen Truppe bei Calais. Von dort zog er nach Paris, wo ein Kriegsrat unter dem Vorsitz des Regenten Bedford entschied, daß er die wichtigsten Punkte der Beauce besetzen und danach Orléans angreifen sollte. In den ersten Augusttagen zog Salisbury mit einer Truppe von ungefähr 4500 Mann ins Feld und besetzte zuerst Rambouillet und Nogent-le-Roi. Am 25. August ist er in Janville, am 5. September in Meung-sur-Loire, am 25. September in Beaugency und am 5. Oktober in Jargeau. In den folgenden Tagen besetzt er Chateauneuf, St. Benoît und Sully; alle drei Städte liegen an der Loire, stromaufwärts von Orléans, das er endlich am 12. Oktober von der Sologne her erreicht[1].

Die Belagerung begann mit einem Erfolg der Belagerer. Am Morgen des 24. Oktober besetzten die Engländer nach dreitägigem Kampf Schanze und Festung der Tourelles, die von den Bewohnern der Stadt am Brückenkopf des linken Loireufers erbaut worden waren. Am Abend desselben Tages jedoch stieg Salisbury, um eine bessere Sicht über die Stadt zu gewinnen, auf einen der Türme dieses Baus, wo er von einer Kanonenkugel tödlich getroffen wurde. Die Nachfolge des Kommandos übernahm William Pole, Graf von Suffolk, der nach dem 8. November seine kleine Armee in die Winterquartiere von Meung und Jargeau zurückzog. In den Tourelles blieb unter dem Befehl von William Glasdale nur eine Wachmannschaft von 500 Mann. Abgesehen von 300 anderen Soldaten, die letztere am 1. Dezember verstärkten, erschien die Hauptmacht der Truppe erst im Januar 1429 wieder vor den Mauern von Orléans. Ende des Jahres 1428 besteht die Tätigkeit der Belagerer nur darin, die Tourelles und vor dieser, in Richtung der Sologne, die Augustinerbastei auszubauen sowie

[1] Morosini, III, S. 12, Anm.

einige Kanonenschüsse ohne besondere Folgen abzufeuern. Erst 1429 wird die Belagerung auch auf das rechte Loireufer ausgedehnt und die Stadt eingekreist.

Die Nachricht der englischen Unternehmung löste indessen gleich nach Bekanntwerden, Anfang August, vor allem in Orléans und dann in ganz Frankreich größte Erregung aus. Die Bürger, die unter dem Befehl des Sire de Gaucourt, seit März 1426 königlicher Gouverneur, eine Bürgermiliz von ungefähr 3000 Mann aufstellen konnten, bereiteten sich sogleich zum Kampf vor. Sie stellten Waffen und Munition her und setzten ihre Mauern in Verteidigungszustand, indem sie sie mit einundsiebzig großen Kanonen und Feldschlangen bestückten. Von Oktober bis zum Jahresende zögerten sie nicht, alle Bauwerke, die Kirchen eingeschlossen, die in den Vororten außerhalb der Mauern lagen, niederzureißen. So konnten sie dem Feind nicht nützen und ihre eigene Aktion wurde nicht von ihnen behindert. Endlich wandten sie sich an den König, die anderen ›guten Städte‹, Kriegsleute ohne Dienst und erbaten von ihnen finanzielle Hilfe, Soldaten, Waffen und Verpflegung. Zu zweit durchzogen sie das ganze Land bis nach Languedoc und baten um Beistand. Ihr Ruf fand Sympathie und Anteilnahme in der Öffentlichkeit. Orléans, das ehemalige Machtzentrum der ersten Kapetinger, war die ›Wahlkammer‹ der Könige geblieben. Sie war die wahre Stadt der Armagnacs, d. h. der königlichen Partei. Auch konnte der ritterliche Geist jener Zeit nicht zulassen, daß ihr Herr, Karl von Orléans, der seit Azincourt in England gefangen war, vom Sieger seines Eigentums beraubt wurde, solange er sich noch in Gefangenschaft befand. Ein Vertrag, der dieses überlieferte Prinzip bestätigte, war darum sogar am 16.–17. Juli 1427 in Blois vom Bastard von Orléans für seinen Bruder und für den englischen König vom Herzog von Bedford unterzeichnet worden.

Andererseits waren die möglichen militärischen Folgen, die der Verlust eines Brückenkopfs der Loire auf der Straße Paris–Bourges mit sich brachte, zu offensichtlich, als daß man bei Bekanntwerden dieser neuen Bedrohung nicht sofort die notwendigen Gegenmaßnahmen getroffen hätte. Monstrelet sagt dazu: »Als König Karl von Frankreich erfahren hatte, daß seine alten Feinde und Gegner die sehr edle Stadt Orléans unterwerfen und in ihre Macht bringen wollten, beschloß er mit Zustimmung der Mitglieder seines Rates *vor deren Ankunft* alles zu tun, was in seiner Macht stünde, um die Stadt zu verteidigen; denn er glaubte, wenn sie in die Hände des Feindes fiele, hätte das die völlige Vernichtung seiner Länder, seines Reiches und auch seiner selbst zur Folge.« Diese sofortige prinzipielle Entscheidung der königlichen Regierung wird von Karl VII. selbst bestätigt. Einen Brief vom 10. Mai 1429 an die Einwohner von Narbonne (wie an viele andere Bürgerschaften), der ihnen die Befreiung von Orléans mitteilt, beginnt er mit den Worten » . . . (Ihr) habt sicher von unserem ständigen Bemühen erfahren, der Stadt Orléans, die seit langem von den Engländern, den alten Feinden unseres Königreichs belagert wurde, jede mögliche Hilfe zu bringen, und dieser Verpflichtung sind wir oft nachgekommen[1].« Außer diesen allgemeinen Zeugnissen haben wir noch die sehr zuverlässigen zeitgenössischen Berichte des ›Tagebuchs der Belagerung‹ und vor allem die offiziellen Kostenabrechnungen, die über Art, Ausmaß und Zeit der Hilfeleistungen genaue Details angeben[2]. Seit Ende September 1428, vor Ankunft Salisburys, weist der Sire de Gaucourt, Gouverneur von Orléans, für diesen Monat an: 1. den schuldigen Sold für eine Anzahl Kompanien der königlichen Armee sowie für ihre Anführer. Unter ihnen befinden sich: der Marschall von St. Sévère, der Admiral von Culan, der Sire de Graville, Anführer der Bogenschützen (d. h. oberster Kommandant der Infanterie), Etienne de Vignolles, La Hire genannt, und Potan de Xaintrailles. 2. Zahlungen für Waffen verschiedener Art und Schießpulver. Daraus wird ersichtlich, daß die königliche Regierung in der Tat sofort nach dem Bekanntwerden der englischen Bedrohung alle verfügbaren Truppen und die angesehensten Feldherren in Orléans zusammenzog. Die von Magister Hemon Raguier unterzeichneten Zahlungsanweisungen ›an die Stadt Orléans für Verpflegung und Hilfe gegen die Engländer‹ folgen von Monat zu Monat bis zur Aufhebung der Belagerung im Jahre 1429. Seit Oktober werden sie von Formulierungen begleitet, aus denen die feste Absicht der königlichen Regierung hervorgeht, wie z.B.: » . . . an die nachstehenden Hauptleute und Feld-

---

[1] Procès, V, 101. [2] Charpentier u. Cuissard, a.a.O., 158–266, passim.

herren... die in die Stadt Orléans gekommen waren, um besagtem Herrn (dem König) gegen die Belagerer, die Engländer, seine alten Feinde und Widersacher zu dienen« oder verstärkt: »An die nachstehenden Hauptleute und Edelmänner, die damals in seinem Dienst (des Königs) in Orléans lagen, um diese Stadt vor den Belagerern, den Engländern, zu schützen und zu verteidigen . . . und das verdammenswürdige Unternehmen besagter Feinde zu verhindern.«

Diese Summen kamen, soweit man das beurteilen kann, sowohl aus Vorschüssen als auch aus regulären Krediten. Aus dem ›Register der Beschlüsse[1]‹ erfahren wir z.B., daß der Sire de Gaucourt, in Begleitung von La Hire, nach dem 22. September von Orléans nach Chinon reiste, um Geldmittel für die Verteidigung der Loirefront zu erlangen. Der König gab ihm tatsächlich sofort 15000 Taler, die er teilweise bei seinen Ratgebern, teilweise von verschiedenen Städten entlehnte und zu denen sogar die Abgeordneten der gerade versammelten Reichsstände beitrugen. Dieser letzte Umstand ist besonders wichtig, da er mit dem Beginn der Belagerung von Orléans zusammenfällt. Am 22. Juli, einen Monat nach der Landung Salisburys in Calais, richtete Karl VII. von Bourges ein Rundschreiben an seine Untertanen, in dem er ihnen mitteilte, daß der für den 18. Juli einberufene Ständetag – die Stände hatten diesem Aufruf aus unbekannten Gründen nicht Folge leisten können – am 10. September in Chinon stattfände. Eine so vollständige Versammlung der Vertreter der drei Stände aus dem gesamten französischen Gebiet, deren letzte 1421 abgehalten wurde, war nicht wegen des erneuten Erscheinens des Feindes beschlossen worden, wurde jedoch dadurch beschleunigt; die Sitzung fand vom 15. September bis Ende Oktober statt, gerade zu dem Zeitpunkt, an dem die Armee Salisburys die Loire erreichte und Orléans zu umzingeln begann.

Man kann mit Sicherheit annehmen, daß die Abgeordneten, wie bei all ihren Klagen, viel über provinzielle Angelegenheiten, Steuern, Rechtsfragen, Handel und Polizeigewalt berieten; sie standen jedoch dabei unter dem Eindruck der begonnenen Belagerung, über die sie täglich Nach-

---

[1] Was die Generalstände von 1428 in Chinon anbetrifft vgl. hierzu: Beaucourt, II, 170ff., 593 u. 631.

richten erhielten. Sofort gewährten sie der Krone eine ›Hilfe‹ von 500 000 Livres tournois und einen von der Geistlichkeit zugestandenen Zehnt, ›um den Engländern widerstehen zu können, die gegenwärtig an der Loire die Macht haben, zur Unterstützung von Orléans und für andere Staatsgeschäfte‹. Zur gleichen Zeit geben sie der Hoffnung Ausdruck, daß ›zum Wohl und zur Erhaltung seiner Herrschaft‹ und ›um dieselbe auf allen möglichen Wegen wiederzuerlangen‹, der König alle Edlen seines Blutes und seiner Verwandtschaft um sich versammle und vor allem versuche ›mit dem Herrn von Burgund‹ Frieden zu schließen und ›den Konnetabel‹ (de Richemont) ›zum Gehorsam und in seinen Dienst zurückzuführen‹, der, wie wir bereits erwähnt haben, mit La Trémoille, dem ersten Minister, einen ›Privatkrieg‹ führte. An diesen gewährten Krediten und formulierten Wünschen ist der feste Wille und die ganz natürliche Erregung einer Nation zu erkennen, die für ihr Heil alles unternehmen will und jeden einzelnen auffordert, sich um die Person des Königs zu scharen. Wenn es dazu auch erst einige Jahre später kommt, so sind die Herzen jedoch bereits auf dem rechten Weg und selbst in Burgund gibt es schon Parteigänger.

Auf jeden Fall tut man alles, was man kann. Am 24. Oktober zieht der Bastard von Orléans, künftiger Graf von Dunois, und in Abwesenheit des Konnetabels der beste Heerführer der Zeit, der sich im Vorjahr durch die Aufhebung der Belagerung von Montargis ausgezeichnet hatte, an der Spitze einer frischen Truppe von 800 Mann in Orléans ein, um das Oberkommando über die königlichen Truppen zu übernehmen, das er bis zur Niederlage der Engländer beibehält. Von diesem Augenblick an haben die Franzosen ihrem Gegner gegenüber einen leichten zahlenmäßigen Vorteil, der sich noch im Verlauf der Kämpfe vom Mai 1429 erhöht.

Aus verschiedenen Dokumenten geht hervor, daß in den letzten Monaten des Jahres 1428, kurz vor dem Auftreten Johannas, die Stände, der Hof und die Stadt- und Landbewohner ständig an die Gefahr dachten, die der Verlust dieser befestigten Stadt für Frankreich und seinen König bedeuten würde, und sofortige militärische und finanzielle Gegenmaßnahmen trafen.

Resümee

Die allgemeinen Tatbestände der johannischen Epoche, die wir uns an Hand von berufenen und zuverlässigen Texten zuerst vergegenwärtigt haben, kann man folgendermaßen zusammenfassen: 1. Die kollektive Mentalität der gesamten Christenheit war damals von ›religiösen Vorstellungen durchsetzt‹. 2. Das französische Volk hält nach der Überlieferung seinen König, sobald er gekrönt ist, für einen direkten Vertreter Gottes auf Erden. 3. Ein tiefes Empfinden für die nationale Einheit, das schon lange besteht und durch die grausamen Prüfungen eines langen Krieges noch verstärkt wurde, erträgt mit immer größerer Ungeduld das Joch der englischen Besatzung. 4. Karl VII. und die Regierung nehmen die Ereignisse eher passiv hin, als daß sie auf sie einwirken. Sie ziehen Notbehelfe der Kanzlei Lösungen durch Stärke vor. 5. Seit August 1428 verursacht der Aufbruch Salisburys nach Orléans eine außergewöhnliche Erregung bei Regierung und Volk. Sie bezeugen durch sofortige Maßnahmen ihren Willen, die große königliche Stadt mit allen Mitteln zu verteidigen.

Dies sind die ständigen psychologischen Bedingungen ihrer Umwelt und die augenblicklichen politischen Gegebenheiten, die auf Johannas geistige und gefühlsmäßige Entwicklung äußerlich einwirken und die erste Schlußfolgerungen erlauben:

A. Wenn wir bei Johanna z.B. einen unbedingten Glauben an die tägliche Anteilnahme Gottes und der Heiligen an allem menschlichen Tun feststellen, die Verehrung, die sie Karl VII. entgegenbringt noch vor ihrer Begegnung mit ihm, die Andeutung eines neuen Kreuzzugs, den Wunsch, soviel ›französisches Blut‹ wie möglich in der königlichen Partei zu sehen, und vor allem das ›große Mitleiden mit dem Königreich Frankreich‹, d. h. die Furcht vor wachsendem Elend und einem unerforschlichen Nationalschicksal, so wissen wir, daß es genügte, am Anfang des 15. Jahrhunderts zur Welt zu kommen und zu leben, um wie alle Zeitgenossen diese Anschauungen und Gefühle zu teilen. Das Gedankengut ist eine kollektive Erscheinung; das ist die Normalsituation des Individuums jeder Epoche. Darum erscheint es bereits offensichtlich, daß die Originalität Johannas nicht in dem Wunsch besteht, Orléans befreit, Karl VII. zu Reims gekrönt und ›die Engländer aus Frankreich geworfen‹ zu sehen, da alle diese Ideen zweifellos zu einer allgemeinen Denkweise gehören. Sie besteht darin, daß Johanna ihre Erregung in persönliche Entscheidungen und Handlungen umsetzte, deren Bedeutung feststeht, wenn sie auch nicht immer genau abgeschätzt werden kann. Mit anderen Worten: diese Umgebung und die Begleitumstände zeigen uns die äußerlichen Bestrebungen und die wichtigsten Tatsachen, die Johannas persönliche Reaktion hervorgerufen und bekräftigt haben. Sie können zu diesem wesentlichen Problem eine subjektive Erklärung geben. Das Geheimnis ihrer Persönlichkeit kann man nur durch sie selbst erklären, d. h. durch die Aufschlüsse, die uns ihre Veranlagung, ihr Charakter und Verhalten geben.

B. In Anbetracht der Lage und Umstände des Jahres 1429 konnte das öffentliche Eingreifen einer völlig unbekannten Person in die Staatsgeschäfte, gleich in welcher Form, nur im Rahmen derselben geistigen Atmosphäre anerkannt und wirksam werden. Es war unvermeidlich und notwendig, daß Johanna – oder jede andere Person – als Instrument einer göttlichen Absicht erschien. Ihr Auftreten und ihre Handlungen und auch das wenige, was wir bis dahin über ihre Person wissen, müssen eng mit dem Wunderglauben zusammenhängen, d. h. am Tag ihres Erscheinens trägt sie bereits ihre gesamte Legende in sich.

Nachdem wir uns so ein Bild über die allgemeinen Voraussetzungen für Johannas Ritt machen können, wird das Milieu ihre eigenen menschlichen Qualitäten eher verdunkeln und sie von Anfang an mit dem Schleier des Übernatürlichen bedecken. Und darum kommen wir jetzt zu den eigentlichen Schwierigkeiten.

III.

KINDHEIT – CHARAKTERBILDUNG

Die erste Schwierigkeit, oder besser gesagt, die erste Lücke besteht in den wenigen Auskünften, die wir über Johannas Leben von ihrer frühen Kindheit bis zum Verlassen des väterlichen Hauses haben. Das Gegenteil wäre übrigens überraschend. Niemand aus der Familie hätte den Beginn ihres zukünftigen Schicksals erkennen oder voraussehen können. Was zeitgenössische Berichte nach den bereits im Umlauf befindlichen Erzählungen von ihrem Ritt berichten und spätere Chronisten noch mit den Erinnerungen der letzteren bereichern, kann hier nicht zur Debatte gestellt werden. Alle diese Texte sind viel zu offensichtlich von der Legende beeinflußt. Wir müssen uns darum fast ausschließlich mit den Hinweisen begnügen, die von Johanna selbst bei ihrem Verurteilungsprozeß oder von einigen Zeugen bei ihrem Rehabilitationsprozeß gemacht wurden.

Sicher ist, daß Johanna in Domremy geboren wurde, einem kleinen Dorf am linken Maasufer, 10 Kilometer nördlich von Neufchâteau und 20 Kilometer südlich von Vaucouleurs.

Das bestätigt sie selbst[1] sowie etwa zwanzig Zeugen, darunter drei Patinnen und ein Pate Johannas, im Jahre 1456[2]. An dieser Tatsache ist nicht zu zweifeln und die ›Systeme‹, die das kontestieren, brauchen wir nicht zu beachten.

Domremy liegt geographisch in Lothringen, inmitten des Hochlands, durch das Mosel und Maas fließen und das von den Vogesen im Osten, der Sarre und Chiers im Norden, dem Argonnerwald und den Ebenen der Champagne im Westen, den Saônequellen und der Hochebene von

[1] Champion, II, 29. [2] Procès, II, 386 ff.

Langres im Süden begrenzt wird. Vom geologischen wie auch vom ethnographischen Standpunkt aus kann man sagen, daß Johanna durch Charakter, Brauchtum und Sprache Lothringerin war. Politisch war Domremy zu jener Zeit ein französisches und nicht ein lothringisches Dorf, denn an dieser Stelle bildete die Maas die östliche Grenze des Königreichs Karls VII. Am rechten Flußufer lag Grafschaft und Bistum Toul und dahinter das Herzogtum Lothringen, die beide wenigstens rechtlich zum Heiligen Deutschen Kaiserreich gehörten. Johannas Nationalität war unbestreitbar französisch.

Neben diesen grundsätzlichen Überlegungen hat man sich aus Lokalpatriotismus oft darüber gestritten, aus welcher Provinz Johanna stammen würde. Das Dorf Domremy, neben dem Ort Greux, befand sich zu jener Zeit zwischen der Grafschaft Champagne und dem Gebietsstreifen des Herzogtums Bar westlich der Maas, der seit Philipp dem Schönen zur französischen Krone gehörte. Manche Autoren haben darum behauptet, sie stamme aus der Champagne, andere, sie sei aus dem Barrois gebürtig. Wenn auch die zahlreichen über dieses Problem geführten Polemiken kaum wichtig und nur von geringem Interesse sind, soll man doch anführen, daß die Frage durch zwei amtliche Urkunden aus jener Zeit klar beantwortet wird: einen Erlaß Karls VII. und den Bericht des Prozesses von Rouen.

Wir wissen, daß die königlich französische Verwaltung gleich nach der Ankunft Johannas in Chinon im März 1429[1], später der Bischof Cauchon zu Beginn ihrer Gefangenschaft Ende 1430[2] in Domremy genaue Nachforschungen über sie anstellen ließen. Also: 1. Am 31. Juli 1429[3] erließ Karl VII. als besondere Gunstbezeugung den »Bewohnern der Stadt (und) des Dorfes Greux und Domremy im Verwaltungsbezirk Chaumont-en-Bassigny, wo besagte Johanna gebürtig ist«, die Steuern. 2. Der Artikel 4 des Verhörs gegen Johanna vom 27. März 1431[4] erklärt: ». . . es ist wahr, daß besagte Angeklagte in dem Dorf Greux geboren wurde . . . und in ihrer Jugend bis zum Alter von ungefähr achtzehn Jahren im Dorf Dom-

---

[1] Procès, III, 82. [2] Champion, II, 18. [3] Procès, V, 137.
[4] Champion, II, 123.

remy an der Maas, Diözese von Toul[1], Verwaltungsbezirk von Chaumont-en-Bassigny, Gerichtsbarkeit von Monteclaire und Andelot erzogen wurde.« So stimmten die französischen und englischen Behörden, nachdem sich jede unabhängig informiert hatte, in der offiziellen Erklärung überein, daß sie innerhalb des Verwaltungsbezirks von Chaumont-en-Bassigny geboren wurde, der seinerseits zur Grafschaft Champagne gehörte. Es scheint also unmöglich, daß irgendeine auf unsicheren Tatsachen oder unbeglaubigten Texten beruhende Vermutung den beiden übereinstimmenden Bestätigungen der Verwaltung entgegengestellt werden könnte, denn ihre Autoren hatten gewiß keinen Grund, Unwahres zu berichten. Johanna stammt also aus der Provinz Champagne.

Wenn wir auch ihren Geburtsort kennen, so wissen wir nichts über das Geburtsdatum[2]. Von vielen Autoren wird der 6. Januar 1422 angegeben, dieses Datum kann jedoch nicht als gültig anerkannt werden. Was den Tag ihrer Geburt betrifft, so verfügen wir nur über einen einzigen Text, einen Brief vom 21. Juni 1429[3] von Perceval de Boulainvilliers, Rat Karls VII., an den Herzog von Mailand; der Schreiber hatte sagen hören, sie sei in der Epiphaniasnacht, d. h. am 6. Januar, geboren worden. Doch können wir diesen unbelegten Hinweis Percevals nicht annehmen, denn einerseits wird er von zahlreichen erfundenen und übertriebenen Angaben über Johannas Kindheit begleitet, und andererseits sprach Johanna niemals von einem zeitlichen Zusammentreffen, von dem sie, wäre es wahr gewesen, sicher eine Andeutung gemacht und bei ihren Gefährten und Richtern angeführt hätte, um ihre Sendung glaubhaft zu machen.

Auch über das Geburtsjahr gibt es keine genaue Auskunft. Über Johannas annäherndes Alter bei ihrem Erscheinen vor dem König oder beim Prozeß gibt es nur Schätzungen von Zeugen; man muß auf deduktive Weise vorgehen. Die Chroniken liefern, ohne sie zu belegen, wider-

---

[1] Grafschaft und Bistum Toul, ein kleines kaiserliches Fürstentum, dessen Gebietsumfang etwa zwei heutigen Kantonen entspricht, darf nicht mit der Diözese Toul, einem sehr viel größeren Kirchenkreis verwechselt werden, der mit drei jetzigen Departements zu vergleichen ist und das Herzogtum Lothringen fast ganz und dazu noch Teile des Barrois und der Champagne umfaßte.

[2] Vgl. J. Cordier, La naissance de Jeanne d'Arc, Paris 1939. [3] Procès, V, 115f.

sprechende Daten, die von 1409 (Monstrelet; Jean Chartier) bis 1414 (der Kanzleibeamte von Albi) reichen und darum alle keinen Wert haben. Zwei Zeugnisse, die ihrer Autoren wegen a priori beide fundiert sein müßten, widersprechen sich. Das erste ist von Henriette de Syna, die am 29. Januar 1456[1] erklärt, daß sie ›ungefähr 45 Jahre‹ alt sei und Johanna ›drei bis vier Jahre‹ älter gewesen wäre, also müßte sie zwischen 1407 und 1408 geboren sein. Das zweite stammt von ihrem Intendanten, Jean d'Aulon, der von April 1429 bis Mai 1430 nicht von ihrer Seite wich und in seiner Erklärung vom 28. März 1456[2] versichert, Johanna habe während der Untersuchung von Poitiers im März 1429 ›ein Alter von ungefähr sechzehn Jahren gehabt‹, folglich konnte sie erst 1413 zur Welt gekommen sein. Es scheint unmöglich, zwischen diesen beiden unterschiedlichen Erklärungen die rechte Wahl zu treffen.

Johanna selbst sagt bei ihrem ersten Verhör am 21. Februar 1431, »sie glaube, ungefähr neunzehn Jahre alt zu sein[3].« Diese Aussage verlegt ihre Geburt in die Jahre 1411/12. Als man sie jedoch am nächsten Tag »befragte, welches Alter sie gehabt hätte, als sie das Haus des Vaters verließ (vor über zwei Jahren), erwiderte sie, sie könne ihr Alter nicht angeben[4].« Die Prozeßakten widersprechen sich ebenfalls und geben ihr nacheinander achtzehn, zwanzig und siebzehn Jahre, bis Ende 1428[5]. Fünf Ankläger des Prozesses von Rouen wiederum geben ihr, als sie 1455 und 1456[6] befragt wurden, ein Alter von zwanzig Jahren für Anfang 1431, obwohl einer von ihnen, Nicolas de Houppeville, der schon 1452 befragt wurde, sie damals auf neunzehn Jahre schätzte[7].

Alle diese Zeugnisse lassen uns über das Geburtsdatum ziemlich im Ungewissen. Außerdem muß man dabei noch berücksichtigen, daß bei der Altersangabe ein Unterschied von zwölf Monaten einzuberechnen ist; und da das Jahr nach der ›alten Rechnung‹ damals Ostern begann, verursacht das Schätzen von Jahreszahlen ein schwer zu berichtigendes Element der Verwirrung, wenn man sie nachträglich auf die jetzige ›neue Rechnung‹ übertragen will. Als Ergebnis kann man zwischen diesen ver-

---

[1] Procès, II, 417. [2] Procès, III, 209. [3] Champion, II, 30. [4] Champion, II, 33. [5] Champion, II, 123, 126 u. 275. [6] Procès, III, 131, 170, 174, 179 u. 189. [7] Procès, II, 327.

schiedenen Angaben nur ein mittleres Alter auswählen und annehmen, daß Johanna wahrscheinlich gegen 1410 oder 1411 geboren wurde, d. h. bei ihrer Ankunft in Chinon achtzehn oder neunzehn Jahre alt war.

Von Johannas Familienangehörigen kennen wir nur die Namen. Über keinen liegen brauchbare Angaben vor. Ihr Vater nannte sich Jacques d'Arc und nach der Behauptung einer seiner Nachkommen, die Anfang des 17. Jahrhunderts[1] veröffentlicht wurde, soll er aus Ceffonds (Haute-Marne) in der Champagne stammen. Ihre Mutter Isabelle, Romée genannt[2], soll aus Vouthon (Maas) im Barrois, einige Kilometer von Domremy entfernt, gebürtig sein[3]. Ihre Eltern lebten in bescheidenen bäuerlichen Verhältnissen. Alle Zeugen von 1455 bezeichnen sie ausnahmslos als ehrlich arbeitende Leute, gute Katholiken, die in einem gewissen Wohlstand lebten und einen sehr guten Ruf genossen. Die Banalität dieser Beschreibung ist ein Beweis ihrer Richtigkeit, denn wenn irgendein äußeres Zeichen erlaubt hätte, den gesellschaftlichen Rang der Familie d'Arc zu heben, wäre das sehr wahrscheinlich beim Rehabilitationsprozeß zur Sprache gekommen. Das Paar hatte mehrere Kinder. Die Urkunde der Adelsverleihung an Johanna und ihre Familie vom Dezember 1429[4] erwähnt außer den Eltern nur drei Brüder: Jacquemin, Jean und Pierre. Johanna soll zu Dunois jedoch von ›ihrer‹ Schwester[5] gesprochen haben, und 1455 machen zwei Zeugen und dann noch ein dritter eine Andeutung über ›ihre Schwester‹ und über ›ihre Schwestern‹ ohne ihre Namen zu nennen[6]. Man sagte, eine von ihnen hätte Katharina geheißen und wäre, ehe Johanna Domremy verließ, gestorben; die erwähnte Quelle kann jedoch nicht als sicher bezeichnet werden[7]. Wir wissen nur, daß Jean und Pierre d'Arc vom April 1429 bis Mai 1430 zu ihrer kleinen persönlichen Begleitmannschaft gehörten.

---

[1] Charles du Lis, Opuscules relatifs à Jeanne d'Arc, de 1610 à 1612, réimprimé par Vallet de Viriville, Paris 1866. [2] Champion, II, 110.

[3] A. Boucher de Crèvecoeur, Les Romée et les de Perthes, famille maternelle de Jeanne d'Arc, Abbeville 1891.

[4] Procès, V, 151. [5] Procès, III, 15. [6] Procès, II, 428, 433 u. 439.

[7] B. de Molandon, La famille de Jeanne d'Arc et son séjour dans l'Orléanais, in: Mém. de la Soc. Archéol. de l'Orléanais, XVII, 1–166.

Über Jacques d'Arc sind nur drei sichere Auskünfte bekannt: 1. Im Oktober 1423 war er Vorsteher oder Flurschütz seiner Gemeinde und vertrat diese rechtlich 1427 während eines schwebenden Prozesses in Vaucouleurs gegen Robert de Baudricourt[1]. 2. Johanna sagt am 24. März 1431 aus: »Als sie noch bei Vater und Mutter gewesen wäre, hätte man ihr oft gesagt, der Vater habe von einem Traum gesprochen, in dem er Johanna mit Soldaten hätte fortgehen sehen. Und Vater und Mutter hätten sie darum wohlbehütet ... daß sie gehört hätte, wie man zu ihrer Mutter gesagt hätte, der Vater habe den Brüdern gesagt, ›wenn ich glaubte, das, was ich von ihr geträumt habe, könne wirklich geschehen, ließe ich sie von Euch ertränken, und wenn Ihr es nicht tätet, so würde ich sie selbst ertränken ...‹ Befragt, ob diese Gedanken oder Träume ihrem Vater gekommen wären, nachdem sie ihre Erscheinungen gehabt hätte, erwiderte sie, ja, über zwei Jahre, nachdem sie ihre ersten Stimmen gehört hätte[2].« 3. Er nahm an der Krönung zu Reims teil, und die Reisekosten wurden von der Stadt getragen[3].

Über Isabelle Romée wird Johanna nur sagen, »daß nur die Mutter ihr den Glauben gelehrt habe[4].« Weiter wissen wir nichts von ihr. S. Luce hat behauptet, Isabelle Romée wäre besonders fromm gewesen, weil sie am 25. März 1429 zum berühmten Jubelfest der Jungfrau von Puy gegangen wäre, und versucht, diese Tatsache als eine Art mystische Vorbereitung des johannischen Rittes darzustellen. Die Prüfung der Texte und Chronologien[5] beweist leider, daß Johannas Mutter sich niemals nach Puy begab. S. Luce' Schlußfolgerungen sind in dieser Hinsicht reine Dichtung.

So können wir über den besonderen Charakter der einzelnen Familienmitglieder nichts in Erfahrung bringen, und nichts erlaubt uns anzunehmen, Johanna sei von ihnen in geistiger Hinsicht gefördert worden. Das einzige Anzeichen eines Familieneinflusses ist in Wahrheit von negativer Bedeutung: wenigstens am Anfang widersetzten sich Vater und Mutter ausdrücklich ihrer Absicht, fortzugehen[6].

---

[1] S. Luce, Jeanne d'Arc à Domremy. Preuves: 97 u. 360. [2] Champion, II, 81.
[3] Procès, V, 141 u. 266. [4] Champion, II, 30. [5] Vgl. Anhang I.
[6] Champion, II, 79 u. 81.

Was Johanna betrifft, so wird sie von allen 1455[1] in Domremy befragten Zeugen als ›sehr arbeitsames, einfaches, züchtiges, bescheidenes, gutes barmherziges‹ und vor allem ›sehr frommes‹ junges Mädchen beschrieben, das öfter als andere zur Messe und Beichte ging: bedeutungslose Eindrücke, die uns nichts Auffallendes enthüllen. Ihre persönlichen Aufgaben inmitten der Ihrigen waren ganz gewöhnlicher Natur. Sie wird erklären, daß sie weder A noch B (weder Lesen noch Schreiben) könne, jedoch Spinnen und Nähen gelernt habe und daß »sie, solange sie im Hause ihres Vaters gewesen wäre, die täglichen Hausarbeiten verrichtet hätte . . . gewöhnlich hütete sie nicht die Tiere, half jedoch, sie auf die Wiesen zu treiben[2].« Die erwähnten Zeugen bestätigen diese Worte und einer ihrer Paten, Jean Morel, faßt sie so zusammen: »In jungen Jahren, bis zu dem Augenblick, wo sie das Vaterhaus verließ, machte sie Feldarbeiten und hütete manchmal das Vieh auf den Wiesen. Sie verrichtete Frauenarbeiten, wie Spinnen und alles andere[3].«

In den Spielen, die Johanna als Kind mit ihren Altersgefährten an der Quelle der Groseilliers, am Fuß des ›arbre des Dames‹, spielte, worüber sie die Richter eingehend befragen, um zu versuchen, sie auf frischer Tat beim Ketzerglauben an die Macht der Feen zu ertappen[4], finden wir nicht die geringste Andeutung über ihre Persönlichkeit. Wenn wir nun Johanna nach den wenigen uns überlieferten Angaben über die Ihrigen und ihre Beschäftigung beurteilen, so erscheint sie uns als ein junges Mädchen vom Lande, das zu einer ehrenwerten Familie mittelmäßig gestellter Bauern gehört und in jeder Beziehung an der normalen Lebensweise der Dorfbevölkerung teilnimmt.

Individuelle Anhaltspunkte gibt es auch hierüber nicht, aber hat Johanna vielleicht unter dem Einfluß fremder Personen gestanden? Zwei Autoren, S. Luce und Anatole France, haben so etwas angedeutet, ohne es jedoch aus Mangel an zuverlässigen Beweisen bekräftigen zu können. Diese Hypothesen sind nur individuelle Ansichten, die einer Untersuchung nicht standhalten.

---

[1] Procès, II, 387–462. [2] Champion, II, 33 u. 43.
[3] Procès, II, 389. [4] Champion, II, 43f.

S. Luce[1] gibt vor, Johanna wäre von den Minoriten oder Bettelmönchen (Franziskaner oder Cordeliers), Parteigänger des Hofes Anjou-Sizilien und darum in einer Einflußfehde mit den Predigerbrüdern (Dominikaner oder Jakobiner), die dem Hofe von Burgund günstig gesinnt waren, auf ihre ›Sendung‹ hingewiesen worden, ohne selbst etwas davon zu verstehen. Diese anfechtbaren Äußerungen beruhen auf drei Vorkommnissen, deren erste, für sich genommen, absolut keine Folgen hat, deren zweite nur angenommen und deren dritte falsch ausgelegt wurde. Erstens erklärt Johanna zuverlässig, daß sie, während eines Aufenthalts von vierzehn Tagen in Neufchâteau (wahrscheinlich Juli/August 1428), »zwei-, vielleicht auch dreimal bei den Bettelmönchen gebeichtet habe[2].« Von einem Zeugen erfahren wir jedoch[3], sie habe ebenfalls mehrmals bei einem Predigerbruder gebeichtet, und Jean Pasquerel, ihr persönlicher Beichtvater, war ein Augustinermönch[4]. Unter diesen Umständen ist es absolut willkürlich, aus dieser Begegnung von Neufchâteau eine so tendenziöse Folgerung zu ziehen. Zweitens erzählt der ›Gerichtsschreiber von La Rochelle[5]‹, dessen Bericht zahlreiche Irrtümer enthält, daß der Minorit Richard – eine bekannte, aber schillernde und wenig erbauliche Persönlichkeit – ihr, im Juli 1429, unter den Mauern von Troyes voranging und, nachdem er ›lange‹ mit ihr gesprochen hatte, die Bevölkerung aufforderte, dem König von Frankreich die Stadttore zu öffnen. Johanna wird jedoch versichern, daß sie den Bruder Richard vor dieser Begebenheit ›niemals gesehen‹ habe[6]. Und drittens fanden die Nachforschungen der Minoriten, auf die sich S. Luce beruft, in Domremy, nach Johannas Gefangennahme, auf Veranlassung von Cauchon statt[7]. Somit berechtigt nichts zu der Annahme eines berechneten und geplanten Eingreifens, worüber es übrigens keinerlei Anhaltspunkte gibt.

A. France erkennt wohl ›die Unmöglichkeit, diese Einflüsse genau zu bestimmen‹ an, glaubt jedoch, daß sich unter den Weltgeistlichen, mit denen Johanna zusammenkam, »ein Initiator, der an das Los des Volkes dachte . . . um die Geschichte Johannas zum Guten des Königreichs zu

---

[1] a.a.O., Kap. IX u. X. [2] Champion, II, 33. [3] Procès, III, 119.
[4] Procès, III, 100. [5] Vgl. Anhang ›Bibliographie‹. [6] Champion, II, 65.
[7] Procès, II, 397. Vgl. S. Luce, CXLIII.

benutzen«, befinden mußte[1]. Die indirekte Bestätigung dieser anderen Hypothese glaubt er in der Zeugenaussage des Bertrand de Poulengy zu finden[2], wonach Johanna ihm gesagt hätte, der König habe sein Reich von Gott ›als Auftrag‹ empfangen (d. h. als Amt): Ausdruck eines Gelehrten und nicht eines Bauernmädchens, schließt er. Dieses Argument ist jedoch um so hinfälliger, da diese Johanna zugeschriebenen Worte nach sechsundzwanzig Jahren von einem Gerichtsschreiber aufgezeichnet wurden, der die mündlichen Zeugenaussagen schriftlich in seine eigene Sprache übersetzte. Die Beweisführung von A. France beruht also auf ebenso schwach fundierten Argumenten wie die von S. Luce.

Außerdem wird beiden durch einen entscheidenden Beweis das Fundament völlig entzogen. Damit Welt- oder Ordensgeistliche Johanna in ihrer Absicht, ›nach Frankreich‹ zu gehen, am Krieg teilzunehmen und dem Dauphin das, was sie für ihre ›Sendung‹ hielt, zu verkünden, ermutigen und fördern konnten, mußten sie notwendigerweise zuerst davon Kenntnis haben. Wenn jedoch die beiden Zeugen von Domremy, Michel Lebuin und Gérardin d'Epinal, von den Äußerungen, die Johanna vor ihrem Fortgang im Jahre 1428 ihnen gegenüber gemacht hätte, berichten, der erste: »Zwischen Coussey und Vaucouleurs lebt eine Jungfrau, die, noch ehe ein Jahr vergangen ist, den König zu Reims krönen wird«, und der zweite: »Kamerad, wenn Ihr nicht Burgunder wäret, so wollte ich Euch schon etwas anvertrauen«, so sind sie zu unpersönlich und zu unbestimmt, um als vertrauliche Mitteilungen gewertet werden zu können[3]. Was diesen Punkt betrifft, können wir nur Johannas formelle Antwort auf die präzise Frage in Betracht ziehen: »Befragt, ob sie von diesen Erscheinungen, die zu haben sie vorgibt, zu ihrem Pfarrer oder einem anderen Geistlichen gesprochen habe, erwidert sie, nein, nur zu Robert de Baudricourt und dem König. Außerdem sagt sie noch, ihre Stimmen hätten sie nicht verpflichtet, sie zu verschweigen, sie fürchtete jedoch sehr, sie aus Sorge, die Burgunder könnten ihren Aufbruch verhindern, zu enthüllen und vor allem fürchtete sie, ihr Vater würde sich ihrer Reise widersetzen[4].«

---

[1] A. France, Vie de Jeanne d'Arc, I, 51–54. [2] ebd., I, 74.
[3] Procès, II, 440 u. 423. [4] Champion, II, 79.

Folglich ist es absolut sicher, daß Johanna weder von fremden Geistlichen noch Familienangehörigen oder fremden Leuten dazu ermutigt wurde, sich nach Chinon zu Karl VII. zu begeben; aus dem einfachen Grund, weil sie niemandem, selbst nicht ihren Eltern, etwas von ihrer Absicht sagte und noch weniger von den inneren Beweggründen, die sie dazu brachten.

Andererseits hat man den äußerlichen Anlaß dieser Entscheidung entweder in der von verschiedenen Kriegsereignissen, die das Dorf betrafen, verursachten Erregung oder in den zu jener Zeit umlaufenden Prophezeiungen, die sie ermutigt hätten, finden wollen. Was den ersten Punkt betrifft, so scheint bewiesen, daß die Einwohner von Domremy gegen 1425 durch eine anglo-burgundische Bande[1] ihres gesamten Viehs beraubt wurden, und es ist sehr wahrscheinlich, daß die seit Juli 1428 von Antoine de Vergy, Statthalter des Königreichs von England in der Champagne, gegen Vaucouleurs unternommenen Maßnahmen, die zu einem Vergleich führten[2], dessen nähere Bestimmungen unbekannt sind, der Anlaß zu ihrem vorübergehenden Exodus nach Neufchâteau waren, wo Johanna mit ihrer Familie zwei Wochen lang bei einer Frau wohnte, die man ›La Rousse‹ nannte[3].

Zum zweiten Punkt äußern sich 1455 zwei Zeugen: ihr Vetter Laxart und ihre Wirtin in Vaucouleurs, Frau Le Royer, berichten, Johanna habe sie daran erinnert, »daß man früher gesagt hätte, Frankreich würde von einer Frau zugrunde gerichtet . . . und durch eine Jungfrau von der lothringischen Grenze gerettet werden[4].« In einem der Widersprüche, wie sie zwischen den beiden Prozessen recht häufig vorkamen, erklärte Johanna vierundzwanzig Jahre vorher ihren Richtern genau das Gegenteil: »Sie sagte außerdem, daß, als sie zum König ging, manche sie fragten, ob es in ihrer Heimat nicht einen Wald gäbe, den man ›bois

[1] S. Luce, a.a.O., LXXXII f. [2] ebd., Preuves: S. 222.

[3] ebd., CLXX ff. Johanna mußte sich während dieses Aufenthalts in Vaucouleurs dem Tribunal des Offizialamts von Toul stellen, um mit Erfolg den Prozeß um ein Heiratsversprechen zu verhindern, den ein junger Mann aus ihrem Dorf auf Veranlassung ihrer Eltern gegen sie angestrengt hatte (Champion, II, 79 u. 81).

[4] Procès, II, 444 u. 447.

chenu‹ nannte, denn eine Prophezeiung sagte, daß aus diesem Wald eine Jungfrau kommen und Wunder tun werde; besagte Johanna erwiderte jedoch, sie habe nie daran geglaubt[1].« Am wahrscheinlichsten ist, daß diese angenommenen Prophezeiungen, die man größtenteils Beda Venerabilis (einem englischen Kirchenlehrer, 675–735) oder dem Zauberer Merlin, einer mythischen Gestalt der Artus-Runde (13. Jahrhundert), zuschrieb und die später in die johannische Legende einbezogen wurden[2], erst bei der gerichtlichen Untersuchung von Poitiers im März 1429 auf Johanna angewandt wurden, weil man eine günstige Stimmung erzeugen wollte.

Es ist sehr wahrscheinlich, daß alle Hypothesen, Prophezeiungen und lokale oder allgemeine Ereignisse natürlich nicht nur Johanna allein bekannt waren. In Domremy, wie in allen Dörfern und Städten Frankreichs, konnte jeder in dieser Beziehung genau so viel wissen. Und wenn man endlich in Erfahrung bringen will, wodurch Johanna äußerlich beeinflußt werden konnte, so braucht man nicht einmal in der Ferne zu suchen.

Wichtigste Tatsache bleibt, daß Johanna nicht nur Untertanin des Königs von Frankreich war, sondern in einer Umgebung geboren wurde und aufwuchs, wo die gesamte Bevölkerung, mit nur einer Ausnahme[3], ihm treu geblieben und dem englischen Eroberer und seinem burgundischen Verbündeten feindlich gesinnt war. Diese Gefühle waren so stark, daß es zwischen den Jungen von Domremy und denen des ›burgundischen‹ Dorfes Maxey-sur-Meuse, das zwei Kilometer entfernt am anderen Flußufer lag, zu häufigen Raufereien kam. Johanna hat über diesen Punkt Erklärungen abgegeben, deren psychologische Bedeutung nicht hoch genug eingeschätzt werden kann. »Befragt, ob die (Einwohner) von Maxey für oder gegen die Burgunder waren, erwiderte sie, daß sie für die Burgunder waren . . . befragt, ob sie jemals an den Kämpfen der Kinder für ihre Partei teilgenommen habe, erwiderte sie, nein, sie erinnere sich nicht, aber sie habe wohl gesehen, daß manche (Jungen) von Domremy, die gegen die von Maxey gekämpft hatten, verwundet oder blutig zurückkamen . . . befragt, ob sie in so früher Jugend schon die Absicht hatte,

---

[1] Champion, II, 44. [2] Procès, III, 338 ff. u. IV, 321 ff. [3] Champion, II, 42.

gegen die Burgunder zu kämpfen, erwiderte sie, sie habe sie nicht lieben können und gewollt, daß der König sein Reich zurückbekäme[1].«

So erfahren wir ganz deutlich von Johanna selbst, daß sie seit ihrer ersten Kindheit in verkleinertem Maßstab das Beispiel der inneren Uneinigkeit Frankreichs vor Augen hatte, und da sie in einer den Armagnacs günstig gesinnten Umgebung lebte, entstand in ihr auf ganz natürliche Weise der Wunsch, ›der König solle sein Reich zurückbekommen‹. Die Entstehung ihres patriotischen Gefühls für den König ergibt sich, wie die ihres religiösen Glaubens, aus den Umständen selbst, und anders konnte es auch nicht sein. Dieses Zeugnis aus ihrem Mund gibt jedoch eine wertvolle Aufklärung über die ursprüngliche Entstehung ihrer Gefühle.

So zeigt uns diese Voruntersuchung über die Entwicklung Johannas inmitten der Anschauungen und Leiden ihrer Zeit ihre schicksalhafte Einsamkeit. Wie es die Analyse der kollektiven Psychologie bereits vermuten ließ, müssen wir ihre Handlungsmotive, den Eindruck ihrer Persönlichkeit und die Art ihrer Rolle vor allem in ihrem Temperament und ihrem Charakter suchen. Und zuerst ist es unerläßlich, die Erklärungen, die Johanna über sich selbst gegeben hat, sorgfältig zu untersuchen, um zu erkennen, ob es möglich ist, brauchbare Schlußfolgerungen daraus zu ziehen.

---

[1] Champion, II, 43.

IV.

DIE ›STIMMEN‹

Johanna hat sehr deutlich und wiederholt ausgedrückt, daß alle ihre Taten von Gott, dessen Aufträge ihr durch die ›Stimmen‹ übermittelt wurden, befohlen wurden. Diese Auslegung hängt eng mit der Mentalität ihres Lebenskreises zusammen. Für Johanna, wie für die große Mehrheit ihrer Zeitgenossen, ist das Wunder keine zufällige, sondern eine normale Erscheinung. Die Vorstellung einer nach konstanten Gesetzen geregelten Natur ist ihnen nicht nur völlig fremd, sie ziehen auch, ohne zu zögern, die kühnsten Folgerungen aus einer unbegrenzten Vorstellungskraft, die an märchenhaften Erzählungen reich ist. Sie hätte ihre Empfindungen auf jeden Fall in Zusammenhang mit dem Übernatürlichen bringen müssen.

Wenn wir uns damit zufrieden geben wollten, auf das objektive Nichtbestehen dieser Erscheinungen hinzuweisen, würde es genügen, daran zu erinnern: 1. daß sie dieselben hauptsächlich mit zwei mythischen männlichen Personen des Alten Testaments identifiziert: den Erzengel Michael und Gabriel sowie mit zwei Frauen, die nach der Legende gegen Ende des 3. Jahrhunderts unserer Zeitrechnung gelebt haben: die heilige Katharina von Alexandria und die heilige Margareta von Antiochia. 2. daß unsere gegenwärtigen biologischen Kenntnisse uns nicht erlauben auch nur anzunehmen, daß Tote – und noch weniger mythische Gestalten, die nie eine menschliche Existenz besessen haben – zeitweise irgendeinen Anschein ihrer früheren körperlichen Gestalt annehmen und für das Gesichts-, Hör- und Gefühlsvermögen der lebenden Menschen wahrnehmbar werden können.

Diese Bemerkung allein hätte jedoch nur negative Bedeutung und brächte uns nicht weiter. Darum ist es notwendig, diese ›Stimmen‹ einer direkten und sorgfältigen Prüfung zu unterziehen, ihre bekannten Eigentümlichkeiten zu analysieren und endlich zu entscheiden, in welchem Maß sie uns ermöglichen, die Persönlichkeit Johannas besser zu verstehen. Nach unserer heutigen Erkenntnis denken wir, wenn eine Person behauptet, Dinge oder Wesen zu sehen, Töne oder Worte zu hören, die keiner der Anwesenden wahrnehmen kann, zuerst, daß es sich um Sinnestäuschungen handele, deren Realität zu kontrollieren, deren Eigenart zu präzisieren, deren Intensität festzustellen und deren Folgen zu bestimmen sind.

Die Halluzination wird gewöhnlich als ›Wahrnehmung ohne Objekt‹ bezeichnet. Diese Formulierung ist zweifellos zu allgemein, denn in gewissen Fällen kann es sich um ein wirkliches Objekt handeln, dessen Elemente vom Subjekt ausgelegt und verformt werden. Sie faßt jedoch mit großer Klarheit das Wesentliche des Phänomens zusammen. Wenn, wie Séglas meint, »das Problem der Halluzinationen noch problematisch bleibt« und die verschiedenen Klassifizierungen ihrer Anzeichen auf keinen Fall endgültig sind, so können wir doch bestätigen, daß die Erfahrung viele typische Zeichen gesammelt und daraus eine gewisse Anzahl beweiskräftiger Schlußfolgerungen gezogen hat. Wenn folglich die Texte verkünden, daß historische Persönlichkeiten ›Stimmen‹ gehört oder ›Erscheinungen‹ gesehen hätten, kann man diese dokumentarischen Angaben nur mit der modernen medizinischen Semiologie vergleichen, um zu erkennen, ob diese ›Stimmen‹ oder ›Gesichte‹ als trügerische Wahrnehmungen angesehen werden müssen.

Die Auskünfte, die wir über Johannas ›Stimmen‹ haben, stammen: 1. von fünf Zeugen des Rehabilitationsprozesses von 1455: von Jean de Metz, dem Herzog von Alençon, Bruder Seguin, Dunois und Jean d'Aulon, die Bemerkungen erwähnen, die Johanna 1429 oder Anfang 1430 gemacht hatte. 2. von direkten Aussagen Johannas während des Verurteilungsprozesses von 1431.

Über ihr erstes Erscheinen wird Johanna mehrmals sagen, daß »sie im Alter von dreizehn Jahren eine Stimme von Gott hörte, die ihr half, ihren Weg zu finden[1]«; diese Stimme kam übrigens ›im Auftrag unseres Herrn‹

[1] Champion, II, 33, 42 u. 79.

und war die einer Heiligen[1]. Es scheint recht überraschend, daß Johanna, die 1431 nicht ihr genaues Alter angeben konnte und nicht wußte, in welchem Alter sie vor zwei Jahren das Vaterhaus verlassen hatte[2], sich genau an ihr noch weiter zurückliegendes Alter hat entsinnen können, als sie zum erstenmal die Stimmen vernahm. Man könnte annehmen, daß die Gerichtsschreiber von 1431, die ihr ein Alter von zwanzig Jahren zuschrieben, hier eine ihrer Aussagen entsprechend angepaßt und umgerechnet haben; sie sagte nämlich: »Es ist sieben Jahre her, seit sie (die Stimmen) mich zu beraten begonnen haben[3]«, was auch bedeuten kann: es ist lange her. In jener Zeit, da die Zahl sieben einen allgemein mystischen Wert hatte[4], waren Zeitangaben wie ›es ist sieben Jahre her‹ oder ›vor sieben Jahren[5]‹ nur eine annähernde Zeitbestimmung. Wir müssen jedoch darauf hinweisen, daß Jean de Metz 1455 aussagen wird, Johanna habe ihm auf der Reise von Vaucouleurs nach Chinon (Februar/März 1429) gesagt, »daß es schon vier oder fünf Jahre her sei, daß ihre Brüder des Paradieses und ihr Herr, d. h. Gott, ihr gesagt hätten, sie müßte in den Krieg ziehen, um das Königreich Frankreich zu retten[6].« Diese Übereinstimmung mit Worten, die Johanna vor fünfundzwanzig Jahren gesagt haben soll und die zum Zeitpunkt ihrer geplanten Rehabilitation in Umlauf gebracht wurden, ist jedoch recht zweifelhaft und kann auf keinen Fall die Unwahrscheinlichkeit der Tatsache verdecken, daß ein junges Mädchen von dreizehn Jahren den Gedanken gefaßt haben soll, gegen Soldaten zu kämpfen.

Diese Bemerkungen ergeben somit keine klare Antwort und lassen den Zweifel über Johannas genaues Alter bestehen, als zum »ersten Mal ... die Stimme ungefähr zur Mittagsstunde, im Sommer, im Garten ihres Vaters zu ihr kam ... von rechts her, wo die Kirche lag[7].« Dieser Zweifel wird sogar durch die folgenden sehr kurzen Ausführungen Johannas bestätigt, in denen sie ohne Übergang von den allerersten Gesichten zu

---

[1] Champion, II, 91. [2] s. o. [3] Champion, II, 47. [4] Huizinga, 253.

[5] Champion, II 56: Johanna sagt: »(Be)vor sieben Jahre (vergangen sind), werden die Engländer in Frankreich alles verloren haben.«

[6] Procès, II, 437f. [7] Champion, II, 33.

jenen kommt, die ihr befahlen, nach Frankreich zu gehen, um Orléans zu befreien[1].

Auch scheint Johanna sich anfangs über die Identität der Stimmen nicht ganz im klaren gewesen zu sein. Nachdem sie zu Jean de Metz von ihren ›Brüdern des Paradieses‹ gesprochen hatte[2], soll sie in Chinon (Anfang März 1429) dem Herzog von Alençon erklärt haben: »Daß sie Stimmen hätte und Ratschläge empfinge, die ihr sagten, was sie tun solle; aber der Zeuge erinnert sich nicht an sie[3].« Vor Seguin in Poitiers (Ende März 1429), daß »sie eine Stimme hörte, die ihr sagte, Gott wolle sich des französischen Volkes erbarmen[4].« In Gegenwart von Dunois in Loches (Ende Mai 1429), daß »sie jedesmal, wenn sie zu Gott bete, eine Stimme höre[5]«; zu Aulon endlich (unbekanntes Datum, aber vor Mai 1430), daß »wenn sie nicht wüßte, wie sie ihre kriegerischen Unternehmungen ausführen sollte ... ihre Ratgeber ihr sagten, was sie tun solle ... es seien drei Ratgeber, von denen einer dauernd um sie sei, der andere komme und gehe und besuche sie oft und der dritte sei jener, mit dem die beiden anderen berieten[6].« Keiner dieser fünf Zeugen schreibt diese ›Stimmen‹, Johannas Aussagen folgend, bestimmten Personen zu, nur Dunois entsinnt sich, von ihr gehört zu haben, sie habe durch sie von Gebeten Kenntnis erhalten, die der heilige Ludwig und St. Charlemagne (Karl der Große) für die Stadt Orléans und die königliche Partei an Gott richteten[7].

Erst beim Verurteilungsprozeß von 1431 wird Johanna genauere Einzelheiten über die Art ihrer ›Stimmen‹ mitteilen, die sie bereits den französischen Examinatoren von Poitiers[8] (März 1429) angegeben haben will, denn sie antwortet auf die zahlreichen ihr gestellten Fragen so, als ob sie dadurch zu einer Wiederholung früherer Auslegungen veranlaßt worden sei. Sie wird erklären, daß sie, als sie das erste Mal im Garten des Vaters eine ›Stimme‹ hörte, »große Furcht hatte ... daß sich dabei meist ein Licht zeigte ... daß sie ihr als eine erhabene Stimme erschien, und sie glaubte, daß ihr diese Stimme von Gott gesandt worden wäre; und nach dem dritten Anruf erkannte sie, daß es die Stimme eines Engels war.«

---

[1] Champion, II, 34. [2] s. o. [3] Procès, III, 92. [4] Procès, III, 204.
[5] Procès, III, 12. [6] Procès, III, 219. [7] Procès, III, 6f. [8] Champion, II, 47f.

Doch war dieser Engel, der zu ihr sprach »nicht allein, sondern wurde von den Engeln des Himmels begleitet . . . sie sah ihn öfter, bevor sie begriff, daß es der heilige Michael war« und sie identifizierte ihn nur durch »die Sprache und Worte der Engel«, die sie bald erkannte »weil sie daran glaubte und den Willen hatte daran zu glauben.« Außerdem »lehrte und zeigte ihr der heilige Michael so viele Dinge, daß sie fest daran glaubte, daß er es war« und endlich »sagte er ihr, daß die heilige Katharina und die heilige Margareta zu ihr kommen würden, um sie zu führen und zu beraten, und daß sie ihrem Rat folgen müßte, und daß dies auf Befehl unseres Herrn geschähe«, und »sie glaubte, es wären die heilige Katharina und die heilige Margareta[1].« Als die Stimme begann, deutliche Worte an sie zu richten, sprach sie zuerst nur über Johanna und hielt sie an »sich gut zu führen und zur Kirche zu gehen«, um ihr erst danach zu sagen »es wäre notwendig, daß sie nach Frankreich gehe[2].«

Wenn man diese verstreuten Aussagen zusammenstellt, kann man Johannas Identifikation dieser Stimmen rekonstruieren. Am Anfang hat sie nur unzusammenhängende auditive und visuelle Eindrücke, die ihr einen Schrecken einflößen, die sie aber nicht zu deuten versucht. Nachdem sie endlich drei- bis viermal diese Erscheinung gehabt hatte, erkannte sie die Hauptgestalt eines ›Engels‹, der von einer Anzahl ›sehr kleiner‹ Gestalten begleitet wurde[3]. Von diesem Augenblick an »glaubte sie recht bald und hatte den Willen zu glauben«, daß letztere »Engel des Himmels« wären, d. h. sie identifiziert sie mit ihrem eigenen unbewußten Verlangen, und unter dem Einfluß des zeitgenössischen Glaubens. Nachdem dieser erste Schritt getan war, folgte das übrige nach den Regeln des psychischen Automatismus; die ›Engel des Himmels‹ sagen ihr, daß sie vom heiligen Michael angeführt würden, und dieser wiederum verheißt ihr den Besuch der heiligen Katharina und der heiligen Margareta.

Es ist ebenso unmöglich, die Dauer dieses ersten Entwicklungsstadiums zu ermessen wie Johannas genaues Alter zu Beginn ihres Auftretens anzugeben. Die Tatsache einer progressiven Ausbildung ihrer zuerst un-

---

[1] Champion, II, 33f., 48 u. 98–100. [2] Champion, II, 34.
[3] Champion, II, 34 u. 307f.

zusammenhängenden auditiven und visuellen Wahrnehmungen, die sich anschließend bereichern, genauer werden und Gestalt annehmen, kann jedoch nicht bezweifelt werden. Nun hat uns die Erfahrung bewiesen, daß in den Fällen, in denen eine von halluzinatorischen Strömungen befallene Person außerhalb dieses Zustands ihre volle Denkfähigkeit bewahrt, die »oft erst undeutlichen Stimmen später verständlich werden und sich endlich genau und zusammenhängend ausdrücken[1].« Dieses Phänomen ist, wenigstens rein äußerlich, am besten mit dem Vorgang der Entwicklung eines Fotonegativs zu vergleichen.

Um die Richtigkeit dieser vorläufigen Annahme zu überprüfen, werden wir jetzt die Aussagen Johannas mit den bekannten Halluzinationsformen vergleichen.

Aussagen Johannas	*Moderne Erkenntnisse*
A. Johanna ist von der Wirklichkeit ihrer ›Stimmen‹ und Gesichte absolut überzeugt. »Ich habe sie (St. Michael und die Engel) mit meinen eigenen Augen gesehen, so wie ich Euch sehe.« (Champion, II, 48) »Ich habe sie (St. Michael und St. Gabriel) mit eigenen Augen gesehen und glaube an ihr Erscheinen ebenso fest wie an Gott.« (Champion, II, 63) »Sie wußte das durch die Offenbarungen, wie sie auch wußte, daß wir (der Bischof) vor ihr standen.« (Champion, II, 56)	A. »Das Kennzeichen der Maximalhalluzinationen ist der tiefe Glaube an die Wirklichkeit der falschen Wahrnehmungen.« (Ey, 42) »Die eingebildeten Worte sind meist deutlich, sie werden ins Ohr geflüstert oder laut ausgesprochen, als kämen sie von einem Gesprächspartner. Ich höre sie, wie ich Euch höre.« (Dide et Guiraud, 58)

[1] Dide et Guiraud, 183f.

»Was die Engel betrifft, so hat sie sie mit eigenen Augen gesehen.« (Champion, II, 101)

B. Sie gehorcht genau ihren Befehlen.

»Sie erwiderte, daß sie mit allen Kräften die Befehle unseres Herrn erfülle, die ihr durch die ›Stimmen‹ zukämen, so weit sie dieselben verstehen könnte.« (Champion, II, 98)

B. »Die halluzinatorischen Befehle werden oft impulsiv und ohne Zögern ausgeführt . . . durch dieses Argument wird die Theorie bekräftigt, die Halluzinationen als wörtliche Formulierungen von unbewußten Neigungen betrachtet.« (Dide et Guiraud, 59)

C. Die ›Stimmen‹ sind ihre ständige Hilfe.

»Sie sagte auch, sie wäre schon gestorben, wenn die Offenbarungen ihr nicht täglich Trost brächten.« (Champion, II, 59)

»Und als sie zu Gott betete, hörte sie eine Stimme, die ihr sagte, Magd Gottes, geh, geh zu, ich werde an Deiner Seite sein, geh voran.« (Dunois, Procès, III, 12)

»Und die Stimme hieß sie, kühn zu antworten, denn Gott würde ihr helfen.«
(Champion, II, 40, 46, 48, 63)

C. »Manchmal helfen und ermutigen die Unsichtbaren. Geh zu, mein Sohn, ich werde Dir beistehen.« (Dide und Guiraud, 59)

D. Sie hört, sieht und berührt gleichzeitig die ›Stimmen‹.

D. »Die halluzinatorischen Assoziationen . . . die Halluzinatio-

»Sie erwiderte, daß sie die heilige Katharina, die ihr sichtbar erschien, berührt hätte . . . (und) daß sie beide, die heilige Katharina und die heilige Margareta, umschlungen hätte . . . Befragt, ob sie gut rochen, erwiderte sie, ja, sie rochen gut.«
(Champion, II, 106)

nen der verschiedenen Sinne, vor allem von Gesicht und Gehör, werden manchmal vereinigt und auf dasselbe äußerliche Objekt angewandt.«
(Dide und Guiraud, 61)

E. Johannas ›Stimmen‹ richten sich vor allem an das Gehör. Sie hört sie immer, kann sie manchmal jedoch nicht sehen. Wenn sie sie sieht, unterscheidet sie nur Gesichter und Kopfschmuck. »Befragt, ob die Stimme in ihrer Kammer war, erwiderte sie, sie könnte es nicht sagen, sie wäre jedoch sicher im Schloß gewesen.«
(Champion, II, 39)

»Sie sieht sie immer in derselben Gestalt, und ihre Häupter sind reich bekrönt. Von ihrer übrigen Kleidung spricht sie nicht. Sie sagt auch, daß sie über ihre Gewänder nichts wisse . . . befragt, ob sie lang herabhängende Haare hätten, erwiderte sie, ich weiß es nicht. Sie sagte auch, sie wüßte nicht, ob Arme oder andere Glieder sichtbar wären.«
(Champion, II, 57)

E. »Auf einer höheren Stufe bestehen die Halluzinationen nicht mehr aus einzelnen Wörtern, sondern aus ganzen Sätzen, die von den Halluzinierten gehört werden. Man kann dabei oft bemerken, daß die falschen sensorischen Wahrnehmungen oft mit den wichtigsten Gedanken des Kranken in Verbindung stehen.«
(Baillarger, 275)

»Wenn die Halluzinationen zu gleicher Zeit von mehreren Sinnen aufgenommen werden, sind die eines Sinnes am ausgeprägtesten.« (*ebd.*, 365)

»In diesem Fall . . . stehen diese Halluzinationen untereinander gewöhnlich im engsten Zusammenhang . . . Die Assoziation von Ideen erklärt das gleichzeitige Bestehen von Halluzinationen verschiedener Sinne.«
(*ebd.*, 372)

F. Manchmal sieht sie ihre ›Stimmen‹, und besonders den heiligen Michael, von einer Anzahl kleiner Gestalten umgeben. »Sie erwiderte, daß sie den heiligen Michael sah, und er war nicht allein, sondern in Begleitung der Engel des Himmels.«
(Champion, II, 48)

»Befragt, wieviel Engel ihn begleiteten . . . erwiderte sie . . . sie erschienen ihr als winzige Gestalten.« (Champion, II, 307)

»Besagte Johanna erklärte . . . sie hätte Erscheinungen gehabt, die zu ihr gekommen wären, manchmal wären es viele, manchmal wenige oder es wären winzige Gestalten gewesen.«
(Champion, II, 308)

F. »Die Liliputhalluzinationen von Leroy sind oft das Ergebnis einer Intoxikation oder einer Infektion. Man sieht winzige Personen, in Puppengröße, in starken Farben und Tiere . . .«
(Dide und Guiraud, 59)

Der englische Arzt Bostock berichtet von falschen Wahrnehmungen, die er infolge einer Krankheit hatte, er glaubte, eine »große Zahl kleiner Wesen zu sehen, die sich ständig entfernten und einer Reihe von Medaillons ähnelten.«
(Zitiert von B. de Boismont, 36)

G. Johannas ›Stimmen‹ sind simultan: mit dem heiligen Michael, den Engeln des Himmels, den Heiligen Katharina und Margareta hat sie richtige Unterhaltungen. »Sie sagte, daß die heilige Katharina und die heilige Margareta sie veranlassen würden, von Zeit zu Zeit zu beichten.«
(Champion, II, 60)

»Und um sicher zu gehen, sprach sie davon zur heiligen

G. »Die Gehörhalluzinationen sind häufiger und komplizierter... Wenn ein Kranker Gesichte hat, so gibt es drei oder vier, die von ›Stimmen‹ verfolgt werden . . . Oft hören Kranke drei, vier und bis zu zehn verschiedene Stimmen; die Halluzinierten antworten oft auch auf diese ›Stimmen‹ und unterhalten sich lange mit ihnen. Beispiele dafür sind die erhabenen Unterhaltungen Tassos

Katharina, die ihr sagte, daß diese Katharina (de la Rochelle) eine Irre wäre, und man ihr nicht glauben könnte.«
(Champion, II, 68)

mit seinem Dämon und die heftigen Streitgespräche Luthers mit dem Teufel.«
(Baillarger, 273,74).

H. Sie unterscheidet die ›Stimmen‹. »Sie erkannte sie an ihrem Gruß ... und weil sie ihren Namen angaben.«
(Champion, II, 47)

H. »Ihr Ton (der Stimmen) wird erkannt und verschiedenen Personen zugeschrieben.«
(Dide und Guiraud, 195)

I. Johanna hört ihre ›Stimmen‹, wenn sie es wünscht.

»Befragt, ob sie die Heiligen Katharina und Margareta zu sich riefe oder ob sie von selbst kämen, erwiderte sie, sie kämen oft ungerufen und wenn sie nicht kämen, bäte sie unseren Herrn, sie zu schicken.«

»Befragt, ob die Heiligen manchmal auf ihren Ruf hin nicht kämen, erwiderte sie, daß sie niemals nötig hätte, sie zu rufen.« (Champion, II, 78, 79)

»Und um sicher zu gehen, sprach sie darüber mit der heiligen Katharina und der heiligen Margareta, die ihr sagten ... usw....«
(Champion, II, 68)

I. »Es gibt Personen, die vorgeben, durch ihren Willen ›Stimmen‹ hervorrufen und behalten zu können.« (Lagache, 125)

»In manchen Fällen scheinen die Halluzinationen vom Willen allein hervorgerufen zu werden. Der Halluzinierte plaudert nach Wunsch mit seinen Gesprächspartnern, und wenn man ihn bittet, diese oder jene Frage an sie zu richten, hört er sie einen Augenblick lang an und überbringt dann die erhaltene Antwort.« (Baillarger, 285)

»Diese Kranken gebrauchen manchmal das Wort ›Stimme‹, weil sie dafür keine andere Erklärung geben können.« (*ebd.*, 441)

J. Johanna hatte drei Ratgeber, einer von ihnen, der heilige

J. »Die Zahl der unsichtbaren Gesprächspartner kann modifi-

Michael, stellt eines Tages seinen Besuch ein.

»Sie sagte auch, sie hätte den heiligen Michael nicht gesehen, seit sie das Schloß Crotoy verließ.« (Ende November 1430). (Champion, II, 60).

ziert werden . . . Jemand, der uns sagte, er würde drei verschiedene Stimmen hören, verkündet eines Tages, daß er nur noch zwei höre; manchmal kommt auch das Gegenteil vor.« (Baillarger, 282)

K. Manchmal wecken die Stimmen sie während des Schlafens. »Befragt, was sie gestern morgen tat, als die Stimme zu ihr kam, erwiderte sie, sie hätte geschlafen und wäre von der Stimme aufgeweckt worden . . . Als sie erwachte, fragte sie die Stimme, was sie antworten sollte, und die Stimme sagte, sie sollte darüber unseren Herrn befragen.« (Champion, II, 39, 40)

K. »Es ist bekannt, daß die hypnagogischen Halluzinationen vor allem abends beim Einschlafen und morgens beim Erwachen stattfinden.« (Tissié, 49)

»Man weiß von Halluzinationen, die während des Traumes beginnen und im Wachwerden andauern.« (*ebd.*, 152)

Aus dieser einfachen Gegenüberstellung der Tatsachen ersehen wir, daß alle Einzelheiten der von Johanna beschriebenen >Stimmen< genau den heute bekannten wissenschaftlichen Beobachtungen entsprechen: das Wort >Stimme< selbst, die tiefe Überzeugung des Subjekts, der impulsive Gehorsam den Befehlen gegenüber, der moralische Beistand der Stimmen, die mit verschiedenen Sinnen, unter Vorherrschen eines derselben, assoziierten Halluzinationen, die Liliputhalluzinationen, das Gespräch verschiedener >Stimmen<, von denen jede individualisiert wird, das Verschwinden einer oder mehrerer Stimmen, die hypnagogische Halluzination und endlich das Hören der >Stimmen< nach Wunsch, das sichtbarste Zeichen der halluzinatorischen Subjektivität[1].

---

[1] An Johannas Halluzinationen hat man manchmal die von Aulon (Procès, III, 219) überlieferte Tatsache anknüpfen wollen, daß sie an Amenorrhöe litt. Wenn

Diese Voraussetzungen haben G. Dumas dazu geführt, über Johannas Fall auf Verlangen eines ihrer Historiker[1] ein Gutachten abzugeben, das seitdem noch nicht ernsthaft bestritten wurde und das wir in drei Sätzen zusammenfassen können:

1. Johanna hatte, als sie glaubte, Stimmen zu hören, zweifellos Halluzinationen (er gebraucht diesen Ausdruck fünfzehnmal), ohne daß es möglich wäre, nachträglich eine genaue Diagnose zu stellen. 2. Außer diesen Halluzinationen zeigt sie keinerlei Anzeichen von geistigen und gefühlsmäßigen Störungen. 3. Die alleinigen Anzeichen der nervösen Pathologie – von wahrscheinlich nicht tiefgehender Art – genügen nicht, um ihren Charakter und ihre Handlungen zu erklären.

Die Meinung dieses anerkannten Fachmanns hängt offensichtlich von zwei allgemeinen auf Erfahrung beruhenden Beobachtungen ab, durch die wir wissen: daß ein menschliches Wesen außerhalb dieser Halluzinationen, die seine Hauptgedanken ausdrücken, im allgemeinen einen vollkommen normalen Psychismus haben kann. Darum sind die Tatbestände wie folgt:

1. Wenn die Halluzination im Wachzustand stets als ein pathologisches Anzeichen betrachtet wird – soweit es überhaupt möglich ist, zwischen Gesundheit und Krankheit eine genaue Trennungslinie zu ziehen –, so ist sie keinesfalls das charakteristische Symptom eines krankhaften Zustands. Schon Baillarger sagte, daß man »recht oft falsche sensorische Wahrnehmungen vorübergehend bei geistig gesunden Personen findet«, und wies auf das klassische Beispiel zweier außergewöhnlich begabter, wenn nicht genialer Männer hin: Luther (1483–1546) und Tasso (1544–1595), die zweifellos Halluzinationen hatten.

Luther beschreibt selbst das Verhalten des Teufels, der in seiner Kammer umherging und dessen starke tiefe Stimme ihn ständig mit Argumenten bedrängte. Manso, der Biograph und Freund Tassos, berichtet, er habe eines Tages dessen Mienenspiel beobachtet. Tasso, der vor dem Feuer saß, blickte plötzlich aufmerksam zum Fenster und begann eine sehr ernst-

---

man aber auch bei vielen Frauen einen Parallelismus von psychischen und Menstruationsstörungen feststellen kann, so braucht dennoch keine gegenseitige Beziehung zu bestehen. [1] A. France, Vie de Jeanne d'Arc, II, 459.

hafte Unterhaltung mit seinem vertrauten Genius, über den er oft zu ihm gesprochen hatte. »Obgleich ich nichts hörte noch sah«, schreibt Manso, »war der Ablauf seiner Rede so aufgebaut, als ob sich zwei Personen unterhielten: er fragte und antwortete abwechselnd.« Und als es vorbei war, fragte ihn Tasso: »Seid Ihr nun endlich von Euren Zweifeln befreit[1]?«

Unter den starken religiösen Persönlichkeiten kann man den Fall der heiligen Theresa von Avila (1515–1582) erwähnen, einer Frau von hohen geistigen Qualitäten. Nachdem sie im Laufe von zwanzig Jahren 17 Frauenklöster und mit Hilfe des heiligen Johann vom Kreuz 15 Männerklöster gegründet und eingerichtet hatte, schrieb sie noch ein bedeutendes, belehrendes, mystisches, biographisches Werk, das als eine der schönsten Schriften in spanischer Sprache gilt. Im Alter von 45 Jahren hatte sie die ersten Gesichte, die nach und nach deutlicher wurden und sich bis zu ihrem Tod zeigten. Ihr erschien Jesus Christus, der heilige Petrus, der heilige Paulus, der Heilige Geist (in Gestalt einer Taube) und die Trinität. Jesus, der ihr ›in unaussprechlicher Schönheit und Majestät erschien‹, ermutigte sie und gab ihr Ratschläge, indem er zu ihr sprach: »Ich bin es, fürchte Dich nicht.« Sie selbst beschrieb und kommentierte diese Gesichte so genau, daß sie sie sogar von einem Maler darstellen lassen konnte. H. Delacroix[2] schreibt in der bemerkenswerten Abhandlung, die er ihr gewidmet hat, daß Theresas Halluzinationen nicht psycho-sensorisch, sondern nur psychisch waren, d. h. äußerlich nicht in Erscheinung traten und somit zweifellos auf nur geringen funktionellen Störungen beruhten. Tatsache ist, worin auch immer der Wert einer solchen Unterscheidung liegen könnte, daß sich bei Theresa ein Reichtum an intellektuellen und praktischen Werken mit sehr häufigen Halluzinationen verband.

Nach diesen drei präzisen Beispielen aus erster Hand besteht kein Widerspruch zwischen der Tatsache, daß Johanna Halluzinationen hatte und der anderen, nicht weniger sicheren Tatsache, daß sie, von ihren ›Stimmen‹ abgesehen, geistig ganz gesund erscheint. Dazu muß jedoch bemerkt werden, daß Komplexe, die Elemente von so gegensätzlicher Art

---

[1] Baillarger, 274, 283f. [2] H. Delacroix, Les grands mystiques chrétiens, 427ff.

enthalten, nicht zu den geläufigen Erfahrungen gehören und in der Geschichte nur bei höherstehenden Individuen auftreten.

2. Die Beziehungen zwischen den Halluzinationen und den Hauptgedanken eines Individuums, auf die verschiedene Autoren hinweisen, werden bereits von Baillarger erwähnt[1]. Seither haben die analytischen Forschungen der Psychologen diese Seite des Problems oft behandelt, und man ist zu der heute allgemein anerkannten Schlußfolgerung gelangt, deren Quintessenz wir in folgenden Bemerkungen finden: »Es ist sicher, daß die Empfindung wie die Idee einen Geist voraussetzt und eine gewisse geistige Auslegung enthält, daß der Geist in der Empfindung arbeitet, und daß diese Arbeit durch den Einfluß der Hauptgedankengänge stattfindet. Ob die Halluzination die Empfindung völlig erzeugt oder nur bereits bestehende Empfindungen organisiert, es handelt sich dabei immer um geistige Arbeit ... Innerhalb der halluzinatorischen Störungen spielt die Persönlichkeit eine wichtige Rolle. Die Subjektivität ändert die äußeren Tatsachen nach ihrem eigenen Maß ab. Der Kranke hört das innere Flüstern als äußerliche Realität ... Alle Phänomene, die als Ausdruck einer unwillkürlichen Tätigkeit erscheinen: fixe Ideen, quälende Gedanken, Halluzinationen, Wahnsinn, hängen von der Tätigkeit hochentwickelter Funktionen ab. Die halluzinierten, impulsiven, besessenen Naturen haben normale Bewußtseinsvorgänge, die durch Übertreibungen, Inhibitionen und Abweichungen entstellt werden ...[2].«

»Das psychiatrische Symptom bleibt dauernd, allerdings in unterschiedlicher Intensität mit den Tendenzen unserer Persönlichkeit in Verbindung ... (die) eine dynamische Synthese einer Reihe von Funktionen ist, die alle, bis zu einem gewissen Grad dazu neigen, sich der Kontrolle unserer überlegten und von uns geleiteten Aktivität zu entziehen ... Im Normalzustand ruht in uns der Keim – und manchmal mehr – dieser erzwungenen Phänomene (Inspiration, Intuition). Man kann sich also leicht vorstellen, daß Phänomene solcher Art auf pathologischem Gebiet an sich nicht mehr oder weniger krankhaft sind als Phänomene der Spontaneität. Die Halluzination ... ist ein durch Absinken des psychischen

---

[1] Baillarger, 276. [2] H. Delacroix, Le langage et la parole, 486, 492 u. 495.

Niveaus zu einem organischen oder affektiven Determinismus bedingter Irrtum, der ein gesteigertes Empfindungsvermögen zur Folge hat. Sie ist stets von der Substanz der Persönlichkeit durchdrungen und hängt von der ihr eigentümlichen Aktivität ab[1].«

Was die Gehörhalluzinationen – die wichtigsten bei Johanna – betrifft, so präzisiert Seglas, daß sie, da »sie sich meist durch Worte ausdrücken ... und nicht ein ausschließlicher Wahrnehmungsgegenstand sind, vor allem zur Pathologie der inneren Sprache gehören[2].« In den auditiven, als Worte vernommenen Halluzinationen steckt also eine unbewußte Persönlichkeitsverdoppelung des Subjekts, das sich selbst Antwort gibt, wodurch der enge Zusammenhang zwischen seinen unmittelbaren Wirkungen und den von den >Stimmen< gemachten Äußerungen entsteht.

Manche Aussagen Johannas während ihres Verhörs in Rouen lassen durch ihre Abweichungen oder Widersprüche den Mechanismus dieses Phänomens sehr deutlich erscheinen.

Unter den Aufträgen ihrer >Sendung< wird in den Quellen, außer der Befreiung von Orléans und der Krönung in Reims, am häufigsten die Rückgabe der Hauptstadt Paris an König Karl VII. zitiert. Noch vor ihrem Ritt sagt Johanna sehr deutlich in ihrem Brief an die Engländer vom 22. März 1429, auf den wir später zurückkommen werden: »Ihr sollt darüber nicht anders denken; denn nicht Ihr habt das Königreich Frankreich von Gott, dem König des Himmels, Sohn der heiligen Maria, bekommen, sondern König Karl, der wahre Erbe, wird es erhalten; denn so will es Gott, der König des Himmels, und es wurde ihm durch die Jung-

---

[1] Dr. Ey, a.a.O., 22, 31 u. 175. Der Autor (L'Evolution psychiâtrique, 2. Heft 1938) geht sogar noch weiter. Er wendet das Wort >Halluzination< nur für rein pathologische Fälle an. Er meint, daß Wahrnehmungen ohne Objekt zum Seelenleben gehören und darum in Verbindung mit der natürlichen Wechselwirkung von Glaube, Gefühl und Leidenschaft bei nicht psychopathischen Individuen auftreten. Folglich gibt er >normale Täuschungen< zu, unter anderen, die den >affektiven Bedürfnissen gemäßen perzeptiven Konstruktionen<. Ohne daß wir den wirklichen Wert dieser theoretischen Unterscheidung, die sehr umstritten bleibt, beurteilen wollen, bleibt es deutlich, daß nach ebenden von diesem hervorragenden Praktiker aufgestellten Prinzipien die subjektive Ätiologie der >Illusionen< um so vollständiger erscheint, als sie >normal<, d. h. anscheinend von krankhaften Elementen frei sind.

[2] ebd., Préface, IV.

frau kundgetan und er wird im Triumph in Paris einziehen[1].« Am 4. Juli 1429, kurz vor der Krönung zu Reims, bestätigt sie diesen Punkt ihrer ›Sendung‹, indem sie an die Einwohner von Troyes schreibt: »Johanna die Jungfrau teilt Euch im Auftrag des Himmelskönigs mit . . . daß Ihr dem edlen König von Frankreich, der bald in Reims und Paris sein wird, gehorchen und danken sollt, und mit Hilfe des Königs Jesus wird er auch in seine guten Städte des heiligen Königreichs einziehen[2].« Die Wiedererlangung von Paris durch göttlichen Willen wird auch in anderen, zweifellos weniger zuverlässigen Texten erwähnt, die jedoch mit dem ersten übereinstimmen[3]. Am 13. März 1431 wird Johanna diese vor zwei Jahren schriftlich niedergelegte Behauptung jedoch widerrufen: »Befragt, ob sie auf Geheiß ihrer Stimmen nach Paris gezogen wäre, erwiderte sie, sie wäre auf Verlangen der Kriegsleute dahin gegangen, hätte jedoch die Absicht gehabt, mehr zu tun und die Festungsgräben von Paris zu durchqueren[4].«

Solche, wenn auch offensichtlichen Widersprüche sind keinesfalls eine beabsichtigte Lüge Johannas, bei der Unaufrichtigkeit nicht mit der halluzinatorischen Überzeugung übereinstimmen würde, sondern, nach der Bezeichnung von Pierre Janet, eine ›Delusion‹, d. h. eine unbewußte autosuggestive Auslegung, die den augenblicklichen Bedingungen angepaßt wird. Vor und während ihres Rittes ist Johannas Hauptanliegen in der Tat die Erfüllung ihrer ›Sendung‹, deren eine Etappe offensichtlich die Einnahme von Paris ist und die zu ihren Offenbarungen gehören muß. Als sie jedoch als Gefangene ihren Richtern gegenübersteht, ist das Leitmotiv ihrer Verteidigung die Behauptung, sie hätte nur ihren von Gott gesandten ›Stimmen‹, die sie nicht täuschen konnten, gehorcht. Nachdem der Angriff auf Paris fehlgeschlagen war, kann sie dieses Vorhaben nicht mehr als göttliche Eingebung ansehen und schreibt die Absicht, für die sie selbst eingetreten war, den Anführern der königlichen Armee zu.

Aus demselben Grund gibt sie an, sie habe an dem erfolglosen Angriff auf Charité-sur-Loire (November 1429) nicht auf Geheiß ihrer Offen-

---

[1] Champion, II, 145. [2] Procès, IV, 287f.

[3] Procès, IV, 20, 24 u. 436. – V, 10, 127 u. 159; und Champion, II, 149.

[4] Champion, II, 82.

barungen teilgenommen, und ihre ›Stimmen‹ hätten ihr von dem erfolglosen Fluchtversuch in Beaurevoir (Herbst 1430) abgeraten[1]. Was ihre Gefangennahme betrifft, so kann sie natürlich nicht annehmen, daß ihre ›Stimmen‹ sie nicht vorausgesehen hätten, denn das würde ihren Glauben an sie erschüttern, und so erklärt sie: »In der letzten Osterwoche (am 15. April 1430) hätten die ›Stimmen‹ gesagt ... sie würde vor dem Johannistag in Gefangenschaft geraten, was auch geschehen sei; und sie habe sich nicht gewundert, sondern sich willig unterworfen und geglaubt, daß Gott ihr helfen würde[2].« Aber sie macht sie nicht für die militärische Initiative verantwortlich, aus der sich dieser letzte Mißerfolg ergab, denn damit würde sie die Stimmen verurteilen, sondern schreibt alles dem Zufall zu: »Befragt, ob sie, als sie den Ausfall von Compiègne machte, von Offenbarungen und Stimmen dazu Anweisung erhalten hätte, erwiderte sie, daß sie nichts von ihrer Gefangennahme an jenem Tag gewußt und keinen Auftrag gehabt habe, die Stadt zu verlassen ...[3]« Endlich schließt sie, »sie glaube, weil es unserem Herrn Jesus so gefiele, wäre es richtig, daß sie in Gefangenschaft geraten sei[4].«

Als sie fühlt, daß man ihren ›Stimmen‹ moralisch anfechtbare Ratschläge zuschreiben könnte, gibt sie im Verlauf des Prozesses immer abweichendere Auslegungen der Tatsachen. Am 22. Februar 1431, zu Beginn des Verhörs, »bekannte sie, daß die Stimme ihr zwei- bis dreimal wöchentlich sagte, sie solle fort- und nach Frankreich gehen, aber ihr Vater dürfe nichts davon wissen[5].« Am folgenden 12. März jedoch, auf die Frage eines der Beisitzer, »ob sie glaube, richtig gehandelt zu haben, heimlich von Vater und Mutter fortzugehen, da man Vater und Mutter ehren solle«, wird sie nachdenklich, und sie schreibt diese zuerst von den ›Stimmen‹ angeratene Heimlichkeit fortan sich selbst zu: »Befragt, ob sie von den ›Stimmen‹ zu wissen verlangte, ob sie Vater und Mutter ihre Abreise mitteilen solle, erwiderte sie, daß die ›Stimmen‹ wohl gewollt hätten, daß sie es Vater und Mutter sage ... sie selbst aber hätte es aus irgendwelchen Gründen nicht gesagt ... ihre ›Stimmen‹ hätten es ihr überlassen, Vater und Mutter davon Mitteilung zu machen oder zu schweigen[6].«

---

[1] Champion, II, 69 u. 90. [2] Champion, II, 72. [3] Champion, II, 70f.
[4] Champion, II, 78. [5] Champion, II, 34. [6] Champion, II, 79f.

Durch diese Beispiele wird die unbewußte Angleichung offensichtlich, die Johanna, der Entwicklung der Ereignisse entsprechend, zwischen den ihren ›Stimmen‹ zugeschriebenen Richtlinien für ihr Verhalten und deren allgemeine Bedeutung und Bestimmung vollzieht, die sie in ihren Augen behalten müssen. Und die Summierung der verschiedenen Bemerkungen bestätigt deutlich, daß Johannas illusorische Wahrnehmungen von einer unveränderlichen pathologischen Veranlagung ihres Charakters abhängen und zugleich: dem Anschein nach von keinerlei psychischen Störungen herrühren; sie wurden zuerst in Richtung ihrer Hauptgedankengänge gelenkt und fixiert. Auf letzteres Merkmal muß besonders hingewiesen werden, denn es beweist, daß, wenn auch der absolute Glaube an die äußerliche Realität ihrer ›Stimmen‹ für Johanna eine willensbedingte Anregung, eine machtvolle Ermutigung ist, vom Willen zur Handlung selbst überzugehen, es sich doch nur um ein Phänomen von nebensächlicher Bedeutung handelt, ein Epiphänomen, das auf die halluzinatorische Veranlagung aufgepfropft wird. Die wichtigste Tatsache, von der alles andere abhängt, ist ihre persönliche Reaktion angesichts der Ereignisse.

Aus dieser Problemstellung ergeben sich zwei kritische Schlußfolgerungen: 1. Die Frage, ob Johanna nicht von äußeren Einflüssen zu ihrer ›Sendung‹ angeregt oder vorbereitet wurde, die wir, aus Mangel an zuverlässigen Zeugnissen, bereits negativ beantwortet haben, kann vom psychologischen Standpunkt aus gar nicht gestellt werden. Ein menschliches Wesen, das von seinen Empfindungen so beherrscht wird, daß seine Reaktionen sich in Form von Halluzinationen äußern, ist fremden Einflüssen gegenüber um so unzugänglicher, je mehr es bereits selbständig die wahrnehmbare Darstellung eines Einflusses geschaffen hat, an den es glaubt und dem es bedingungslos gehorchen will: der Platz ist also bereits zwar nur illusorisch – aber doch fest besetzt.

2. Die ›Stimmen‹ bieten uns eine direkte psychologische Materie, denn ihre Ermahnungen, Anweisungen, Ratschläge, Ermutigungen, Absichten, Hoffnungen und Versprechungen sind nur die Triebe, Sehnsüchte, Absichten, Hoffnungen und Wünsche Johannas, die unbewußt durch ein allegorisches System ausgedrückt werden, das seine Gestalten von einer

kollektiven ›mit religiösen Vorstellungen gesättigten Mentalität‹ ableitet: Johannas ›Stimmen‹ sind Johanna selbst.

Der Wert dieser Schlußfolgerungen ist nicht nur spekulativ. Sie liefern uns für die Praxis das völlig legitime Mittel, Johannas eigenste Gedanken zu begreifen, indem wir die Sprache ihrer ›Stimmen‹ von der dritten auf die erste Person übertragen. Wenn man z. B. ihre Angaben vom 27. Februar und 15. März 1431 über die Motive ihrer Abreise von Domremy – zu der wir jetzt kommen – so überträgt, erhält man folgendes Ergebnis:

Originaltext

»Die Stimme sagte ihr, sie solle nach Frankreich gehen und könne nicht bleiben, wo sie sei; und die Stimme sagte ihr noch, sie solle die Belagerung von Orléans aufheben. Sie sagte außerdem, daß die Stimme gesagt hätte, sie, Johanna würde zu Robert de Baudricourt in die Stadt Vaucouleurs, deren Stadthauptmann er wäre, gehen, und er würde ihr Leute geben, die sie geleiten sollten. Und Johanna erwiderte, sie wäre ein einfaches Mädchen, das weder reiten noch Krieg führen könnte ... Befragt, welche Doktrin er (der heilige Michael) sie lehre, erwiderte sie, er sagte ihr vor allem, sie solle gehorsam sein, und Gott würde ihr helfen ... er sagte, sie würde dem König von Frankreich Hilfe bringen, und der Engel sprach zu

Übertragung

»Ich wollte nach Frankreich gehen und konnte nicht bleiben, wo ich war. Ich wollte die Belagerung von Orléans aufheben. Darum mußte ich zu Robert de Baudricourt in die Stadt Vaucouleurs, deren Stadthauptmann er war, gehen, um ihn zu bitten, mir Leute zu geben, die mich geleiten sollten.

Ich fühlte wohl, daß ich nur ein einfaches Mädchen war, das weder reiten noch Krieg führen konnte. Aber in allen Dingen mußte ich gehorchen, damit Gott mir half. Ich wollte dem König von Frankreich Hilfe bringen ... und ich dachte an die große Not des französischen Volkes.«

ihr von der großen Not des französischen Volkes[1].«

Durch diese Methode können wir den wahren seelischen Zustand Johannas verstehen und begreifen, daß sie auf eigene Initiative zu Karl VII. ging. Verständlicherweise empfand sie eine Zeitlang Hemmungen, sie selbst spricht davon, und das wird auch durch widersprechende Angaben über ihren Stand bestätigt, die sie bei ihrem Aufenthalt in Vaucouleurs zwei Zeugen gegenüber gemacht haben soll. Sie sagt zunächst zu Jean de Metz[2]: »Kein anderer kann das Königreich Frankreich retten, nur durch mich kann Hilfe kommen, dennoch möchte ich lieber bei meiner armen Mutter spinnen; *denn dies hier ist nicht meines Standes . . .*« dann zu Henry Le Royer[3]: »Sie würde die Kriegsleute nicht fürchten, denn ihre Straße sei frei; wenn bewaffnete Männer ihr den Weg versperrten, würde ihr Gott, der Herr, den Weg zum Dauphin freimachen, *und nur darum sei sie zur Welt gekommen.*«

Endlich jedoch konnte sie der quälenden Idee aufzubrechen nicht widerstehen. Diesmal erklärt sie, »daß sie nicht habe bleiben können, wo sie gewesen sei[4]«; und die beiden Zeugen sowie ein dritter bestätigen dies übereinstimmend mit besonders nachdrücklichen und fast identischen Worten. Sie sagte zu Jean de Metz: »Vor Mitte der Fastenzeit muß ich beim König sein und sollte ich mir die Beine bis zu den Knien ablaufen[5]«; dann zu Henry Le Royer: »Sie müsse zum edlen Dauphin gehen . . . und sollte sie auch zu Fuß dorthin gehen, sie gehe doch[6]«; endlich zur Frau des eben erwähnten Zeugen: »Sie müsse dorthin gehen, wo der Dauphin sei.« Und die Zeugin macht noch eine persönliche Beobachtung: »Johanna erwartete sie (die Abreise nach Chinon) so voller Ungeduld, um zum Dauphin geführt zu werden, daß ihr die Zeit so langsam wie einer Schwangeren verging[7].« Ohne diesen Texten buchstäblich glauben zu wollen, kann man doch schwerlich bestreiten, daß die von allen drei Zeugen gebrauchten gleichen Ausdrücke sehr klar einen von persönlichen Gefühlen genährten spontanen und zähen Willen erkennen lassen.

---

[1] Champion, II, 34 u. 100. [2] Procès, II, 436. [3] Procès, II, 448.
[4] Champion, II, 34. [5] Vgl. oben. [6] Vgl. oben. [7] Procès, II, 447.

Das Schema der psychologischen Entwicklung Johannas, das sich endlich aus dieser diskursiven Forschung ergibt, ist einfach: ein Gefühlszustand wird durch das andauernde Kriegsunglück intensiviert und durch die Nachricht von der Belagerung Orléans noch verstärkt; schließlich verwandelt er sich in das unbezwingliche Verlangen, selbst am Kampf teilzunehmen. Und für ein großzügiges Herz ist nichts menschlicher, nichts natürlicher. Das Einmalige von Johannas Fall liegt jedoch vor allem in der zufälligen Verschmelzung eines für eine Frau ungewöhnlich kämpferischen Geistes und einer gewissen psychischen Neigung zu Halluzinationen. Beides verwirklicht und entwickelt sich zu einer Prophetie, die den Franzosen die Hilfe eines göttlichen Beistands verkündet.

Damit Johanna, ihrem proselytischen Bedürfnis entsprechend, diese gute Nachricht verbreiten und das Kriegsevangelium verkünden konnte, mußte sie zuerst offiziell anerkannt oder, wie sie selbst sagte, durch die königliche Autorität >eingesetzt< werden. Und somit kommen wir zum Problem ihres Aufgebots.

V.

DAS AUFGEBOT

Der Zeitraum zwischen Johannas Fortgang von Domremy und ihrer Ankunft in Orléans wird als die Zeit ihres Aufgebots bezeichnet. Seine ganze Bedeutung wird aus dem Kontrast zweier Tatsachen erkenntlich. Noch im Dezember 1428 ist Johanna nichts anderes als ein junges Bauernmädchen von niedrigstem Stand in ›ärmlichen und abgetragenen Frauenkleidern‹ [1], die einfache, ihrer Stellung entsprechende Arbeiten ausführt und keinem Menschen außerhalb ihres Dorfes bekannt ist. Ungefähr vier Monate später, am 29. April 1429, hat sie noch nichts anderes getan, als ihre Dienste anzubieten, und nach einer vom königlichen Rat getroffenen Entscheidung zieht sie zur Rechten des Bastards von Orléans, ›Großkämmerer Frankreichs und im Kriegsfall Vertreter des Königs im Herzogtum Orléans, Graf von Blois und Dunois‹ [2], in die belagerte Stadt ein. In Männerrüstung sitzt sie auf einem Schlachtroß, hält den Schaft ihrer Oriflamme in der Hand und wird von einem kleinen persönlichen Gefolge begleitet. Unter dem Jubel der Menge, die zu ihrer Begrüßung zusammengelaufen ist, reitet sie voran. Dies ist eine in der gesamten französischen Geschichte einmalige Standeserhöhung, sowohl in bezug auf den schnellen Vollzug als auch in Anbetracht von Johannas Alter, Geschlecht und gesellschaftlicher Herkunft. Daraus kann man bereits folgern, daß die Entscheidung des Kronrats das notwendige Ergebnis einer Reihe vorangegangener Weisungen, Beratungen und Befehle war.

Es ist also dringend notwendig, den Weg Johannas während dieser Epoche so weit als möglich nachzuzeichnen und somit chronologische

[1] Procès, II, 436. [2] Charpentier et Cuissard, Journal du siège d'Orléans, 260.

Anhaltspunkte zu gewinnen. Diese Aufstellung kann der Leser im Anhang des Buches einsehen. Ihre Resultate sind nützlich, auch wenn sie nur Annäherungswert haben. Wir möchten jedoch bereits erwähnen, daß Johanna, im Gegensatz zur Ansicht der meisten Historiker, im Mai 1428 keineswegs einen vergeblichen Versuch unternahm, zu Baudricourt vorzudringen, und anschließend wieder heimkehrte, um erst sieben Monate später endgültig fortzugehen. In Wahrheit fand keine vorläufige, sondern nur eine einzige, endgültige Abreise statt[1].

Gegen Mitte Dezember 1428 verließ Johanna ihr Dorf, ihre Eltern und Freunde, ohne jemanden von ihrem Vorhaben in Kenntnis zu setzen. So wie sie ihre Entscheidung allein getroffen hatte, sorgte sie unter dem gefälligen Beistand ihres Vetters[2], Durand Laxart, der in Burey-le-Petit[3], wohnte, vier Meilen hinter Domremy und eine Meile vor Vaucouleurs, allein für die Mittel ihrer Ausführung. Laxart sagt, »er habe Johanna im Haus des Vaters abgeholt, um sie in sein Haus zu führen, und sie habe ihm gesagt, daß sie nach Frankreich zum Dauphin gehen wolle, um ihn krönen zu lassen[4].« Drei andere Zeugen, Jugendfreunde, bestätigen diese Aussage und fügen hinzu, Laxart habe auf Johannas Wunsch jeden Verdacht zerstreut, indem er den Eltern sagte, sie ginge mit ihm, um seine Frau im Kindbett zu pflegen[5]. Hier nimmt Johanna mit einer gewissen List die gute Gelegenheit wahr.

Nach Laxart blieb Johanna, die jetzt weit genug von ihrem Dorf entfernt war und nur eine Wegstunde nach Vaucouleurs hatte, sechs Wochen bei ihm[6] in Burey-le-Petit, d. h. bis Ende Januar 1429. Wir wissen nichts über Johannas Tätigkeit während dieses Aufenthalts, der den Zeitpunkt

---

[1] Vgl. Anhang II.

[2] Aufgrund des Altersunterschieds nannte sie ihn Onkel.

[3] Burey-le-Petit heißt heute Burey-en-Vaulx. Man hat die gegenteilige Behauptung aufstellen wollen, es handele sich um das zwei Meilen von Domremy und drei Meilen von Vaucouleurs entfernte Burey-la-Côte. Durch den Aufsatz von M. Chevelle, Jeanne d'Arc, Burey-le-Petit ou Burey-en-Vaulx, Nancy 1899, ist diese Frage jedoch vollständig geklärt worden.

[4] Procès, II, 443 (hier alles über Laxarts Aussagen).

[5] Procès, II, 428, 430 u. 434.

[6] Oder bei seinem Schwiegervater Vouthon. Diese Stelle ist nicht ganz geklärt; die beiden Familien konnten dasselbe Haus bewohnen.

der völligen Genesung ihrer Verwandten weit überschritt; uns ist nur bekannt, daß sie Laxart nach acht Tagen bat, sie zu Robert de Baudricourt, dem Stadthauptmann von Vaucouleurs, zu führen. Sie fügt hinzu, »sie habe Robert de Baudricourt wohl erkannt, obwohl sie ihn noch nie gesehen hätte . . . denn die ›Stimme‹ habe ihn ihr gezeigt; und (sie) sagte zu Robert, sie müsse nach Frankreich gehen. Besagter Robert wies sie zweimal ab und hieß sie fortgehen, das dritte Mal empfing er sie und gab ihr Leute[1].« Dieses Erkennen einer Persönlichkeit, über deren Identität, da sie sich zu ihm führen ließ, kein Zweifel bestehen konnte, ist nur ein Beispiel von Paramnesie oder falscher Erinnerung, die in einem mehr in der Vergangenheit als in der Zukunft lebendem Geist den Eindruck eines Schon-gesehen-habens erweckt[2]. Aus all dem geht die Tatsache hervor, daß Johanna von Burey-le-Petit aus erfolglos zum Vertreter des Königs ging und ihn bat, sie nach Chinon zu geleiten. Laxart fügt hinzu, Baudricourt habe ihm grob angeraten, Johanna mit Schlägen zum Vater zurückzubringen.

In den die Heimat und Johannas Eltern betreffenden Aussagen von Jean de Metz und Bertrand de Poulengy, der beiden Männer, unter deren besonderer Obhut sie in Vaucouleurs stand und von denen sie nach Chinon geleitet wurde, finden wir hingegen wertvolle Angaben über die Ereignisse in Domremy während Johannas Aufenthalt in Burey-le-Petit. Der erste gibt an: »Er habe erfahren, daß Johanna aus Domremy käme, und zur Zeit ihrer Abreise habe er ihren Vater und ihre Mutter gesehen, die, wie es schien, gute Katholiken wären[3].« Und der andere: »Man sagte, Johanna käme aus Domremy und ihr Vater wäre Jacques d'Arc aus demselben Ort. Der Name der Mutter sei ihm unbekannt, aber er sei mehrere Male in ihrem Haus gewesen und nach dem, was er gesehen habe, seien es ehrlich arbeitende Leute . . . er sagte noch, nach ihrem Fortgang vom väterlichen Haus habe er sie oft in Vaucouleurs und während des Krieges an anderen Orten gesehen[4].«

---

[1] Champion, II, 34. Vgl. auch Procès, II, 456 (Dep. de Poulengy).
[2] Journal de Psychologie, Juli–August 1905, 289–307.
[3] Procès, II, 435. [4] Procès, II, 455.

Aus diesen Texten ersehen wir, daß beide Zeugen, bevor Johanna das erstemal zu Baudricourt kam, überhaupt nichts von der Existenz der Familie d'Arc wußten und nach Domremy gingen, um über beide Nachforschungen anzustellen. Die letzte Tatsache ist von größter Bedeutung. Erstens wird dadurch bewiesen, daß Baudricourt, wenn er Johannas Anliegen auch zuerst ablehnte, doch nicht, wie sie glaubte, völlig gleichgültig blieb, da er, wenigstens dem Anschein nach, Nachforschungen über sie anstellen ließ. Andererseits wird dadurch die offensichtliche Gleichgültigkeit Jacques d'Arcs dem Vorhaben seiner Tochter gegenüber, die ohne diese Erklärung unbegreiflich bleibt, erklärlich, denn der Vater hatte vorher, wie wir bereits erwähnt haben, die Möglichkeit ihres Fortgehens sehr ausdrücklich abgelehnt.

Folglich verläßt Johanna Ende Januar Burey-le-Petit und zieht, immer noch in Begleitung Laxarts, in das Haus einer Familie Le Royer, wo sie drei Wochen bleibt, bis zum 19. Februar, dem Tag ihrer Abreise nach Chinon. Katharina Le Royer gibt an, dieser Aufenthalt sei mehrmals unterbrochen worden, d. h. während Johanna in Vaucouleurs war, hatte sie, wie wir noch sehen werden, des öfteren Gelegenheit, den Ort zu verlassen[1]. Die näheren Umstände dieses Ortswechsels wären leicht zu ergründen, wenn man vorbehaltlos dem Wortlaut einer Nachforschung glauben könnte, die am 13. April 1551 vom Richter von Vaucouleurs über die Familie der Jungfrau angestellt wurde[2]. Einer der Zeugen, Jakob Robert, 72 Jahre alt, geboren und wohnhaft in Burey-en-Vaulx und Enkel von Jean de Vouthon (der selbst Onkel von Johanna und Schwiegervater von Durand Laxart ist), erklärt, »er habe seine verstorbene Mutter Katharina oft sagen hören, daß Johanna die Jungfrau aus besagtem Domremy, von der im Land so viel gesprochen würde und noch wird, zur Zeit, als Robert von Baudricourt, Stadthauptmann von Vaucouleurs, sie zum regierenden König führte, in Burey, im Haus des genannten Jean de Vouthon, eines Großvaters des Zeugen, wohnte . . . wo besagte Johanna die Jungfrau . . . sich bei einer Frau namens Katharina befand, als Baudricourt sie im Haus von Vouthon, dem Vater besagter Katharina, holen ließ.«

[1] Procès, II, 445 u. 448 für die Aussagen des Ehepaars Le Royer.

[2] Wiedergegeben v. Chevelle, a.a.O.

So hätte Johanna, nach mündlicher Überlieferung der mit ihr verwandten Linie der Vouthon und ihrer Enkel, das Dorf verlassen, um auf Baudricourts Geheiß nach Vaucouleurs zu gehen. Diese nach 122 Jahren aufgezeichnete Erinnerung ist jedoch kein ausreichender Beweis.

Die Angaben des Ehepaars Le Royer über Johannas Ankunft in ihrem Haus unterstützen jedoch eine ähnliche Hypothese. Die Frau erklärt, »sie habe sagen hören, daß Johanna aus Domremy käme und von guten, ehrlich arbeitenden Leuten abstamme . . . und als Johanna von Durand Laxart in ihr Haus geführt wurde . . . habe sie sie selbst gesehen und erkannt, daß sie gut, einfach, sanft usw. war . . .« und der Ehemann bestätigt »nur zu wissen, daß Johanna, als sie nach Vaucouleurs gekommen und in sein Haus eingezogen sei, nach seinem Eindruck ein braves Mädchen gewesen wäre.« Aus diesen Worten geht hervor, daß das Ehepaar Le Royer weder Johanna noch deren Eltern kannte, bevor sie über seine Schwelle kam, und wie es scheint, gab es keinen anderen Grund, sie aufzunehmen, als ein Ansuchen der örtlichen Behörden, worauf die von ihnen gebrauchten Ausdrücke auch schließen lassen. Außerdem ist es nur logisch anzunehmen, daß, infolge der auf Befehl von Baudricourt in Domremy angestellten Nachforschungen, die Übersiedlung von Burey-en-Vaulx nach Vaucouleurs nicht ohne seine Zustimmung oder gar Anordnung stattfinden konnte.

Von dem Tag an, an dem Johanna nach Vaucouleurs zieht, ändert sich Baudricourts Verhalten ihr gegenüber vollständig. Jetzt unterhält[1] und beschäftigt er sich mit ihr, und er läßt sie während dieser beiden Wochen zuerst vom Priester von Vaucouleurs beschwören und führt sie dann nach Nancy zum Herzog Karl II. von Lothringen. Diese doppelte Maßnahme geschieht so kurz vor ihrer Entsendung nach Chinon, daß man sie damit

---

[1] Vgl. Champion, II, 130f. – Die Richter von Rouen berufen sich auf eine Aussage, die sie Baudricourt zuschrieben. Sie geben vor, Johanna hätte ihm, ›nachdem sie mit ihm vertraut geworden war‹, erzählt, sie würde, sobald ihre Sendung im wesentlichen erfüllt wäre, durch die Gnade des Heiligen Geistes drei Söhne bekommen: einen Papst, einen Kaiser und einen König. Johanna bestritt diese Aussage, die eine klare Falle für sie war, sie sagen zu lassen, daß sie sich mit der Heiligen Jungfrau gleichstelle. Daher kann diese Aussage, trotz der gegenteiligen Ansicht anderer Autoren, nicht als echt gewertet werden.

in Verbindung bringen müßte, und sie kann nur von Überlegungen und Entscheidungen ausgehen, die ohne Wissen Johannas getroffen wurden.

Die Tatsache der Teufelsbeschwörung ist uns nur durch die Aussage von Katharina Le Royer überliefert, die erklärt, »sie habe Robert de Baudricourt und besagten Herrn (Pfarrer) Jean Fournier in ihr Haus treten sehen; und Johanna berichtete ihr, daß besagter Priester seine Stola mitgebracht und in Gegenwart des Stadthauptmanns eine Beschwörung über sie gesprochen habe, indem er sagte, wenn sie einen bösen Geist hätte, sollte sie sich entfernen, und wenn sie einen guten Geist hätte, sich ihnen nähern. Und Johanna sagte, sie sei auf Knien bis zu den Füßen des Priesters gerutscht und habe gesagt, es sei nicht recht, was er tue, denn er habe sie doch in der Beichte gehört.« Diese Angabe wird nur einmal überliefert; Johanna hat diesen Vorfall nie erwähnt. Die genaue Angabe der Einzelheiten berechtigt jedoch, sie in Erwägung zu ziehen. Katharina Le Royer fügt hinzu, Johanna habe, da Baudricourt nach dieser außergewöhnlichen und für sie günstig verlaufenden Zeremonie ihre Abreise noch nicht erlaubte, in ihrer Ungeduld einen Augenblick die Absicht gehabt, mit zwei bemittelten Gefährten allein nach Frankreich zu gehen, diesen Gedanken aber bald wieder aufgegeben[1].

Einige Tage später, kurz vor dem 12. Februar, wurde Johanna nach Nancy zum Herzog Karl II. von Lothringen geführt, der ihr einen Geleitbrief ausgestellt hatte, mit dem sie die Grenze des Kaiserreichs frei überschreiten konnte; und Jean de Metz, einer der Examinatoren Baudricourts in Domremy, erklärt, er habe sie bis nach Toul begleitet[2]. Diese Reise wird von verschiedenen Zeugen bestätigt[3]. Johanna wird darüber folgendes aussagen: »Der Herzog von Lothringen habe verlangt, man solle sie vor ihn führen: sie sei zu ihm gegangen und habe ihm gesagt, daß sie nach Frankreich gehen wolle. Der Herzog habe sie befragt, ob er genesen würde. Sie habe erwidert, sie wüßte es nicht; sie habe zu besagtem Herzog wenig über ihre Reise gesprochen. Sie habe ihn jedoch gebeten, ihr seinen Sohn und Leute mitzugeben, um sie nach Frankreich zu geleiten, und sie wolle Gott um seine Gesundheit bitten[4].« Sechsundzwanzig Jahre später

[1] Vgl. Anhang III. [2] Procès, II, 437. [3] Procès, II, 391, 306, 344 u. 457.
[4] Champion, II, 34f.

wird Marguerite La Touroulde über diesen Punkt aussagen: »Sie hätte dieselbe Johanna sagen hören, der Herzog von Lothringen, der an verschiedenen Gebrechen leiden würde, wolle sie sehen, und sie habe zu ihm gesprochen und gesagt, er betrage sich schlecht und könne nicht genesen, wenn er sich nicht bessere, und ihn ermahnt, sein gutes Eheweib zurückzuholen[1].« Diese Vorhaltungen über das Privatleben des alten Herzogs, der in der Tat seine legitime Frau Margarete von Bayern verstoßen hatte, um in seinem Palast eine Konkubine mit Namen Alizon Dumay zu unterhalten, ist wohl zu unglaubhaft, um nicht vom Zeugen hinzugefügt worden zu sein, und widerspricht im übrigen Johannas Aussage.

Es ist jedoch wichtig zu wissen, ob Karl II. sie nicht in Wahrheit kommen ließ, um sie über seine Gesundheit zu befragen. Diese Auslegung erscheint jedoch völlig unglaubwürdig. Selbst wenn man zugibt, Karl II., der 64 Jahre alt war und zwei Jahre später, im Januar 1431, starb, habe, gleich vielen Fürsten seiner Zeit, den Rat einer Seherin einholen wollen, so hätte Johanna bereits vor ihrer Ankunft in Vaucouleurs innerhalb des zur Verfügung stehenden Zeitraums im Maastal in diesem Ruf gestanden haben müssen, so daß sich dieser über die Grenzen des Bistums Toul bis ins Herz von Lothringen verbreiten konnte. Das jedoch war gerade nicht möglich, denn Johanna wohnte allem Anschein nach in Burey-en-Vaulx bei den Laxarts – oder den Vouthons – auf Baudricourts Veranlassung ganz zurückgezogen. Niemand aus der Öffentlichkeit hatte Grund, sie als eine Gottgesandte anzusehen und noch weniger als Wundertäterin. Selbst am Anfang des 15. Jahrhunderts konnte ein solcher Ruf nicht entstehen, ohne daß der volkstümliche Wunderglaube durch vorherige äußerliche Offenbarungen genährt worden wäre. Zu diesem Zeitpunkt besteht die zukünftige johannische Legende nur als Keim, der erst nach Chinon aufgehen wird. Da Karl II. noch nicht durch Gerüchte von Johannas Existenz wissen konnte, bleibt als einzige Erklärung, daß er durch eine bestimmte Person von ihr erfahren hatte, die seine Hilfe für ein von der vorgegebenen Konsultation recht verschiedenes Anliegen brauchte. Doch diese Person und dieses Anliegen werden von keinem Text näher bezeichnet, und so

[1] Procès, III, 87.

kann man nur verschiedene greifbare Indizien mit den in ihnen enthaltenen Möglichkeiten vergleichen.

Was erstere betrifft, so können wir uns auf folgende Tatsachen stützen: Baudricourt unterhielt freundschaftliche Beziehungen mit René d'Anjou[1], dem mutmaßlichen Thronerben des Kardinal Ludwig, Herzog von Bar, dessen Nachfolge er 1431 antrat. René war einer der Söhne der Königin Yolande von Aragon, Schwiegermutter Karls VII., die sich eifrig der politischen Geschäfte ihres Schwiegersohns annahm, und die, wie wir später sehen werden, Vorsitzende der Matronen war, die Johannas Jungfräulichkeit nachprüfen sollten. Dann begab sie sich nach Blois, um die Vorbereitung des für Orléans bestimmten Proviantzugs zu überwachen. Zum anderen hatte er 1419 die älteste Tochter Karls II. geheiratet, der sich, da er ohne Nachfolger war, verpflichtet hatte, ihm sein Herzogtum zu vererben. Dieser mächtige Freund Baudricourts, der eines Tages die Kronen von Bar und Lothringen tragen sollte, war sowohl der Schwager Karls VII. von Frankreich, mit dem er zusammen erzogen worden war, als auch Schwiegersohn Karls II. von Lothringen. Obwohl er, wie sein Schwiegervater, die Burgunder schonen mußte, übrigens mehr in Worten als in Taten, waren seine von der Mutter beeinflußten Gefühle auf seiten der französischen Partei. Jean Chartier erwähnt seine Anwesenheit am 17. Juli 1429 bei der Krönung in Reims und als Anführer eines Truppenteils in Montepilloy am darauffolgenden 15. August[2]. Nach Monstrelet wiederum gehört er zu den Mitgliedern der königlichen Abordnung, die am 28. August mit dem Herzog von Burgund einen Waffenstillstand unterzeichnete. Somit konnte niemand besser als Vermittler zwischen Baudricourt und Karl II. dienen, um den Besuch Johannas bei letzterem vorzubereiten.

Wir wollen darüber keine positive Behauptung aufstellen, die bekannten Tatsachen entsprechen jedoch weitgehend dieser Wahrscheinlichkeit: 1. René befindet sich in Pont-à-Mousson und schickt am 24. Januar eine Botschaft an Karl II; am 29. Januar eine andere an Baudricourt und am 9. Februar eine zweite an Karl II., von deren Inhalt wir nichts wissen. 2. Danach begibt sich René nach Nancy, das er am 24. Februar verläßt,

[1] S. Luce, Preuves. V: Bar (duc de). [2] Procès, IV, 77 u. 83.

um nach Pont-à-Mousson zurückzukehren[1]. 3. Als Johanna nach ihrer bereits zitierten Aussage von Karl II. verlangt, »ihr seinen Sohn zu geben, um sie nach Frankreich zu geleiten«, kann sie in dieser ihr fremden Umgebung auf nur eine anwesende Person anspielen, die sie für den Sohn hält, der aber in Wahrheit der Schwiegersohn ist: René. Fügen wir noch hinzu, daß diese Vorbereitung, so weit sie den Tatsachen entspricht, uns zu der recht wahrscheinlichen Annahme führt, René von Anjou habe nur schwerlich ohne Wissen seiner Mutter, der Königin Yolande, an einer Angelegenheit teilnehmen können, die ausschließlich die königliche Regierung betraf, so mußte sie von seinem Schritt wissen und ihn vielleicht sogar veranlaßt haben.

Der Zweck dieses Besuchs bei Karl II. wird (nachdem das Motiv einer Konsultation über ›verschiedene Leiden‹ hinfällig wurde) leicht verständlich, wenn wir uns die Worte der Theologen vergegenwärtigen, die später mit der Untersuchung von Poitiers betraut wurden und sagten, in einem Fall wie dem von Johanna müsse man »mit menschlicher Vorsicht ... und frommem Bedenken« vorgehen[2]. Die Teufelsbeschwörung des Pfarrers Fournier entsprach letzterem und die Unterhaltung mit Karl II. in der Gegenwart Renés von Anjou, die als sicher anzunehmen ist, ersterem. Beide Schritte entsprachen dem Geist der Zeit und gehörten zur gleichen Methode. Da Johanna nicht vom Teufel besessen war und auf so verständige und qualifizierte Beobachter wie die beiden Fürsten einen günstigen Eindruck machte, war Baudricourt, wie man heute sagen würde, gesichert und konnte sie nach Chinon senden. Das geschah, nachdem Johanna am Sonntag der Bures (= der Armen) (13. Februar 1429) von Nancy nach Vaucouleurs zurückgekehrt war, wie Jean de Metz und Bertrand de Poulengy berichten[3], die sich beide, rückblickend, die vorherrschende Rolle[4] zuteilen wollen, jedoch zweifellos Baudricourt unterstellt waren. Die Reisevorbereitungen, der Kauf eines Pferdes mit entsprechendem Zubehör, die Anfertigung von Männerkleidern auf Johannas Ver-

---

[1] S. Luce, Preuves, 236f., Anm. 1. [2] Procès, III, 391.
[3] Procès, II, 437 u. 457. [4] Procès, II, 432.

langen dauerten einige Tage, und die Abreise fand kurz vor dem 19. Februar statt[1].

Nachdem Baudricourt ihr einen Degen gegeben und ihre Gefährten hatte schwören lassen, ›sie gut und sicher zu geleiten‹, brachte er sie auf den Weg und sagte: »Geh, geh zu und geschehe, was muß[2].« Unter den sechs Reitern ihrer Eskorte, deren Anführer Jean de Metz war, befand sich Colet de Vienne[3], einer der reitenden Boten, die die offizielle Post durch ganz Frankreich beförderten. Daraus kann man mindestens den Schluß ziehen, daß die Gegenwart eines ›Reiters der königlichen Marställe‹ zu diesem Zeitpunkt in Vaucouleurs, der allein durch das vom Feind besetzte und den anderen Mitgliedern der Truppe unbekannte Gebiet den besten Reiseweg auswählen konnte, schwerlich nur ein Zufall war. Jean de Metz bestätigt seinerseits[4], daß er und Bertrand de Poulengy die Kosten dieser elftägigen Reise, d. h. den Preis von 77 Tagesritten bezahlt hätten. Wie groß auch ihr persönliches Vertrauen in Johanna gewesen sein mochte, im Alter von 31 und 37 Jahren waren sie nicht mehr unbesonnene Jünglinge, sondern erprobte Krieger, die in einem bestimmten Auftrag handelten. Es wäre kaum verständlich, wenn sie dieser ziemlich hohen Ausgabe zugestimmt hätten, ohne vorher die Zusicherung für die Rückerstattung der Kosten in Chinon erhalten zu haben[5], und diese Zusicherung hing offensichtlich mit einem königlichen Befehl zusammen, der auf die ihnen anvertraute Mission Bezug hatte.

Die letzten beiden Tatsachen, die die erste Phase ihres Aufgebots betreffen, unterstützen die Annahme, Johannas Entsendung nach Chinon

---

[1] Vgl. Anhang II. Vierzig Jahre später erfindet die Legende (›Journal‹ von der ›Chronique‹ übernommen: Procès, IV, 125 u. 206), Baudricourt habe die Abreise erst nach Bestätigung der ›Heringsschlacht‹ angeordnet, von der ihm Johanna am selben Tag erzählt habe. Ohne auf die Möglichkeit einer solchen Mitteilung einzugehen, genügt es, die Daten zu vergleichen. Da diese Schlacht am 12. Februar stattfand, konnte Baudricourt nicht vor acht Tagen, d. h. etwa am 20. Februar, direkt etwas darüber erfahren. Zu diesem Zeitpunkt war Johannas Abreise bereits seit einer Woche beschlossen und vielleicht auch schon ausgeführt. [2] Champion, II, 35.

[3] Procès, II, 406, 432, 437, 445, 447 f u. 457. [4] Procès, II, 437.

[5] Procès, V, 258. Die in diesem Rechnungsauszug erwähnte Zahlung von 100 Pfund an Jean de Metz betrifft die nach der Reise gemachten Ausgaben. Folglich wurden die Ausgaben für die Reise bereits vorher zurückerstattet.

durch Baudricourt – unter Beachtung der gewöhnlichen Vorsichtsmaßnahmen: Nachforschungen in Domremy, Teufelsbeschwörung in Vaucouleurs, Befragung aus ›menschlicher Vorsicht‹ in Nancy – sei die Ausführung eines von der königlichen Regierung verlangten und empfangenen Befehls gewesen. Der Zeitraum von fünf Wochen, zwischen dem ersten Besuch Johannas bei Baudricourt und ihrem endgültigen Wechsel nach Vaucouleurs, war für eine derartige Hin- und Rückreise mehr als ausreichend. Außerdem ist es ganz natürlich, daß ein königlicher Offizier in einer entfernten Burgvogtei, der sich gewiß nicht mit dem Hofe überwerfen wollte, das Verlangen einer bäuerlichen Seherin nicht auf eigene Faust ablehnte oder erfüllte, sondern den Fall lieber seinen Vorgesetzten meldete und um Instruktionen bat. Das Gegenteil wäre sehr viel verwunderlicher.

Johannas Rolle während jener Periode scheint recht passiv gewesen zu sein. Nachdem sie ihr Anliegen bei Baudricourt vorgebracht hatte, konnte sie nur die Entscheidung über ihr Schicksal abwarten. Die gescheiterte Abreise nach Frankreich, die sie ohne Wissen Baudricourts versucht, ist der beste Beweis ihrer Abhängigkeit in dieser Hinsicht[1]. Außer dem oft in verschiedenen Formulierungen ausgesprochenen Wunsch, zum Dauphin geführt zu werden, berichten die Zeugen aus Vaucouleurs[2] von keiner anderen Initiative. Aus ihren Erklärungen, unter Beachtung der verflossenen Jahre und der Zeitatmosphäre, in der die Rehabilitation stattfand, geht eher hervor, daß Johanna sie in emotionaler Hinsicht durch ihre stets ausgedrückte Überzeugung beeinflußte, die sich mit dem Charme ihres einfachen Wesens und einer völligen Selbstverleugnung verband, die man später noch oft wiederfinden wird.

Die Reise von Vaucouleurs nach Chinon verlief ohne Zwischenfall, denn »Johanna sagte danach, sie sei zu dem, den sie ihren König nenne, ohne Hindernis gelangt[3].« Der kleine Trupp kam am ersten Tag bis nach

---

[1] Vgl. Anhang III. [2] Procès, II, 435, 441, 443, 445, 448f., 454 u. 460.

[3] Champion, II, 35. Von J. de Metz und B. de Poulengy einem Zeugen bestätigt (Procès, III, 75). Später wird die von Seguin überlieferte Legende behaupten, sie wäre auf wunderbare Weise einem Hinterhalt von Soldaten entkommen, die sich in dem Augenblick, als sie Johanna gefangennehmen wollten, »nicht von der Stelle rühren konnten.« (Procès, III, 202).

St. Urbain an der Marne, dann nach Auxerre[1], um endlich die Loire bei Gien zu überschreiten und in den Karl VII. treugebliebenen Teil des Königreichs zu gelangen. Von Gien, wo Johanna am 24. Februar, etwa sieben Tage nach ihrer Abreise, vorbeikam, verbreitete sich bis nach Orléans die Nachricht »ein junges Mädchen habe gesagt, sie gehe zum edlen Dauphin, um die Belagerung von Orléans aufzuheben und den Dauphin selbst zur Krönung nach Reims zu führen«[2], wie Dunois und Guillaume de Ricarville bezeugen. Da Dunois die Verantwortung für die Verteidigung von Orléans hatte, schickte er, um Nachricht über diese Angelegenheit einzuholen, zwei Edelleute nach Chinon: die Herren von Villars und von Tilloy, die dort erst einige Tage nach Johanna und ihren Begleitern ankamen.

Diese machten vor der letzten Etappe in St. Catherine de Fierbois Rast, das 30 Kilometer östlich von Chinon liegt. Der Name dieses Ortes leitet sich von der damals berühmtesten Kapelle einer der Heiligen ab, denen Johanna ihre ›Stimmen‹ zuschrieb, und in der die Gläubigen in dankbarem Gedenken an ihre wundertätigen Eingriffe gewöhnlich Waffen und Ausrüstungsgegenstände jeder Art als ›Ex-voto‹ niederlegten[3]. Johanna blieb dort nicht nur über Nacht, sondern lange genug, um drei Messen zu hören, und sagte, von diesem Ort habe sie »Briefe an ihren König gesandt, um anzufragen, ob sie in die Stadt, wo besagter König war, einziehen solle, und sie sei wohl 150 Meilen geritten, um ihm Hilfe zu bringen, und sie könne ihm viele wichtige Offenbarungen mitteilen. Und sie glaube, in den Briefen habe gestanden, sie würde den König unter allen anderen erkennen[4].«

Am nächsten Tag, d. h. etwa am 1. März, gelangte Johanna nach Chinon. Sie erklärt, »daß sie gegen Mittag angekommen und in einer Herberge abgestiegen sei; und nach dem Abendessen sei sie zu dem gegangen, den sie ihren König nenne, und der im Schloß gewesen sei.« Und »die Stimme habe ihr versprochen, daß der König sie gleich nach

---

[1] Champion, II, 35. [2] Procès, III, 3 u. 21.

[3] Abbé J.-J. Brossé, Les miracles de Mme. Ste Katherine de Fierboys, en Touraine, etc. . . ., Paris 1858. [4] Champion, II, 36 u. 50.

ihrer Ankunft empfangen würde[1].« Hier trügt sie, wie so oft, anscheinend die Erinnerung, die sie mit ihren übernatürlichen Gedanken in Zusammenhang bringt, denn sowohl nach der Aussage von Jean de Metz und der von Bertrand de Poulengy wurde sie zuerst ›den Edlen und Höflingen des Königs‹[2] vorgestellt. Außerdem besitzen wir zwei andere Aussagen, die ihre Worte dementieren.

Die erste stammt von Simon Charles, Vorsitzender der Rechnungskammer, der im März nach seiner Rückkehr aus Venedig, als Johanna den König bereits gesehen hatte, in dessen Umgebung sagen hörte, »daß, als Johanna nach Chinon gekommen sei, man im Kronrat beratschlagt habe, ob der König sie empfangen solle oder nicht. Zuerst habe man sie gefragt, warum sie gekommen sei und was sie wolle. Obwohl sie das nur dem König selbst habe sagen wollen, sei sie auf Veranlassung des Königs doch gezwungen worden, den Beweggrund ihres Schrittes anzugeben, und sie habe gesagt, sie habe zwei Aufträge vom König des Himmels: erstens, die Belagerung von Orléans aufzuheben, zweitens, den König zur Salbung und Krönung nach Reims zu führen. Daraufhin hätten einige Ratgeber gesagt, der König dürfe Johanna kein Vertrauen schenken, und die anderen seien der Meinung gewesen, da sie sich als Gottgesandte ausgäbe und dem König verschiedenes mitzuteilen hätte, der König solle ihr wenigstens Audienz gewähren . . . und so habe man beschlossen, wenn auch mit Bedenken, der König solle sie anhören. Und als sie ins Schloß von Chinon gekommen sei, um vor den König zu treten, habe dieser auf den Rat bedeutender Männer seines Hofes hin noch gezögert, sie vorzulassen, bis man ihm ein Schreiben von Robert de Baudricourt vorgelegt habe, worin jener schrieb, er sende ihm ein Mädchen, das, um zu ihm zu gelangen, ein von den Feinden des Königs besetztes Gebiet sowie die Furten verschiedener Flüsse auf wunderbare Weise durchquert habe. Das habe den König bewogen, Johanna anzuhören, und ihr sei eine Audienz gewährt worden[3].«

Die zweite Aussage wurde von Dunois gemacht, dem zwei an den Hof gesandte Boten berichteten, »sie hätten selbst gesehen, wie die Jung-

---

[1] Champion, II, 36. [2] Procès, II, 438 u. 458. [3] Procès, III, 114.

frau in der Stadt Chinon dem König vorgestellt worden sei ... daß der König sie zuerst nicht habe empfangen wollen; und auch, daß besagte Johanna zwei Tage auf Erlaubnis gewartet habe, beim König vorgelassen zu werden[1]«, d. h. innerhalb der Zusammenhänge und im Vergleich mit der obenstehenden Aussage, nachdem man entschieden hatte, sie zu empfangen.

Natürlich sind Simon Charles und Dunois hier nur indirekte Zeugen. Der erste hat nur eine unbestimmte Vorstellung von den Besprechungen des Rates und dem Zaudern Karls VII., wenn dieser überhaupt gegenüber den zwei Männern, die ihm alle Entscheidungen vorschrieben (Georges de La Trémoille, sein erster Minister, und Regnault de Chartres, sein Kanzler), eine eigene Meinung hatte. Der zweite jedoch gibt Gewährsmänner an, die erst nach Johannas Ankunft nach Chinon gekommen sein konnten. Außerdem kann man kaum annehmen, daß die Erörterungen des Rates über diese Angelegenheit von den betreffenden Berichterstattern erfunden wurden. Es ist durchaus glaubwürdig, daß Johanna, bevor sie im Schloß empfangen wurde, nicht nur ein oder zwei, sondern mehrere Tage warten mußte, während die königlichen Ratgeber sie befragten und über Zweckmäßigkeit und Bedingungen einer eventuellen Vorstellung bei Karl VII. berieten; somit gelangen wir an das Ende der ersten Märzwoche, was, obwohl hypothetisch, als ganz normal anzusehen ist.

Über Johannas Empfang beim König gibt es sehr wenige direkte Zeugenaussagen und eine übergroße Anzahl legendärer Auslegungen. Was ihre eigenen Aussagen betrifft, so können wir uns nicht auf den erdichteten Bericht stützen, den sie am 10. und 13. März 1431[2] ihren Richtern über den Engel vorträgt, der sie an jenem Tag begleitet haben soll, um das ›Zeichen‹, die Krone, über den König zu halten. Sie wird diesen Bericht bei der gerichtlichen Nachuntersuchung widerrufen, indem sie zugibt, daß sie selbst der Engel[3] gewesen sei und dessen Bedeutungslosigkeit durch die Denkschrift bewiesen ist, die Magister Guillaume Prévosteau, ihr posthumer Vertreter beim Rehabilitationsprozeß, zu ihren Gunsten vorbringt[4].

---

[1] Procès, III, 4f. [2] Champion, II, 72–82. [3] Champion, II, 306f.

[4] Procès, II, 182. Zürcher deutet diese mystische Erzählung als retroaktive Halluzination und Guillaume als Wunsch, die Richter zu täuschen und ihrer Sendung eine symbolische Form zu geben. Wir werden auf diese Frage zurückkommen.

Am 10. und 12. Februar erklärte Johanna nur[1]: 1. »Daß, als sie in das Gemach des Königs getreten sei, sie ihn unter den anderen durch Rat und Offenbarung der Stimmen erkannt habe.« Hier handelt es sich um eine Wiederholung des Phänomens der Paramnesie, das bereits anläßlich ihres ersten Besuches bei Baudricourt konstatiert wurde. 2. Daß sie zu »ihrem König sagte, sie wolle gegen die Engländer Krieg führen«: wodurch sie mit eigenem Mund den ursprünglichen Drang und die Begierde nach Kampf bestätigt, eine sehr wichtige Aussage, von der ihr ganzes Geschick abhängt. 3. Daß da, »ohne die himmlischen Lichte zu rechnen, über 300 Ritter und 50 Fackeln gewesen wären.« Daraus entnehmen wir, daß sie vom König nicht in Privataudienz empfangen wurde; das wäre wohl eine natürliche Vorsichtsmaßnahme gewesen, wenn ihre Ankunft wirklich unerwartet gewesen wäre, sondern in einer öffentlichen Audienz, deren Gepränge noch zu den vorhergehenden Anzeichen kommt, die vermuten lassen, Baudricourt habe sie nicht ohne vorherige Zustimmung der königlichen Ratgeber nach Chinon geschickt.

Bei diesem Empfang waren andere Zeugen, wieder nur zwei, anwesend. Der erste, Regnault Thierry, Chirurg des Königs, sagt aus: »Er habe Johanna zum König gehen sehen und sagen hören, sie sei von Gott zum edlen Dauphin gesandt, um die Belagerung von Orléans aufzuheben und um den König zur Salbung und Krönung nach Reims zu führen[2].« Der zweite, der alte Sire de Gaucourt, Vertrauensmann Karls VII., berichtet etwas genauer: »Er war in Chinon, als sie dort eintraf, und er sah sie, als sie sich mit viel Demut und Bescheidenheit als schlichtes Hirtenmädchen seiner königlichen Majestät vorstellte, und er hörte sie folgendes zum König sagen: ›Sehr erlauchter Herr Dauphin, ich bin von Gott gesandt, um Euch und dem Königreich Hilfe zu bringen.‹ Nachdem er sie gesehen und angehört hatte, wollte der König Genaueres über sie erfahren und vertraute sie dem Schutz seines Majordomus, Guillaume Bellier, an ..., dessen Frau äußerst fromm und sehr vertrauenswürdig war[3].«

Es ist jedoch sicher, daß es sich hier um eine offensichtliche Verwechslung Johannas handelt, wenn sie das erste Zusammentreffen auf die Zeit ›nach Ostern‹ (Champion, II. 85), d. h. ihres zweiten und kurzen Aufenthalts in Chinon bei der Rückkehr von Poitiers, verlegt. [1] Champion, II, 36 u. 50. [2] Procès, III, 22. [3] Procès, II, 16 u. 17.

Der interessanteste Punkt dieser Aussage ist, daß Johanna nach diesem ersten Zusammentreffen auf Befehl Karls VII. ihre Herberge verließ, um bei einem Diener seines Hauses zu logieren, der selbst in einem Turm des Schlosses von Couldray wohnte[1]. Daraus muß man schließen, daß sie trotz ihrer für die damalige Sitte so anstößigen Männerkleidung und ihrem unbedeckten Haar, von den meisten, die sie an jenem Abend sahen, durch die Unschuld in ihrem Auftreten wohlwollend empfangen wurde und ihre Angaben allgemein Glauben fanden. Das ist alles, was uns historisch mit Sicherheit – und recht unvollständig – über Johannas Vorstellung beim König bekannt ist[2].

---

[1] Procès, II, 66.

[2] Die Legende hat sich aus den folgenden beiden Gründen besonders mit diesem offiziellen Empfang beschäftigt: 1. Da Johanna sagte, sie habe den König ›erkannt‹, fand das Gerücht Nahrung, sie habe mit Hilfe ihrer ›Stimmen‹ eine beabsichtigte Täuschung durchschaut, bei der ihr einer der Hofleute als König vorgestellt wurde. Diese Fabel wird von zwei Zeugen des Rehabilitationsprozesses überliefert: Simon Charles und Jean Moreau (Procès, III, 116 u. 192.), die beide nicht in Chinon waren und nach dem Hörensagen berichten, und sie wird später von verschiedenen Chronisten aufgenommen (Procès, IV, 53, 127, 207, 270, 300, 332, und Th. Basin, Hist. de Ch., VII, II, 10), die voneinander abschreiben. Die einfache Tatsache, daß weder Johanna selbst noch Gaucourt, die beiden Gefolgsleute von Dunois und Regnault Thierry, die einzigen Augenzeugen, eine Andeutung dazu machen, genügt, um sie unter Verzicht auf Erwägungen anderer Art auszuschließen. 2. Weil es damals üblich war, daß jeder Visionär, damit man seine Eingebungen als göttlich ansah, ein wunderbares ›Zeichen‹ vorwies – die Examinatoren von Poitiers und später die Richter von Rouen befragen Johanna über diesen Punkt – und da Karl VII. sich über seine erste Unterhaltung befriedigt zeigte, wurde ebenfalls erzählt, sie habe ihm ein ihn betreffendes Geheimnis anvertraut. Jean d'Aulon, ihr Intendant, Pasquerel, ihr Beichtvater, und die ›Chronik‹ nach dem ›Journal‹ (Procès, III, 209, 100 und IV, 209, 128) berichten diese Erzählung, ohne das Geheimnis zu erwähnen. Erst 70 Jahre später, zu Anfang des 16. Jh., wollen drei noch unzuverlässigere Chronisten (Procès, IV, 257, 267, 280), von denen zwei anonym sind, dieses Geheimnis erklären und sagen, Johanna habe durch Offenbarung von einem Gebet erfahren, daß der König an Gott gerichtet hätte, weil er an der Legitimität seiner Geburt zweifelte. Ohne überhaupt auf die Möglichkeit einer solchen Information einzugehen, genügt es zu bemerken: 1. hätte Johanna dem König ein solches ›Zeichen‹ vorgewiesen, wäre die anschließende Untersuchung von Poitiers, »um zu wissen, ob man ihren Worten Glauben schenken könne«, unnötig gewesen. 2. daß Johanna in Chinon und Poitiers unablässig behauptete, ihr einziges ›Zeichen‹ wäre die Befreiung von Orléans und man müsse ihren Worten glauben.

Sobald sie in das Schloß zog, bekam Johanna einen Pagen von etwa fünfzehn Jahren zugeteilt, Louis de Coutes, der zum Gefolge des Ritters de Gaucourt gehörte. Er erklärte, daß er die ganze Zeit während ihres Aufenthalts an jenem Ort in ihrer Nähe verbracht habe, er sah sie oft zum König gehen oder Besuche hochgestellter Persönlichkeiten empfangen, bei denen er nicht anwesend war[1].

Wir haben hierüber nur eine einzige Zeugenaussage, die des Herzogs von Alençon[2], der erklärte, »er wäre in St. Florent zur Wachteljagd gewesen, als einer seiner Männer gekommen sei, um ihm die Ankunft eines jungen Mädchens beim König anzukündigen, die behauptete, sie wäre von Gott gesandt, um die Engländer zu verjagen und ihre Belagerung von Orléans aufzuheben. Daraufhin sei er am nächsten Tag nach Chinon zum König gereist und habe Johanna im Gespräch mit ihm vorgefunden. Und da er sich näherte, habe Johanna gefragt, wer das sei. Der König habe erwidert, der Herzog von Alençon. Da habe Johanna gesagt: ›Seid mir sehr willkommen. Je mehr königliches Blut beisammen ist, desto besser.‹ Und am nächsten Tag habe Johanna der Messe des Königs beigewohnt, und als sie ihn erblickte, habe sie sich vor ihm verneigt, und der König habe sie in ein anderes Gemach geführt. Mit ihnen wären der Zeuge und der Sieur de la Trémoille gewesen, den der König zurückgehalten habe, nachdem er die anderen ersucht hätte, sich zurückzuziehen. Johanna habe mehrere Ansinnen an den König gerichtet, er solle sein Reich dem König des Himmels geben und der werde nach dieser Gabe an ihm handeln wie an seinen Vorgängern und ihn in seinen früheren Stand wiedereinsetzen; und viele andere Dinge, deren er sich nicht erinnere, seien im Verlauf der Mahlzeit besprochen worden und danach sei der König im Freien spazierengegangen, wo Johanna eine Lanze warf, und nachdem der

---

[1] Procès, III, 66.

[2] Alençon sagt am 3. Mai 1456 aus, daß er sich seit einem Jahr mit den Engländern in einem durch Geldmittel unterhaltenen Komplott befände, das letzteren eine Landung in der Normandie ermöglichen sollte. Vier Wochen später wurde er auf Befehl Karls VII., der davon gehört hatte, von Dunois selbst verhaftet, eingekerkert und verurteilt.

Zeuge sie so habe laufen und die Lanze werfen sehen, habe er ihr ein Pferd geschenkt[1].«

Dieser kurze und lebendige Bericht erinnert an die Miniaturen eines mittelalterlichen Manuskriptes. Man sieht, wie der junge Fürst vorübergehend seine Jagdfreuden aufgibt, um sich einer unbekannten Frau zu widmen, deren wunderbare Verkündigung ihn nicht überrascht, sondern im Gegenteil, wie es schon bei Dunois in Orléans der Fall war, seine ungeduldige Neugier reizt. Dann sehen wir Johanna selbst, die sich zuerst ehrerbietig, aber in sicherer Haltung mit den Würdenträgern des Königreichs unterhält; sie verbringen einen ganzen Vormittag damit, sie anzuhören und mit ihr zu sprechen, und anschließend macht sie vor ihren Augen in ihrem natürlichen Kampfeifer Reit- und Kriegsübungen.

Derselbe Zeuge fügt hinzu, daß sie in seiner Gegenwart von Männern der Kirche vor ihrem Fortgang nach Poitiers geprüft worden sei, wo er selbst nicht dabei gewesen wäre[2]. Da wir jedoch die Personen, die er namentlich angibt, im Untersuchungsausschuß von Poitiers wiederfinden, kann man die Frage stellen, ob es sich hier nicht um einen Erinnerungsirrtum über das zu der Zeit Geschehene und Gehörte handelt. Außerdem erklärt der Zeuge Jean Barbier, daß er, als Johanna noch in Chinon war, in Poitiers sagen hörte, der König hätte eine Untersuchung über sie in Domremy angeordnet[3]. Es scheint sich dabei um dieselbe zu handeln, von der Bruder Seguin in Poitiers spricht[4].

Wie es sich auch schließlich mit diesen recht fragwürdigen Angaben verhalten mag, andere Tatsachen lassen klar erkennen – und die Examinatoren von Poitiers bestätigen das ausdrücklich[5] –, daß der dreiwöchige Aufenthalt in Chinon in einem größeren Rahmen der ersten Prüfung ›nach menschlicher Vorsicht‹ über Leben, Sitten und Absichten Johannas entsprach, die bereits Herzog Karl II. und René d'Anjou in Nancy oberflächlich vorgenommen hatten. Diese Probe, die außerdem nach der offiziellen Vorstellung bei Hofe erfolgte, und Johanna mit verschiedenen

---

[1] Procès, III, 91 f. Louis de Coutes berichtet ebenfalls von einem Pferd, das der Herzog von Alençon Johanna schenkte, allerdings in Tours (Procès, III, 66). Vielleicht ist es dasselbe, und einer der Zeugen irrt sich in der Ortsangabe.

[2] ebd. [3] Procès, III, 82. [4] Procès, III, 205. [5] Procès, III, 391.

Persönlichkeiten bekannt machte, scheint aufgrund ihres Ausmaßes nicht nur einer einfachen persönlichen Information gedient zu haben, sondern man wollte auch die öffentliche Meinung hören, auf die jene Examinatoren deutlich anspielten, denn ohne deren Zustimmung konnte Johanna nicht unter dem Nimbus einer ›Gottgesandten‹ eingesetzt werden.

Gegen den 20. März beschloß der Kronrat, daß man eine zweite Probe machen und ›mit frommem Bedenken nach einem Zeichen göttlichen Eingreifens oder Versprechens suchen solle[1]‹. Obwohl das Protokoll der Verhöre Johannas nicht mehr existiert, sind die Auskünfte, die wir über den dreiwöchigen Aufenthalt in Poitiers besitzen, doch etwas gehaltvoller als die von Chinon. Außer vier oder fünf etwas anekdotischen Aussagen haben wir diejenigen von zwei Augenzeugen, darunter ein Examinator, und zwei sehr wichtige Dokumente: Johannas ›Brief an die Engländer‹ und das Gutachten der Untersuchungskommission.

Johanna reiste im Gefolge des Königs nach Poitiers, der dort mit seinem Rat geblieben zu sein scheint. Während der ganzen Zeit wohnte sie[2] beim Magister Jean Rabateau, Advokat für Strafsachen und Berater des Herzogs von Orléans. Zu jener Zeit war Poitiers die Residenz des Parlaments Karls VII. und Sitz zahlreicher Geistlicher (Welt- und Ordensgeistliche), unter denen die Examinatoren gewählt wurden. Man wählte etwa zwanzig dazu aus; sie wurden eingesetzt und es wurde ihnen mitgeteilt, daß sie vom König beauftragt seien, Johanna zu befragen und dem Kronrat zu berichten, was sie von ihr hielten[3].

Diese Verhöre fanden wenigstens zu Beginn nicht in voller Versammlung statt, sondern die Examinatoren begaben sich einer nach dem anderen oder in kleineren Gruppen zur Erfüllung ihrer Mission zu Magister Jean Rabateau. Anscheinend machten Pierre de Versailles und Jean Erault, nach Aussage des Augenzeugen Gobert Thibault, den ersten Besuch; er gibt an: »Magister Pierre de Versailles sprach so zu ihr: ›Wir wurden

---

[1] Procès, III, 391. [2] Procès, III, 74, 205 u. 209.

[3] Procès, III, 203. Entgegen der Aussage von Quicherat (Procès, V, 471), gibt der Text nicht an, daß Regnault de Chartres Vorsitzender der Untersuchungskommission war. Er erwähnt nur seine Gegenwart unter den Mitgliedern des Kronrats.

vom König zu Euch gesandt‹. – ›Ich glaube wohl‹, sagte sie, ›daß ihr gesandt seid, um mich zu befragen‹ und sie fügte hinzu: ›Ich weiß weder A noch B (ich kann nicht einmal das Alphabet).‹ Die Theologen fragten: ›Warum seid Ihr also gekommen?‹ Sie erwiderte: ›Ich bin vom König des Himmels gesandt, um die Belagerung von Orléans aufzuheben und den König nach Reims zu führen, damit er gesalbt und gekrönt werde‹.« Diese Worte Johannas lassen vermuten, daß es sich um den Beginn der Untersuchung handelte: man kann also annehmen, daß sie am 22. März stattfand, denn nach demselben Zeugen soll sie gerufen haben: »Habt Ihr Papier und Tinte? Magister Jean Erault, schreibt nieder, was ich Euch sagen werde«, und sie begann ihm den berühmten ›Brief an die Engländer‹, der auf Dienstag vor Ostern datiert ist, zu diktieren.

Thibault übermittelt von diesem Brief nur den allgemeinen Inhalt des ersten Satzes – oder der Kanzleischreiber hielt es nicht für nötig, ihn ganz aufzuzeichnen, denn seit der Rehabilitation war er durch das Protokoll des Verurteilungsprozesses bekannt. Wir geben hier diesen Text wieder, der als der genaueste gilt[1].

BRIEF AN DIE ENGLÄNDER

Jhesus Maria

»König von England und Ihr, Herzog von Bedford, der Ihr Euch als Regent des Königreichs Frankreich bezeichnet, Ihr, William Pole, Graf von Suffolk, John Talbot und Ihr, Thomas Lord von Scales, die Ihr Euch Feldherren des besagten Herzogs von Bedford nennt, gebt dem König des Himmels sein Recht; übergebt der Jungfrau, die von Gott, dem König des Himmels, hierher gesandt wurde, die Schlüssel aller guten Städte, die ihr in Frankreich eingenommen und geschändet habt. Sie ist durch Gott hierher gekommen, um dem königlichen Blut zu seinem Recht zu verhelfen. Sie ist gern bereit, Frieden zu schließen, wenn Ihr ihrer Forderung nachkommt und Frankreich verlaßt und das, was Ihr Euch angeeignet habt, zurückgebt. Und Ihr, Bogenschützen, Kriegsleute, Hofleute und andere, die Ihr vor der Stadt Orléans liegt, geht im Namen Gottes in Euer Land zurück; und wenn Ihr das nicht tut, wartet auf Nachrichten von der Jungfrau, die Euch in Kürze zu Eurem großen Schaden heimsuchen wird. König von England, wenn Ihr das nicht tut, so wisset, ich bin Feldherr und wo immer ich Eure Leute in Frankreich finde,

[1] Champion, II, 145.

werde ich sie verjagen, ob sie wollen oder nicht, und wenn sie sich widersetzen, lasse ich sie alle töten. Ich bin von Gott, dem König des Himmels, hierher gesandt, um Euch, Mann für Mann, aus Frankreich hinauszuschlagen. Und wenn sie gehorchen wollen, werde ich Gnade walten lassen. Ihr solltet darüber nicht anders denken, denn nicht Ihr habt das Königreich Frankreich von Gott, dem König des Himmels, erhalten, sondern König Karl, der wahre Erbe, wird es erhalten; denn so will es Gott, der König des Himmels, und es wurde ihm (dem König) durch die Jungfrau offenbart, und er wird im Triumph in Paris einziehen. Wenn Ihr die Verkündigung Gottes durch die Jungfrau nicht glauben wollt, so werden wir Euch schlagen, wo immer wir Euch finden, und wenn Ihr nicht willig seid, werden wir ein so großes Kriegsgeschrei erheben, wie man es in Frankreich seit tausend Jahren nicht mehr gehört hat; und Ihr könnt gewiß glauben, daß der König des Himmels der Jungfrau und ihren treuen Waffengefährten mehr Macht verleihen wird, als Ihr mit all Euren Angriffen abwehren könnt; und dann wird man sehen, wem der Gott des Himmels recht gibt. Euch, Herzog von Bedford, ermahnt und bittet die Jungfrau, Euch nicht selbst zu zerstören. Wenn Ihr Euch fügt, so dürft Ihr sie dorthin begleiten, wo die Franzosen die schönste Tat vollbringen werden, die je für die Christenheit geschah. Und gebt Antwort, ob Ihr in der Stadt Orléans Frieden schließen wollt, und wenn Ihr das nicht tut, werdet Ihr das bald zu Eurem großen Schaden bereuen. Geschrieben am Dienstag der Heiligen Woche.«

Einige Male wurde die Echtheit dieses Briefes in unüberlegter oder tendenziöser Weise bezweifelt; sie kann jedoch nicht ernsthaft bestritten werden[1]. Johanna gibt in der Tat zweimal zu, am 22. Februar und 1. März 1431[2], ihn diktiert zu haben, wobei sie jedesmal über die einzelnen Punkte Vorbehalte macht. »Befragt, ob sie diesen Brief wiedererkenne, erwiderte sie, ja, mit Ausnahme von drei Stellen; nämlich dort, wo es hieße ›übergebt der Jungfrau‹, müsse stehen ›übergebt dem König‹; an anderer Stelle werde gesagt ›Feldherr‹ und drittens habe man geschrieben ›Mann für Mann‹: diese Worte ständen nicht in dem von ihr gesandten Brief. Sie sagte auch, daß kein Seigneur diese Briefe diktiert habe, sie selbst habe sie diktiert, bevor man sie absandte, seien sie jedoch verschiedenen Persönlichkeiten ihrer Partei gezeigt worden.« Dazu ist zu sagen, daß dieser Text sicher nicht in allen Einzelheiten dem Diktat des 22. März entspricht; einige Stellen waren in der späteren endgültigen Fassung vor dem Ab-

---

[1] Vgl. Lefèvre-Pontalis. ›Sources allemandes des Jeanne d'Arc‹, 45ff.

[2] Champion, II, 35 u. 56. Vgl. auch: Procès, III, 205.

senden[1] geändert und verstärkt worden, um die Persönlichkeit der Schreiberin noch mehr zu betonen. So ist es z.B. unbegreiflich, daß Johanna am zweiten Tag dieser Untersuchung aus ›frommem Bedenken‹, ohne ihr Schicksal im voraus zu kennen, bereits den Titel eines ›Feldherrn‹ angenommen haben soll – wenn sie ihn später überhaupt je innehatte.

Im Grunde genommen handelt es sich der Form nach jedoch nicht um das Schreiben eines Gelehrten oder Kanzleischreibers: es fehlen Vorsicht, Geschicklichkeit und Ordnung. Mehrere Wiederholungen und die einfache Sprache verraten die literarische Unerfahrenheit im Briefeschreiben. Wenn die Worte auch nicht alle von Johanna stammen, so verrät die gesamte Fassung doch eine energische und etwas rauhe Natur, die gerade auf ihr Ziel losgeht: die Wendungen: »Wenn sie sich widersetzen, lasse ich sie alle töten ..., wir werden Euch schlagen, wo immer wir Euch finden ... und werden ein so großes Kriegsgeschrei erheben, wie man es in Frankreich seit tausend Jahren nicht mehr gehört hat ..., und dann wird man sehen, wem der Gott des Himmels recht gibt« lassen durch einen eher trivialen Ton, in dem die ländliche Herkunft mitklingt, einen ausgesprochenen Kampfgeist erkennen: den von Johanna selbst. Der Ton, die Haltung, der Nachdruck dieses Briefes genügen, um ihn zu authentisieren.

Es wurde oft, nicht ohne eine gewisse Naivität, geschrieben, Johanna habe ihn nach dem Vorbild des Alten Testaments an ihre Feinde geschickt, wo es heißt: »Wenn du vor eine Stadt ziehst, sie zu bestreiten, so sollst du ihr den Frieden anbieten ... will sie aber nicht friedlich mit dir handeln und will mit dir kriegen, so belagere sie. Und wenn sie der Herr, dein Gott, dir in die Hand gibt, so sollst du alles, was männlich darin ist, mit des Schwertes Schärfe schlagen[2].« Es handelte sich jedoch nicht darum,

---

[1] Viele Historiker glauben nach dem ›Journal‹ (Procès, V, 139), das von der ›Chronik‹ (Procès, IV, 213) übernommen wurde, der Brief vom 22. März wäre den Engländern erst von Blois, d. h. um den 25. April, zugestellt worden. Dieser Text des ›Journals‹ gehört jedoch zu einem offensichtlich später hinzugefügten Abschnitt, der besagt, Johanna habe sich am 22. März in Blois befunden. Dieser zeitliche Irrtum ist jedoch ganz offenbar und die Ortsangabe kann keinesfalls als richtig anerkannt werden.

[2] Fünftes Buch Mosis, XX, 10–14.

Orléans zu belagern, sondern es zu befreien, und Johanna, die nicht lesen konnte, hatte bestimmt nie in einer der handgeschriebenen Bibeln geblättert, die damals nur der Geistlichkeit und dem Adel vorbehalten waren. In Wahrheit handelte es sich dabei nur um den gewöhnlichen ›Fehdebrief‹, den die strenge ritterliche Etikette jener Zeit als obligatorisches Vorspiel jeder feindlichen Kampfhandlung vorschrieb. Die Geschichte liefert uns viele solcher Beispiele. Und wenn Johanna den Engländern im Namen des ›Himmelskönigs‹ den Krieg erklärte, so folgte sie damit nur einem überlieferten Brauch.

Was unter diesen Umständen Beachtung verdient, ist weniger der Gedanke, dem Gegner eine ›Kampfansage‹ zu senden, sondern die Tatsache, daß Johanna so schnell ihre Rolle übernommen hat, ohne auf ihren wirklichen ›Einsatz‹ zu warten. Dies ist ein machtvolles Zeugnis nicht nur ihres Glaubens an ihre ›Sendung‹, sondern vor allem ihrer Ungeduld, zu handeln, und ihrer Fähigkeit, den Ereignissen vorzugreifen.

Der ›Brief an die Engländer‹ enthält bereits die nachfolgenden Etappen des vollständigen Programms, dessen Ausführung Johanna erstrebte; Befreiung von Orléans, erneute Besitzergreifung von Paris, der wahren Hauptstadt des Königreichs, und die Vertreibung des Feindes aus dem gesamten Gebiet. Dazu kommt schließlich noch die den Ideen der Zeit entsprechende Suggestion eines von den ehemaligen, wiederversöhnten Gegnern unternommenen Kreuzzugs gegen die Ungläubigen. Die Krönung zu Reims erwähnt sie nicht, weil es sich um eine innere Angelegenheit handelt, von der die Engländer nicht betroffen werden und über die sie nur zu den Untersuchungsrichtern spricht.

Der einzige unter ihnen, dessen Aussage uns überliefert wurde, ist der Dominikaner Seguin de Seguin[1], der sehr interessante Hinweise gibt, abgesehen von dem leichten Irrtum, Johannas erste ›Stimmen‹ auf den Tag zu verlegen, wo sie die ›Tiere hütete‹, und abgesehen davon, daß er in seinem Bericht etliche Erinnerungen über ihr Banner und ihre Ermahnungen an La Hire wegen des ›Fluchens‹ angibt, die er nur vom Hörensagen kannte und die sicher in die Zeit nach der Untersuchung von Poitiers gehören.

---

[1] Procès, III, 202.

Zuerst bestätigt er die Auskunft Jean Barbins, die Untersuchungsrichter hätten sich über ›Johannas Führung und Tätigkeit‹ erkundigt und herausgefunden, daß sie eine »gute Christin sei, die katholisch und niemals untätig lebe«; dann berichtet er: »Um Genaueres über ihr Verhalten zu erfahren, gab man ihr Frauen zur Gesellschaft, die alles über ihre Gewohnheiten und ihr Benehmen überbrachten.« Dieser noch nicht vergessene Brauch, eine den offiziellen Verhören unterworfene Person aushorchen zu lassen, entsprach ganz den kirchlichen Praktiken, und die Richter von Rouen machen später Johanna gegenüber ebenfalls davon Gebrauch. In diesem besonderen Fall beweist er wenigstens, daß die Examinatoren von Poitiers ihren Beruf gewissenhaft ausübten, ohne irgendein Informationsmittel zu übersehen.

Anschließend berichtet er von den heftigen Verweisen, die Johanna ihm persönlich machte, als er an der ›Sprache‹ ihrer ›Stimmen‹ und der Aufrichtigkeit ihres Glaubens an Gott zu zweifeln schien, womit sie die impulsive Lebhaftigkeit ihres Charakters bewies. Danach berichtet er noch, Johanna habe ihnen »vier Ereignisse vorausgesagt: erstens, die Engländer würden geschlagen werden, die Belagerung von Orléans aufgehoben und die Stadt, nach der rechtskräftigen Ermahnung besagter Johanna, vom Feinde befreit werden (siehe bereits zitierten ›Brief an die Engländer‹); zweitens, der König würde zu Reims gekrönt; drittens, die Stadt Paris zum Gehorsam gegenüber dem König zurückgewonnen werden; viertens, der Herzog von Orléans würde aus England zurückkehren.« Alle diese Ereignisse, fügt er hinzu, wären eingetroffen; er gibt jedoch nicht an, daß die beiden letzten erst lange nach Johannas Tod stattfanden.

Die drei wichtigsten Punkte seiner Aussage sind jedoch folgende: 1. Einer seiner Kollegen, Magister Guillaume Aymery, fragt Johanna: »Du sagst, daß die Stimme Dir anvertraut habe, Gott wolle das französische Volk aus der Not, in der es sich befindet, erretten. Wenn Er es retten will, bedarf es dazu doch keiner Krieger.« Und Johanna erwiderte, wie es scheint, zu Aymerys Zufriedenheit: »Die Krieger werden im Namen Gottes streiten, und Gott wird den Sieg verleihen.« Diese Frage und Antwort sind trotz ihrer Kürze sehr bedeutsam. Auf der Basis des von allen

Fragenden geteilten Glaubens ist Aymerys Einwand berechtigt. Wenn Gott, der alles kann und sich mit den menschlichen Angelegenheiten im einzelnen abgibt, Frankreich befreien will, braucht er nur den Feind zum Abzug zu zwingen, ohne dabei einen Kampf zu verlängern, der bereits hundert Jahre währt. Außerdem hat Gott es nicht nötig, als Vermittlerin ein unbekanntes Bauernmädchen zu erwählen; es genügte, die kriegführenden Fürsten direkt zu beeinflussen. Diese sehr einfachen Gedanken sind in Aymerys Frage enthalten, widersprechen aber dem unbewußten Psychismus Johannas, ihrem persönlichen Wunsch, am Kampf teilzunehmen, und ihrem Glauben an ihre ›Sendung‹. Ohne Selbstaufgabe kann sie ihre Gültigkeit nicht anerkennen und erwidert darum mit dieser rein mystischen Logik, die unbewußt den Realismus einer tausendjährigen Erfahrung zum Ausdruck bringt, die weiß, daß man den Feind nur mit Waffengewalt verjagen kann.

2. Da greift Seguin selbst ein: »Er sagte zu Johanna, Gott wolle nicht, daß man ihr Glauben schenke, wenn sie sich nicht durch ein Zeichen rechtfertige, und sie könnten dem König auf ihre einfache Behauptung hin nicht raten, ihr Krieger anzuvertrauen und sie der Gefahr auszusetzen, wenn sie nichts anderes sagen würde.« Sie erwiderte: »Im Namen Gottes, ich bin nicht nach Poitiers gekommen, um Zeichen zu tun. Führt mich nach Orléans, und ich werde Euch die Zeichen vorweisen, derentwegen ich gesandt wurde«, und daß man ihr »Leute geben solle, soviel sie dächte und sie gehe nach Orléans.« Seguin stellt sehr deutlich die theologische Frage nach dem wunderbaren ›Zeichen‹, das jeder Visionär damals vorweisen mußte, bevor man die göttliche Herkunft seiner Eingebungen anerkannte. Johanna versteht das sehr wohl; die Aufrichtigkeit zwingt sie jedoch zuzugeben, daß sie sich durch kein ›Zeichen‹ der Vergangenheit rechtfertigen kann. Sie möchte in der Tat, daß die Ordnung des religiösen Verfahrens für sie umgekehrt wird: man soll ihr zuerst glauben, dann wird sie das ›Zeichen‹ vorweisen. Ihre Stellungnahme ist nicht nur der Ausdruck eines ehrlichen Geständnisses, das allein genügte, um die bereits erwähnte Legende eines dem König angeblich zu Chinon vorgewiesenen ›Zeichens‹ zu erschüttern, sondern auch ein sehr viel bedeutsameres psychologisches Zeugnis. Sie verdeutlicht das Vorherrschen des kämpferischen

Verlangens bei Johanna über die mystischen Anlagen, die nur dessen Fortsetzung sind. Hier erkennen wir wieder ihre wahre Persönlichkeit und das feine Band, das ihren angeborenen Charakter mit den Glaubensgrundsätzen der kollektiven Mentalität verbindet.

3. Seguin faßt in wenigen Worten die Entscheidung der Untersuchungskommission, die wir später der Kritik unterziehen werden, zusammen: »Sie berichteten«, sagte er, »all das dem Kronrat und waren der Ansicht, daß in Anbetracht der großen Bedrängnis und Gefahr, in der sich die Stadt Orléans befand, der König ihre Dienste annehmen und sie nach Orléans entsenden könnte.«

In der Zwischenzeit war, um die Untersuchung zu vervollständigen, Johannas Jungfräulichkeit von Yolande von Aragon, Schwiegermutter Karls VII., und ›anderen Damen‹ bestätigt worden[1], was nach den gebräuchlichen Anschauungen auch die Gefahr ausschloß, sie könne vom Teufel besessen sein. Nachdem so alle möglichen Vorsichtsmaßnahmen getroffen waren, übergab der Untersuchungsausschuß dem Kronrat etwa am 11. April einen schriftlichen Bericht, dessen Text oder wenigstens offizielle Zusammenfassung zum Glück erhalten ist und der lautet[2]:

GUTACHTEN DER DOKTOREN VON POITIERS

»Der König darf in Anbetracht seiner und seines Reiches Notlage und mit Rücksicht auf die Gebete seines armen Volkes und aller, die Frieden und Recht lieben, die Jungfrau, die sagt, daß sie von Gott gesandt sei, um ihm Hilfe zu bringen, nicht zurückweisen, wenn ihre Versprechen auch nur Menschenwerk sind; er soll jedoch nicht sofort und leichtfertig an sie glauben; sondern nach der Heiligen Schrift soll er sie zwei Prüfungen unterziehen: er soll aus menschlicher Vorsicht über ihr Leben, ihre Sitten und ihre Absicht Nachforschungen anstellen lassen, denn der heilige Paulus, der Apostel, sagt: ›Probate spiritus, si ex Deo sunt‹[3]. Nach

---

[1] Procès, III, 209. Aussage von Jean d'Aulon, der allerdings den Irrtum begeht, diese Untersuchung zeitlich nach der Ablieferung des Berichtes der Untersuchungskommission anzusetzen, der jedoch ihre Jungfräulichkeit bestätigt. Der Beichtvater Pasquerel (Procès, III, 102), dessen Zeugnis stets verdächtig ist, erklärt, von Johanna gehört zu haben, sie wäre in dieser Hinsicht zweimal untersucht worden – also zuerst in Chinon – was jedoch recht unwahrscheinlich ist.

[2] Procès, III, 391. (in der franz. Originalausgabe wurde der Text in heutiger Schreibweise gebracht). [3] »Prüfet die Geister, ob sie von Gott sind.«

frommem Bedenken soll er das Zeichen eines göttlichen Eingreifens oder Wollens verlangen, damit man beurteilen kann, ob sie durch den Willen Gottes gesandt wurde. So befahl Gott dem Ahas, er solle um ein Zeichen bitten, um zu wissen, ob er ihm den Sieg gäbe und sagte ›Pete signum a Domino‹[1], das gleiche tat Gideon, der ein Zeichen verlangte und verschiedene andere, usw. . . .

Seit Ankunft besagter Jungfrau ließ der König auf folgende Weise vorgehen: die Prüfung aus menschlicher Vorsicht und frommem Bedenken hat von Gott ein Zeichen verlangt. Was die erstere, aus menschlicher Vorsicht, betrifft, hat er über das Leben, die Geburt, die Sitten und Absicht besagter Jungfrau Nachforschungen anstellen lassen und sie sechs Wochen bei sich behalten, (um) sie allen Leuten zu zeigen, wie Gelehrten, Geistlichen, Frommen, Kriegsleuten, Frauen, Witwen und anderen. Sie hat öffentlich und geheim mit all diesen Leuten gesprochen; in ihr war nichts Böses zu finden, nur Gutes, Demut, Jungfräulichkeit, Ehrlichkeit, Bescheidenheit; über ihre Geburt und ihr Leben haben sich verschiedene als wunderbar berichtete Dinge als wahr erwiesen. Was die zweite Prüfung betrifft, so verlangte der König von ihr ein Zeichen, worauf sie erwiderte, sie würde es vor der Stadt Orléans und an keinem anderen Ort vorweisen, denn so habe es ihr Gott befohlen.

Im Hinblick auf die Prüfungen, denen besagte Jungfrau soweit als möglich unterzogen wurde, und die in ihr nichts Böses aufdeckten, hat der König ihre Antwort, sie würde das göttliche Zeichen vor Orléans zeigen, gelten lassen, aufgrund der Beständigkeit und Festigkeit ihrer Worte und ihrer inständigen Bitten, nach Orléans gehen zu können, um dort das Zeichen der göttlichen Hilfe vorzuweisen; und er darf sie nicht daran hindern, mit Kriegsleuten nach Orléans zu ziehen, sondern soll ihr im Gegenteil ein ehrenvolles Geleit geben und auf Gott vertrauen. Denn an ihr zu zweifeln oder sie ohne den Anschein von etwas Bösem im Stich zu lassen, hieße, sich dem Heiligen Geist widersetzen und der Hilfe Gottes unwürdig werden, wie Gamaliel bei einem Rat der Juden im Hinblick auf die Apostel sagte.«

Dieses Dokument ist das wichtigste Zeugnis über Johannas Einsatz, denn es erklärt die wahren Gründe. Wie wir bereits gesehen haben, glaubten die Menschen aller Stände am Anfang des 15. Jahrhunderts fest an das göttliche Eingreifen durch verschiedene Mittel und besonders durch individuelle Offenbarungen.

Die Examinatoren beginnen, ohne auf diese in ihren Augen grundsätzliche Vorstellung hinzuweisen, mit der Darlegung des in diesem Fall ordnungsgemäß angewandten Verfahrens gegenüber Visionären, die versichern, Gesichte zu haben. Zuerst die Probe der ›menschlichen Vorsicht‹, d. h. eine genaue moralische Untersuchung, dann die des ›frommen

---

[1] »Erbitte ein Zeichen von Gott.«

Bedenkens‹, bei der ein wunderbares Zeichen gesucht wird, das als Zeugnis über ein göttliches Eingreifen dienen könnte. Anschließend stellen wir fest, daß, nachdem man Johanna diesen beiden Prüfungen unterzogen hatte, die erste zur völligen Zufriedenheit ausgefallen ist, die andere jedoch kein Ergebnis gezeitigt hat, denn sie wiederholt vor ihnen, was sie dem König gesagt hatte, daß »ihr ›Zeichen‹ erst vor der Stadt Orléans erscheine.« Obwohl Johannas Versprechungen nur ›rein menschliche Werke seien‹ und das göttliche ›Zeichen‹ noch fehle, raten die Doktoren, sie ›nicht zu hindern noch zurückzuweisen‹ und zwar aus folgenden drei Gründen:

Ein persönlicher Grund ist der sehr sympathische Eindruck, den die ›Beständigkeit und Festigkeit ihrer Worte und ihre inständige Bitte, nach Orléans gehen zu können‹ gemacht haben sowie die ›Güte, Demut, Jungfräulichkeit, Ehrerbietung, Ehrlichkeit und Bescheidenheit‹, die sie in ihr fanden. Dieser Eindruck wird außerdem von dem Zeugen Barbin[1] bestätigt, der erklärt, er habe in Poitiers »die Doktoren sagen hören . . ., daß sie mit großer Weisheit wie ein Gelehrter antworte, so daß sie ihre Antworten bewunderten und sie in Anbetracht ihrer Lebensweise und ihres Standes für gottgesandt hielten.«

Der andere, religiöse, jedoch ungewisse Grund ist, daß ›über ihre Geburt und ihr Leben mehrere wunderbare Dinge als wahr berichtet werden‹. Vielleicht muß man darin eine Andeutung an erdichtete, bereits im Umlauf befindliche Berichte sehen, gleich denen, die Perceval de Boulainvillers[2] zwei Monate später brieflich dem Herzog von Mailand übermittelt, wo unter anderem gesagt wird, alle Hähne hätten in der Nacht von Johannas Geburt gekräht und mit den Flügeln geschlagen. Damit kann man die Angaben der Zeugen Barbin und Thibault[3] über gewisse Examinatoren vergleichen, die, wie Jean Erault und Gérard Machet, Johanna als die jungfräuliche Botin Gottes ansahen, deren Auftreten Marie d'Avignon, eine von Karl VII. befragte Visionärin, angekündigt hatte.

Der dritte, politische Grund ist ›seine (des Königs) und seines Reiches Notlage‹ sowie die ›beständigen Gebete seines armen Volkes‹, ein sehr

---

[1] Procès, III, 82. [2] Procès, V, 115. [3] Procès, III, 82 u. 75.

deutlicher Beweis der anhaltenden Besorgnis, die durch diese über sechs Monate dauernde Belagerung von Orléans bei der Regierung und der öffentlichen Meinung aufgekommen war. Man kann hinzufügen, daß nach der Aussage des Zeugen Luillier[1], die in diesem Punkt von mehreren anderen bestätigt wird[2], Johannas Ankunft in Orléans »von allen Einwohnern der Stadt herbeigesehnt wurde, weil das Gerücht umlief, sie habe sich dem König als von Gott gesandt zu erkennen gegeben, um die Belagerung von Orléans aufzuheben;« und somit entsprach die Ansicht der Kommission dem Wunsch der Belagerten, der kaum zu übergehen war.

Die Examinatoren kamen zu dem Entschluß, man müsse Johanna und damit dem Königreich die gemeinsame Chance lassen, die Verwirklichung des versprochenen göttlichen ›Zeichens‹ zu erleben, und daß »der König sie nicht hindern solle, mit seinen Kriegern nach Orléans zu gehen, sondern sie ehrenvoll dorthin geleiten und auf Gott vertrauen solle«: diese vier letzten Worte enthalten in bezug auf den Ausgang einen gewissen legitimen Vorbehalt.

Nachdem der Kronrat von diesem Bericht Kenntnis genommen hatte, beschloß er, sich dessen Schlußfolgerungen anzuschließen. Der einzige bei dieser Sitzung anwesende Zeuge, Jean d'Aulon, sagt dazu aus: »Nach allem, was man gehört hatte, beschlossen der König und der Kronrat mit Rücksicht auf die Güte der Jungfrau und weil sie gesagt hatte, sie käme von Gott, sie künftig bei seinen Kriegen einzusetzen, denn dazu wäre sie gesandt ... (und) man beschloß, sie in die Stadt Orléans zu schicken, die damals von den Feinden belagert wurde[3].« Diese Stelle entspricht genau dem Ergebnis der Beratungen, enthält in ihrer Form jedoch offensichtlich eine Überschätzung der ›Sendung‹ Johannas, denn es konnte noch nicht behauptet werden, sie sei von Gott ›gesandt‹, da das keinesfalls die Meinung der Doktoren gewesen war, sondern es handelte sich im Gegenteil darum, die Tatsachen zu überprüfen, indem sie nach Orléans geführt wurde. Dies ist eines der zahlreichen Beispiele der unablässigen Verfälschung, der alle Quellentexte, selbst die besten, zum Opfer fallen.

---

[1] Procès, III, 23. [2] Procès, III, 25 u. 26f. [3] Procès, III, 210.

Verschiedene Chronisten[1] werden später schreiben – und ihrer Gewohnheit nach ohne jeglichen Nachweis –, die Regierung habe vor Johannas Ankunft in Chinon überlegt, was zu tun wäre, wenn Orléans doch in die Hand der Engländer fiele, und dabei in Betracht gezogen, der König könnte in die Dauphiné, nach Schottland oder nach Spanien flüchten. Einer von ihnen[2] geht so weit, sich einzubilden, Karl VII. habe sich in Tours bereitgehalten, um eventuell durch die Einschiffung in La Rochelle schneller fliehen zu können. Und danach haben sich eine große Anzahl von Autoren damit begnügt, in diesen nicht glaubwürdigen Berichten den ausreichenden Grund für Johannas Einsatz zu sehen, der somit eine Verzweiflungstat gewesen wäre.

Dies ist eine bedeutungslose Behauptung, aber keine Erklärung. Denn gleichgültig, worin die in Betracht zu ziehenden Möglichkeiten in einer schwierigen, aber keinesfalls aussichtslosen Lage bestanden haben können, die königliche Regierung trachtete seit Oktober 1428 zu eifrig danach, die Belagerung von Orléans aufzuheben, als daß wir ihr den unvorsichtigen Einfall zutrauen können, dies durch den voreiligen, überstürzten Einsatz eines unbekannten jungen Mädchens zu erreichen, ohne zuvor die bei Visionären gebräuchlichen Vorsichtsmaßnahmen angewandt und den Anforderungen des Milieus und der Umstände angepaßt zu haben. Mit anderen Worten: für alle jene Männer, Laien oder Geistlichen, die den gemeinsamen religiösen Glauben haben, konnte die Entscheidung des Kronrats Karls VII. nur aufgrund des Ergebnisses der Untersuchungskommission getroffen worden sein.

Außerdem setzte man sich durch den Beschluß, mit Johanna wenigstens einen Versuch zu machen, gar keinem Risiko aus. Wenn Orléans fiele, wäre Johanna allein schuldig, das versprochene ›Zeichen‹ nicht vorgebracht zu haben; dann würde man sie in ihr Dorf zurückschicken und nicht mehr von ihr reden. Die allgemeine Lage wäre dadurch nicht verschlechtert. Wenn die Befreiung von Orléans hingegen gelänge und als ›Zeichen‹ des von Gott versprochenen Beistandes für die französische Partei angesehen werden könnte, so würde der militärische Sieg ganz

---

[1] Procès, IV, 127, 280, 310 u. 348. [2] Procès, V, 339.

offensichtlich ein bedeutender Prestigegewinn und ein mächtiges Propagandamittel darstellen. Indem man den Ausgang dieser Alternative erwartete, genoß der König den augenblicklichen Vorteil einer Karte, die zugunsten des erhofften Erfolges, durch moralische Unterstützung der öffentlichen Meinung und vor allem der Verteidiger von Orléans, ausgespielt wurde.

Das heißt, wie die meisten Chronisten[1] und viele Autoren angeben, daß die Zusammenstellung einer bedeutenden Entsatztruppe in Blois im April 1429 und die Versendung der für Orléans bestimmten Lebensmittel nur die Folgen des Entschlusses waren, Johanna dorthin zu schicken, und das letztere sogar ex abrupto das Oberkommando über die verschiedenen Einheiten erhielt. So unwahrscheinlich diese Behauptungen auch auf den ersten Blick sein mögen, wir müssen sie mit Sorgfalt nachprüfen.

In dieser Hinsicht können wir uns nicht mehr oder weniger als in anderen Fällen auf die obenerwähnten Chronisten verlassen, die ganz von der Legende beeinflußt sind und offenbar Irrtümer begehen. Was Johanna betrifft: »Befragt, welches Gefolge ihr der König gegeben habe, als er sie einsetzte, erwiderte sie, daß er ihr zehn- oder zwölftausend Männer übergeben habe . . . sie sagte auch, die Offenbarungen hätten ihr versichert, sie würde die Belagerung von Orléans aufheben . . .[2].« Dieser Text enthält vor allem einen bewiesenen Irrtum – auf den wir später zurückkommen werden – über die Zahl der nach Blois entsandten Verstärkungsmannschaft; es sei denn, man hätte die Gesamtheit der anschließend in Orléans zusammengezogenen königlichen Kampftruppen und Miliz darin einberechnet. Außerdem ist seine Abfassung ganz offensichtlich von der Absicht der Richter beeinflußt – die mit Johannas autosuggestiver Auslegung ihrer ›Sendung‹ übereinstimmt –, ihr ein militärisches Kommando zu erteilen, das mit den Regeln der weiblichen Züchtigkeit unvereinbar ist[3]. Diesen summarischen, von trügerischen und tendenziösen Bestrebungen verdunkelten Angaben kann man nichts entnehmen.

---

[1] Procès, IV, 41, 53, 214 u. V, 289. [2] Champion, II, 52.

[3] Der Beweis dafür findet sich in Art. 53 der Anklagerede, in dem es heißt: »Dem Befehl Gottes und der Heiligen zuwider, hat besagte Johanna mit Stolz und Überheblichkeit über die Männer geherrscht; sie hat sich zum Feldherrn und Haupt-

Hingegen sind drei Aussagen, die sich auf diese beiden Punkte beziehen, sehr wichtig. 1. Dunois, der als Oberbefehlshaber der Armee von Orléans, für die Verstärkung und Verpflegung bestimmt war, an den Vorbereitungen teilnahm, gibt an[1]: »Nach drei bis vier Wochen, in denen die Taten und Worte der Jungfrau von Gelehrten, Prälaten und Doktoren geprüft wurden, um zu erfahren, ob man ihr Vertrauen schenken könnte, versammelte der König eine große Anzahl Krieger, unter deren Schutz die Lebensmittel nach Orléans gebracht werden sollten; nachdem er jedoch von Prälaten und Doktoren gehört hatte, daß in der Jungfrau nichts Böses war, schickte er sie in Begleitung des Seigneurs Erzbischof von Reims, damals Kanzler von Frankreich, und von Herrn Gaucourt ... nach Blois, wo auch die Hauptleute hinkamen, welche den Transport der Lebensmittel für Orléans befehligten, nämlich die Seigneurs de Rais und de Boussac, Marschälle von Frankreich, bei denen auch der Seigneur de Culan, Admiral von Frankreich, La Hire und der Seigneur Amboise de Loré waren ... die alle zusammen mit den Truppen, dem Nachschub und mit Johanna der Jungfrau ordnungsgemäß und diszipliniert durch die Sologne nach (Orléans) zogen.«

2. Der Herzog von Alençon, der sich nicht nach Orléans begab, sondern in Blois blieb, sagt aus[2]: »Der Zeuge war bei der Untersuchung in Poitiers nicht anwesend, weiß aber, daß anschließend im Rat des Königs vorgebracht wurde, daß die Examinatoren sagten, sie hätten nichts an ihr entdeckt, was gegen den katholischen Glauben verstieße, und in Anbetracht der Notlage könne der König sie einsetzen. Nachdem er dies vernommen, entsandte der König den Zeugen zur Königin von Sizilien, um den Transport der zur Verpflegung des Heeres bestimmten Lebensmittel nach Orléans vorzubereiten. Dort fand er den Seigneur Ambroise de Loré und den Seigneur Louis (de Culon), an dessen Namen er sich nicht mehr erinnerte, vor, welche die Proviantierung vorbereiteten. Da jedoch für besagte Proviantierung das Geld fehlte, kehrte der Zeuge zum König

---

mann der Armee gemacht, die manchmal aus bis zu sechzehntausend Mann bestand und in der sich Fürsten, Barone und andere Herren befanden, die befehligte sie alle als Feldhauptmann wie Soldaten« (Champion, II, 182).

[1] Procès, III, 4ff. [2] Procès, III, 93.

zurück, um ihm zu berichten, daß die Lebensmittel bereitständen und es nur an Geld fehle, um Proviant und Truppen zu bezahlen. Der König sandte daraufhin Leute, die das zur Bezahlung dieser Dinge notwendige Geld überbringen sollten. Endlich waren die Lebensmittel bereit und die Truppen gerüstet, um nach Orléans zu gehen und, wenn möglich, zu versuchen, die Belagerung aufzuheben. Johanna wurde mit den Kriegern entsandt.«

3. Jean d'Aulon endlich, der als Intendant (oder: Haushofmeister) Johannas bezeichnet wird und gelegentlich der Vertraute Karls VII. und George de La Trémoilles[1] gewesen zu sein scheint, macht über Johannas Entsendung nach Orléans folgende Angaben[2]: »Er sagte, man solle ihr (Johanna) Leute geben, um sie zu bedienen und sie zu geleiten . . . besagter Zeuge wurde vom König, unserem Herrn, mit ihrem Schutz und Geleit betraut . . . und zum Schutze ihres Leibes ließ der besagte Herr der Jungfrau einen eigenen Harnisch anfertigen und beauftragte eine Anzahl Krieger, sie und ihr Gefolge anzuführen und sicher nach Orléans zu geleiten.«

Wenn wir diese Angaben sorgfältig durchlesen – die Übersetzung eines recht fehlerhaften lateinischen Originaltextes konnte nur wörtlich erfolgen – begreifen wir deutlich, daß 1. nach Dunois' Aussage der Beginn der Vorbereitungen und der Versendung von Verstärkungen und Lebensmitteln vor der Entscheidung, Johanna nach Orléans zu schicken, lag; 2. nach Alençons Aussage die Königin von Sizilien, als man ihn der Entscheidung von Poitiers entsprechend nach Blois entsandte, bereits mit der Vorbereitung des Wagenzugs beschäftigt war; 3. nach den beiden obenerwähnten Zeugen und Aulon Johanna kein Kommando bekam, sondern nur ein geringes persönliches ›Gefolge‹ unter dem Befehl des besagten Jean d'Aulon, der mit ihrem ›Schutz und Geleit‹ betraut wurde, und der sich folglich bei der Abreise von Blois nach Orléans dem unter dem Befehl der Marschälle Frankreichs, Rais und Boussac, stehenden bewaffneten

---

[1] Vgl. Beaucourt, II, 293. Anm. Im März 1432 hat Aulon bei La Trémoille genügend Vertrauen, um ein Darlehn von 500 Goldtalern zu erhalten.

[2] Procès, III, 210.

Geleitzug anschloß, die, da der Konnetabel von Richemont zu jener Zeit verbannt war, die beiden obersten Befehlshaber des Königreichs waren.

Diese Angaben werden durch das Gutachten der Kommission von Poitiers in folgendem Satz bestätigt: »... (der König) darf sie (Johanna) nicht daran hindern, mit seinen Kriegern nach Orléans zu gehen, sondern soll ihr ein ehrenvolles Geleit geben ...« Der Text gibt also einerseits zu verstehen, Johanna hätte gehindert werden können, ›mit den Kriegern des Königs nach Orléans zu gehen‹, andererseits wird geraten, ›ihr ein ehrenvolles Geleit zu geben‹. Damit ist erstens ganz offensichtlich, daß die Entsendung der Soldaten bereits beschlossen war, und zum anderen, daß man keinesfalls beabsichtigte, Johanna die Führung einer Truppe anzuvertrauen.

Zu erwähnen ist noch, daß der Geleitzug, der wegen finanzieller Schwierigkeiten, auf die Alençon hinweist, erst am 26. April von Blois aufbrach, mindestens schon seit dem 24. April bereitgestanden haben muß. Wäre er erst nach der kurz vor dem 11. April getroffenen Entscheidung des Kronrats über Johannas Verwendung zusammengestellt worden, hätten zwei Wochen kaum genügt, um eine für jene Zeit so bedeutende Anzahl Männer und eine so große Menge Lebensmittel zusammenzubekommen: das wäre eine zu kurze Zeitspanne gewesen.

Alle diese Betrachtungen ermöglichen es uns, mit Sicherheit anzunehmen: 1. Der Einsatz Johannas hatte nicht die übereilte Zusammenstellung einer Hilfstruppe zur Folge, ihre (Johannas) Entsendung wurde jedoch durch eine bereits in diesem Sinn getroffene Entscheidung erleichtert[1], und sie wäre auf jeden Fall realisiert worden, weil sie dem vom Beginn der Belagerung an bestehenden Beschluß entsprach, Orléans unter allen Umständen zu retten. Und es war ganz normal, mit den militärischen Vorbereitungen Anfang April – nach der Fastenzeit, während der man nicht Krieg führte – zu beginnen. Sie ging zu Ostern, am 27. März, zu Ende.

---

[1] Über diesen Punkt sagt die ›Chronik‹: »Seitdem beeilte man sich sehr, die Lebensmittel zusammenzubringen ... um zu versuchen, sie in besagte Stadt Orléans zu führen. Man beriet und beschloß, Johanna bei (dieser Sendung) der Lebensmittel zu erproben ... und man gab ihr zu ihrer Führung und Begleitung einen sehr tapferen und edlen Junker, Jean d'Aulon, genannt« (Procès, IV, 211).

2. Johanna erhielt keinesfalls das Kommando über den Konvoi, der von Blois nach Orléans geführt wurde, das in Wahrheit nur die beiden Marschälle von Frankreich innehatten.

Präzisieren wir endlich, um nichts auszulassen, daß die technischen Vorbereitungen dieser Operation ungefähr 14 Tage dauerten[1]. Kurz vor dem 12. April geht Johanna von Poitiers nach Chinon, wo sie zwei Tage bleibt und Abschied vom König nimmt; darauf wird sie nach Tours geleitet, wo man ungefähr eine Woche (15.–21.) für ihre Ausrüstung braucht[2]: für die Herstellung einer Rüstung und eines Banners sowie die Zusammenstellung ihres Gefolges[3]. Von dort führt Regnault de Chartres, Erzbischof und Kanzler, sie nach Blois, dem Sammelplatz der Verstärkungs- und Versorgungstruppen, um ihrer Verbindung mit der Armee, der sie von nun an folgen wird, einen zugleich religiösen und offiziellen Charakter zu geben. Endlich, nach zwei- oder dreitägigem Aufenthalt in Blois, geht sie mit dem Troß nach Orléans. Damit ist ihr Aufgebot beendet und ihre aktive Rolle beginnt.

So also vollzog sich Johannas Aufgebot: Zu Anfang in Domremy als spontane Äußerung eines individuellen Komplexes emotioneller Erregbarkeit, dann in seinem Verlauf bis zum Ende als Folge einer Reihe von Regierungsbeschlüssen, die wahrscheinlich bereits nach dem ersten Besuch in Vaucouleurs, auf jeden Fall jedoch nach Chinon getroffen wurden.

---

[1] Vgl. Anhang II.

[2] Vgl. Champion, II, 50 u. 51. Unter diesen Ausrüstungsgegenständen befand sich ein Schwert, das nach Johannas Worten aus der Kapelle St. Catherine de Fierbois kam, wo es, wie ihr die ›Stimmen‹ sagten, ›vor oder hinter dem Altar‹ leicht zugänglich vergraben lag. Die Legende schmückt natürlich dieses neue Beispiel der Paramnesie oder besser Pseudomnesie aus (Procès, IV, 54) und vergißt, daß Johanna, die einige Wochen vorher in dieser Kapelle drei Messen hörte, das Vorhandensein zahlreicher Waffen ohne weiteres feststellen konnte, die sich dort als Exvoto befanden.

[3] B. de Molandon (›Première expédition de Jeanne d'Arc‹, Anm. 1, Orléans 1874) gibt die genauen Einzelheiten über Johannas Hofstaat an, der aus elf Personen bestand: Jean d'Aulon, der Oberhofmeister, zwei Schildknappen, zwei Boten, Jean und Pierre d'Arc, ihre Brüder, zwei Pagen, ein Feldkaplan und ein Schatzmeister.

Die Haltung Johannas und die des Kronrats sind zweifellos in dieser letzten Entwicklungsphase unterschiedlich: erstere ist sich ihrer ›Sendung‹ absolut sicher, während sich letzterer seine Meinung vorbehält und damit begnügt, das mögliche Erscheinen des versprochenen ›Zeichens‹ zu begünstigen. Im Grunde genommen teilen sie den blinden Glauben an die ständige Vertrautheit der Beziehungen zwischen Mensch und Gott. Ratgeber und Doktoren lassen die theoretische Möglichkeit von Johannas Offenbarungen mit ebensoviel Überzeugung gelten, wie sie deren Wirklichkeit beteuert. Obwohl sie von verschiedenen Standpunkten ausgehen, begegnen sie sich auf der Ebene der Glaubensvorstellungen, die von Anfang bis Ende die psychologische Einheit des Aufgebots ausmachen.

Wir dürfen somit folgern, daß dieses sehr wohl die Frucht eines von ›religiösen Vorstellungen durchdrungenen‹ Milieus ist, innerhalb desselben sich die im Verfahren erfindungsreiche, im Handeln weniger kühne Regierung Karls VII. entschließt, um ein militärisches und politisches Ziel zu erreichen und den Mystizismus einer Visionärin benutzt, die ihnen das nahe ›Zeichen‹ eines himmlischen Beistands verspricht. Somit steht diese Entscheidung, obwohl es sich um eine außergewöhnliche Maßnahme handelt, in engstem Zusammenhang mit der kollektiven Mentalität der Zeit.

VI.

ORLÉANS

Den Wendepunkt in Johannas Leben bringt ihr Aufenthalt in Orléans zwischen dem 29. April und 9. Mai. Da sie versichert hatte, die Befreiung der Stadt, wenn sie dahin geführt würde, wäre das ›Zeichen‹, hing ihr zukünftiges Schicksal vom Ausgang der geplanten Operation ab, durch die die Engländer zur Aufhebung der Belagerung gezwungen werden sollten.

Wer aufgrund dieser Episode neue Angaben über Johannas Persönlichkeit erhalten möchte, muß sich zuerst die bei ihrer Ankunft bestehende militärische Lage vergegenwärtigen, dann, soweit als möglich, ihre genaue Rolle bei den nachfolgenden Ereignissen bestimmen. Zu dem ersten Punkt besitzen wir keine anderen Quellen als: A. die ›Rechnungsbücher‹, denen wir nützliche und genaue Auskünfte entnehmen können; B. die authentischen Stellen des ›Tagebuchs der Belagerung‹. Zu B ist zu sagen: hier müssen wir auf dieselben Stellen zurückgehen, ohne dabei zu vergessen, daß alle Johanna betreffenden Erwähnungen in dem ›Tagebuch‹, die vor dem 29. April datiert sind, nachträglich hinzugefügt und diejenigen zwischen dem 29. April und 9. Mai an vielen Stellen stark verändert wurden, und daß dies alles zu einem späteren Zeitpunkt geschah; zum anderen müssen wir von einem Dutzend Aussagen Kenntnis nehmen, die beim Rehabilitationsprozeß von den Begleitern Johannas und den Einwohnern von Orléans gemacht wurden.

Unter diesen Aussagen ist die von Dunois durch ihren fast ausschließlich religiösen Tenor am eigenartigsten, die von Jean d'Aulon, ihrem Intendanten, enthält die meisten verwertbaren Tatsachen, obwohl auch sie von der Legende beeinflußt ist; die ihres Beichtvaters Pasquerel ist wegen ihrer wunderbaren Auslegungen am unsichersten, man kann in

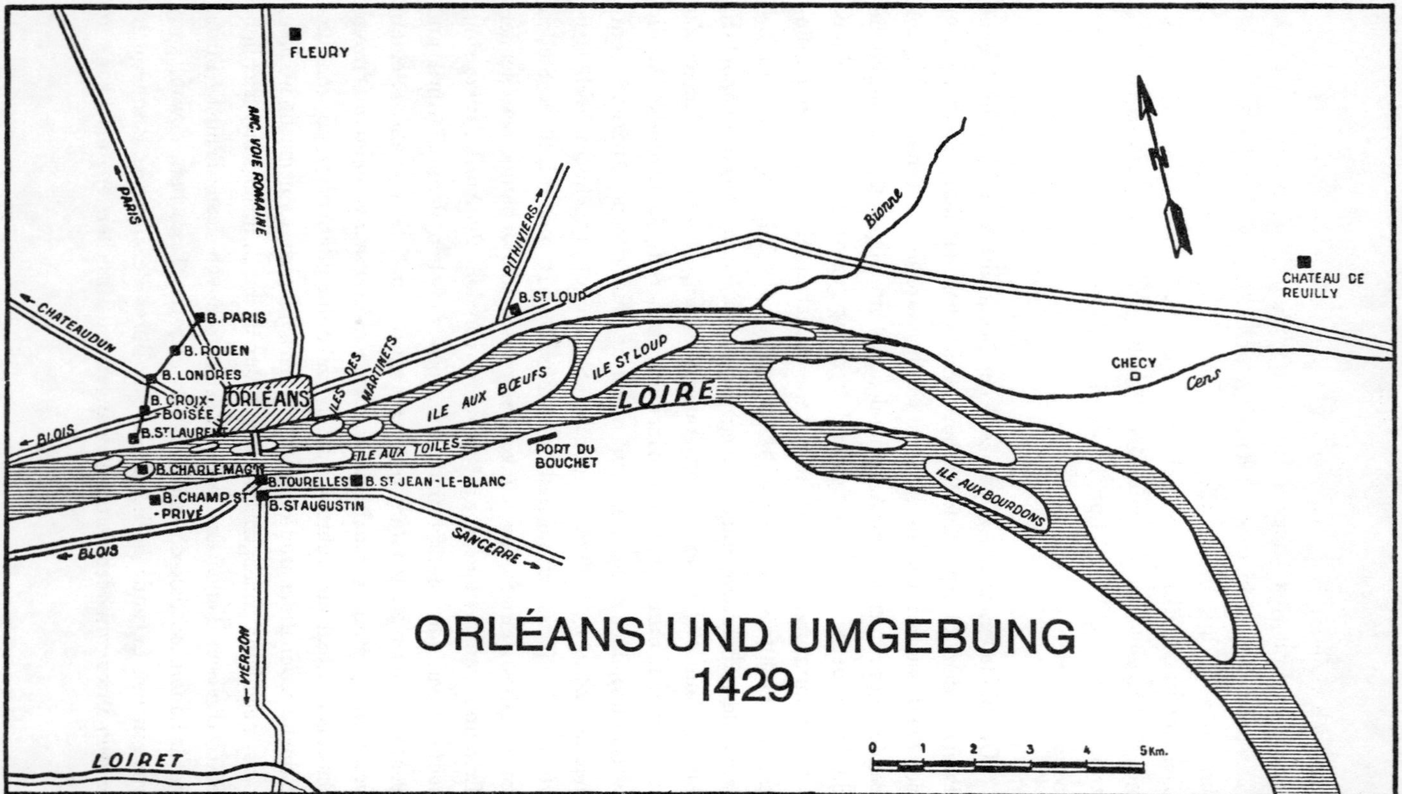
ORLÉANS UND UMGEBUNG
1429
FLEURY
ANC. VOIE ROMAINE
PARIS
CHATEAUDUN
B. PARIS
B. ROUEN
B. LONDRES
B. CROIX-BOISÉE
B. ST LAURENT
ORLÉANS
BLOIS
B. CHARLEMAGN
B. CHAMP ST-PRIVÉ
B. TOURELLES
B. ST AUGUSTIN
B. ST JEAN-LE-BLANC
ILES DES MARTINETS
ILE AUX TOILES
ILE AUX BŒUFS
ILE ST LOUP
LOIRE
PORT DU BOUCHET
PITHIVIERS
B. ST LOUP
SANCERRE
VIERZON
LOIRET
Bionne
ILE AUX BOURDONS
CHECY
Cens
CHATEAU DE REUILLY
N
0 1 2 3 4 5 Km.

ihr auch viele Irrtümer nachweisen. Außer in den obenerwähnten Zeugnissen sind in den anderen einige nützliche Angaben zu finden. Die Chroniken hingegen haben sehr oft märchenhaften Charakter, und wir brauchen sie nur gelegentlich zu erwähnen. Kurz gesagt, die gesamte Dokumentation über die in Orléans vor und nach dem Aufenthalt Johannas stattgefundenen Ereignisse ist in großem Maß von Irrtümern, Übertreibungen und Abweichungen durchsetzt. Sie darf nur mit Vorbehalt benutzt werden.

Die Stadt Orléans liegt am rechten Ufer der Loire, am nördlichsten Punkt der Flußbiegung. Die Engländer hatten sich seit ihrer Ankunft vor den Mauern, am 12. Oktober 1428, bis Ende des Jahres damit begnügt, das Fort der Tourelles einzunehmen, das südlich der nach der Sologne führenden Brücke lag, und diesen Stützpunkt durch eine Bastei oder Schanze zu verstärken, die in den Ruinen eines Augustinerklosters erbaut wurde. Erst ab Januar 1429 ziehen sie dort, so nach dem ›Tagebuch‹, den größten Teil ihrer Truppen aus den Winterquartieren von Meung und Jargeau zusammen, dann beginnen sie eine Anzahl von Basteien zu errichten, welche die Stadt völlig einschließen und von der Außenwelt abschneiden sollen.

Ende April 1429 waren diese Belagerungsarbeiten durchaus noch nicht abgeschlossen. Nur 12 Basteien waren fertig geworden und besetzt, nämlich: 1. die Bastei St. Loup, 2 Kilometer östlich von Orléans am rechten Loireufer, welche die Straße zwischen Pithiviers und Gien absperren sollte; 2. auf dem linken Ufer, im Süden, Osten und Westen die Basteien von: St. Jean-le-Blanc (auf dem Weg von Sancerre), von den Tourelles und von St. Augustin am Brückenkopf auf seiten der Sologne, die von Champ St. Privé auf der am linken Loireufer entlangführenden Straße von Blois; 3. im Westen die Basteien: der île Charlemagne, inmitten des Flusses, dann noch fünf andere am rechten Ufer, die in nord-südlicher Richtung 600 Meter von den Mauern der Stadt entfernt waren: St. Laurent d'Orgeril, La Croix-Boissée, Londres, Rouen, Paris, die alle 300 bis 400 Meter voneinander entfernt lagen und die von Blois (rechtes Ufer), Châteaudun und Paris kommenden Straßen versperrten.

Man hat behauptet[1], die Engländer hätten abseits eine Bastei, bei Fleury im Wald von Orléans, 3500 Meter nördlich der Stadt, erbaut. Diese Angabe stützt sich jedoch auf keinen zeitgenössischen Text und ist nur eine tendenziöse Auslegung, die sich auf alte Mauerreste bezieht, die unter der Bezeichnung ›Lager der Engländer‹ in einem aus dem 17. Jahrhundert stammenden Manuskript der Bibliothek von Orléans beschrieben werden, und die man 1857 entdeckt haben will. Diese archäologische Rekonstruktion einer bedeutenden, für den Feldzug bestimmten Festung, von der die Bewohner von Orléans 1429 anscheinend nichts wußten, und die von vielen späteren Ereignissen herrühren kann, ist zu unglaubhaft, um sie in Betracht zu ziehen. Folglich hatte die Zernierung von Orléans an der nördlichen Front eine 3500 Meter breite Lücke: zwischen der westlichen Bastei Paris und der östlichen Bastei St. Loup.

Außerdem genügt es, die diese Periode betreffenden Stellen des ›Tagebuchs‹ nachzulesen, um festzustellen, daß keine Woche verging, in der die belagerte Stadt nicht mit Leichtigkeit Zufuhr von Lebensmitteln oder Hilfstruppen erhielt, ohne dabei das Kommen und Gehen der Gesandten oder offiziellen Kuriere noch die individuellen Verproviantierungen, von denen der Schreiber nichts wissen konnte, zu rechnen. Diese Bewegungen waren in den letzten Aprilwochen durch ihre Häufigkeit und ihren Umfang sogar besonders auffallend, und endlich konnten der große Proviantzug, mit dem Johanna zog, und die am 29. April von Blois entsandte Entsatztruppe am 4. Mai kampflos in Orléans einziehen. Ganz offensichtlich wurde die Belagerung von den Engländern ohne Kampflust und mit unzureichenden Mitteln geführt, und die Belagerten konnten stets, oft sogar ohne Schwierigkeiten, die Verbindung mit der Außenwelt aufrechterhalten.

Das einzige bemerkenswerte militärische Ereignis dieser vier ersten Monate des Jahres 1429 war eigentlich keine Schlacht, sondern nur ein französisch-englisches Scharmützel, das unter dem Namen ›Heringsschlacht‹ bekannt wurde, und am 12. Februar bei Rouvray, 20 Kilometer nordwestlich von Orléans, stattfand.

---

[1] B. de Molandon, Première expédition de Jeanne d'Arc. Orléans 1874.

Von diesem Ereignis wird in dem ›Tagebuch‹ berichtet[1], das der Autor nach gehörten Informationen schrieb. Wir wollen es nur in großen Zügen zusammenfassen, ohne uns bei mehr oder weniger sicheren Einzelheiten aufzuhalten. Anscheinend erfuhren die Franzosen Anfang Februar, daß von Paris ein Zug von 300 Wagen mit 1500 Mann Bedeckung zur englischen Armee vor Orléans abgesandt wurde, der unter dem Kommando Falstaffs stand und Waffen, Ausrüstungsgegenstände und Lebensmittel, vor allem Tonnen geräucherter Heringe brachte, die für die Verpflegung während der Fastenzeit bestimmt waren. Die Regierung Karls VII. beschloß, ein Zeugnis der ständigen Sorge um das Los der Stadt, dem Geleitzug Truppen entgegenzusenden, die ihn angreifen und ausbeuten sollten. Das Kommando für diese Operation wurde dem jungen Grafen von Clermont anvertraut, dessen erste militärische Tat dies war und der aus Mangel an Erfahrung die Bewegungen seiner kleinen aus Blois gekommenen Truppe nicht mit denen der Krieger koordinieren konnte, die Dunois seinerseits von Orléans heranführte. Nachdem Dunois als erster Feindberührung hatte, wartete er vergeblich auf Clermont, der gebeten hatte, »vor seiner Ankunft nicht anzugreifen«; dann aber, als sie den Vorteil der Überraschung verloren sahen und die Engländer schnell in Verteidigungsstellung gingen, griffen sie unter der ungeschickten Führung von James Stuart, Konnetabel von Schottland, allein und unter ungünstigen taktischen Bedingungen an; sie wurden zurückgeworfen, selbst angegriffen und in die Flucht geschlagen. Der Tag endete mit der völligen Niederlage der Franzosen, die drei- bis vierhundert Mann verloren hatten; und Dunois und Clermont, der zu spät auf dem Schlachtfeld erschienen war, zogen sich mit ihren Männern nach Orléans zurück.

Einige Tage später, am 18., zog Clermont mit seiner Truppe nach Blois, ihr folgte der Kanzler Regnault de Chartres, der Bischof von Orléans, Admiral de Culan und La Hire. Die undatierte anonyme ›Chronik des Festes vom 8. Mai‹[2] besagt, der Abzug von Orléans habe auf Verlangen der Bürger stattgefunden, die fürchteten, alle diese Männer ernähren zu müssen. Das ›Tagebuch‹ erklärt hingegen, »daß die Einwohner von

[1] Charp. u. Cuissard, Journal du Siège, 36ff. [2] Procès, V, 289

Orléans über diesen Abzug unzufrieden waren[1].« Dieser Widerspruch ist ein Beispiel für die übliche Phantasie der Chronisten. Am wahrscheinlichsten ist die umgekehrte Ideenverbindung, daß die Soldaten, nachdem sie für die begrenzte Operation eines Angriffs auf den Geleitzug angeworben worden waren, sich nach dem Brauch der Zeit nicht der festen Garnison einer Festung anschließen konnten und nach Hause geschickt werden mußten.

Die Autoren stellen gern den Mißerfolg von Rouvray als eine mit Verneuil oder Cravant vergleichbare Niederlage dar, denn sie wollen den Kontrast der Situation auf französischer Seite vor und nach Johannas Eingreifen verstärken. Zweifellos machte dieses Mißgeschick, wie alle Niederlagen, einen sehr schlechten Eindruck auf Orléans und Chinon. Aus den bekannten Tatsachen läßt sich jedoch keinesfalls entnehmen, daß Belagerte und Regierung so verzweifelt waren, daß sie etwa zur Aufgabe bereit gewesen wären.

Offensichtlich haben die bloße Ankunft eines Proviantzugs bei den Belagerern, dessen Begleitmannschaft am 19. Februar nach Paris zurückkehrte[2] sowie die bei der effektiven Stärke von 1700 Mann, die vom 5. bis 8. Februar[3] zur Verstärkung nach Orléans gekommen waren, sehr geringen Verluste der Franzosen nichts an dem Gleichgewicht der Kräfte geändert. Andererseits berichten die täglichen Aufzeichnungen des ›Tagebuchs‹ nicht, daß die Engländer von diesem Zeitpunkt an aktiver gearbeitet oder kühnere Operationen unternommen hätten. Sie bezeugen hingegen, daß die Franzosen am 17. Februar bei der Ankunft des Proviantzugs demonstrierten und dann von Anfang März bis Ende April Ausfälle machten, um den Feind zu belästigen. Etwa zwei Wochen nach der ›Heringsschlacht‹ schickte Dunois, der, wie wir wissen, von Johannas Ritt nach Chinon gehört hatte, zwei Boten aus, die sie selbst sehen und sich über sie informieren sollten. Alle diese Ereignisse widersprechen dem Gedanken eines selbst vorübergehenden Nachlassens in der Verteidigung von Orléans[4].

---

[1] a.a.O., 51. [2] ›Le Bourgeois de Paris‹, anno 1429, § 4.

[3] a.a.O., 34–36. Übrigens scheint der Rest dieser Truppen, wie die von Clermont, danach nicht in Orléans geblieben zu sein.

[4] Vgl. Charp. u. Cuissard (a.a.O., 185) der Bericht von Hémon Raguier, Kriegsschatzmeister des Königs, erwähnt eine Zahlung von 6264 Livres tournois und 10 Sous, die auf »Befehl . . . besagten Königs« an Dunois, seine Offiziere und ihre

Die gegenteilige Ansicht kann sich allerdings auf eine Stelle des ›Tagebuchs‹ berufen, die sich auf den Abzug von Clermont am 18. Februar bezieht und deren moderne Übertragung lautet: »Als die Einwohner von Orléans sich so mit einer kleinen Anzahl von Kriegsleuten verlassen sahen und bemerkten, wie die Streitmacht und die Belagerung der Engländer von Tag zu Tag stärker wurden, schickten sie Poton de Xaintrailles und einige Bürger zu Philipp, dem Herzog von Burgund, und dem Herrn Jean de Luxembourg, Graf von Ligny, der zur englischen Partei gehörte; und sie ließen sie bitten, auf sie Rücksicht zu nehmen; und aus Liebe zu ihrem Herrn, Karl von Orléans, der in England gefangen war, und um ihm seine Länder zu erhalten, die er zur Zeit nicht selbst verteidigen konnte, sollten sie von den Engländern die Aufgabe des Krieges und die Aufhebung der Belagerung erreichen, bis die Unruhen im Reich beseitigt wären, oder das Angebot ihrer Hilfe zugunsten ihres gefangenen Verwandten.«

Daraus hat man entnehmen wollen, die Bewohner von Orléans hätten, da sie nach der Niederlage von Rouvray vom ›König von Bourges‹ keine wirksame Hilfe mehr erhofften, versucht, sich aus eigener Initiative unter den Schutz Philipps des Guten zu stellen, dessen Armee übrigens zum Teil an den Belagerungsoperationen teilnahm. Diese Auslegung erscheint schon auf den ersten Blick als zu oberflächlich, denn sie würde zu der Schlußfolgerung führen, die Einwohner von Orléans hätten die Partei der Armagnacs im Stich gelassen, während die königliche Armee unter Dunois' Kommando noch in ihren Mauern lag. Die Ereignisse müssen kritischer geprüft werden.

Datum und Niederschrift dieses Textes sind gewiß geändert worden[1]. Das Datum des 18. Februar ist zu früh, denn 1. selbst das ›Tagebuch‹

Leute geleistet wurde, und zwar ... »nach Ende des Monats März 1429 ... um sie ... in seinem Dienst in der Stadt Orléans zu halten. Sie sollten die Stadt bewachen, beschützen und verteidigen und den Widerstand gegen seine alten Feinde und Gegner, die Engländer, aufrechterhalten, die sie seit langem schon belagerten. Zum andern wurde die Zahlung gewährt, um ihnen die Ausgaben zurückzuerstatten, die sie nach Vereinbarung geleistet hatten, um Lebensmittel, Nachschub und andere Dinge zu befördern, die er unter ihrer Begleitung in seine Stadt Orléans schickte.«

[1] Das ist auch die Ansicht von G. Lefèvre-Pontalis, der das Problem der Gesandtschaft behandelt hat, ohne es jedoch völlig lösen zu können (Morosini, IV, 310).

gibt später nacheinander an, Xaintrailles sei am 2. April in Orléans gewesen und sei dann erst am 17. zurückgekommen; 2. eine ›Festungsabrechnung‹ [1] über Löhne, die an Jehan de St. Avy gezahlt wurden, »weil er ... mit Poton (de Xaintrailles) und Guyon du Fossé 35 Tage gereist sei«: bei dieser Reise kann es sich nur um die fragliche Gesandtschaft handeln. Lassen wir den genauen Rückkehrtermin außer acht, der 17. April kann zwar als sehr wahrscheinlich angenommen werden, denn Poton hatte den Herzog von Burgund nur während dessen Aufenthalt in Paris vom 4. bis 22. April verlassen können [2], so steht doch fest, daß besagte Gesandtschaft in Wirklichkeit frühestens in den letzten Februartagen abreiste. Die Behauptung des Autors hingegen, ›Macht und Belagerung der Engländer‹ seien verstärkt worden, wird durch alle obenerwähnten Stellen des ›Tagebuchs‹ widerlegt.

Zu dieser unsicheren Quelle kommt die entscheidende Tatsache, daß Xaintrailles, Offizier des Königs und einer der Leutnants von Dunois, eine solche Sendung nur durch den letzteren empfangen konnte, der seinerseits auf diesem allgemein politischen Gebiet keine Initiative ergreifen konnte und sich damit begnügen mußte, die von höherer Stelle empfangenen Anordnungen auszuführen. Es ist sehr wahrscheinlich, daß die mit dem Grafen von Clermont aus Orléans am 18. Februar abgezogenen hohen Persönlichkeiten nach Chinon berufen wurden, um an den Beratungen über die in dieser Richtung zu treffenden Maßnahmen mitzuwirken.

Außerdem entsprach ein solches Vorgehen ganz den diplomatischen Gewohnheiten des Kronrats. Wir haben bereits bemerkt, daß dessen Politik von dem unveränderlichen Wunsch beherrscht war, den Herzog von Burgund zu gewinnen, und alle militärischen Operationen, mit glücklichem oder unglücklichem Ausgang, ein Vorwand waren, den Kontakt mit diesem Fürsten zu erneuern. Darum wird er sechs Monate später, nach dem Loirefeldzug und der Krönung zu Reims, Philipp dem Guten einen neuen (und trügerischen) Waffenstillstand gewähren. Dieser abwechselnd militärischen und diplomatischen Methode zufolge hatte die Regierung Karls VII., nach der Affäre von Rouvray, unter dem Geleit der

[1] Charp. u. Cuissard (a.a.O., 281).

[2] Diese beiden Daten sind dem ›Journal d'un Bourgeois de Paris‹ entnommen.

Stadt Orléans Boten zum Burgunderfürsten gesandt[1], um zu versuchen, ihn entweder von den Engländern zu trennen oder wenigstens die notwendige Zeit zu gewinnen, um die etwas erschütterte militärische Situation zu festigen.

Die fragliche Stelle des ›Tagebuchs‹ gibt nicht den vollen Inhalt der Mission von Xaintrailles[2] und der Bürger von Orléans wieder; man kann ihr jedoch ohne Schwierigkeiten zwei voneinander abhängige Leitgedanken entnehmen: 1. Die Engländer, die Karl von Orléans weiter gefangenhalten, verzichten, dem Ritterkodex zufolge, auf die Besetzung seiner Länder. 2. Der Herzog von Burgund muß also die Aufhebung der Belagerung verlangen und, wenn ihm das nicht gelingt, den Vasallen seines Vetters zu Hilfe eilen. Daraus kann man entnehmen, daß die Bewohner von Orléans sich selbst zu nichts verpflichteten und der Weg Philipps des Guten notwendigerweise, zum Vorteil des französischen Königs, zu einem Bruch der anglo-burgundischen Allianz führen mußte. Eine Übersicht über die allgemeinen und besonderen Tatsachen ergibt also, daß die Mission von Xaintrailles durchaus keine improvisierte Notlösung einer lokalen, vom Unglück verfolgten Verwaltung war, sondern ein sehr viel feineres Manöver der königlichen Regierung selbst.

Nachdem er diese Gesandtschaft empfangen hatte, »war der Herzog von Burgund einfältig genug zu glauben, daß die Engländer ihm den Platz überlassen würden«, und ging nach Paris, um sich mit dem Regenten zu beraten. Bedford erwiderte ihm: »Er würde sich sehr ärgern, wenn andere die Vögel bekämen, nachdem er auf so viele Büsche geschlagen hätte[3].« Daraufhin war Philipp erzürnt und ließ, dem ›Tagebuch‹ zufolge[4], Xaintrailles bei seiner Rückkehr von einem seiner »Trompeter begleiten, der allen Untertanen seiner Länder und Städte, die an der Belagerung teilnahmen, befahl, sie sollten fortgehen und den Einwohnern

---

[1] Monstrelet sagt ausdrücklich, die Abordnung mit Xaintrailles wäre »durch Karl, den König von Frankreich, und die Bürger der Stadt Orléans abgeschickt worden.«

[2] Nach Chartier handelt es sich um einen einfachen Waffenstillstand und für Monstrelet und die (völlig unsichere) Chronik von Morosoni darum, die Stadt für neutral zu erklären, in dem sie dem Herzog von Burgund unterstellt wurde.

[3] Lavisse, IV, 2 u. 47. [4] a.a.O., 70.

von Orléans nichts Böses mehr tun.« Indem ein, wenn auch vorübergehendes, Zerwürfnis zwischen Philipp dem Guten und Bedford die burgundischen Truppen von Orléans entfernte, glich diese Friedenshandlung in großem Maß den materiellen und vor allem moralischen Schaden der ›Heringsschlacht‹ aus, der man im allgemeinen Verlauf der Ereignisse oder im Hinblick auf die Entscheidung des Kronrats über Johanna keine große Bedeutung beimessen kann.

Die zahlenmäßige Stärke der beiden Parteien am 4. Mai, zu Beginn der Kämpfe, wurde oftmals nachgerechnet, ohne genaue Angaben machen zu können. Da jedoch deren größte Bedeutung im relativen Kräfteverhältnis liegt, ist dieser Nachteil recht nebensächlich. Für die belagernde Armee schätzt G. Lefèvre-Pontalis, daß »die theoretische Stärke der englischen Armee nach einer Methode, die das Problem von Grund auf zu erfassen scheint, auf ein Maximum von etwa 5000 Mann geschätzt werden kann ... (und) daß der englische Kommandant von diesen 5000 Mann wahrscheinlich nur 3000 in den Kampf schicken konnte[1].« Diese Ansicht eines stets sorgfältigen Kritikers gibt uns in bezug auf die Engländer eine ausreichende Auskunft. Für die belagerte Armee kann die Gesamtzahl der Dunois unterstellten Krieger nur schwer errechnet werden. H. Wallon hat es versucht und alle dabei bekannten Tatsachen berücksichtigt[2]. Ohne auf diese Diskussion einzugehen, genügt es, sich die dabei angeführten ›Minimalzahlen‹ zu vergegenwärtigen, nämlich:

a) Ständige Bürgermiliz	3000 Mann
b) Königliche Garnison Ende März	2000 Mann
c) Hilfstruppen, die auf Befehl von Dunois zwischen dem 24. und 29. April aus den benachbarten Städten zusammengezogen wurden .	650 Mann
d) Entsatzarmee, am 29. und 4. Mai aus Blois angekommen	3000 Mann
Gesamtsumme:	8650 Mann

[1] Morosoni, III, 28 Anm. 1 (nach L. Jarry, ›Le compte de l'armée anglaise‹).
[2] H. Wallon, Jeanne d'Arc. 3. Aufl. 1875, II, 393.

Der einfache Vergleich mit der englischen Maximalzahl von 5000 Mann, von der nur 3000 Mann einsatzfähig waren, mit der französischen Minimalzahl von 8650 Mann erlaubt die sichere Folgerung, daß die Kampftruppe der Verteidiger von Orléans der ihrer Gegner mindestens im Verhältnis von drei zu eins überlegen war.

Die gesamte militärische Situation am 4. Mai, mittags, können wir folgendermaßen zusammenfassen: 1. Die Franzosen unter Dunois waren zahlenmäßig klar überlegen und hatten den Vorteil, sich auf der inneren Front frei bewegen zu können. 2. Die zahlenmäßige Schwäche der Engländer William Poles wurde durch die Unterbrechung der Zernierung und die Zersplitterung in drei Gruppen, die einander nur schwer Hilfe bringen konnten, verschlimmert: im Osten von Orléans war nur eine einzige, isolierte Bastei; im Süden lagen vier Basteien, dort wo die Sologne beginnt, durch die Loire von der Hauptmasse der Truppen abgeschnitten; im Westen bildeten sechs Basteien, eine davon in der Mitte des Flusses, die Basis der Belagerungsoperationen, sie lagen jedoch von den anderen getrennt. Sollten sich die Franzosen folglich zu einem Ausfall entschließen, war das Manöver bereits durch das Terrain vorbestimmt. Das Ziel konnte nur sein, die drei vom Feind besetzten Basteigruppen nacheinander einzunehmen, indem man mit der schwächsten begann: St. Loup im Osten, um danach die Basteien südlich der Loire anzugreifen, und von dort, wenn nötig, auf die westliche Linie überzugehen. Und hier begann man mit dem Angriff, noch an dem Tag, an dem die Hilfsarmee in Orléans eingezogen war.

Wir müssen nun versuchen, die Ereignisse zwischen dem 26. April und 9. Mai zu rekonstruieren, indem wir sie zuerst in ihrem chronologischen Ablauf prüfen.

26. April: Allem Anschein nach[1] verließen der Proviantzug und seine Eskorte Blois am Morgen, unter dem Kommando der Marschälle von Frankreich, Rais und Boussac. Windecke gibt an, es wären insgesamt 60 Wagen, 400 Stück Vieh und 3000 Krieger gewesen. Diese Zahlen kön-

[1] Vgl. Anhang II.

nen wir jedoch nicht kontrollieren[1]. Der Beichtvater Pasquerel[2] erzählt seinerseits, daß »Johanna alle Priester um ihr Banner versammelt hätte, und diese Priester wären vor den Soldaten hergezogen. Sie wären alle zusammen in Richtung der Sologne gegangen und hätten ›Veni Creator‹ und andere Hymnen gesungen.« Dieses Eingreifen Johannas ist jedoch offensichtlich eine Übertreibung, denn sie konnte gegenüber der Geistlichkeit nicht über eine Autorität verfügen, die sie nicht einmal über die Armee hatte. Nur der Erzbischof-Kanzler, Regnault de Chartres, der sich in Blois befand, hatte das Recht, eine solche Zeremonie zu veranlassen, die zweifellos die religiöse Bedeutung von Johannas Gegenwart unterstreichen sollte.

Die Reise des Zuges durch die Sologne wird von den Zeugen Dunois, Coutes und Simon Beaucroix[3] bestätigt. Das ›Tagebuch‹ und die ›Chronik‹ nehmen darauf Bezug[4] und geben an, man habe die Sologne ohne Wissen Johannas gewählt, die vorgezogen hätte, am rechten Loireufer durch die Beauce zu ziehen. Diese beiden anonymen Texte verzeichnen jedoch augenscheinlich nur die unsichere Erinnerung des von Dunois berichteten Zwischenfalls, der am übernächsten Tag stattfand und auf den wir zurückkommen werden. Die Frage, ob der Zug durch die Beauce geführt werden sollte, wo man Gefahr lief, auf die Hauptmasse der englischen Belagerungstruppen zu stoßen, oder durch die Sologne, durch die man ohne Hindernis zum linken Loireufer, ein wenig stromaufwärts von Orléans, gelangen konnte, war nicht einmal diskutabel. Die Wahl mußte unweigerlich auf die Sologne fallen.

Nach Pasquerel ›schlief man am Abend im Freien‹ und Coutes fügt hinzu, daß »Johanna ganz zerschlagen war . . . weil sie in jener Nacht in der Rüstung geschlafen hatte.« Am nächsten Tag, dem 27., lagerte die Truppe ebenfalls im Freien.

28. April: Am Abend dieses Tages erreichten die Franzosen den Hafen von St. Loup, am südlichen Loireufer, 2 Kilometer östlich von Orléans, vor der

[1] G. Lefèvre-Pontalis: (›Sources allemandes de l'histoire de Jeanne d'Arc‹, 167). Die ›Chronique de Tournai‹, die ähnliche Zahlen angibt, geht auf dieselbe Quelle zurück, was Windecke nicht bekannt war (ebd., 65–67). [2] Procès, III, 105.

[3] Procès, III, 5, 67 u. 78. [4] Procès, IV, 151 u. 215.

englischen Bastei St. Loup, von der er durch den Fluß und die ›Ochseninsel‹ getrennt war. Dies ist mit Sicherheit einer von Dunois am 1. Mai 1429 ausgestellten Quittung zu entnehmen, in der von der »Armee, die mit der Jungfrau bis zum Hafen von Bouchet gekommen war[1]«, die Rede ist, und Dunois selbst sagt aus: »Alle kamen am Loireufer an ... gegenüber der Bastei St. Loup[2].« Thibault d'Armagnac[3] erklärt seinerseits: »Er sei zum Schutz der Stadt mit Herrn Dunois in Orléans gewesen; und als sie von Johannas Ankunft erfahren hätten, seien der Graf Dunois und verschiedene andere über den Fluß gesetzt und ihr in Richtung von St. Jean le Blanc entgegengegangen«, d. h. sie stießen auf die marschierende Armee vor deren Ankunft in Bouchet[4].

Dunois gibt von dieser Begegnung mit Johanna einen (zumindest durch den Kanzleischreiber) ungeordneten, aber mit Bezug auf die beiden Hauptpunkte wichtigen Bericht:

1. Er erzählt, Johanna sei sehr erzürnt gewesen, als sie bemerkt habe, daß Proviantzug und Eskorte deswegen so geführt wurden, um alle Zusammenstöße mit den Engländern zu vermeiden, und habe ihn angefahren: »Seid Ihr der Bastard von Orléans?« Er erwiderte: »Der bin ich, und ich heiße Euch willkommen.« Da sagte sie zu dem Zeugen: »Habt Ihr geraten, auf diesem Loireufer entlangzuziehen, damit ich nicht direkt zu Talbot und den Engländern gehe?« Der Zeuge erwiderte, er selbst und erfahrenere Männer, die ihm diesen Rat gegeben hätten, glaubten, so am besten für ihre Sicherheit zu sorgen. Da sprach Johanna zu ihm: »Im Namen Gottes, der Rat Gottes, unseres Herrn, ist sehr viel

---

[1] Charp. u. Cuissard (›Journal‹, 261).

[2] Procès, III, 5. Dem ›Journal‹ (ebd., 74 u. 75) und der ›Chronique de la fête du 8 mai‹ (Procès, V, 289) gemäß, hat man vorgeben wollen, der Geleitzug wäre danach bis nach Chécy (3,5 Kilometer flußaufwärts) weitergezogen. Diese anonymen Texte sind jedoch nicht vertrauenswürdig genug, um sie den obenerwähnten direkten Aussagen vorzuziehen, und die Frage an sich ist uninteressant (vgl. B. de Molandon, La première expédition de Jeanne d'Arc, Orléans, 1874, wo diese Anschauung erklärt wird). [3] Procès, III, 119.

[4] Das wird außerdem noch von Aulon bestätigt: »Und ... der Herr (Dunois) und seine Leute bestiegen ein Boot und fuhren auf der Loire etwa eine Viertelmeile, bis dorthin, wo sie sie trafen« (Procès, III, 110).

sicherer und weiser als der Eure. Ihr wolltet mich täuschen und habt Euch selbst getäuscht, denn ich bringe Euch die beste Hilfe, die jemals ein Soldat oder irgendeine Stadt erhalten hat, es ist die Hilfe des Königs der Himmel. Ihr erhaltet Sie jedoch nicht um meinetwillen, sondern um Eurer selbst willen von Gott, der auf Verlangen des heiligen Ludwig und St. Charlemagne Erbarmen mit der Stadt Orléans hatte und nicht wollte, daß die Feinde den Herrn von Orléans und die Einwohner seiner Stadt gefangennähmen[1].«

2. Er erklärt, daß, nachdem »die Boote mit den Lebensmitteln für die Stadt Orléans« beladen und fortgeschickt worden waren, er »und die anderen Hauptleute« berieten, ob die Gegenwart der in der Bastei von St. Loup[2] verschanzten Engländer für die Loireüberfahrt der Begleittruppe selbst eine Gefahr oder ob es vorzuziehen wäre, den Fluß stromabwärts zu überqueren: und gleichzeitig bat er Johanna, mit ihm über die Loire zu setzen und »in die Stadt Orléans einzuziehen, wo man sie sehr erwarte.« Nach dieser letzten Aufforderung machte Johanna jedoch »Schwierigkeiten und sagte, sie wolle ihre Leute und Krieger, die gebeichtet hätten und Buße tun wollten, nicht verlassen, und wolle darum nicht mitgehen. Der Zeuge wandte sich daraufhin an die Feldherren, denen die Obhut dieser Krieger anvertraut war und bat sie dringend, auch im Namen des Königs, um die Erlaubnis, daß Johanna in Orléans einziehen könne, während sie mit ihrer Truppe die Loire bei Blois überquerten, denn es gab keinen näheren Übergang. Die Feldherren gaben dieser Bitte nach und willigten ein, (den Fluß) bei Blois zu überschreiten, während Johanna mit dem Zeugen mitging[3].«

---

[1] Procès, III, 5 u. 6.

[2] Das ›Journal‹ (a.a.O., 75) berichtet, daß die Franzosen aus Orléans während dieser Zeit »herauskamen und vor St. Loup ein Scharmützel lieferten«, um das Hereinbringen der Lebensmittel zu erleichtern.

[3] Procès, III, 6 u. 7. Simon Beaucroix (Procès, III, 78) bestätigt diesen Vorfall, überliefert davon jedoch eine andere Version. Er erzählt, daß Johanna, als sie von der Rückkehr der Armee nach Blois erfuhr »sehr unzufrieden war, denn sie fürchtete, sie (die Armee) käme nicht zurück und das Vorhaben wäre mißlungen. Sie wollte nicht mit den anderen über Blois ziehen. Sie ging jedoch mit ungefähr 200 Lanzen auf das andere Ufer, usw. . . .«. Der Bericht von Dunois, Johannas direktem Gesprächspartner, ist in jedem Fall glaubwürdiger.

Wenn Dunois' Erinnerungen, wie wir bereits bemerkt haben, nach fünfundzwanzig Jahren über Daten und gewisse sachliche Details nicht immer genau sind, so erscheint doch unglaubhaft, daß er diesen doppelten Vorfall, der sich auf seine erste Begegnung mit Johanna bezieht und ihn somit stark beeindrucken mußte, erdichtet hat. Man darf seinen Bericht für exakt halten und daraus verschiedene beweiskräftige Schlußfolgerungen ableiten.

Erstens enthält er noch eine weitere Bestätigung (wenn diese überhaupt erforderlich ist), daß Johanna in der Entsatzarmee kein Kommando innehatte, da sie weder den Reiseweg noch den genauen Ankunftsort kannte und da deren Rückkehr nach Blois sowie ihr sofortiger Einzug in Orléans an Ort und Stelle gegen ihren Wunsch von Dunois und den Hauptleuten (den Marschällen Rais und Boussac), ›denen diese Krieger anvertraut waren‹, entschieden wurde. Außerdem ist klar erkenntlich, daß sie noch nicht die notwendigen taktischen Kenntnisse der Kriegführung hatte und nicht daran dachte, daß die zum Schutz eines Proviantzugs bestimmte Truppe keine Feindberührung suchen, sondern, um ihre Mission nicht in Gefahr zu bringen, diese im Gegenteil verhindern sollte; und endlich bestätigt er von neuem jenen Charakterzug, der uns bereits aufgefallen ist und dem wir oft begegnen werden: ihre impulsiven und oft gereizten Reaktionen gegen alles, was der mystischen Auslegung ihres angeborenen und dominierenden Kampfgeistes widerspricht.

29. April: Wir wissen nicht genau, was sich vom Abend des 28. bis zum Nachmittag des 29., dem Zeitpunkt von Johannas Einzug in Orléans, zutrug. Wenn wir uns auf die Aussagen Dunois', Beaucroix', Pasquerels und Aulons verlassen[1], so scheint Johanna, nachdem die Schiffe für Orléans beladen worden waren und nachdem die Armee nach Blois abgezogen war, mit Dunois und dessen Begleitern direkt über die Loire gesetzt zu sein, um sich nach Orléans zu begeben. Aulon sagt dazu: »Besagte Jungfrau und der Zeuge schifften sich sogleich ein und der Rest der Krieger kehrte nach Blois zurück. Und mit dem besagten Herrn Dunois und seinen Leuten zogen sie in die Stadt.« Es ist jedoch möglich, daß diese Trennung

[1] Procès, III, 7, 78, 105, 210 u. 211.

von Proviantzug und Eskorte erst in den Morgenstunden des 29. stattfand. Andererseits heißt es in der Adelsurkunde von Guy de Cally[1], dieser habe »Johanna vor ihrem Einzug in Orléans im Schloß Reuilly bei Chécy empfangen.« Hieraus wurde oft entnommen, daß sie sehr wahrscheinlich die Nacht vom 28. zum 29. an diesem Ort verbrachte.

Der genaue Weg Johannas in diesen 24 Stunden kann nicht nachgezeichnet werden; sicher scheint hingegen, daß Johanna am 29. April an Dunois' Seite in Orléans einzog. Der Zeuge Lullier[2] gibt an: »Sie wurde mit so viel Freude und Beifall von Leuten jeden Geschlechts und jeden Standes empfangen, als wäre sie ein Engel Gottes, denn sie hofften, durch ihre Vermittlung von den Feinden befreit zu werden.«

Das ›Tagebuch‹[3] beschreibt das Schauspiel von Johannas Ankunft mit folgenden Worten:

»So zog sie um acht Uhr abends, trotz aller Engländer, die nicht hindernd eingriffen, in voller Rüstung auf einem weißen Pferd ein. Sie ließ ihr Banner vor sich hertragen, das ebenfalls weiß war und auf dem zwei Engel abgebildet waren, jeder eine Lilie in der Hand[4]; und auf dem Panier (ihrer Lanze) war eine Verkündigung gemalt, das Bild Unsrer Lieben Frau, der ein Engel eine Lilie überreicht.«

»Da sie so in Orléans einzog, ritt zu ihrer Linken in reicher Rüstung der Bastard von Orléans. Und danach folgten viele Edelleute und tapfere Herren, Junker, Hauptleute und Soldaten aus der Garnison sowie Bürger von Orléans, die ihr entgegengekommen waren. Außerdem wurde sie von anderen Kriegsleuten, Bürgern und Bürgerinnen von Orléans empfangen, die zahlreiche Fackeln trugen und so große Freude zeigten, als wäre ihnen Gott erschienen; und das nicht ohne Grund, denn sie hatten viel Leid, Arbeit und Lasten zu tragen und mußten, was schlimmer ist, fürchten, keine Hilfe zu erlangen und Leben und Besitz zu verlieren. Sie fühlten sich jedoch von der göttlichen Kraft, die in dieser einfachen Jungfrau sein sollte, bereits gestärkt und wie ›entlagert‹; alle Männer, Frauen und

---

[1] Procès, V, 344, datiert Ende Juni 1429. [2] Procès, III, 24.

[3] Charp. et Cuissard (›Journal‹, 76 u. 77).

[4] Diese Beschreibung stimmt mit der von Johanna selbst gegebenen überein (Champion, II, 52).

kleinen Kinder sahen sie mit Zuneigung. Man drängte sich so sehr, um sie und ihr Pferd zu berühren, daß einer der Fackelträger ihrem Banner so nahe kam, daß es Feuer fing. Daraufhin gab sie ihrem Pferd die Sporen und führte es so geschickt zum Panier und löschte die Flamme, als habe sie schon oft an Kriegszügen teilgenommen: dies sahen die Krieger als großes Wunder an und die Bürger von Orléans ebenfalls; sie begleiteten sie durch die ganze Stadt und feierten (sie), und mit großen Ehren wurde sie zu dem hinter dem Regnard-Tor gelegenen Haus des Jacques Boucher, Schatzmeister des Herzogs von Orléans, geführt, wo man sie mit großer Freude empfing.«

Diese Stelle des ›Tagebuchs‹ kann als hinreichend gesicherte Quelle angesehen werden. Nichts in dem inhaltlichen Zusammenhang des Originals läßt vermuten, daß es, wie es oft der Fall ist, nachträglich erweitert oder sogar abgeändert wurde. Wenn der unbekannte Autor auch nicht zu Fuß an der Seite Johannas durch die Stadt gezogen ist und auch die von ihm berichteten Begebenheiten nicht mit eigenen Augen gesehen hat, so befand er sich doch an jenem Tag unter der jubelnden Bevölkerung und hat – was allein zählt – deren Begeisterung festgehalten. Seine direkte und lebendige Erzählung macht besser als jeder Kommentar die geistige Atmosphäre jener Zeit verständlich. Diese Worte lassen uns die Gefühle der Bürger von Orléans im 15. Jahrhundert, die von dauernder Angst heimgesucht waren, erkennen. Seit der Ankunft der Engländer vor ihrer Stadt hatten sie alles getan, um sich zur Verteidigung vorzubereiten: Zerstörung der Vororte, Verstärkung der Mauern, Aufstellung von Geschützen, Herstellung von Waffen und Munition, Anlage von Vorräten, Bittschriften an den König und die anderen ›guten Städte‹, Kämpfe und Ausfälle; doch nach sieben Monaten waren sie noch nicht weiter gekommen als am ersten Tag. Und nun schickt ihnen der König außer frischen Truppen und einem Proviantzug eine von weisen Doktoren nach allen Regeln geprüfte Jungfrau, nach ihren eigenen Glaubensgrundsätzen auserwählt, die erklärt, sie komme von Gott, um ihnen die gute Nachricht zu überbringen, es genüge zu kämpfen, um frei zu werden. Wie sollten sie die Jungfrau anders als mit Begeisterung empfangen, da doch ihr Kommen die nächste Verwirklichung ihrer liebsten Hoffnungen bedeutete? Und wie sollten sie sich, nach dem reizenden Wort des Autors, bei ihrem bloßen Anblick, ohne sie zu kennen, nicht ›bereits . . . entlagert‹ fühlen?

Aus diesen Berichten wird die enge Verbindung zwischen der kollektiven Geistesverfassung der mittelalterlichen Bevölkerung und der Johannas erkenntlich. Beide entsprechen sich und die geistige Haltung des Volkes stimmt notwendigerweise mit der Johannas überein, da sie sie geformt hat. Es überrascht nicht, wenn diese psychologische Harmonie alle individuellen Energien der Zuschauer stimuliert und eine übernatürliche Auslegung der Ereignisse fordert. Hier ergänzen sich Espinas' Gesetz der mentalen Ansteckung, nach dem »die Identität einer Erregung in direktem Verhältnis zur Zahl der am gleichen Ort und zur gleichen Zeit beteiligten Personen wächst« und Jean Gersons, des ›sehr christlichen Doktors‹, Beobachtung, daß die Massen seiner Zeit »ein Individuum, einen Propheten brauchten, um von Gott die Befriedigung ihrer Leidenschaften, ihrer Liebe, ihres Hasses oder nur ihrer Neugier zu erlangen[1].«

30. April: Das ›Tagebuch‹[2] verzeichnet zuerst ein Scheinmanöver gegen die englische Bastei von St. Pouair (oder Paris), das in den Morgenstunden von La Hire und Florent d'Illiers mit einer kleinen Truppe ausgeführt und von einem Schußwechsel der Schleudermaschinen und Feldschlangen begleitet wurde.

Es fügt hinzu, daß Johanna bei ›Anbruch der Nacht‹ zwei Herolde zu den Engländern entsandte, um die Freilassung des Überbringers ihres ersten in Poitiers diktierten Briefes zu verlangen. Dunois soll ihnen seinerseits mitgeteilt haben, »wenn sie ihn nicht auslieferten, würde er alle Engländer, die sich in Orléans in Gefangenschaft befänden, eines schlimmen Todes sterben lassen und auch jene, die von den englischen Herren gesandt worden waren, um über das Lösegeld der anderen zu verhandeln. Darum schickten die Befehlshaber der englischen Armee alle Herolde und Boten der Jungfrau zurück und ließen ihr durch sie mitteilen, daß man sie verbrennen lassen würde . . ., daß sie nur eine Hure sei und zu ihren Kühen zurückkehren solle, worüber sie sich sehr erzürnte.

---

[1] Zit. in ›La Foule‹ (64 u. 68), Par., Alcan, 1934. [2] a.a.O., 78 u. 79.

Sie nützte diese Gelegenheit und ging gegen Abend zum Bollwerk Belle-Croix auf die Brücke und sprach von da zu Glasdale und den anderen Engländern in den Tourelles. Sie sagte ihnen, sie sollten sich nach dem Willen Gottes ergeben, dann würde man ihnen das Leben lassen. Aber Glasdale und seine Leute beschimpften sie und nannten sie wie vorher eine Kuhhirtin und schrien laut, sie würden sie, wenn sie in ihre Hände fiele, verbrennen lassen. Darüber war sie sehr erzürnt, nannte sie Lügner, und nachdem sie das gesagt hatte, ging sie in die Stadt zurück.« Diese homerische Auseinandersetzung zwischen Johanna und den Engländern wird von ihrem Pagen Coutes bestätigt[1], der erklärt, »sie habe ihnen gesagt, sie sollten im Namen Gottes davonziehen, und wenn sie das nicht täten, würde sie sie verjagen; und ein Bastard, namens Granville, beleidigte Johanna sehr, er fragte sie, ob sie sich etwa einer Frau ergeben sollten und nannte die Franzosen in ihrer Begleitung ungläubige Zuhälter.«

Nach den Überlieferungen ist der Vorfall mit dem Herold sehr viel unklarer. Pasquerel[2] sagt, daß Johanna in der Nachschrift eines dritten Briefes, von dem später die Rede sein wird, die Auslieferung eines Herolds, namens Guienne, verlangte, der kurz vorher von ihr ausgesandt worden war – und der Zeuge Jacques L'Esbahy[3], Bürger von Orléans, erklärt, er könne sich erinnern, daß man auf Johannas Verlangen an jenem Tag zwei Herolde nach der Bastei St. Laurent schickte, um die Engländer zur Aufhebung der Belagerung aufzufordern; und da einer der beiden (Guienne) von ihnen (den Engländern) zurückgehalten wurde, schickte Johanna seinen Gefährten Ambleville wieder hin, der ihn sicher und unbeschadet zurückführen sollte, was er auch tat[4]. Zwischen dem ›Tagebuch‹ und den beiden Zeugen besteht also ein Gegensatz und, was die Rückkehr Guiennes betrifft, auch zwischen den beiden Zeugen selbst.

Außerdem gibt Coutes an[5], »daß Johanna, als sie am nächsten Tag in Orléans einzogen, zum Bastard von Orléans gegangen sei und mit ihm gesprochen habe. Bei der Rückkehr sei sie sehr erzürnt gewesen, denn wie

---

[1] Procès, III, 68. [2] Procès, III, 108. [3] Procès, III, 26 u. 27.

[4] Procès, IV, 42. Nach Angaben des Chronisten Berri wurde dieser Herold erst nach Aufhebung der Belagerung in Eisen gelegt gefunden und befreit.

[5] a.a.O.

sie sagte, hätte man beschlossen, an diesem Tage nicht anzugreifen.« Auf diesen 30. April – den Tag vor seiner Abreise nach Blois – können wir auch die Angabe von Dunois[1] beziehen, daß, »als er die Hilfsarmee für Orléans über Blois heranführen wollte, Johanna sich ungeduldig zeigte und nicht zulassen wollte, daß er dorthin ginge. Sie wollte die Engländer, die vor der Stadt lagen, zur Aufhebung der Belagerung auffordern und (wenn sie ablehnten) angreifen. Das tat sie auch und sandte besagten Engländern einen Brief in ihrer Muttersprache, der in starken und einfachen Worten enthielt, daß die Engländer die Belagerung aufheben und in das Königreich England heimkehren sollten; wenn sie das nicht täten, würde sie sie so heftig angreifen, daß sie sich zum Abzug gezwungen sähen.«

Die Absendung dieses zweiten Briefes, den man nicht mit dem bereits besprochenen ersten ›Brief an die Engländer‹ verwechseln darf, wird von dem Schreiber Pierre Milet[2] bestätigt: »Bald nach ihrer Ankunft in Orléans schickte sie den Engländern, die vor der Stadt lagen, ein Schreiben, ein kleines, einfach geschriebenes Blatt, das vom Zeugen gelesen wurde, und in dem sie den Engländern den Willen Gottes in ihrer Sprache mitteilte: ›Unser Herr gebietet Euch, in Euer Land zurückzukehren, denn das ist sein Wille; wenn Ihr das nicht tut, werde ich ein großes Kriegsgeschrei erheben‹[3].«

Aus all diesen Angaben, deren Widersprüche und offensichtliche Übertreibungen wieder einmal die Unzuverlässigkeit der Chronisten und Zeugenaussagen beweisen, geht hervor, daß Johannas Verhalten nach ihrer Ankunft in Orléans den bereits festgestellten emotionalen Manifestationen entspricht. Einerseits beginnt sie sofort, ihr selbstauferlegtes Apostolat auszuüben, indem sie mit dem Feind schriftlich und mündlich Kontakt aufnimmt, um ihn zur Aufhebung der Belagerung zu bewegen. Sie handelt dabei sowohl nach den ritterlichen Fehdebräuchen als auch in dem naiven Glauben, die Erwähnung Gottes könne auf den Feind die gleiche Wirkung haben wie auf die Menge, die sie mit Begeisterung

---

[1] Procès, III, 7. [2] Procès, III, 125.
[3] In allen Manuskripten ist dieser Satz unvollendet.

empfing. Andererseits zeigt sie noch dieselbe reizbare Hast zu kämpfen und kann schlecht begreifen, daß Dunois mit den vorgesehenen militärischen Operationen bis zur Ankunft der Armee aus Blois warten will. Diese Problemlage muß festgehalten werden.

1., 2. und 3. Mai: Über diese drei Tage sind keine wichtigen Auskünfte erhalten. In den Morgenstunden des ersten Tages verläßt Dunois Orléans in Richtung Blois, um von dort die Entsatztruppe zu holen[1]. Die Anwesenheit Jean d'Aulons, Johannas Intendanten, in dieser Eskorte ist recht eigenartig. Man kann annehmen – ohne jedoch einen Beweis zu haben – daß sie in irgendeiner Weise mit Johanna zusammenhängt: vielleicht sollte er über ihr Verhalten und den Eindruck, den sie auf die Bewohner von Orléans gemacht hatte, einen ersten Bericht erstatten. Er erklärt, daß, sobald sie von ihrem Fortgehen erfuhr, »besagte Jungfrau gleich aufs Pferd stieg und mit La Hire und einer Gruppe von ihren Leuten hinausritt, um darüber zu wachen, daß ihnen die Feinde keinen Schaden zufügten[2].« Jedoch weder das ›Tagebuch‹ noch Dunois machen irgendeine Andeutung über dieses Manöver. Man weiß nicht, welchen Weg Dunois und seine Begleiter wählten, am wahrscheinlichsten ist, daß sie den Weg durch die Beauce nahmen, die Bastei von Paris umgingen, um die Strecke kennenzulernen, auf der die Armee von Blois nach Orléans ziehen sollte.

Die vorübergehende Abwesenheit Dunois', des Oberbefehlshabers, machte allerdings jedes gegen den Feind gerichtete Unternehmen unmöglich, und nur das ›Tagebuch‹[3], mit dem wir uns trotz seines tendenziösen Tons begnügen müssen, zeigt uns lediglich die Beschäftigungen Johannas während jener Zeit, die darin bestanden, durch die Straßen der Stadt spazieren zu gehen, dann, gefolgt von einer ›großen Volksmenge‹, die Mauern zu verlassen, um die Basteien näher zu betrachten und in Croix-Morin, auf der Straße nach Blois, die Engländer zum Abzug aufzufordern, die ihr dort jedoch ebenso häßliche Antworten wie vor den Tourelles gaben.

Der Zeuge Jean Lullier sagt, Johanna habe sich an die Einwohner gewandt »und sie ermutigt, auf Gott zu vertrauen und (fügte er hinzu),

[1] Journal, a.a.O., 79. [2] Procès, III, 211. [3] a.a.O., 80.

daß sie, wenn sie auf Gott bauten und ihm vertrauten, ihren Feinden entkommen würden[1].« Und alle liefen voller Freude zusammen, »denn sie waren so begierig, sie zu sehen, daß sie fast ihre Herberge stürmten. Um sie zu sehen, waren so viele Einwohner in den Straßen, durch die sie kam, versammelt, daß man kaum noch weitergehen konnte, denn das Volk konnte sich an ihr nicht sattsehen[2].« Am 3. Mai nahm Johanna an einer Prozession teil, »um Unseren Herrn um die Befreiung besagter Stadt Orléans zu bitten[3].«

Während also Dunois die letzten militärischen Vorbereitungen überwachte, erfüllte Johanna bei den für den Kampf bestimmten Einwohnern der Stadt ein spontanes Werk moralischer Stärkung. So kam ihre persönliche Aktion noch zu der wunderbaren Kunde hinzu, die ihr vorausgegangen war, und trug dazu bei, die vertrauensvolle Atmosphäre zu schaffen, die den Erfolg jeder Unternehmung erleichtert.

4. Mai: Das ›Tagebuch‹[4] und Aulon[5] berichten, daß die Hilfsarmee unter dem Kommando der Marschälle Rais und Boussac, deren Führung Dunois übernommen hatte, um sie an Ort und Stelle zu bringen, im Laufe des Morgens ohne Schwierigkeiten vor den Toren von Orléans anlangte. Beide fügen hinzu, eine Truppe von ungefähr fünfhundert Mann, unter dem Kommando von Florent d'Illiers und La Hire, der sich Johanna angeschlossen hatte, wäre ihnen entgegengezogen. Das ›Tagebuch‹ präzisiert, »sie seien vor der Bastei der Engländer eingezogen«, d. h. von Norden, am Wald von Orléans entlang, hergekommen, in einiger Entfernung von der Bastei von Paris, der äußersten der westlich der Stadt liegenden Basteien. Verschiedene Zeugen und Chronisten sind erstaunt, daß die Engländer die Franzosen nicht beim Passieren angriffen; wenn man sich jedoch vergegenwärtigt, daß die Armee von Blois, ohne die obenerwähnte vorausgezogene Truppe zu rechnen, wenigstens 3000 Mann betrug, während die Gesamtzahl ihrer Soldaten nicht größer war und in elf voneinander isolierten Basteien verstreut lag, wird diese vorsichtige Zurückhaltung leicht verständlich. Sie wurde außerdem durch ein etwas

---

[1] Procès, III, 24. [2] Journal, ebd. [3] Procès, V, 259.
[4] a.a.O., 81. [5] Procès, III, 211.

späteres Ereignis gerechtfertigt, denn nach dem ›Tagebuch‹[1] hatte ein Teil der Garnison derselben Bastei einen Ausfall versucht, um der Besatzung von St. Loup Hilfe zu bringen, er wurde jedoch unterwegs von Dunois' Männern angegriffen und mußte sich schnell vor den 600 Soldaten zurückziehen, die der Marschall von Boussac seinerseits aus der Stadt führte und auf ihrer Marschroute in Schlachtordnung aufstellte.

Der Angriff auf die Bastei von St. Loup und deren Eroberung, bald nach dem Einzug der Entsatzarmee, bedeuten den Beginn der vorher beschlossenen militärischen Kampfhandlungen. Wir haben das seltene Glück, über sechs hochinteressante und übereinstimmende Texte über die Umstände zu verfügen, die Johanna dazu brachten, sich daran zu beteiligen.

Ihr Intendant Aulon erzählt, nach dem Mittagessen habe Dunois Johanna in ihrer Herberge besucht und mit ihr im Plauderton über Falstaffs bevorstehende Ankunft gesprochen, der mit einem Proviantzug bei Janville gesehen worden war. Nach den recht unsicheren Chronisten Perceval de Cagny[2] und Jean Chartier[3], die sogar die Gegenwart Falstaffs an jenem Tag unter den englischen Feldherren erwähnen, die der Einnahme von St. Loup ohnmächtig zusahen, enthält dieser anekdotische Bericht nur eine verworrene Erinnerung an die ›Heringsschlacht‹ vom 12. Februar, bei der der englische Proviantzug, den die Franzosen erfolglos bei Rouvray angriffen, von Falstaff geführt wurde und der von Janville gekommen war. Aus dieser Unterredung können wir jedoch entnehmen, daß Dunois keine Bemerkung über den Angriff auf St. Loup machte, für den er jedoch bereits die Anweisungen gegeben haben mußte[4].

Aulon fährt fort, »er habe sich nach dieser Unterhaltung« erschöpft gefühlt und »auf eine Bettstatt in der Kammer der Jungfrau gelegt, um etwas zu ruhen; und sie habe sich mit ihrer Wirtin auf ein anderes Bett zum Schlaf niedergelegt. Während er eben am Einschlafen war, erhob sich die Jungfrau plötzlich von ihrem Bett und weckte ihn mit viel Lärm

---

[1] a.a.O., 82. [2] Procès, IV, 9. [3] Procès, IV, 58.

[4] Der Schatzmeister von Orléans übergab Dunois die »Summen, welche die im Rathaus am 4. Mai versammelten Bürger zusammengebracht hatten« (Charp. et Cuissard, a.a.O., 212).

auf. Er fragte sie, was sie von ihm wolle, und sie erwiderte: ›Im Namen Gottes, mein Ratgeber hat mich geheißen, gegen die Engländer zu ziehen. Aber ich weiß nicht, ob ich gegen ihre Basteien oder gegen Falstaff, der ihnen Lebensmittel bringen soll, ziehen muß‹. Da stand er eilends auf und half der Jungfrau, so schnell er konnte, in die Rüstung. Während er ihr die Rüstung anlegte, hörten sie von der Stadt her viel Lärm und Geschrei, denn die Einwohner dachten, die Feinde würden den Franzosen großen Schaden zufügen. Da ließ er sich ebenfalls die Rüstung anlegen, aber die Jungfrau hatte bereits ohne sein Wissen die Kammer verlassen und war auf die Straße gegangen, wo sie einen berittenen Pagen traf. Sie hieß ihn vom Pferd absitzen, das sie selbst bestieg, und eilte so schnell wie möglich auf dem kürzesten Weg zur Porte de Bourgogne, wo der meiste Lärm war . . . als sie an dem Tor ankamen, sahen sie, wie man einen schwerverwundeten Mann aus dieser Stadt herbeitrug. Die Jungfrau fragte diejenigen, die ihn trugen, wer dieser Mann sei, und sie erwiderten, es wäre ein Franzose. Da sagte sie, daß sie noch nie das Blut eines Franzosen habe sehen können, ohne daß sich ihr die Haare sträubten[1].«

»In diesem Augenblick machten die Jungfrau, er selbst und noch andere Hauptleute mit ihren Truppen einen Ausfall, um den Franzosen Hilfe zu bringen und um dem Feind nach Kräften zu schaden. Als sie sich jedoch außerhalb der Stadt befanden, sahen sie, wie er meinte, so viele von ihren Leuten wie nie zuvor. Sie nahmen unverzüglich ihren Weg zu einer sehr starken Bastei der Feinde, Bastei St. Loup genannt, die sofort angegriffen und mit wenig Verlusten im Sturm genommen wurde; alle Feinde wurden getötet oder gefangen, und die genannte Bastei blieb in den Händen der Franzosen. Danach kehrte die Jungfrau mit ihrer Truppe nach der Stadt Orléans zurück, wo sie sich erholten und für den Rest des Tages ausruhten[2].«

Der wichtigste Teil dieser Aussage, d. h. das Bild Johannas, die überstürzt ihr Ruhebett verläßt, als sie durch den Lärm vom Beginn einer ernsthaften Schlacht gegen die Engländer erfährt, ist uns deutlich bestätigt

[1] Es war das erste Mal, daß sie bei einer Schlacht dabei war. Aulon berichtet hierüber in einem späteren Gespräch.

[2] Procès, III, 212 u. 213.

worden und zwar: durch den Pagen Coutes[1], den Beichtvater Pasquerel[2], die es mit eigenen Augen sahen; außerdem durch den Junker Simon Beaucroix[3], die Dame Colette Milet[4] und den Advokaten Aignan Viole[5], die nach dem Hörensagen von Johannas erstem Kampf erzählen. Der natürlich übertriebene Bericht darüber war durch die ganze Stadt gegangen. Alle Zeugen sind im übrigen geneigt, diese Szene als ein Zeugnis der göttlichen Inspiration auszulegen; auch ist es die Absicht des Rehabilitationsprozesses, Johanna eine solche zuzuschreiben. Wir stehen also vor einer absolut sicheren Tatsache, die von dem unbekannten Autor der ›Chronik‹ in Übereinstimmung mit diesen Aussagen unwiderlegbar ausgedrückt wird: »Die Jungfrau wußte nichts vom Ausfall besagter Kriegsleute aus der Stadt und hatte davon weder in ihrem Haus noch in ihrem Stadtviertel gehört[6].«

Aus dieser Tatsache ergeben sich zwei Schlußfolgerungen: 1. Johanna hatte in Orléans, wie wir gesehen haben, kein Kommando (selbst kein untergeordnetes) inne; und Dunois, der Armeechef, hielt es nicht einmal für angebracht, ihr seinen beabsichtigten Operationsplan mitzuteilen oder sie von dessen Ausführung in Kenntnis zu setzen. 2. Johannas große Hast zu einer Schlacht zu kommen, von der sie durch Zufall erfahren hatte, war nicht die Folge von Verpflichtungen, die ein offizieller Einsatz ihr auferlegt hätte, sondern ergab sich allein aus einem persönlichen Reflex, dem unwiderstehlichen Wunsch, ›gegen die Engländer zu kämpfen‹, den sie zuerst in Chinon vor dem König geäußert hatte.

5. Mai: Der einzige Zeuge für Johannas Taten an jenem Himmelfahrtstag ist der Beichtvater Pasquerel[7]. Sie hatte ihm am Vorabend gesagt, daß sie aus Rücksicht auf dieses Fest weder ihre Rüstung anlegen noch kämpfen, sondern beichten wolle, was sie auch tat. Andererseits – ob aus der Erinnerung oder nach einer erhaltenen Abschrift, kann nicht festgestellt werden – gibt er den Text eines neuen Briefes an die Engländer an, den Johanna am selben Tag diktierte: »Euch Männern aus England, die Ihr kein Recht auf das Königreich Frankreich habt, befiehlt

---

[1] Procès, III, 68 u. 69. [2] Procès, III, 106. [3] Procès, III, 79.
[4] Procès, III, 124. [5] Procès, III, 126. [6] Procès, III, 223. [7] Procès, III, 107–108.

der König des Himmels durch mich, Johanna die Jungfrau, Eure Basteien zu verlassen und in Euer Land zurückzukehren. Wenn Ihr das nicht tut, werde ich solch ein ›Kriegsgeschrei‹ erheben, daß man ewig daran denken wird. Diesmal schreibe ich Euch zum dritten- und letzten Mal und werde Euch nicht wieder schreiben. Jhesus Maria. Johanna die Jungfrau.« Und danach: »Ich hätte Euch meinen Brief auf angemessenere Weise geschickt, Ihr nehmt jedoch meine Herolde gefangen, denn Ihr habt meinen Herold Guienne zurückgehalten. Wenn Ihr ihn mir zurückschickt, werde ich Euch einige von Euren Leuten freigeben, die bei St. Loup gefangen wurden, denn sie sind nicht alle tot.« »Dann nahm sie« – fügt Pasquerel hinzu – »einen Pfeil, an dessen Spitze sie den Brief mit einer Schnur befestigte, und befahl einem Bogenschützen, ihn zu den Engländern zu schießen, und rief: ›Lest, hier kommen Nachrichten‹. Die Engländer beleidigten sie daraufhin und nannten sie ›Hure der Armagnacs‹, worüber sie viele Tränen vergoß.«

Obwohl es sich hier um die vereinzelte Aussage eines nicht sehr zuverlässigen Zeugen handelt, erhält sie jedoch durch gewisse Angaben, wie die Einnahme der Bastei St. Loup, ein Höchstmaß an Wahrscheinlichkeit, und wir erkennen, daß Johanna aufgrund des am Vortag erlangten Erfolgs naiv genug war zu glauben, die Engländer könnten sie als göttliche Botin anerkennen und durch Überredung zum Abzug bewegt werden.

Außerdem finden wir bei drei Chronisten, Jean Chartier, dem ›Tagebuch‹ und der ›Chronik‹, völlig widersprechende Versionen über einen Kriegsrat, der, nach dem ersten, von Dunois und seinen angesehensten Hauptleuten im Hause von Guillaume Cousinot, Kanzler des Herzogs von Orléans, abgehalten wurde.

Chartier[1] berichtet darüber eine sehr verwickelte Geschichte, aus der hervorgeht: 1. daß weder Johanna noch die Bürger von Orléans an der Beratung teilnahmen; 2. daß man sich zu einem Scheinangriff gegen die Bastei von St. Laurent entschloß, weil man hoffte, einen Teil der Engländer vom linken auf das rechte Loireufer zu locken; das hätte ermög-

[1] Procès, IV, 57–59.

licht, die auf dem linken Ufer zurückgebliebenen Engländer erfolgreicher anzugreifen; 3. daß man danach Johanna rufen ließ, um sie von einer auf den nächsten Tag festgesetzten militärischen Operation in Kenntnis zu setzen, jedoch aus Furcht vor einer Indiskretion nur von dem Scheinangriff gegen St. Laurent sprach; 4. daß Johanna, als sie merkte, daß man ihr etwas verbarg, sich das sehr zu Herzen nahm und Dunois ihr das Wesentlichste erklären mußte: »Johanna erzürnt Euch nicht. Man kann nicht alles auf einmal sagen . . . aber wenn die (Engländer) vom anderen Flußufer, vom Ufer der Sologne, weggehen, um ihren Soldaten in der großen Bastei Hilfe zu bringen, werden wir, so haben wir beschlossen, über den Fluß setzen und sie dort drüben angreifen«; 5. daß Johanna erwiderte, »sie sei zufrieden, und ihr schiene die Lösung gut.«

Das ›Tagebuch‹[1] berichtet hingegen sehr viel kürzer: 1. daß Johanna und die Vertreter der Stadt Orléans an der Beratung teilnahmen; 2. daß man beschloß, die »Tourelles und die Basteien an der Brücke am nächsten Tag« anzugreifen; 3. daß man vom Abend an die Vorbereitungen so beschleunigte, »daß alles am frühen Morgen beendet war, und daß dies der Jungfrau mitgeteilt wurde.« Der letzte Abschnitt scheint dem ersten zu widersprechen, denn, wenn Johanna am Kriegsrat teilgenommen hätte, so brauchte man ihr anschließend die getroffenen Entscheidungen nicht mehr mitzuteilen.

Die ›Chronik‹ wiederum[2] ist von einer ganz erstaunlichen Erzählung beeinflußt, nach der: 1. Johanna die Initiative ergriffen hätte, von den französischen Feldherren zu verlangen, »die Bastei von St. Laurent mit allen Kräften« noch am Himmelfahrtstag anzugreifen. 2. Besagte Feldherren hätten das aus ›Achtung vor der Würde des Tages‹ abgeschlagen und gemeint, man solle zuerst die Basteien der Sologne einnehmen. 3. Diese Ausflüchte hätten »die Jungfrau, die mit den Feldherren und Hauptleuten sehr unzufrieden war, sehr erzürnt.«

Hier zeigt sich uns anschaulich die verheerende Wirrnis und vertrocknete Sterilität der Chroniken, durch die man oft nur mit dem Haumesser in der Hand vorankommen kann, ohne dabei überhaupt auf irgendeine

---

[1] a.a.O., 82–83. [2] Procès, IV, 224–225.

Nutzpflanze zu stoßen. Im vorliegenden Fall ist es aus diesen unvereinbaren Widersprüchen unmöglich, Wahrscheinlichkeiten oder echte Tatsachen zu entnehmen. Man kann nur feststellen, daß die Quellen dieser Erzähler die Eindrücke einer mündlichen Überlieferung sind, die eine mehr oder weniger genaue Erinnerung daran bewahrt hat, daß Johanna an den militärischen Beratungen vor den Angriffen des 6. und 7. Mai nicht teilnahm. Doch kann sie zu Recht bestehen, denn hätte Johanna von den vorher getroffenen Entscheidungen Kenntnis gehabt, könnte man kaum den erzürnten Vorwurf verstehen, den sie am nächsten Morgen an Gaucourt, den Statthalter von Orléans richtete, weil dieser, aufgrund der getroffenen Entscheidungen, einen Teil der Truppen nicht zur Teilnahme am Angriff gegen die Augustinerbastei aus der Stadt lassen wollte[1]. Beim Vergleich dieser verschiedenen Angaben lassen sich die unüberbrückbaren Lücken unserer Kenntnis von diesen für Johannas Geschick entscheidenden Stunden ermessen.

6. Mai: Dunois bemerkt zu diesem Tag nichts. Der Page Coutes und der Beichtvater Pasquerel[2] begnügen sich mit der ohne Nachdruck gemachten Angabe, man habe die Augustinerbastei eingenommen, die von den Engländern in den Ruinen des gleichnamigen Klosters, vor der Festung der Tourelles, errichtet worden war. Nur der Hofmeister Jean d'Aulon[3] und das ›Tagebuch‹[4] geben uns einen vollständigen Bericht, obwohl der zeitlich spätere Verfasser des Tagebuchs (1467) einfach die Aussagen Aulons zusammengefaßt zu haben scheint.

Der Ablauf der Ereignisse vollzog sich nach den Texten folgendermaßen: 1. Am Morgen kamen die Franzosen »in Marschordnung aus besagter Stadt . . . um die Bastei St. Jean-le-Blanc anzugreifen.« Diese hatte von den südlich der Loire erbauten Basteien die östlichste Lage, und man setzte in Booten über den Strom, wobei man eine im Flußbett gelegene

[1] Procès, III, 117. Dieses Ereignis wird von dem Präsidenten Simon Charles berichtet. Er war nicht dabei und gibt vor, es von Gaucourt selbst erfahren zu haben, der es in seiner Aussage jedoch nicht erwähnt. Außerdem scheinen Coutes (Procès, III, 70) und auch die ›Chronik‹ (Procès, IV, 227) darauf anzuspielen, verlegen es jedoch auf den folgenden Morgen, dem 7. Mai. In Wahrheit wissen wir nichts über die Art und Bedeutung dieses Vorfalls – falls er überhaupt stattfand.

[2] a.a.O. [3] Procès, III, 213ff. [4] a.a.O., 83–84.

Insel berührte[1]. 2. Als sie vor dieser Bastei ankamen, bemerkten sie, daß die Engländer sie bei ihrem Kommen verlassen und sich – achthundert Meter weiter westlich – in die Augustinerbastei zurückgezogen hatten[2]. 3. Da sie sich nicht für stark genug hielten, um den unvorhergesehenen Angriff auf diese Bastei zu wagen, beschlossen sie nach Besetzung von St. Jean-le-Blanc, das Gros ihrer Truppen nach Orléans zurückzuführen. Den Auftrag, diese Rückzugsbewegung zu decken, erhielten Gaucourt, Villars und Aulon selbst mit den »edelsten und tapfersten Kriegsleuten«, denen sich dann Johanna und La Hire anschlossen, die mit ihren Pferden in einer Barke von der obenerwähnten Insel gekommen waren. Diesem Detail ist zu entnehmen, daß Johanna zu Beginn der gegen St. Jean-le-Blanc geplanten Operation nicht bei der Armee war. 4. Als die Engländer bemerkten, daß die Franzosen sich zum Rückzug anschickten, brachen sie aus der Augustinerbastei hervor, um sie zu verfolgen, stießen jedoch auf die Nachhut, mit Johanna und La Hire an der Spitze, von der sie heftig angegriffen und zurückgeworfen wurden. 5. Die Franzosen gelangten durch dieses Scharmützel bis zum Fuß der Augustinerbastei, und das ›Tagebuch‹ erklärt ausdrücklich, »sie griffen erst das Bollwerk und danach die von den Engländern befestigte Bastei bei der Augustinerkirche so heftig an, daß sie dieselbe im Sturm nahmen; auf beiden Seiten wurde sehr tapfer gekämpft.«

Aulon gibt über diesen Angriff einen ausführlichen Bericht. Hiernach wären zwei Männer, darunter ein Spanier, namens Alphonso de Partada, die an Tapferkeit miteinander wetteiferten, über die Palisaden des Bollwerks geklettert, nachdem der Kanonier Jean auf seinen Befehl einen »großen und starken Engländer«, der sie nicht vorbeilassen wollte, niedergeschlagen hatte. »Und damit« schließt er, »hatten die beiden Männer den Weg frei gemacht und alle anderen kamen nach und drangen in die Bastei ein; sie wurde erbarmungslos und mit so großer Wucht von allen Seiten berannt, daß man sie bald darauf im Sturm nahm und besetzte. Der größte Teil der Feinde wurde getötet oder gefangen, und wer sich

[1] An dieser Stelle befinden sich die beiden Inseln ›des Martinets‹ (im Norden) und ›Aux Toiles‹ (im Süden).

[2] Bestätigt von Simon Beaucroix (Procès, III, 79).

retten konnte, zog sich in die Bastei der Tourelles, am Fuße der Brücke, zurück.«

Nachdem die Augustinerbastei in unvorhergesehener Weise eingenommen worden war, beschlossen die Feldherren, die Armee solle nicht nach Orléans zurückkehren, sondern am Ort bleiben, »um die Tourelles und die umliegenden Bollwerke zu belagern. Darum brachten die Einwohner von Orléans während der ganzen Nacht eifrig Brot, Wein und andere Lebensmittel zu den Belagerern[1].« Aulon sagt, Johanna habe die Nacht bei der Truppe verbracht. Aus den Angaben von Coutes, Pasquerel und Colette Milet[2] entnimmt man hingegen, daß sie nach der Kampfhandlung zum Abendessen nach Orléans zurückkehrte und dort die Nacht blieb.

Johanna scheint also bei der Eroberung der Augustinerbastei, die die Franzosen in gleicher Weise überraschte, keine besondere Rolle gespielt zu haben; die nach der kampflosen Aufgabe von St. Jean-le-Blanc eingetretenen Tatumstände unterstreichen jedoch die unvorteilhafte Situation der englischen Armee, die auf die Verstreuung der schon zahlenmäßig unterlegenen Streitkräfte zurückzuführen ist.

7. Mai: Am dritten und letzten Kampftag wurde das Fort der Tourelles eingenommen. Das bewog die Engländer, die Belagerung aufzugeben. Darüber wird mehr oder weniger genau von fünf Zeugen berichtet: Dunois, Coutes, Beaucroix, Pasquerel und Aulon. Die betreffenden Stellen des Tagebuchs sind jedoch offensichtlich von den Aussagen Dunois' und Coutes' beeinflußt und beweisen, daß die Kompilation von 1467 sie völlig umgeändert hat; somit verlieren sie jeden Wert.

Die Zeugen stimmen in zwei Punkten überein: 1. Die im Morgengrauen begonnene Schlacht dauerte bis zum Abend und die Franzosen siegten erst nach einigen erfolglosen Angriffen. 2. Johanna wurde durch einen Pfeil an der Schulter leicht verletzt und zwar in dem Augenblick, als sie, wie sie sagte, eine Leiter gegen die Bastei lehnte[3]; nachdem man sie verbunden hatte, ging sie von neuem in den Kampf[4].

---

[1] Zit. nach dem ›Journal‹. [2] Procès, III, 70–108–124.

[3] Champion, II, 53. Der Vorfall mit der Leiter wird von den Zeugen nicht bestätigt.

[4] Die Legende wird behaupten, Johanna habe diese Verletzung vorausgesehen. Um ein Beispiel der inneren Kritik zu geben, haben wir diesen Vorgang in Anhang IV untersucht.

Über die Umstände des letzten Angriffs[1] und Johannas Rolle dabei weichen hingegen ihre Angaben voneinander ab. Sie erklären: Dunois[2]: »Der Angriff dauerte vom Morgengrauen bis acht Uhr abends und für diesen Tag hatte man kaum noch Siegeshoffnungen. Der Zeuge (Dunois selbst) wurde unschlüssig und wollte das Heer nach Orléans zurückführen. Da aber kam die Jungfrau zu ihm und bat ihn, noch etwas zu warten. Sie selbst stieg aufs Pferd und ritt von der Truppe fort in einen Weinberg, wo sie eine Viertelstunde im Gebet verharrte. Als sie zurückkam, ergriff sie sogleich ihr Banner und pflanzte es am Rand des Grabens auf. Als die Engländer das sahen, begannen sie vor Furcht zu zittern. Die Soldaten des Königs faßten wieder Mut und versuchten von neuem, die Schanze zu nehmen. Ihrem Angriff wurde kein Widerstand entgegengesetzt, und das Bollwerk wurde erobert. Alle Engländer, die sich dort befanden, ergriffen die Flucht: alle wurden getötet.«

Coutes[3]: »Endlich wurde die Schanze genommen. Johanna war immer bei den Soldaten, die zum Angriff vordrangen, und ermahnte sie, guten Mutes zu sein, nicht zu weichen, denn sie würden die Festung bald einnehmen. Und sie sagte auch – nach der Erinnerung des Zeugen –, wenn der Wind das Banner gegen die Festung wehe, würde diese fallen. Am Nachmittag hatten die Soldaten des Königs jedoch noch nichts erreicht, es dunkelte bereits, und sie gaben die Hoffnung auf, die Festung zu nehmen. Johanna blieb jedoch zuversichtlich und versprach ihnen, daß die Festung noch am selben Tag fallen würde. Die Soldaten des Königs rüsteten zu einem neuen Angriff: als die Engländer das sahen, waren sie so entsetzt, daß sie den Widerstand aufgaben und fast alle ertranken; und bei diesem letzten Angriff verteidigten sich die Engländer nicht mehr.«

Simon Beaucroix[4]: »Und da es bereits dunkelte und sie die Hoffnung aufgegeben hatten, das Brückenfort einzunehmen, befahl man, Johannas Banner herbeizutragen; und als es gebracht wurde, griff man das Fort von neuem an, und alsbald konnten des Königs Leute mit dem Banner ohne Schwierigkeit hineinkommen, die Engländer ergriffen die Flucht, und als sie zum Brückenpfeiler kamen, brach dieser, und viele Engländer ertranken.«

---

[1] Allein Pasquerel erwähnt ihn nicht. [2] Procès, III, 8.

[3] Procès, III, 70. [4] Procès, III, 77.

Aulon[1]: »Als die Herren und Hauptleute, die bei Johanna waren, sahen ... daß man an diesem Tag das (Bollwerk) nicht mehr einnehmen konnte, denn es war schon spät und alle waren ermattet und erschöpft, wurde beschlossen, zum Rückzug der Armee zu blasen. Und das geschah auch; es wurde in die Trompeten gestoßen und verkündet, daß jeder sich für diesen Tag zurückziehen solle. Bei diesem Rückzug war derjenige, der das Banner der Jungfrau trug und es noch vor dem Bollwerk aufrecht hielt, erschöpft und ermattet, er übergab das Banner darum einem Mann des Herrn von Villars, der ›Baske‹ genannt wurde. Und da der Zeuge (Aulon selbst) den Basken als tapferen Mann kannte und fürchtete, der Rückzug könne schlimme Folgen haben und das Bollwerk in Feindeshand bleiben, kam ihm der Gedanke, das Banner vorantragen zu lassen, um die Begeisterung der Soldaten neu zu entfachen, damit sie das Bollwerk doch erobern konnten. Und so fragte der Zeuge den Basken, ob er ihm folgen wolle, wenn er in den Graben stiege und bis zum Bollwerk ginge, und der versprach es zu tun. Da sprang der Zeuge in den Graben, ging bis zum Wassergraben des Bollwerks vor, wobei er sich mit dem Schild schützte, denn er fürchtete Steinwürfe, und ließ seinen Gefährten auf der anderen Seite, denn er dachte, er würde Schritt für Schritt folgen; als die Jungfrau jedoch ihr Banner in den Händen des Basken und ihn in den Graben steigen sah, glaubte sie, es sei verloren; sie lief herbei, packte das Banner beim Zipfel, so daß er nicht weiter konnte, und rief: ›Ha! Mein Banner! Mein Banner!‹ und schüttelte es so, daß der Zeuge dachte, die anderen müßten glauben, sie gebe ihnen ein Zeichen. Darauf rief der Zeuge: ›He, Baske! Was hast Du mir versprochen?‹ Da zog der Baske so heftig an dem Banner, daß er es der Jungfrau entriß, und eilte damit zum Zeugen. Daraufhin sammelten sich die Soldaten von der Armee der Jungfrau von neuem und griffen das Bollwerk so heftig an, daß bald darauf Bollwerk und Bastei von ihnen eingenommen wurden[2].«

Allen diesen Erzählungen ist eine nachträgliche Übertreibung der Tatsachen gemeinsam. Davon kündet in naiver Weise der Bericht von

[1] Procès, III, 216–217 (in heutiges Französisch übertragen).

[2] Nach dem ›Journal‹ und einigen Chronisten wurde die Bastei der Tourelles zum gleichen Zeitpunkt von der Loirebrücke her angegriffen.

Dunois und Coutes, wonach der bloße Anblick von Johannas Banner genügte, um den englischen Widerstand zu brechen; und der von Aulon und Beaucroix, nach deren Erzählung dieser Anblick die im Rückzug befindlichen Männer von neuem in den Kampf trieb.

Über wichtige Einzelheiten widersprechen sie sich in nichtwiedergutzumachender Weise. Nach Dunois und Coutes soll der entscheidende Angriff auf Johannas Drängen hin erfolgt sein, die während des Angriffs ihr Banner selbst über den oberen Rand des Grabens hielt; nach Beaucroix und Aulon jedoch hatte sie weder an diesem Entschluß teil noch veranlaßte sie, daß ihr Banner durch den Graben bis an den Fuß des Bollwerks getragen wurde. Aus allem kann man jedoch entnehmen, daß Johanna, wie an den vorangegangenen Tagen, kein Kommando innehatte und sie folglich, ohne am direkten Kampf teilzunehmen, während des ganzen Tages auf der Ausgangslinie der Angreifer blieb, um den Franzosen Mut zum beharrlichen Angreifen einzuflößen, wozu sie selbst, da sie dort verwundet wurde, ein Beispiel gab.

Was Johannas Banner betrifft, so ist es sehr wahrscheinlich auf Dunois' Befehl beim letzten Angriff mitgeführt worden, denn es war das Symbol der von ihr versprochenen göttlichen Hilfe für alle tapferen Kämpfer. Später verband die Legende diese religiöse Handlung in den Gedanken der Zuschauer eng mit der Erinnerung an den militärischen Erfolg und wurde von ihnen als entscheidender Umstand betrachtet.

8. Mai: Am Tag nach der Niederlage packten die Engländer ihre Sachen zusammen und zogen schnell ab, ohne von den Franzosen behindert zu werden. Dunois, J. Lullier und Beaucroix[1] erklären, Johanna habe nicht gewünscht, daß sie verfolgt würden. In Wahrheit, und einer der Zeugen, J. de Champeaux[2] – wie auch das ›Tagebuch‹[3] –, weist diskret darauf hin, war es ein Sonntag, und der alte fromme Brauch jener Zeit schrieb vor, an diesem Tag nicht zu kämpfen, vor allem, wenn der Feind von selbst abzog.

9. Mai: Das ›Tagebuch‹[4] gibt nur an, daß »die Jungfrau mit dem Herrn von Rais, dem Baron von Coulonces und mehreren anderen Rittern,

[1] Procès, III, 9–23–80. [2] Procès, III, 29. [3] a.a.O., 89. [4] a.a.O., 91.

Junkern und Soldaten davonzog, um dem König die Nachricht dieser edlen Tat zu überbringen.«

Nach den sicheren oder sehr wahrscheinlichen Tatsachen, die aus diesen Texten hervorgehen, müssen wir den Gesamteindruck bestimmen. Hierbei sind die Auslassungen in den Zeugenaussagen ebenso wichtig wie die positiven Angaben.

Am wichtigsten ist in dieser Beziehung Dunois' Aussage. Er war damals 51 Jahre alt, ›erlauchtester Fürst‹, Generalstatthalter des Königs, und hatte vor zwei Jahren das Languedoc endgültig von der englischen Besetzung befreit; er stand damals hoch in der Gunst des Königs, seines Jugendgefährten. Somit ist es a priori sehr wahrscheinlich, daß er nicht nur, dem politischen Ziel des Rehabilitationsprozesses entsprechend, Johanna als Gottgesandte darstellen will, sondern auch – was uns noch mehr interessiert – seine Erinnerung dem Ziel anpaßt, das die königliche Regierung mit ihrem Einsatz verfolgte. Nachdem er daran erinnert hatte, daß er 1429 als Generalstatthalter des Königs allein mit der Verteidigung von Orléans betraut war, was die amtlichen Dokumente zweifellos bestätigen[1], beginnt er mit seiner Aussage: »Befragt, ob er es glaubhaft fände, daß Johanna von Gott gesandt wurde und nicht auf menschliche Veranlassung kam, um Krieg zu führen, erwiderte er, ›ich glaube, daß Johanna von Gott gesandt war und ihre Kriegstaten göttlicher und nicht menschlicher Eingebung entsprangen‹.« Diese Aussage entspricht ganz der Atmosphäre des Verhörs.

Als er jedoch diese Meinung rechtfertigen will, beruft er sich nur auf Umstände, die mit der Führung des Kampfes nichts zu tun haben und denen er eine wunderbare Wirkung zumißt, nämlich: 1. sein erstes Gespräch mit Johanna im Hafen von Bouchet, wo sie ihm Vorwürfe machte, weil er den Proviantzug, um den Engländern auszuweichen, durch die Sologne geführt hatte, und er fügt hinzu, sie hätte »göttliche Hilfe« gebracht; nach der Unterredung »habe sich der Wind gedreht, der bisher entgegenwehte und die Proviantboote daran gehindert hatte, den

---

[1] Vgl. ›Journal‹, a.a.O., 261 ff.

Fluß aufwärts zu fahren, und sei günstig geworden[1]«; 2. »die Ankunft eines Proviantzugs trotz der Engländer, die der königlichen Armee überlegen waren« (wir wissen jedoch, daß diese Angabe nicht den Tatsachen entspricht); 3. die Offenbarung Johannas, »daß St. Louis und St. Charlemagne für das Heil des Königs und der Stadt Orléans zu Gott beteten«; 4. der Schrecken, den die Engländer zuerst beim Empfang von Johannas zweitem Fehdebrief und danach beim Anblick ihres Banners vor den Tourelles empfunden hätten[2].

Die Beweiskraft dieser tendenziösen Auslegungen ist auf jeden Fall ohne historischen Wert. Es ist lediglich interessant, daß sie sich nicht auf militärische Überlegungen stützen. Außer der Anspielung – die, wie wir gesehen haben, von anderen Zeugenaussagen widerlegt wird – auf die Forderung Johannas vor den Tourelles, er solle einen neuen Angriff versuchen, erwähnt Dunois nirgends ihre Anwesenheit bei Beratungen oder taktischen Entscheidungen, die zur Befreiung von Orléans führten und die er beim ersten Angriff gegen die Bastei von St. Loup selbst noch nicht geplant hatte. Man kann also mit gutem Recht folgern, daß, wenn Dunois 1455 in Johanna den ›Finger Gottes‹ sah, er dies nicht auf das militärische Gebiet, das seine und der anderen ›Hauptleute und Feldherren‹ Aufgabe war, bezog, sondern auf das religiöse. Somit sah er sie als wunderbare Botin der himmlischen Hilfe an, wofür der Sieg vom 8. Mai 1429 das von ihr versprochene und von den Doktoren in Poitiers sowie dem Kronrat mit Hoffnung erwartete ›Zeichen‹ gebracht hatte.

Aulon neigt etwas mehr dazu als Dunois, Johanna bei den militärischen Operationen eine Rolle zu geben. Seine Zeugnisse stehen jedoch in dieser Hinsicht mit den sichersten Texten in Widerspruch. Er erklärt: 1. Nach ihrem Einzug in Orléans berieten die Feldherren mit Johanna und beschlossen, »daß es notwendig wäre, eine gewisse Anzahl ihrer Soldaten, die sich in der Gegend von Blois befanden, herbeizuholen«; wir wissen jedoch, daß dies nicht stimmt, denn es war bereits bei der Ankunft des Proviant-

---

[1] Pasquerel (Procès, III, 105) spielt auf diesen Vorfall an, jedoch in einer ganz unterschiedlichen Version. Nach ihm konnten die Boote nicht flußaufwärts fahren, weil der Wasserstand zu niedrig war, und, so sagt er: »Plötzlich stieg das Wasser.«

[2] Procès, III, 5ff.

zugs im Hafen von Bouchet durch Dunois und die Marschälle Frankreichs, Rais und Boussac, beschlossen worden, die Armee über Blois zu führen. 2. Am Morgen des 7. Mai »sandte die Jungfrau nach allen Herren und Hauptleuten, die vor der Bastei (der Augustiner) lagen, um über die zukünftigen Unternehmungen zu beraten; man beschloß, am selben Tag eine große Schanze anzugreifen, die von den Engländern vor der Bastei der Tourelles erbaut worden war[1].« Das ist unwahrscheinlich, denn Johanna hatte – im Gegensatz zu Aulons Erinnerung[2] – in Orléans geschlafen und war, im Gegenteil, am Morgen zu den auf dem militärischen Terrain verbliebenen Hauptleuten zurückgekehrt. Weiterhin erklärt Aulon, daß »der Herr Bastard von Orléans in der Stadt war, um sie zu hüten und zu bewahren«, und glaubt, »sie (die Stadt) sei durch Hilfe unseres Herrn und der Jungfrau befreit worden«, wobei er, wie Dunois, Johanna eine mystische Rolle zuteilt.

Coutes und Pasquerel geben über Johannas militärische Rolle keine annehmbare Auskunft.

Die bedeutendste Aussage darüber macht Th. d'Armagnac. Er war mit Dunois zu Johannas Empfang nach Bouchet gegangen und gibt an[3]: »Nach seiner Ankunft wohnte der Zeuge den Angriffen auf St. Loup, die Augustinerbastei, St. Jean-le-Blanc und auf die Brücke (Tourelles) bei; während dieser Angriffe war Johanna so mutig und führte sich so tapfer auf, daß kein Mann sie hätte übertreffen können. Und alle Hauptleute bewunderten ihren Mut und ihre Taten, die Mühen und Anstrengungen, die sie ertrug.« Ein solches Zeugnis über Johannas kämpferische Haltung hat den Wert eines echten Zitats. Man sieht sie in jeder der kriegerischen Episoden, wie man sie bereits lange vor den Tourelles gesehen hat, die Reihen der kampfbereiten Krieger entlangschreiten und sie durch ihre Verachtung der Gefahr und durch Ermahnungen und Siegesversprechen im Namen Gottes ermutigen. Dieses lebendige Bild zeigt uns die Züge einer mutigen und unermüdlich besorgten Frau, die auf eigene Rechnung handelt, aber nicht die eines Kriegsherrn.

---

[1] Procès, III, 211 u. 215. [2] s.o.
[3] Procès, III, 119.

Außerdem entsprechen diese Angaben denen der offiziellen Quelle, dem Siegesbericht, der sofort von der königlichen Kanzlei mit Unterschrift Karls VII. an ›alle guten Städte‹ gerichtet wurde. Hier sind die wichtigsten Stellen dieses Briefes[1], der, entsprechend der durch die Boten nach Chinon überbrachten Nachrichten, Stück für Stück abgefaßt wurde »... wir teilen Euch mit, daß wir durch die Gnade Unseres Herrn, nach dessen Willen alles geschieht, zweimal in einer einzigen Woche[2] Proviant und Hilfstruppen nach Orléans schicken konnten, angesichts und mit Wissen der Feinde, die dagegen nicht haben einschreiten können. Und seitdem, nämlich am letzten Mittwoch (dem 4. Mai), haben die mit dem Proviant entsandten Krieger, zusammen mit den Einwohnern der Stadt Orléans, St. Loup, eine der stärksten Basteien des Feindes, angegriffen, die sie mit Gottes Hilfe, nach heißem Kampf, der über vier Stunden dauerte, eingenommen haben ... das möchten wir Euch kundtun ... und Euch recht herzlich bitten und ermahnen, aus Dankbarkeit für alle diese Ereignisse durch große Prozessionen, Bitten und Gebete unseren Schöpfer zu loben und Ihm zu danken, indem Ihr Ihn ersucht, uns immer beizustehen und sich unserer Sache anzunehmen, denn von Euren guten Gebeten erhoffen wir viel ... Nachdem wir diese Briefe abgefaßt hatten, erschien ein Bote, der uns bei seinem Leben berichtete, daß unsere Leute am letzten Freitag ... das Gebäude des Augustinerklosters erobert und am Samstag den Rest besagter Bastei, das Bollwerk der Brücke, angegriffen ... und schließlich durch große Kühnheit und Tapferkeit die gesamte Bastei erobert hätten ... darum solltet Ihr noch mehr als zuvor unseren Schöpfer, der sich in seiner göttlichen Güte unserer entsann, loben und Ihm danken, und Ihr könnt nie genug die guten und wunderbaren Taten der Jungfrau loben, die, wie uns der anwesende Bote und auch andere berichteten, bei allen diesen Ereignissen stets persönlich dabei war ... außerdem erhielten wir heute abend noch die Nachricht, daß, nachdem

---

[1] Procès, V, 101 ff. (Der Brief, den wir besitzen, war an die Bürger von Narbonne adressiert.)

[2] Daraus ginge hervor, daß die Armee, nach der Ankunft des Proviantzugs am 28. April in Bouchet, bei ihrem nochmaligen Marsch über Blois ebenfalls eine gewisse Menge Lebensmittel mit sich führte.

unsere Leute am Samstag die Bastei am Brückenkopf als letzte genommen hatten, die dort verbliebenen Engländer die Flucht ergriffen und so hastig abzogen, daß sie ihre Schleudermaschinen, Kanonen, Geschütze und den größten Teil ihres Proviants und Gepäcks zurückließen. – Geschrieben zu Chinon, am 10. Mai, (gezeichnet) Karl, (gegengezeichnet) Budé.«

Worte und Absicht dieses Briefes sind ganz klar. Er gibt zuerst den Hauptverdienst des Erfolges den ›Leuten‹ des Königs, d. h. den Anführern und Soldaten der Armee, die durch die Gnade Gottes begünstigt wurden; und alle Franzosen werden ersucht zu beten, damit er ihre Sache auch weiterhin beschütze. Danach erwähnt er nur einfach die ›Gegenwart‹ und unter anderem die ›tugendhaften Taten‹ Johannas bei der ›Ausführung‹ dieser militärischen Handlungen, ohne ihr irgendeine vorbereitende oder leitende Rolle zu geben. Er enthält auch den besonderen Umstand, auf den wir später zurückkommen werden, daß Johanna seit dem 10. Mai als eine für alle Empfänger dieses Briefes bekannte Persönlichkeit vorausgesetzt wird.

Der gesamte verwendbare Teil dieser Dokumente über die Befreiung von Orléans ermöglicht nach Durchsicht folgende Schlußfolgerungen: 1. Der Sieg vom 8. Mai 1429 läßt sich durch die offensichtliche Überlegenheit der Stellung und Truppenmacht der französischen Armee leicht erklären. 2. Das Kommando dieser Armee lag ausschließlich in den Händen von Dunois, der als alleiniger Inhaber der Befehlsgewalt und Träger der Verantwortung für die Geschichte der Befreier von Orléans bleibt, wie er zwei Jahre zuvor der Befreier von Montargis war, wo er mit eintausendsechshundert Mann die dreitausend Engländer Warwicks verjagt hatte. 3. Johanna hatte vor und während ihres Aufenthalts in Orléans keine militärische Funktion, traf keine Entscheidung und gab keinen die militärischen Operationen betreffenden Befehl. Es ist sogar sehr zweifelhaft, ob man sie überhaupt um Rat fragte. 4. Ihre Gegenwart bei den Kämpfen, von der die Zuschauer sichtlich überrascht waren, erscheint als eine aus rein persönlicher Initiative erfolgte Geste, die ihrem Charakter und Temperament entspricht. 5. Diese Gegenwart wird noch unterstrichen durch eine für ein junges Mädchen erstaunliche Unerschrockenheit, und ihre frommen, von einem unerschütterlichen Glauben getragenen Ermutigungen hatten sicher eine anfeuernde Wirkung auf die Kampfmoral der Bevölkerung und Soldaten. Die gute Nachricht der von ihr versprochenen göttlichen Hilfe wirkte sich jedoch nur emotional aus.

Diese Schlußfolgerungen geben uns ein etwas genaueres Bild von Johannas Rolle und Persönlichkeit und stimmen im übrigen mit den Anschauungen und Sitten jener Zeit überein. Am Anfang des 15. Jahrhunderts, als Adel und Geistlichkeit ihre Privilegien scharf verteidigten und ein strenger sozialer Formalismus vorherrschte, wären zwei Dinge undenkbar gewesen: Erstens, daß der Kronrat auf den Gedanken hätte kommen können, einer Frau, die als Botin Gottes gekommen und folglich dem Examen der Doktoren und nicht dem der militärischen Befehlshaber unterworfen worden war, irgendein militärisches Kommando und a fortiori einen Kommandoposten zu übertragen; zweitens, daß die königlichen Prinzen und hochgestellten Herren, deren überlieferte Aufgabe es ausschließlich war, die königliche Armee zu befehlen, sich einer Nichtadligen untergeordnet hätten, die außerdem noch kein Zeugnis ihres Wertes, kein ›Zeichen‹ ihrer ›Sendung‹ vorgewiesen hatte. Die realen Gegebenheiten in Johannas Fall stimmen also mit den Prinzipien überein.

Was die Meinung der Bürger von Orléans über die Ereignisse betrifft, an denen sie nicht teilgenommen haben, so erklären die 1455 Befragten übereinstimmend, wie Jean Lullier[1], daß »er und alle Bürger der Stadt geglaubt hätten, daß, wenn Gott die Jungfrau nicht zu ihrer Hilfe entsandt hätte, Stadt und Einwohner bald in die Hände der Belagerer gefallen wären.«

Wir verfügen über zwei zeitgenössische Aussagen von größerer Spontaneität: die des Notars Guillaume Girault und die des Zeugen, der zuerst das ›Tagebuch‹ redigiert hat.

Der erste verzeichnet in seinem Register[2]: »Am Mittwoch vor Himmelfahrt, am vierten Maitag des Jahres 1429, wurde wie durch ein Wunder die englische Festung St. Loup mit Waffengewalt von den (Leuten) des Königs und den (Einwohnern) der Stadt Orléans eingenommen, unter

---

[1] Procès, III, 25–26. [2] Journal, a.a.O., 135–136.

Beisein und mit Hilfe von Johanna der Jungfrau, die rein (gefunden) und darum von Gott gesandt ist . . . und am nächsten Samstag nach der Himmelfahrt unseres Herrn und wie durch das größte Wunder, das seit der Passion geschah, wurde mit Hilfe besagter Leute des Königs und der Einwohner besagter Stadt Orléans die englische Besatzung von den Tourelles am Brückenkopf bei Orléans vertrieben. Etwa vierhundert Engländer, die besagte Tourelles bewachten, kamen ums Leben; die Jungfrau war in voller Rüstung anwesend und leitete die Kampfhandlung.«

Der zweite berichtet[1]: »Man sagt, dieser Angriff auf die Tourelles . . . sei eine der herrlichsten Waffentaten gewesen, die seit langem stattfanden. Auch geschah dieses Wunder unseres Herrn, wie es nach der öffentlichen Meinung scheint, auf Bitten von St. Aignan und St. Euverte, ehemals Bischöfe und Schutzpatrone von Orléans.« Einige Zeilen weiter fährt er fort: »Darauf sangen die Geistlichkeit und das Volk von Orléans in aller Frömmigkeit ein ›Te Deum laudamus‹, sie ließen alle Glocken der Stadt läuten und dankten in tiefer Demut Unserem Herrn und den beiden heiligen Bekennern für diese herrliche Tröstung Gottes; und überall herrschte große Freude, und sie lobten von Herzen ihre tapferen Verteidiger und vor allem Johanna die Jungfrau.« Die Wiederholung des Lobes der beiden Schutzpatrone von Orléans und die Beschreibung einer religiösen Zeremonie, die in der Nacht vom 7. zum 8. Mai improvisiert worden sein soll, und von der kein Zeuge berichtet, lassen die Vermutung zu, daß der Kompilator von 1467 diese Stelle hinzugefügt hat.

Nach diesen Texten wurde die Einbildungskraft der Menge weniger von der ›Gegenwart und Hilfe‹ Johannas beeindruckt, so ›wunderbar‹ ihr diese auch erschienen, als durch den Gedanken an den himmlischen Beistand, der den ›Waffentaten‹ der Soldaten des Königs und der Stadt durch ein Wunder gewährt worden war und zu dem St. Aignans und St. Euvertes Fürsprache viel beigetragen hatte[2].

---

[1] Journal, a. a. O. 88, für den Kampf am Samstag, den 7. Mai.

[2] Vgl. Procès, V, 297. ›La Chronique de la fête du 8. mai‹ schreibt den Verdienst dieser Befreiung ebenfalls den beiden Heiligen zu, von denen manche Engländer sagten, »sie hätten sie während der Belagerung . . . im bischöflichen Ornat über die Mauern der Stadt kommen und gehen sehen.«

Diese erste Auslegung wurde jedoch bald vom Schleier der Legende bedeckt, die sich mit größter Schnelligkeit ausbreitete. Die Heiligen und Männer mußten den ersten Platz an Johanna abtreten, die von der Überbringerin einer guten Nachricht bald zur Heldin eines von Gott geplanten Rettungsaktes wurde. Monstrelet steht als burgundischer Chronist dieser Auslegung gleichgültig gegenüber, weist jedoch indirekt auf ihre Entstehung hin[1]: »Und obwohl man sagte, die Jungfrau habe die drei Angriffe geleitet und man ihr allen Ruhm zuschrieb, muß doch erwähnt werden, daß auch alle Hauptleute, die während der Belagerung in Orléans gewesen waren, oder wenigstens der größte Teil von ihnen, dabei war.«

Diese Legende, die sich herausgebildet hat, ist, wenn sie auch alle volkstümlichen, wörtlich überlieferten Berichte übertreibt, die Seiten der Chroniken überschattet und somit die ohnehin heikle Aufgabe des zukünftigen Autors noch erschwert, demnach eine historische Tatsache, die untersucht werden muß. Sie entsteht in der mittelalterlichen Atmosphäre direkt aus der Entscheidung der Gelehrten von Poitiers, die die Befreiung von Orléans als ›Zeichen‹ der von Johanna vorgegebenen ›Sendung‹ gelten ließen; sie wurde jedoch auch durch die Propaganda der Regierung Karls VII. vorbereitet und unterstützt, und diese Tatsache müssen wir jetzt in Augenschein nehmen.

---

[1] Procès, V, 366.

VII.

PROPAGANDA UND LEGENDE

Wir haben bereits festgestellt, daß die königliche Kanzlei in ihrem ›Bericht‹ über die Befreiung von Orléans, der, mit der Unterschrift Karls VII. versehen, am 10. Mai 1429 an die Einwohner von Narbonne gesandt wurde, das Wort ›Jungfrau‹ ohne eine Erklärung anführt, als ob es sich um eine ihnen bereits bekannte Person handelt[1]. Narbonne liegt von Chinon 600 Kilometer entfernt, das bedeutete für einen berittenen Kurier nur einige Tagesreisen; aus dieser anscheinend nebensächlichen Tatsache geht klar hervor, daß die Kanzlei die Bürger dieser ›guten Stadt‹ über die Johanna betreffende Entscheidung informiert wußte, d. h. sie waren von ihr vor den Ereignissen in Orléans in Kenntnis gesetzt worden.

Die offiziellen, in ganz Frankreich verbreiteten Informationen über eine Verfügung oder eine wichtige Entscheidung entsprechen den Gewohnheiten und noch mehr den Bedürfnissen der Epoche. Bekanntlich hat sich überall und zu allen Zeiten die Regierung einer Nation, selbst wenn sie über die absolute Herrschaft verfügte, nach der öffentlichen Meinung richten und diese folglich in einem ihrer Politik günstigen Sinn beeinflussen müssen. Um sie zu ermutigen, zu beruhigen und ihr Vertrauen zu bewahren, müssen die Entscheidungen stets gerechtfertigt, die Erfolge gerühmt und, wenn nötig, die Rückschläge verheimlicht werden.

[1] Ein königliches Schreiben vom 22. Mai 1429, das dieselbe Nachricht der Stadt Tournai verkündet und die Gegenwart der ›Jungfrau‹ ebenso kurz erwähnt, wird von Beaucourt angeführt (III, 516). Außerdem weiß man, daß die Einwohner von La Rochelle auf gleiche Weise über die Befreiung von Orléans informiert wurden (Arcère, Hist. de La Rochelle, Bd. I, S. 271).

Die tägliche Erfahrung zeigt uns die verschiedensten Propagandamittel, die heute zur Verfügung stehen. Am Ende des 15. Jahrhunderts gab es diese Mittel natürlich noch nicht und es blieb keine andere Wahl, als den ›Reitern des Königs‹, den Überbringern der Verwaltungskorrespondenz, Informationsberichte, meist in Form von Sendschreiben, anzuvertrauen, die für die weiteste Öffentlichkeit bestimmt waren und darum in entsprechender Aufmachung einen Auszug der allgemeinen und besonderen Tatsachen enthielten, die die Kanzlei den Untertanen des Königs mitzuteilen für nützlich hielt.

Um den geregelten Verlauf dieses traditionellen Verfahrens zu verstehen, genügt es, einige Beispiele, unter vielen anderen, aus den Jahren vor Johannas Auftreten anzuführen; vergessen darf man dabei nicht, daß es sich meistens um an zahlreiche Städte gerichtete Rundbriefe handelt, von denen wir nur vereinzelte Exemplare besitzen.

Wir haben bereits darauf hingewiesen, daß Karl VII. am 22. Januar und 9. Oktober 1423 den Bewohnern von Tournai schrieb und sie über die Kriegsereignisse und seine Absicht unterrichtete, sich zur Krönung nach Reims zu begeben, sobald es die militärische Situation erlaube. Am 2. August desselben Jahres[1], nach der Niederlage von Cravant (31. Juli), bemüht er sich, die Lyoneser zu beruhigen, indem er ihnen mitteilt, an dieser Schlacht »hätten nur sehr wenige und fast gar keine Edlen unseres Königreichs teilgenommen, sondern nur Schotten, Spanier und andere fremde Soldaten, die auf Kosten unseres Landes lebten, so daß der Schaden nicht so groß sei«, und er schließt: »Beunruhigt und besorgt Euch nicht um unsere Sache, denn Gott sei Dank sind wir alle getröstet (d. h. entschlossen) und werden bald genügend Macht haben, um der Notlage abzuhelfen; außerdem werden wir tun, was Gott uns rät, und schließlich sind wir schon über schlimmere Zeiten hinweggekommen.«

Am 25. Februar 1424[2] teilt er Tournai die bevorstehende Landung von zehntausend Schotten mit – ihr Verlust an schottischen Truppen vor sechs Monaten in Cravant war ›kein großer Schaden‹ – und erklärt: »Auf die Nachricht von ihrer Ankunft haben wir unsere Streitmacht und

[1] Beaucourt, III, 493. [2] ebd., II, 63.

Edelleute versammelt ... und hoffen sehr, mit Hilfe Gottes und unserer vereinten Streitmacht ... Euch und den anderen guten Untertanen, die Ihr durch Eure große und lobenswerte Treue so viel für uns gelitten habt, Hilfe zu bringen ... und unsere Länder, die vom Feind besetzt sind, zurückzugewinnen.« Am 24. November 1424[1] sagt ein neuer Brief an dieselbe Stadt, [in Erinnerung an den ›Fall von Verneuil‹ (17. August), eine noch schlimmere Niederlage als die von Cravant], »noch einmal Dank an Gott, der stark und mächtig genug war, um das Unternehmen unserer Feinde zum Scheitern zu bringen, und dies geschah zuerst durch Gottes Hilfe, wegen unseres guten Rechts bei diesem Streit und durch die gute Hilfe, die Dienste und den Beistand, die wir von unseren guten Untertanen haben.« Anschließend teilt er ihnen mit, daß er sich nach Puy zum Landtag der Stände von Languedoc begeben will und endlich, daß mit dem Herzog von Burgund Friedensverhandlungen eingeleitet wurden.

Am 11. März 1425[2] informiert er wiederum die Einwohner von Tournai über »die Erhebung des Vetters Richemont in Würde und Amt eines Konnetabels von Frankreich« und bittet sie, »in guter Einheit und Eintracht« im Dienst der Krone zu bleiben. Am 30. März 1425[3] schreibt er an seine ›treuen und vielgeliebten Lyoneser‹ über Verhandlungen, die in Montluel (Ain) vom Konnetabel Richemont eingeleitet wurden, im Beisein hoher Persönlichkeiten, die er aufzählt, durch Vermittlung der Herzöge der Bretagne und von Savoyen, um mit dem Herzog von Burgund »für den Frieden zu wirken und zu beraten.« Am 25. Juni 1425[4], nach den zwischen Richemont und der Partei des Präsidenten Louvet entstandenen inneren Schwierigkeiten, schickt er einen seiner Sekretäre nach Tours, um dem Rat der Stadt mitzuteilen, auf welche Weise er diese Schwierigkeiten nach den am 7. und 8. Mai zu Chinon getroffenen Vereinbarungen zu lösen gedenke, und um ihm zu sagen: »In kurzer Zeit werden Frieden und Einheit wiederhergestellt sein, und wir werden zum Schaden der Engländer, der Feinde unseres Reiches, alle einig sein.« Am 1. August 1425[5] informiert er die Lyoneser, daß der obenerwähnte Streit durch die Vertreibung der Partei (Louvet und seiner Freunde), »die die Einheit und

---

[1] Beaucourt, II, 79. [2] ebd., III, 497. [3] ebd., III, 500.
[4] ebd., II, 93. [5] ebd., II, 105.

den Frieden unseres Reiches verhindern wollten«, beigelegt sei, und »daß durch die Gnade des Herrn gegenwärtig weder Verstimmung noch Entfremdung zwischen uns und den Edlen unseres Blutes noch anderen Baronen, Herren und Untertanen der ›guten Städte‹ bestehe, sondern alle in guter Einheit und Eintracht lebten.«

Am 17. September 1427[1] berichtet er den Einwohnern von Tournai von Dunois' Sieg bei Montargis (5. September) mit fast den gleichen Formulierungen, die er nach der Befreiung von Orléans gebrauchen wird: »Unsere Leute, denen (wir) befahlen, unserer Stadt Montargis Hilfe zu bringen, haben durch die Gnade unseres Herrn unsere alten Feinde, die Engländer, die unsere Stadt belagerten, geschlagen und in Verwirrung gebracht, so daß sie, Gott sei Dank, hastig in der Nacht entflohen und ihren gesamten Proviant, ihre Schleudern, Kanonen, ihr Pulver und die Kleidungsstücke (d. h. Ausrüstungsgegenstände) zurückließen.«

Diese Berichte haben Beweiskraft. Außer der wiederholten Betonung, die auf das Bestreben gelegt wird, alle Untertanen und vor allem den Herzog von Burgund um den König von Frankreich zu versammeln, läßt die Einheit, wenn nicht Monotonie der Darstellung und des Ausdrucks das normale Vorgehen einer gut eingespielten Propagandamaschine erkennen. Dies war übrigens nicht nur bei der königlichen Regierung der Brauch. Die königlichen Prinzen und hochgestellten Herren[2] wandten sich auf die gleiche Weise an die ›guten Städte‹, ob es sich nun um Kriege mit dem Ausland, Privatkriege oder persönliche Rivalitäten handelte. Und wenn der Name Johannas unter den nach Reims, Troyes, Tournai oder Riom versandten Briefen steht, so ist das nur ein anschaulicher Beweis dafür. Ebenso verhielt es sich bei den ›alten Feinden‹, und ab Juni 1431 verkünden der König von England und seine getreue Pariser Universität die Verurteilung und den Tod Johannas durch lange Rechtfertigungsschreiben an den Papst, das Kardinalskollegium, den Kaiser und an alle Herzöge, Fürsten, Grafen und andere Herren der Christenheit sowie an die ›guten Städte‹[3].

---

[1] Beaucourt, III, 512. [2] ebd., II, a. versch. O.
[3] Champion, II, 311 ff.

Der angesehenste Kritiker johannischer Quellen[1] hat die Situation richtig erfaßt, als er sagte, »diese offizielle Kolportage eines handgeschriebenen elementaren Journalismus« ist »eine der Tatsachen, die durch Prüfung und Vergleich der Texte täglich mehr hervortritt und sich jetzt als unbestreitbar erweist.«

Es wäre überraschend, wenn die Kanzlei zugunsten eines unbekannten jungen Mädchens, dessentwegen sie eine in den Annalen des Königreichs beispiellose Entscheidung getroffen hatte, nicht die üblichen Propagandamethoden angewandt hätte. Glücklicherweise ist uns eine Anzahl recht positiver Tatsachen bekannt, die beweisen, daß sie sich sofort sehr aktiv, aber auch vorsichtig, damit befaßte. Man kann leicht verstehen, daß die königliche Regierung zur Unterstützung ihres Vorhabens diesem ›Einsatz‹ wohl die größte Publizität geben wollte, jedoch vermeiden mußte, daß diese, sollten die Dunois übertragenen Operationen nicht zur Befreiung von Orléans, d. h. zum Erscheinen des erhofften ›Zeichens‹ führen, sich gegen sie selbst wandte. Dieses kleine Problem scheint am Anfang durch eine indirekte Propaganda recht gut gelöst worden zu sein, denn man machte nicht sofort von Rundbriefen Gebrauch, sondern arbeitete zuerst, wenn man so sagen darf, mit eingeschobenen Erwähnungen.

Vor dem Sieg am 8. Mai begnügte sich die Kanzlei damit, drei Dokumente in verschwenderisch hoher Auflage zu verbreiten, die ihr, da sie nicht von ihr abgefaßt und nicht von Karl VII. unterschrieben waren, keine politische Verantwortung auferlegten, nämlich: ›Die Schlußfolgerungen des Untersuchungsausschusses von Poitiers‹, Johannas ersten berühmten ›Brief an die Engländer‹ und ein ›anonymes Gedicht‹ in sechzehn lateinischen Versen, das die ›weiße Jungfrau‹ als Gesandte Gottes darstellt. Die Annahme, daß Abschriften dieser Schriftstücke seit April 1429 durch die königliche Kanzlei in ganz Frankreich und im Ausland verschickt wurden, stützt sich auf die beiden folgenden Erwägungen: 1. Nachdem ihr die Originale der ›Schlußfolgerungen der Untersuchungskommission von Poitiers‹ und des ›Briefes an die Engländer‹ notwendigerweise übergeben worden waren, konnten sie nur mit ihrer Zu-

[1] G. Lefèvre-Pontalis, Sources allemandes de l'histoire de J. d'Arc, 139ff.

stimmung oder besser auf ihre Anweisung hin verbreitet werden. Und was das ›anonyme Gedicht‹ in lateinischen Versen betrifft, so läßt es durch seine Abfassung und Präzision zu deutlich die politischen Bestrebungen und Ziele der königlichen Regierung erkennen, als daß man deren Einfluß oder sogar offizielle Redaktion bestreiten könnte[1]. 2. Während alle johannischen Quellen – mit Ausnahme der beiden ›Prozesse‹, die an zahlreiche Persönlichkeiten gerichtetes Propagandamittel waren – einen stückhaften Charakter haben und die seltenen amtlichen oder halbamtlichen Dokumente uns nur als Einzelstücke überliefert sind, gibt es von diesen drei Schriften hingegen zahlreiche und weitverbreitete Exemplare.

So finden wir die ›Schlußfolgerungen der Untersuchungskommission von Poitiers‹[2] in der bretonischen Sammlung von Kaerymell, dem ›Register des Dauphin‹, der ›Chronik von Tournai‹, der handgeschriebenen Sammlung des Straßburgers Jordan und in der ›Mainzer Chronik von Windecke‹, also in fünf Quellen.

Der ›Brief an die Engländer‹[3] wird nicht nur in den Akten des ›Verurteilungsprozesses‹ angeführt, was in Anbetracht der Empfänger nur natürlich ist, sondern auch in den ›Gestes des nobles Français‹. Von dort wurde er durch die Kompilatoren auf die ›Chronik‹ und das ›Tagebuch‹, den Bericht des ›Kanzleischreibers von La Rochelle‹, das ›Register des

---

[1] Wörtliche Übersetzung nach einem Text des ›Register des Dauphin‹ (Procès, IV, 305): »Eine Jungfrau, deren Glieder von Männerkleidern bedeckt sind, bietet sich im Auftrag Gottes an, den gefallenen König der Lilien aufzuheben und seine schädlichen und gottlosen Feinde zu schlagen, vor allem die, welche augenblicklich vor der Stadt Orléans liegen und sie durch ihre Belagerung unter Druck setzen. Und wenn die Männer mutig genug sind, am Krieg teilzunehmen und den Truppen, welche die weiße Jungfrau jetzt aufstellt, zu folgen, seid gewiß, daß die perfiden Engländer alle dem Tod verfallen sein werden, mit diesem weiblichen Mars werden die Franzosen sie zu Boden werfen. Und das wird das Ende des Krieges sein, die alten Bündnisse, Liebe, Frömmigkeit und andere Rechte werden neu erstehen, die Menschen werden Frieden schließen, alle werden sich dem König anschließen, der ihnen allen Recht und einen schönen Frieden zuteil werden lassen wird. Und auf diese Weise wird keiner der englischen Feinde, der den Leoparden (im Wappen) trägt, es mehr wagen, sich als König der Franzosen auszugeben.«

[2] G. Lefèvre-Pontalis, Sources allemandes de l'histoire de J. d'Arc, 32ff.

[3] ebd., 42ff.

Dauphin‹, die ›Chronik von Tournai‹, einer zeitgenössischen Kopie, die dem Brief eines Ritters von Rhodes beigelegt wurde, die Sammlung von Jordan, und auf die ›Chronik von Windecke‹ übertragen; er kommt also in acht Quellen vor.

Das ›anonyme lateinische Gedicht‹[1] befindet sich in der bretonischen Sammlung von Kaerymell, dem ›Register des Dauphin‹, dem ›Scotichronicon‹ von Walter Bower, einem Urkundenbuch von Thérouanne (Pas-de-Calais), der ›Chronika Novella‹ Hermann Korners aus Lübeck, der ›Brandenburgischen Chronik‹ von Mathias Donng, dem ›Schwarzen Register von Brabant‹ und in der ›Chronik von Windecke‹: also in acht Quellen.

Die Tatsache, daß man zwei oder drei dieser Texte in voneinander entfernten Orten: der Bretagne, der Dauphiné, in Tournai, Straßburg, Mainz, vereint findet, ist ein weiterer Beweis für eine regelmäßige Verteilung, d. h. für eine organisierte Propaganda.

Die Fortsetzung dieser Propaganda, nach der Befreiung von Orléans in direkter Form, geht aus selteneren, aber ebenso beweiskräftigen Texten hervor. Durch einen seltsamen Zufall befinden sich zwei davon in der ›Chronik von Morosini‹. Dieses Tagebuch enthält zahlreiche Irrtümer und legendäre Berichte, sein Autor begnügt sich fast ständig damit, die von seinen diversen Korrespondenten aufgefangenen Gerüchte kritiklos zu übertragen. Es gibt jedoch keinen Grund, an seinen Angaben zu zweifeln, wenn er über die von ihm selbst oder einem glaubwürdigen Zeugen festgestellte Existenz der amtlichen Briefe der französischen Kanzlei berichtet. Also: 1. Im Juni 1429[2] notiert er folgendes: »Danach haben wir gehört, daß der gnädige Herr Dauphin aus Paris[3] an den gnädigen Herrn Papst Martin V. in Rom einen Brief geschrieben hat. Man hat den Inhalt dieses Briefes noch nicht erfahren können: es wird jedoch gesagt, der gnädige Herr Paolo Correr habe durch seine Leute am Hofe (von Rom) davon eine Kopie erhalten können, die ich in diesem Brief mit Sorgfalt anführen werde. – Sie wurde mir später in einem Brief übersandt, es ist jedoch nicht nötig, sie anzuführen, denn sie enthält nichts,

---

[1] G. Lefèvre-Pontalis, Sources allemandes de l'histoire de J. d'Arc, 23 ff., u. Procès, IV, 427. [2] Morosini, III, 59. [3] Hier liegt offensichtlich ein Ortsfehler vor.

was ich nicht bereits gesagt hätte«; 2. Im August 1429[1] faßt er die Nachricht eines unbekannten Korrespondenten zusammen, die zweifellos in einem Brief des Marquis von Montferrat an die Signorina von Venedig enthalten war; sie lautet: »Er habe die Briefe des Königs (Karl VII.) selbst empfangen, trage sie bei sich und zeige sie umher; sie enthielten alle seine Siege und Taten, die auch in dieser Abschrift der Nachrichten enthalten seien und vieles über andere Orte, die den Engländern mit großen Verlusten entrissen wurden.« Diese Briefe schließen mit der Angabe, daß »er mit dem Fräulein (Johanna) übereinkam, dem Herzog von Burgund, in der Hoffnung auf einen guten Sieg, den Krieg zu erklären ... er versichert, daß all das wahr sei, und daß er die authentischen Briefe des Königs und dieser Persönlichkeit gesehen habe.«

Die dritte Spur dieser jetzt amtlichen Publizität ist weniger offenkundig, kann jedoch leicht nachgewiesen werden. Die Bibliothek des Vatikans[2] besitzt die Ausgabe eines 1479 unter dem Titel ›Breviarium historiale‹ in Poitiers gedruckten Werkes, das die allgemeine Geschichte von der Erschaffung der Welt bis einschließlich 1428 zusammenfaßt und von einem französischen Geistlichen am päpstlichen Hofe geschrieben wurde.

Dieses Werk enthält ›in fine‹ und im Anschluß an den allgemeinen Text einen Vermerk des Autors über die Befreiung von Orléans, ohne Erwähnung des Loirefeldzugs oder der Krönung von Reims, so daß er leicht auf Mitte Juni 1429 datiert werden kann. Er beginnt mit den Worten: »Während ich mich nach Beendigung dieser Arbeit in Rom befand, vollzog sich unter den neuen Ereignissen, die auf der Welt vorkamen, ein so großes, so beträchtliches und so unerhörtes, wie es seit Erschaffung der Welt kein gleiches gegeben zu haben scheint. Darum füge ich an mein Werk einen Zusatz, in dem ich einige Worte dazu sage. Eine Jungfrau, mit Namen Johanna, ist in das Königreich Frankreich gekommen ... Dieses junge Mädchen führt Taten aus, die eher göttlich als menschlich erscheinen ... Trotzdem möchte ich hier die Mittel anführen, die man anwandte, um sicher zu sein, daß man ihr vertrauen durfte.« *(Danach sind elf Zeilen ausgelassen)*; dann fährt er fort: »Zweitens möchte ich Euch

---

[1] Morosini, III, 163 u. Anm. [2] Revue historique, Bd. 46, 1885, 649.

über die Männerkleider berichten, die Johanna absichtlich trägt. Darüber ist dreierlei zu bemerken.« *(Es folgen wieder neun ausgelassene Zeilen.)*

Am wichtigsten sind bei diesem Anfang die ausgelassenen Stellen, denn jeder, der zu Schreiben gewohnt ist, versteht, daß der Autor dieser hastigen Notiz für die spätere Vervollständigung, die übrigens nicht geschah, bereits über einen fertigen Text verfügte. Weiter unten vergleicht er Johanna mit Debora, Judith, Esther und Penthesilea und weist darauf hin, daß ihre Erfolge »vom göttlichen Willen und nicht, wie der Neid vorgibt, von Zauberei« abhängen.

Wenn man nun diese Texte mit dem theologischen Gutachten über Johannas Fall vergleicht, das am 14. Mai 1429 von Jean Gerson der königlichen Kanzlei überreicht wurde[1] (es war auf Rat der Kommission von Poitiers von ihm verlangt worden), stellt man fest, daß der ›sehr christliche Doktor‹ zuerst durch dogmatische Gründe erklärt, daß der Glaube an Johannas Sendung kein Glaubensgrundsatz, sondern eine Geste frommer Andacht ist. Dann begründet er nacheinander, warum man ihr Glauben schenken soll, rechtfertigt ihre Männerkleidung ebenfalls durch drei Begründungen, vergleicht Johanna mit Debora, der heiligen Katharina, Judith, Kamilla und den Amazonen[2] und fügt hinzu, »man habe nicht bemerkt, daß die Jungfrau von der Kirche untersagte Zaubereien betriebe.«

Natürlich folgt die Eintragung des Schreibers, der anscheinend verschiedene Informationen hatte, nicht wörtlich Gersons Text, und jeder stellt andere Tatsachen oder Anschauungen dar. Über die wichtigsten Punkte stimmen sie jedoch sehr miteinander überein und man kann diese Übereinstimmung nicht für einen Zufall halten, sondern darf daraus folgern, daß ersterer den Aufsatz des letzteren, den die Kanzlei an den römischen Hof[3] gesandt hatte, in der Hand hielt.

---

[1] Procès, III, 298ff.

[2] Zur gleichen Zeit (Juli 1429) vergleicht Christine des Pisan Johanna mit Esther, Judith und Debora (Procès, V, 11) und der deutsche Geistliche der ›Sibylla Francica‹ vergleicht sie mit den Sibyllen von Persien, Lybien, Delphi, Samos und Troja (Procès, III, 422ff.).

[3] Vgl. ›Chronique des Cordeliers‹, die sagt: »Und tat endlich so viel, daß der Ruf, sie wirke Wunder, überallhin und bis nach Rom drang« (Rev. hist. Bd. XIX, 1882, 73).

So verfügen wir aus der Zeit vor und nach der Befreiung von Orléans über sichtbare Zeugnisse einer reichen Propaganda, die nach der überlieferten Gewohnheit geführt wurde und das verständliche Ziel hatte, den von Johannas Person abhängigen Vorteil des Kronrats zu betonen. Kraft dieser psychologischen, der kollektiven Mentalität angepaßten und durch die glückliche Wendung der Ereignisse begünstigten Vorbereitung, mußte das Auftreten der ›Jungfrau‹ als übernatürliches Ereignis angesehen werden, das jeder nach der Logik seiner eigenen Gefühle auslegte. In den Augen der Engländer und ›abtrünnigen‹ Franzosen war sie eine vom Teufel besessene Hexe, den Parteigängern Karls VII. und den Neutralen erschien sie als von Gott inspirierte Jungfrau.

Aus der feindlichen und satanischen Legende haben wir bereits die Drohung der Engländer erfahren, die sie am 30. April von den Tourelles an Johanna richteten, »sie würden sie verbrennen, wenn sie in ihre Hände fiele«; das war die Strafe für Hexen. Außerdem genügt eine Einsicht in die Prozeßakten von 1431, um auf jeder Seite, bis zum Endurteil, das Motiv ›Anrufung der Dämonen‹, d. h. Anklage wegen Zauberei, zu finden.

Zwei Briefe Bedfords vom Juli 1429 enthalten noch charakteristischere Momente. 1. Das eine wird von Rymer[1] unter dem Titel ›Rapport an den König . . . über den Tod des Grafen von Salisbury, erfolgt durch Zaubersprüche einer teuflischen Frau, Pucelle genannt, und über die Lage in Frankreich‹ wiedergegeben und enthält folgenden Text: »Alles stand gut für uns, bis wir (Gott weiß auf wessen Rat) die Belagerung von Orléans begannen. Nachdem mein Vetter Salisbury, Gott sei ihm gnädig, gefallen war, kam über Eure dort zahlreich versammelten Leute ein schwerer Schlag, von der Hand Gottes, wie es schien; meiner Ansicht nach wurde er jedoch zum großen Teil durch Aberglauben und blinde Furcht verursacht, die eine Anhängerin und Spionin des Feindes (d. h. des Teufels), Pucelle genannt, die von bösen Beschwörungen und Zauberei Gebrauch machte, erweckte. Dieser Schlag und die Niederlage haben nicht nur die Zahl Eurer Leute stark vermindert, sondern den übrigen auch den Mut geraubt und Eure Gegner und Feinde veranlaßt, sich sofort

[1] Procès, V, 136.

in großer Zahl zu versammeln.« 2. Monstrelet erwähnt das andere Moment[1]. Der Regent habe nach der Krönung Karl VII. vorgeworfen, »ein unwissendes Volk zu betrügen und zu täuschen«, indem er sich »abergläubischer und unehrlicher Leute, wie einer liederlichen, verrufenen und vom wahren Glauben abtrünnigen Frau bediene.«

Davon findet man später noch in drei Dokumenten der englischen Verwaltung aus dem Jahr 1430 einen Widerhall[2]: 1. ein Edikt vom 3. Mai gegen die Soldaten, die ›aus Angst vor den Beschwörungen der Jungfrau‹ nicht nach Frankreich gehen wollen; 2. eine am 2. September von den Staaten der Normandie entschiedene Steuerveranlagung von 10 Prozent für den Ankauf der gefangenen Jungfrau, ›die eine Hexe sein soll‹, durch den Grafen von Luxemburg; 3. am 12. Dezember ein neues Edikt gegen die nach England zurückgekehrten Deserteure ›die, durch die Jungfrau in Schrecken versetzt, allen Mut verloren haben‹[3]. Aus diesen verschiedenen Texten geht hervor, daß Johannas diabolische Legende bei den Engländern ursprünglich einen amtlichen Charakter hatte.

Die himmlische Legende hingegen, die im Gegensatz hierzu von den Franzosen verfochten wird, entsteht und verbreitet sich im gleichen Augenblick. Der ›Bürger von Paris‹[4] berichtet über die Befreiung von Orléans, ohne als Anhänger der Burgunder selbst daran zu glauben, daß Johanna, nach der Ansicht der Armagnacs, »in ihrer Kindheit die Schafe hütete, und die Vögel, als ob sie zahm wären, auf ihren Ruf herbeikamen, um das Brot aus ihrem Schoß zu picken.«

Diese erdichteten Erzählungen wurden schnell verbreitet. Nach dem 21. Juni 1429 schreibt Perceval de Boulainvilliers, Rat und Kammerherr des Königs und Seneschall von Berry, dem Herzog Visconti zu Mailand[2] einen Bericht, der gleichzeitig ein Propagandamittel ist: »Ich glaube, es ist Euch schon zu Ohren gekommen, daß uns eine Jungfrau, wie die

---

[1] Procès, IV, 382ff. [2] Procès, V, 162–178–192.

[3] Seit August 1429 waren, ohne Johanna zu nennen, bereits Instruktionen gegeben worden, die die englischen Soldaten, die sich in Frankreich befanden, daran hindern sollten, allein übers Meer zurückzukehren (S. Luce, Jeanne d'Arc à Domremy, preuves CCXIX). [4] Procès, IV, 462–463.

[6] Procès, V, 115ff. (Text aus dem Lateinischen übersetzt).

Frommen glauben, durch den Willen des Himmels gesandt wurde. Und ihre Geschichte und Taten möchte ich nach dem wenigen, was ich erfahren konnte, von Anfang an erzählen ... Dieses Licht unter den Sterblichen wurde in der Epiphaniasnacht des Herrn geboren, in der die Menschen sich freudig an Christi Taten erinnern. Wunderbarerweise empfanden die einfachen Leute des Ortes eine unaussprechliche Freude. Da sie von der Geburt der Jungfrau nichts wußten, rannten sie umher, um zu erfahren, was es Neues gäbe. Die Herzen aller empfanden die gleiche Freude. Was noch? Die Hähne, Ausrufer einer freudigen Nachricht, stießen fremdartige Töne aus, schlugen mit den Flügeln und schienen fast zwei Stunden lang ein unbekanntes Ereignis zu verkünden. – Ihre Kindheit ging vorüber, und als sie sieben Jahre alt wurde, wurden ihr nach ländlichem Brauch von den Eltern die Schafe zum Hüten übergeben. Es ist nicht bekannt, daß je ein einziges von ihnen starb oder von wilden Tieren zerrissen wurde. Und solange sie im väterlichen Hause wohnte, beschützte ihre Gegenwart alle, niemals litten sie Leid oder Bedrängnis von Feinden und Fremden noch sonst eine Widerwärtigkeit.«

Einige Tage später vervollständigt ein unbekannter Schreiber die Mitteilung über die Siege von Beaugency, Meung und Patay an seinen Korrespondenten durch diese erstaunlichen Kommentare[1]: »Es geschahen die wunderbarsten Dinge, die man jemals sah. Bewaffnete Männer ritten in der Luft auf einem großen weißen Pferd und trugen als Wappen eine große weiße Schärpe. Vom spanischen Meer kommend, zogen sie über zwei oder drei Festungen in der Nähe von Talamont hinweg in Richtung der Bretagne; das ganze Land der Bretagne wurde davon sehr erschreckt, und mein Herr, der Herzog, verfluchte die Engländer, indem er ihnen ankündigte, dies bedeute ihren Untergang. Der König ließ den Bischof von Luçon holen, um über dieses Ereignis die Wahrheit zu erfahren. Der Bischof hatte Nachforschungen angestellt und erfahren, daß mehrere Leute diese Erscheinung an verschiedenen Orten seines Bistums gesehen hatten, und daß die Bewohner geglaubt hatten, als sie über ein Schloß in der Nähe von Talamont, Bien genannt, zog, sie wären vom Blitz getroffen und wären verloren, denn der Reiter kam inmitten eines großen

[1] Procès, V, 121 ff.

Feuers und hielt das blanke Schwert in der Hand; er näherte sich mit so großer Geschwindigkeit, daß man annahm, das Schloß stände in Flammen. Die Bewohner des Schlosses schrien laut, aber der Bewaffnete sagte dreimal: ›Fürchtet Euch nicht‹. Der Bischof von Luçon und zwei wegen dieser Vorkommnisse zum König entsandten Edelleute berichteten, daß diese Ereignisse wirklich geschehen wären, außerdem bezeugten das über zweihundert Personen und sprachen von anderen Wundern und außergewöhnlichen Geschehnissen.«

Fünf Wochen später, am 31. Juli 1429, beendete Christine de Pisan ein Gedicht in 488 achtsilbigen Versen zu Johannas Ehren[1], worin sie als eine von ›Gott geweihte Jungfrau‹ beschrieben wird:

> Car si Dieu fit par Josué
> des miracles à si grand somme,
> conquérant lieux, et jus[2] rué
> y furent maints: il était homme
> fort et puissant. Mais tout en somme
> voici femme, simple bergère,
> plus preux qu'onc[3] homme ne fut à Rome.
> Quant à Dieu, c'est chose légère;
> mais quant à nous, oncques parler
> n'ouïmes de si grand merveille;
> car tous les preux au long aller,
> qui ont été, ne s'appareille
> leur prouesse à celle qui veille
> à bouter hors nos ennemis.
> Mais ce fait Dieu, qui la conseille,
> en qui plus coeur que d'homme a mis.

In der Zeit nach diesem Juli 1439[4] schrieb ein anonymer deutscher Geistlicher der Diözese Speyer einen Johanna aufgrund zufällig erhaltener Auskünfte gewidmeten Aufsatz, in dem er sie mit den antiken Sibyllen vergleicht. »Nach einem neueren Gerücht, das die Hörer stark beein-

---

[1] Procès, V, 4ff. [2] Lies: dehors. [3] Lies: jamais.

[4] Procès, III, 422ff. u. V, 475.

druckt, ist in Frankreich eine Sibylle als Prophetin erschienen, die viel Aufsehen erregt und von allen wegen ihres Lebenswandels, ihrer Sitten und ihrer Sprache geachtet wird. Das Volk sagt, sie sei eine Heilige, habe Kriegserfahrung und könne den Ausgang der Schlachten weissagen. Nicht ohne Grund, wenn man die menschlichen Bedingungen und Zeitumstände bedenkt, vollbringt Gott seine Wunder und enthüllt seine Offenbarungen durch das weibliche Geschlecht, damit die Fürsten und Herren dieser Welt über sich die göttliche Macht fühlen und nicht nur auf Bogen und Schwert vertrauen ... In der Jungfrau von Frankreich erkenne ich eine Sibylle, denn ... sie entscheidet über zukünftige Taten durch Intelligenz, Instinkt und geistige Offenbarung, die man als Vision bezeichnen kann, durch überzeugenden Rat und durch ihre persönlichen Taten und Handlungen ... Nachts betrachtet sie die Sterne des Himmels, ermißt das All ...«

Etwas später werden Texte, die wir nicht genau datieren können, die jedoch von zeitgenössischen Berichten über Johannas Auftreten beeinflußt scheinen, die Legende mit noch viel primitiverer Gläubigkeit übermitteln. Nach einem lateinischen Gedicht jener Zeit wurde die Geburt der Jungfrau von außergewöhnlichen meteorologischen und seismischen Störungen angekündigt[1]: »Das Himmelsgewölbe hallt (vom Lärm) des Donners wider, das Meer stürmt, die Erde zittert, die Luft wird zur Flamme. Die Welt hat sich auf die Freude vorbereitet. Die überraschten Menschen fühlen eine neue, mit Furcht vermischte Begeisterung; sie singen liebliche Weisen und tanzen zusammen, um das Heil, das dieses vollkommene Wesen dem französischen Volk bringen wird, zu begrüßen.« Der Autor der ›Chronik des Festes vom 8. Mai‹[2] zweifelt nicht daran, daß vor dem letzten Angriff auf die Tourelles verschiedene »Ritter über dem Banner der Jungfrau eine weiße Taube sahen.«

Der ›Kanzleischreiber von La Rochelle‹[3] berichtet die noch erstaunlichere Fabel über die Durchreise Karls VII. durch die Stadt Troyes, auf dem Weg nach Reims zur Krönung: »Als der König vorbeigezogen war, sahen die Bewohner der Stadt von der Mauer aus eine große Kompanie

---

[1] Procès, V, 27. [2] Procès, V, 294.
[3] Revue historique, Bd. 4, 1877, 327–344.

Soldaten, es waren etwa fünf- bis sechstausend Mann, alle bis an die Zähne bewaffnet, jeder hielt in der Hand eine Lanze mit weißem Wimpel. Sie folgten dem König in Bogenschußweite; und sobald sich der König entfernt hatte, verschwanden sie spurlos.«

Ebenso wie die Propaganda, wanderte die Legende die großen Straßen entlang und machte auch an der Grenze nicht halt. Die nichtfranzösischen Chronisten Morosini und Windecke[1] bieten zahlreiche Beweise einer exportierten Phantasie.

Seit Juni und Juli 1429 berichtet der erstere nach seinen Korrespondenten in dieser Reihenfolge: 1. Nach der Rückkehr Karls VII. nach Paris, am Johannistag, hätten die Franzosen sich durch Vermittlung Johannas mit den Engländern versöhnt. Diese hätte ihnen für »ein oder zwei Jahre« aufgetragen, sich in graue, mit einem Kreuz bestickte Gewänder zu hüllen, jeden Freitag bei Wasser und Brot zu fasten, ihre Frauen nicht mehr zu betrügen, »denn die Worte des besagten Fräuleins wurden stets durch die Geschehnisse bestätigt . . . und sie ist auf die Welt gekommen, um herrliche Dinge zu vollbringen[2].« 2. Es sei ein großes Wunder, daß ein junges Mädchen in zwei Monaten so viel Land ohne Kriegsleute erobert habe (*sic!*) und man könne leicht begreifen, daß dies nicht durch Menschenkräfte, sondern durch den Willen Gottes geschah, der sich der langen Trübsal des edelsten Volkes der Welt erbarmte . . . und ihm, vor seiner gänzlichen Zerstörung, mit eigener Hand helfen wollte, was andere nicht gekonnt hätten[3]. 3. Johanna wäre unter anderem von den Doktoren auf folgende Weise geprüft worden: »Als sie kommunizieren wollte, hatte der Priester eine geweihte und eine ungeweihte Hostie; er wollte ihr die ungeweihte Hostie geben, sie nahm diese in die Hand und sagte, das wäre nicht Christi Leib . . . sein Leib wäre jedoch in der Hostie, die unter dem Meßbuch läge[4].« 4. »Johannas Nahrung bestände täglich aus nur zwei Unzen (60 Gramm) Brot« und »daß sie zum Hauptmann und Befehlshaber der gesamten Armee des Dauphins ernannt wurde[5].« 5. Johanna habe vor Auxerre zu La Hire gesagt: »›Geh mit Deinen Soldaten zu einem Wald, der zwei Meilen weit entfernt liegt; dort findest Du zweitausend

---

[1] a.a.O. [2] Morosini, III, 61–67. [3] ebd., 79–81.
[4] ebd., 101. [5] ebd., 101–103.

Engländer mit der Lanze in der Hand, Du nimmst sie alle gefangen und tötest sie.‹ Er ging auch dorthin und besagte Engländer wurden, wie das Fräulein gesagt hatte, gefangen und getötet[1].« 6. Nachdem der Bischof von Clermont sich geweigert hätte, dem König St. Louis' Krone zurückzugeben, habe »Johanna« an die Bürger von Clermont geschrieben, daß, wenn sie die Krone nicht zurückgäben, Gott dafür sorgen würde. Sie taten es nicht, und bald hagelte es gewaltig, und dies war ein großes Wunder.« Daraufhin habe der Bischof die Krone zurückgegeben, »wobei er sehr weinte und seine Tat bereute[2].«

Windecke hingegen vervollständigt seinen ursprünglichen Bericht über Johannas Taten zu einer späteren, aber noch zeitgenössischen Epoche durch eine Reihe von Neuigkeiten und Nachrichten, »in denen absichtlich verschiedene ganz außergewöhnliche Wunder angeführt sind, geeignet, die erregbare Einbildungskraft der Menge aufs höchste zu entfachen[3].« So hatte das Volk mit Bewunderung erfahren: 1. daß die durch die Pferde und den Durchzug der königlichen Armee stark beschädigten Weinberge in der Umgebung von Reims nach der Krönung und Abreise des Königs, am 21. Juli, neue Triebe bekamen und mehr Trauben als vorher trugen; 2. daß Johanna eines Tages die plötzliche Eingebung hatte, eine Frau ritte in Männerkleidung an der Seite ihres Liebsten in der Truppe mit, sie sofort entdeckte und mit den Worten nach Hause schickte: »Du kommst aus Gien und trägst ein Kind . . . und hast schon ein Kind umkommen lassen«, was die Frau als wahr zugab; 3. daß Johanna ein anderes Mal, als sie an der Seite des Königs speiste, laut lachte und das damit erklärte, daß eben fünfhundert Engländer, die nach Frankreich wollten, im Meer ertrunken seien: was sich drei Tage später bestätigte; 4. daß im September 1429, am Tag des vergeblichen Angriffs auf die Hauptstadt, die von den Parisern auf die Soldaten des Königs geschleuderten Steinkugeln zu Staub wurden, während sich eine weiße Taube, die in ihrem Schnabel eine goldene Krone trug, auf Johannas Banner niederließ; 5. daß Johanna kurze Zeit danach durch Offenbarung erfuhr, daß der König, der sich in einer

---

[1] Morosini, III, 151–153. [2] ebd., 161–163.

[3] G. Lefèvre-Pontalis, Sources allemandes de l'histoire de Jeanne d'Arc, 5–14 u. 85–138 (für die zitierten ›Echos‹).

benachbarten Stadt befand, vergiftet werden sollte. Nachdem sie ihn in aller Eile gewarnt hatte, begab sie sich zu ihm, gab die vorbereiteten Speisen den Hunden, die sogleich starben, und zeigte den am Attentat schuldigen Ritter an, der sein Verbrechen gestand.

So entstand schnell eine blühende und reiche Legende, deren Keim in dem Gutachten der Doktoren von Poitiers, deren psychologische Begründung in der Propaganda der Kanzlei lag und deren ungewöhnliche Verbreitung durch die Befreiung von Orléans gefördert wurde, die man von vornherein als mögliches ›Zeichen‹ eines göttlichen Schutzes ansah.

Es war unvermeidlich, daß die öffentliche Meinung Johanna für eine Gottgesandte hielt, und diese wunderbare Auslegung entwickelte ihren Dynamismus in dem komplexen Netzwerk des volkstümlichen Glaubens. Von nun an ist sie nicht nur eine himmlische Botin, sondern die unmittelbare Vollstreckerin der durch die ›Stimmen‹ von oben empfangenen Befehle. Und weil sie über alle Dinge entscheidet, die über den gewöhnlichen menschlichen Machtbereich hinausgehen, haben alte Prophezeiungen ihr Kommen angekündigt und wunderbare Zeichen ihre Geburt und ihre Taten begleitet. Sie besitzt die Gaben einer Seherin, Wahrsagerin, Wundertäterin und wird mit den antiken Sibyllen und gottbegeisterten Frauen der Heiligen Schrift verglichen. Man prägt Medaillen mit ihrem Bildnis, als wäre es das einer Heiligen[1], und ihr Name wird beim Gottesdienst angerufen[2].

Es scheint ganz natürlich, daß dieses Aufkommen des Mythos, der über das Niveau der volkstümlichen Emotion hinausging, auch die bedeutendsten Persönlichkeiten beeindruckte. Man ist keineswegs erstaunt zu erfahren, daß z.B. der Herzog der Bretagne im Mai 1429 zu Johanna eine Gesandtschaft schickt, »um sie zu ihrem Sieg zu beglückwünschen[3]«; daß am folgenden 2. Juni ein Ratsherr in Toulouse, Pierre Flamenc, seinen Kollegen vorschlägt, Johannas Rat über die Prägung einer neuen Münze für die Stadt einzuholen[4]; daß der Graf von Armagnac im Juli an sie schreibt, um sie zu bitten »unseren Herrn Jesus Christus anzuflehen, daß er uns in seiner unendlichen Gnade erkläre, wer . . . der wahre Papst

[1] Revue archéologique, 1861, 429–433. [2] Procès, V, 104 u. 164.

[3] Procès, V, 264 u. Windecke, a.a.O., 68. [4] Annales du Midi, 1889, 235–236.

sei, und wem wir von nun an gehorchen sollen, dem, der Martin heißt, dem, der Clemens heißt oder dem, der Benedikt heißt[1]«; und endlich, zu einem unbestimmten Zeitpunkt, zweifellos jedoch im Jahre 1429, richtet Bonne, die Vicomtesse von Mailand, eine Bittschrift an »die sehr verehrte und sehr fromme Jungfrau Johanna, vom König der Himmel gesandt, um die Engländer, die Frankreich tyrannisieren, Buße tun zu lassen und auszurotten«, damit Johanna sie wieder in das Herzogtum Mailand einsetzen ließe[2].

Diese Fabeln und Bittschriften mit ihrem gemeinsamen Inhalt stellen ein normales Phänomen dar in einer Epoche, in der das kollektive Gefühl alle Ereignisse mit übernatürlichen Vorgängen verband. Außerdem waren sie das unvermeidliche Echo und bilden die Fortsetzung der Hoffnung, die der Kronrat in Johannas Einsatz gesetzt hatte. Sie liefern uns das Zeugnis der unmittelbaren Wirkung dieser doppelten Legende, die einerseits die englische Partei schwächte und andererseits den Mut der französischen Partei stärkte.

Wenn uns diese Feststellung alles noch einmal bestätigt, was wir bereits über die Mentalität jener Zeit wissen, so gibt sie uns jedoch keine Auskunft über Johannas tatsächliche Rolle, denn man darf die Ansichten vieler ihrer Zeitgenossen nicht mit Johannas wahren Handlungen verwechseln. Wir müssen jetzt genau nachforschen, in welchem Maß Johanna nach der Befreiung von Orléans auf die Ereignisse einen persönlichen Einfluß ausüben konnte.

---

[1] Champion, II, 148–149. Das große Schisma war tatsächlich seit dem 11. November 1417 beendet, wo das Konzil Papst Martin V. gewählt hatte, dessen Autorität in der gesamten Christenheit nicht angezweifelt wurde. Der Gegenpapst Clemens VIII. (Kardinal Gilles Munoz), der 1423 von drei Kardinälen als Nachfolger des Gegenpapstes Benedikt XIII. gewählt wurde, lebte zurückgezogen in Péniscola in Spanien, wo er, von seinem Beschützer, dem König von Aragon, verlassen, am 26. Juli 1429 zugunsten von Martin V. auf seine Würde verzichten mußte. Was Bernard Garnier von Rodez betrifft, der am 12. November 1425 unter dem Namen Benedikt XIV. von einem einzigen Kardinal gewählt wurde, so spielte er niemals eine Rolle. Das an sich ungewöhnliche Verhalten von Johann IV., Graf von Armagnac, wird aus dem persönlichen Grund erklärlich, daß er, nachdem er nacheinander Benedikt XIII. und Clemens VIII. unterstützt und dann die inkonsequente Ernennung von Benedikt XIV. begünstigt hatte, am 4. März 1429 selbst von Martin V. für schismatisch, rückfällig und abgesetzt erklärt wurde. Er mußte die Verzeihung des Papstes erbitten, die er am 4. März 1430 erlangte.

[2] Procès, V, 253.

VIII.

DER LOIREFELDZUG

Johanna verließ Orléans am 9. oder 10. Mai[1], um sich zum König zu begeben. Von diesem Augenblick an wurde und blieb sie eine Persönlichkeit bis zu ihrer Gefangennahme vor Compiègne, am 23. Mai 1430. Vorher hatte man sie verhört und geprüft. Jetzt war durch den Sieg vom 8. Mai das versprochene ›Zeichen‹ erschienen, und sie wird nun nicht nur von der volkstümlichen Legende verherrlicht, sondern auch von der königlichen Regierung akzeptiert. Mit ihrem persönlichen Gefolge, unter Befehl von Jean d'Aulon, folgt sie dem Hofe und den Armeen, kommt täglich mit dem König, seinen Ministern, seinen Räten, den königlichen Prinzen, Marschällen und den Hauptleuten in Berührung. Worin bestanden nun in diesem Milieu, in das sie mit der ruhigen Sicherheit ihres Glaubens an ihre ›Sendung‹ und mit ihrem Selbstvertrauen eindringt, während dieser elf Monate ihre Funktion, ihre Machtbefugnisse und ihr Einfluß? Darin liegt das Problem.

Die mehr oder weniger glaubwürdigen Texte, die uns zu seiner Lösung zur Verfügung stehen, sind nicht zahlreich zu nennen: einige von ihr unterzeichnete Briefe, ihre spärlichen Aussagen von Rouen, vier oder fünf Zeugnisse der Rehabilitation, unter denen nur die von Dunois und Alençon gehaltvoll genug sind, jedoch einer sorgfältigen Auswahl unterworfen werden müssen, eine kleine Zahl Rechnungsbücher und amtlicher Dokumente, zwei zeitgenössische Briefe, ein kurzer Bericht von Jacques de Bourbon über die Kampfhandlungen an der Loire, der auf den 24. Juli

---

[1] Nach dem ›Journal‹ war es der 9. Mai; a.a.O., 91. Nach der ›Chronik‹ war es der 10. Mai; Procès, IV, 234.

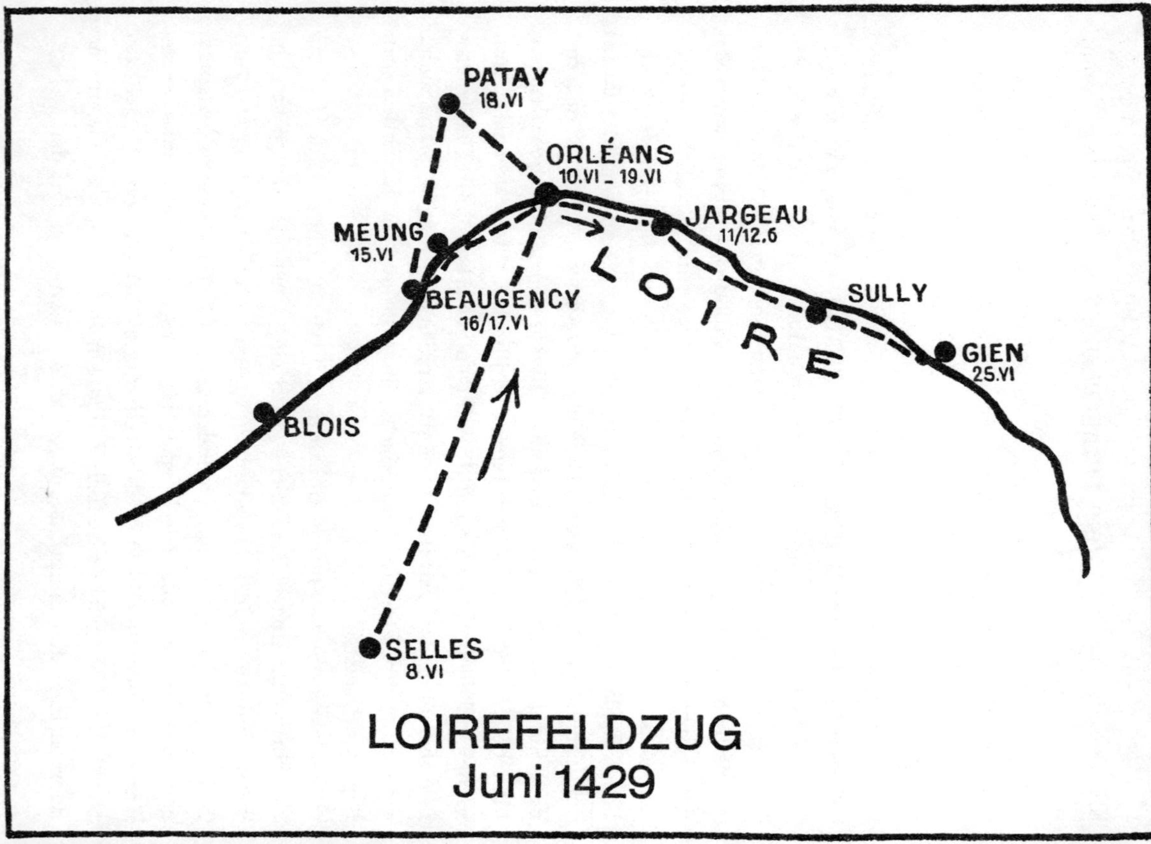
PATAY
18.VI
ORLÉANS
10.VI _ 19.VI
JARGEAU
11/12.6
MEUNG
15.VI
BEAUGENCY
16/17.VI
SULLY
GIEN
25.VI
LOIRE
BLOIS
SELLES
8.VI
LOIREFELDZUG
Juni 1429

1429 datiert ist und endlich eine sehr wertvolle, obwohl zu Anfang des 17. Jahrhunderts geschriebene Zusammenfassung über die Zeit der Krönung, die von Jean Rogier aufgrund von Archivalien der Stadt Reims verfaßt wurde.

Die Chronisten bleiben hier, wie auch sonst, mit ihren groben Irrtümern, übertriebenen Ausschmückungen und mit ihrem konstanten Mangel an Referenzen die Schöpfer der Legende; dies berechtigt zu einer strengen Reinigung. Wenn z.B. Perceval de Cagny einen sehr genauen Reiseweg angibt, so stimmt sein tendenziöser romantischer Bericht durchaus nicht mit den Aussagen seines Herrn, des Herzogs von Alençon, überein. Monstrelet und Wavrin du Forestel sind nur über die auf der anglo-burgundischen Seite vorgekommenen Ereignisse gut informiert. Gruel[1], der zeitgenössische Biograph des Herzogs von Richemont, gibt nützliche Hinweise. Das ist alles und recht wenig.

In dem bereits erwähnten Brief vom 10. Mai 1429, den die königliche Kanzlei an die Einwohner von Narbonne[2] richtete, um sie über die Befreiung von Orléans zu informieren, kann man folgende Zeilen lesen: »Bei Betrachtung all dieser Dinge haben wir viel (Ver)trauen in die Gnade unseres Herrn, und mit großem Eifer wollen wir unsere gute Lage ausnützen und unsere Angelegenheiten zum guten Ausgang bringen.« Somit hatte, im Prinzip wenigstens, der Kronrat bereits vor Johannas Ankunft bei Karl VII. in Tours am 11. oder 13. Mai[3] beschlossen, den militärischen Erfolg auszunützen.

Die Lage war in dieser Hinsicht folgende: Die Engländer hatten die Belagerung von Orléans aufgehoben, aber sie besaßen noch: zwanzig Kilometer östlich entfernt, am linken Loireufer, Jargeau, unter dem Grafen Suffolk, zwanzig beziehungsweise dreißig Kilometer westlich entfernt, am rechten Ufer, Meung und Beaugency, unter dem Herrn von Talbot. Um ihre Niederlage zu vervollständigen und den Flußlauf frei zu

---

[1] Gruel, Chronique d'Arthur de Richemont. Le Vavasseur, Paris 1890; Procès IV, 315ff. [2] Procès, V, 101.

[3] Procès, III, 80; Windecke, a.a.O., 177 Anm. 8.

machen, mußte man sie zuerst aus diesen drei Stützpunkten vertreiben. Diese strategische Notwendigkeit liegt klar auf der Hand, und so zog Dunois »einige Tage später« in Begleitung des Marschalls von Boussac, des Herrn von Graville, Xaintrailles' »und verschiedener anderer Ritter, Junker und Soldaten« nach Jargeau, »wo sie mehrere Scharmützel, die über drei Stunden dauerten, lieferten, um zu sehen, ob sie ihn (den Feind) belagern könnten. Sie erkannten, daß dort zur Zeit nichts zu erreichen war, denn das Wasser in den Gräben stand hoch[1].«

Während dieser Zeit beriet der König in Tours[2] über die zu treffenden Entscheidungen. Johanna macht über diese Beratungen keine Andeutungen. Alençon erklärt einfach: »Nachdem sie den König (zu Chinon) verlassen hatte, sah er sie erst nach Aufhebung der Belagerung von Orléans wieder. Man bemühte sich, dort ungefähr sechshundert Lanzen von des Königs Leuten zu versammeln, um auf Jargeau zu marschieren, das die Engländer besetzt hielten.« Er fügt hinzu, daß er mit den anderen Feldherren »den Auftrag hatte, diese Krieger anzuführen« und »zu jener Zeit der Vertreter des Königs bei diesem Teil der Armee war[3].«

Dunois ist weitschweifiger, berichtet jedoch, wie wir gesehen haben, nicht sehr präzise darüber; er will vielmehr von Johanna einen den Absichten der Rehabilitation entsprechenden Eindruck geben und sagt zuerst folgendes aus: »Nach der Befreiung von Orléans begab sich die Jungfrau mit dem Zeugen und anderen Feldherren zum König, der in Loches war, und verlangte von ihm, er solle Truppen zur Rückeroberung der Festungen und Städte an der Loire ausschicken – d. h. nach Meung, Beaugency und Jargeau, damit er sich daraufhin freier und sicherer zur Krönung nach Reims begeben könne. Und der König handelte so schnell wie möglich und entsandte den Herzog von Alençon, den Zeugen und andere Hauptleute zusammen mit der Jungfrau, um diese Städte und Schlösser einnehmen zu lassen.« Als er später jedoch auf dieses Detail zurückkommt, gibt er eine andere Erklärung: »Er erinnere sich gut, und es sei wahr, daß er mit der Jungfrau nach der Befreiung von Orléans den

---

[1] Journal, a.a.O., 92, 93 u. 257. [2] Procès, III, 80; IV, 168, 234, 496; V, 295, 347.
[3] Procès, III, 94, 95 u. 98.

König im Schloß von Loches aufsuchte, und während sich der König mit den Herren Christophe de Harcourt, dem Bischof von Castres, seinem Beichtvater, und dem Herrn von Trêves (Robert le Maçon), dem ehemaligen Kanzler von Frankreich, in seinem Privatgemach befand, klopfte besagte Jungfrau an die Tür; kaum war sie eingetreten, warf sie sich nieder, umschlang des Königs Knie und sagte etwa folgende Worte: ›Edler Dauphin, haltet nicht mehr so lange Rat, sondern kommt so bald wie möglich nach Reims, um die Krone, die Euch gebührt, zu empfangen[1]‹. Danach gab sie auf Verlangen der Zuhörer verschiedene Erklärungen über ihre ›Stimmen‹ ab.«

Die ›Chronik‹ gibt in einer dem Buch ›Gestes des nobles Français‹ entnommenen Stelle an, »der König habe in Tours mehrmals Rat gehalten und danach seine Edelleute von überallher gerufen; und um die Loire zu befreien, habe er dem Herzog von Alençon den Oberbefehl gegeben, der die Begleitung von Johanna der Jungfrau wünschte[2].«

Das ›Tagebuch‹ bringt zu diesem Punkt die Berichte der ›Gestes des nobles Français‹ und die Zeugnisse der Rehabilitation durcheinander und schreibt: »Als die Scharmützel (im Mai vor Jargeau) stattfanden, ging die Jungfrau zum König . . . und sagte: ›Edler Dauphin, geht nach Reims, um Euch krönen zu lassen . . .‹ daraufhin berief der König die Edelleute, Feldherren und Gelehrten des Hofes und hielt mehrmals in Tours Rat, um zu erfahren, ob er dem Verlangen der Jungfrau nachgeben solle . . . man war darüber verschiedener Meinung; die einen rieten, man solle zuerst nach der Normandie ziehen, die anderen meinten, man solle zuvor einige Festungen an der Loire einnehmen . . . Der König beschloß . . . ihrem (Johannas) Rat zu folgen und nach Reims zu gehen, wollte jedoch vorher einige Festungen an der Loire einnehmen und während der Zeit, die man zu ihrer Eroberung brauchte, wollte er viele Prinzen, Edelleute, Soldaten und Untertanen versammeln. Dann ernannte er Jean, den Herzog von Alençon, zu seinem Vertreter . . . gab ihm die Jungfrau zur Begleitung und befahl ihm ausdrücklich, nur nach ihrem Rat zu handeln[3].«

Windecke, ebenfalls ein Zeitgenosse, der den Ereignissen jedoch ebensowenig wie die anderen Chronisten beigewohnt hat, überliefert

---

[1] Procès, III, 100 u. 12. [2] Procès IV. 234. [3] Journal, a.a.O., 93 u. 94.

folgende Fassung: »Nachdem das geschehen war, zog die Jungfrau mit ihren Leuten nach Tours in der Touraine, wo der König von Frankreich zur gleichen Zeit hinkommen sollte ... bis zum 23. Tage des Monats Mai blieb sie bei ihm. Der König hielt über die zukünftigen Entscheidungen Rat, denn die Jungfrau wollte ihn sofort zur Krönung nach Reims führen. Der König ging darauf ein und ist auf dem Weg, er hofft, Meung, Jargeau und (Beaugency) einzunehmen[1].«

Dies sind die einzigen verwendbaren, aber recht unterschiedlichen Auskünfte über die Präliminare vom Juni 1429. Ihre Untersuchung und Gegenüberstellung führen zu folgenden Ergebnissen: 1. Es ist ziemlich sicher, daß die Entscheidung, ›das Loireufer zu reinigen‹, vom König im Kronrat in Tours getroffen wurde, während Dunois seine Scharmützel vor Jargeau lieferte, wodurch verständlich wird, daß letzterer damit die Erinnerung an seinen folgenden Besuch mit Johanna, in Loches ›im Privatgemach des Königs‹ verknüpft. 2. In den Angaben der erwähnten Zeugen und Chronisten ist nicht enthalten, daß Johanna zu einer dieser Beratungen hinzugezogen wurde, um über die zu treffenden Entscheidungen ihr Urteil abzugeben[2]. 3. Nach den aufeinanderfolgenden und widersprechenden Aussagen von Dunois über Johannas Verhalten, nach den Angaben des ausländischen Chronisten Windecke und des ›Tagebuchs‹ (das wenig zuverlässig ist und dem mystischen Schema der Etappen ihrer ›Sendung‹ folgt), scheint sie nur an die Krönung zu Reims gedacht zu haben, die sofort nach der Befreiung von Orléans erfolgen sollte, ohne die vorherige Notwendigkeit, die Engländer von der Loire zu verjagen, in Betracht zu ziehen. 4. Es ist absolut sicher, daß Johanna, ebensowenig wie in Orléans, auch hier nicht das Kommando über die Armee erhielt, das, dem Brauch gemäß, einem königlichen Prinzen, dem Herzog von Alençon, anvertraut wurde. 5. Wenn das ›Tagebuch‹ angibt, Karl VII. habe letzterem aus-

[1] Windecke, a.a.O., 177.

[2] Zwanzig Jahre später sagt allerdings der burgundische Chronist Monstrelet – man weiß nicht, woher seine Informationen stammen –, Johanna sei im Gegenteil als »erste dorthin berufen worden.« Da er jedoch diese Sitzungen von Tours nach Gien verlegt und auch die Beratungen von Mitte Mai mit denen von Ende Juni verwechselt, ist seine von keinem anderen geteilte Meinung hierüber ganz unglaubwürdig.

drücklich aufgetragen – er selbst spricht nicht davon –, den Ratschlägen Johannas zu folgen, so ist das eine erwiesene Dichtung, denn zu keiner Zeit und an keinem Ort hat je ein Feldherr eine Verantwortung übernommen, ohne über die notwendige Autorität zu verfügen. 6. Im Gegensatz zu dem, was man aus den Erzählungen Windeckes und dem ›Tagebuch‹ folgern konnte, wurde die Entscheidung, nach Reims zu gehen, nicht vor, sondern nach den Kämpfen an der Loire getroffen. Erstens, weil alle späteren Entscheidungen natürlich von dem unvorhersehbaren Ausgang dieser Kämpfe abhingen und weil das, wie wir später sehen werden, aus den Angaben mehrerer Zeugen hervorgeht.

Nachdem der Kronrat etwa am 15. Mai seine Entscheidung getroffen hatte, mußte zuerst die geplante Armee mobilisiert werden, und zwar unter dem Oberbefehl Alençons; d. h. die Edelleute, Ritter und ihre Schildknappen wurden ›ermahnt‹, sich mit ihren Waffenträgern und Dienern an dem für die Truppensammlung verabredeten Ort zur Musterung – oder Revue – einzufinden. Dies geschah bei Selles-sur-Cher[1], 41 Kilometer südlich von Blois und 75 Kilometer von Orléans, d. h. zwei bis drei Tagesmärsche vom Feind entfernt.

Nach dem 22. Mai teilt Karl VII., nachdem er von Tours nach Loches gezogen war und sich bereits Selles genähert hatte, den Einwohnern von Tournai die militärischen Absichten seiner Regierung mit[2]: »Um unsere Chance wahrzunehmen, wollen wir mit allen Kräften zum Angriff übergehen und hoffen, mit Gottes Hilfe die vom Feind besetzten Gebiete zurückzuerobern, und im übrigen wollen wir nach Gottes Rat handeln.« Man bemerkt, daß dieser nach den Beratungen zu Tours abgefaßte Brief vorsichtigerweise von Andeutungen auf die Zukunft und die eventuelle Krönung zu Reims absieht. Die Zusendung der Befehle, die Ausrüstung und die Aufstellung der Soldaten wurden in der verhältnismäßig kurzen Zeit von drei Wochen durchgeführt. Am 6. Juni[3] war ein erstes

---

[1] Richemont, der gerade zum Konnetabel ernannt worden war, hatte bereits 1425 in Selles alle Hauptleute zusammengerufen, um eine Reorganisation der Armee vorzunehmen (Beaucourt, II, 89). [2] Beaucourt, III, 516.

[3] Eine ›ausgerüstete‹ oder ›vollständige‹ Lanze bestand aus einer Einheit von etwa zehn Reitern, zu der noch einige ›Fußleute‹ oder Infanteristen kamen, die von uns nicht mitgerechnet werden.

Kontingent von sechshundert Lanzen, d. h. wenigstens sechstausend Reitern vereint. Dieses wuchs danach noch unterwegs durch verschiedene Verstärkungen an, z. B. auch durch die Truppen aus Orléans, und erreichte nach einigen Tagen die Zahl von ungefähr eintausendzweihundert Lanzen, d. h. von über zwölftausend Kriegern[1].

Über Johannas Tätigkeit während dieser vorbereitenden Phase ist nichts bekannt. Nach Windecke, der nicht zuverlässig ist, soll sie mit Karl VII. bis zum 23. Mai erst in Tours und dann in Loches geblieben sein; und in den Abrechnungen der Festung Orléans[2] wird ihre Gegenwart am 4. Juni in Selles-sur-Cher erwähnt. Da man jedoch weiß, daß einer ihrer Brüder, der zu ihrem persönlichen Gefolge gehörte, etwa um den 29. Mai in diese Gegend gekommen war[3], kann man annehmen, daß er sie dort getroffen hat. Folglich müßte sie sich vor diesem Datum nach Selles begeben haben. Erwiesen ist hingegen, daß die rasche Aufstellung und beträchtliche Stärke der obenerwähnten Truppen das Aufflammen von Patriotismus im Volk ausdrücken, der sich oft nach großen Niederlagen oder Siegen zeigt, und auf den wir bereits bei den Betrachtungen über die Bildung des französischen Nationalgefühls hingewiesen haben.

Sehr interessant ist die auffällige Analogie des Ablaufs einer der früheren Begebenheiten aus dem Zeitraum März bis August 1421 mit dem Ablauf der Ereignisse vom Mai bis September 1429. Am 22. März 1421 hatte die französische Armee unter Marschall Buchan, bei dem der Herzog von Alençon mit 16 Jahren das Waffenhandwerk erlernt hatte, die englische Armee vor Baugé (Maine-et-Loire) vernichtet, dreitausend Mann, darunter ihren Feldherrn, den Herzog von Clarence, Bruder des Königs von England, getötet und fünfhundert Gefangene gemacht. Man kann sagen, daß »der Sieg ... so überraschend und so gewaltig war, daß die Situation völlig umgewandelt schien. Bei den Engländern herrschte Verwirrung ... Es gab einen Augenblick der Verzweiflung und fast des Entsetzens. Auf seiten der Franzosen fühlte man eine Welle der Begeisterung

[1] Diese Zahlen werden von Alençon angegeben (Procès, III, 94). Die Chronisten überliefern ähnliche Schätzungen: Das ›Journal‹ (a.a.O., 95) achttausend Franzosen vor Jargeau; Wavrin du Forestel (Procès, IV, 419) zwölftausend bis dreizehntausend Franzosen in Patay. [2] Procès, V, 262. [3] Procès, V, 108.

und des Vertrauens ... von allen Seiten kamen Hilfstruppen ... sie kamen aus dem Poitou, dem Guyenne, dem Languedoc und sogar der Dauphiné[1].«

Nach diesem Erfolg begann der Rat Karls VII.[2] sofort mit Verhandlungen, um sich der Neutralität des Herzogs von Burgund zu versichern, der der Krone gegenüber sehr feindlich eingestellt war, aufgrund des Attentats, das der Graf von Penthièvre mit Wissen des königlichen Hofes im Februar 1420 gegen ihn verübt hatte. Diese Verhandlungen führten zu einem Bündnis, das am 8. Mai zu Sablé unterzeichnet wurde. Zehn Tage später, am 18. Mai, gewährten die zu Clermont versammelten Stände des Languedoïl eine Hilfe von achthunderttausend ›livres tournois‹. Daraufhin zog Karl VII. mit einer großen Armee von achtzehntausend Mann ins Feld, um Chartres zu besetzen und anschließend gegen Paris zu marschieren. In der Zeit vom 15. bis 25. Juni besetzte er etwa ein Dutzend wichtiger Orte des Perchegebiets. Als er am 26. Juni diese guten Nachrichten der Stadt Tours mitteilte, bestätigte er »seine Absicht, seine Unternehmungen fortzusetzen, wenn es Gott gefiele.« Alles deutete somit auf einen bevorstehenden Angriff auf Chartres hin, als der Kronrat plötzlich am 5. Juli unter dem Vorwand »der großen Teuerung, des Mangels an Lebensmitteln und wegen der durch Krankheit und aus sonstigen Gründen ungünstigen Zeiten«, wahrscheinlich aber wegen der Nachricht, daß wichtige Kontingente der Engländer am 10. Juni in Calais gelandet waren, beschloß, die Armee auf das Gebiet südlich der Loire zurückzuziehen; das

---

[1] Beaucourt, I, 223f.

[2] Lavisse (Bd. IV, T. 2,21) nimmt an, daß die Hauptpersönlichkeiten im Kronrat des damals 18jährigen Königs Jean Louvet, Tanguy du Châtel, Pierre Frotier und der Leibarzt Cadart waren; sie sind also die ›Hauptschuldigen des Verbrechens von Montereau‹; wie auch der Sire de Giac, der Landeshauptmann Guillaume d'Avaugour und Guillaume de Champeaux, Bischof von Laon, alles ›unwürdige Günstlinge‹, die eine ›Bande von Schmarotzern‹ bilden. Beaucourt (I, 113ff.), der zweifellos gegen Karl VII. und seine Räte zu nachsichtig ist, zitiert neben den genannten Männern, die sicherlich etwas mehr an moralischem Wert besaßen, u.a. Barbazan, ›den Ritter ohne Furcht und Tadel‹, der ›im Kriegsfall die gesamte Verantwortung, Staats- und Regierungsgewalt innehatte‹, den Kanzler Robert le Maçon, Regnault de Chartres, bereits Erzbischof von Reims, und Martin Gouge, Bischof von Clermont.

gleiche wird er acht Jahre später am 13. September 1429 nach der Niederlage vor Paris tun.

Der Feldzug von 1421 entsprach also in seinen großen Zügen bereits dem von 1429; ebenso entsprach der Sieg von Baugé dem von Orléans, dessen moralische Wirkung jedoch durch die wunderbare Ausstrahlung, die von Johanna ausging, verstärkt wurde, da sie von Anfang an eine große ›Begeisterungswelle und Vertrauen‹ erweckte. Wir stellen diese emotionale Erregung nicht nur bei den Chronisten fest, die, wie Chartier, erklären: »Und von überallher kamen Soldaten, um sich in den Dienst des Königs zu stellen[1]«, oder wie es im ›Tagebuch‹ heißt: »Und wahrhaftig wuchs seine Armee stark an, da täglich aus königstreuen Gegenden Leute kamen[2].« Wir besitzen nämlich darüber ein absolut zuverlässiges Dokument, einen Brief, den die Herren Gui und André de Laval von Selles-sur-Cher am 8. Juni 1429 an ihre Mutter richteten, und von dem wir hier die wichtigsten Stellen anführen[3]:

»Am Montag (6. Juni) zogen wir mit dem König nach Selles-en-Berry, das vier Meilen von St. Aignan entfernt liegt. Der König hatte die Jungfrau vorausgeschickt, die somit vor ihm in Selles ankam . . . Und nachdem wir nach Selles gezogen waren, besuchte ich sie in ihrer Herberge; sie ließ Wein kommen und sagte, bald würde sie mir ihn auch in Paris anbieten; alles, was sie tat, schien, wenn man sie sah und hörte, göttlich. Und an diesem Montag hat sie zur Vesperzeit Selles verlassen, um sich nach Romorantin zu begeben . . . Der Marschall von Boussac und eine große Anzahl Soldaten und Leute gingen mit ihr. Ich sah, wie sie aufs Pferd, auf ein schwarzes Streitroß, stieg. Sie war in weißer Rüstung, doch barhäuptig und hielt eine kleine Streitaxt in der Hand. Vor der Schwelle ihrer Herberge bäumte sich das Pferd stark auf und wollte sie nicht aufsitzen lassen, da sagte sie: ›Führt es zum Kreuz‹, das am Wege vor der nahegelegenen Kirche stand. Dort stieg sie auf, und das Pferd, als wäre es festgebunden, bewegte sich nicht. Da drehte sie sich zur Schwelle der nahegelegenen Kirche und sagte mit sanfter Stimme: ›Ihr Priester und Geistlichen, macht eine Prozession und betet zu Gott.‹ Dann kehrte sie auf den Weg zurück und sagte: ›Vorwärts, voran!‹ Ihr zusammengerolltes Banner trug ein edler Page und sie hielt ihre kleine Streitaxt in der Hand . . .«

»Am Montag kam der Herzog von Alençon in großer Begleitung in Selles an . . . Man sagt hier auch, der Herr Konnetabel sei mit sechshundert Soldaten und

[1] Procès, IV, 60. [2] Journal, a.a.O., 100. [3] Procès, V, 107 ff.

vierhundert Lanzenträgern gekommen[1]. Auch soll Jean de la Roche gekommen sein, und es heißt, der König habe niemals so viele Truppen um sich gehabt, wie hier erwartet werden. Auch sagt man, daß niemals Leute mit mehr gutem Willen an eine Sache herangegangen wären. Aber der Hof hat kein Geld, es ist so knapp, daß ich im Augenblick weder auf Hilfe noch Unterstützung hoffe. Darum, Frau Mutter, die Ihr mein Siegel bewahrt, spart nicht mit meinen Ländereien, weder beim Verkauf noch bei der Verpfändung, oder sucht ein besseres Mittel, um uns zu retten, denn sonst werden wir untergehen, werden gedemütigt werden oder auf das Verderben zusteuern; denn, wenn wir nicht so handeln, blieben wir, da es ja keine Löhnung gibt, ganz auf uns angewiesen. Und bisher haben wir immer in Ehren gehandelt, und unsere Ankunft hat den König, seine Hofleute und die anderen Edelleute, die von überallher kamen, sehr erfreut . . . «

»Die Jungfrau sagte, als ich sie in ihrer Herberge besuchte, sie habe Euch, meine Mutter, einen kleinen goldenen Ring gesandt, das wäre natürlich recht wenig, und sie hätte Euch, da sie Euch hoch achte, gern etwas Besseres geschickt. Heute (8. Juni) sollen der Herr von Alençon, der Bastard von Orléans und Gaucourt Selles verlassen und sich zur Jungfrau begeben. Und Ihr habt mir Briefe, deren Inhalt ich nicht kenne, an meinen Vetter La Trémoille und den Herrn von Trèves mitgegeben. Bei dieser Gelegenheit möchte mich der König bei sich behalten, bis die Jungfrau vor den englischen Festungen in der Umgebung von Orléans gewesen ist, die man belagern will. Die Geschütze sind bereits vorbereitet und die Jungfrau zweifelt nicht daran, daß sie bald zum König zurückkehren werde, und sagt, daß ich mit ihm ginge, sobald er sich auf den Weg begäbe, um gegen Reims zu ziehen; aber wahrlich, das soll Gott nicht wollen, daß ich das tue und nicht dorthin gehe[2]. Und mein Bruder sagt das gleiche, wie auch der Herr von Alençon, daß es unsinnig sei, hierzubleiben. Ich denke, der König wird am Donnerstag von hier abreisen, um dem Osten (d. h. der Armee) näher zu sein; und täglich kommen Leute von überallher. Ich lasse Euch Genaueres wissen, sobald etwas geschehen ist. Man hofft, daß die Angelegenheit in weniger als zehn Tagen so oder so vorwärts gehen wird. Aber alle vertrauen so stark auf Gott, daß ich glaube, er wird uns helfen . . . «

Aus diesem unmittelbaren Tatsachenbericht mit seinen persönlichen Eindrücken muß man folgendes hervorheben: 1. den Hinweis auf die bevorstehende Ankunft des Konnetabels, der, obwohl er abseits vom Hof in einer Art ›privatem Kriegszustand‹ mit La Trémoille lebte, doch von der allgemeinen Bewegung angesteckt worden war und sich mit seiner

[1] Diese Streitmacht entspricht den von Chartier gemachten Angaben: eintausend bis eintausendzweihundert Mann (Procès, IV, 66) und Gruel: eintausendzweihundert (Procès, IV, 316).

[2] Das bedeutet: »Gott möge nicht wollen, daß ich beim König bleibe, und an der Belagerung besagter Städte nicht teilnehme.«

Truppe der königlichen Armee anschließen wollte. Außerdem weiß man durch Gruel[1], daß Karl VII., oder wahrscheinlicher La Trémoille, den Seigneur de la Jaille zu Richemont schickte, der den Konnetabel am 12. oder 13. Juni in Loudun traf und »ihm sagte, der König wolle, daß er nach Hause zurückkehre, er solle es nicht wagen, weiter vorzurücken und wenn er nicht gehorche, werde der König gegen ihn kämpfen.« Darauf erwiderte der Konnetabel, »was er täte, sei zum Wohl des Königs und des Königreichs, und er wolle wohl sehen, wer gegen ihn kämpfe«, und setzte seinen Weg fort; 2. die dreimal wiederholte Bestätigung des einmütigen Vertrauens der von allen Seiten gekommenen Truppen, das auch die jungen Seigneurs de Laval soweit teilten, daß sie ihre Mutter baten, auf ihre Länder Geld aufzunehmen, um die rückständige Löhnung, die der König nicht begleichen konnte, zu zahlen, und bei dem Gedanken verzweifelten, sie könnten von der Teilnahme an den bevorstehenden Kämpfen zurückgehalten werden; 3. die unveränderte Idee Johannas, der König solle sich so schnell wie möglich in Reims krönen lassen, um danach Paris, seine Hauptstadt, zu befreien; 4. die erhebliche Bedeutung, die Johanna von diesem Augenblick an für die Geistlichen und die Soldaten hat, welche die Sicherheit ihrer Worte, ihre Taten, ihre Natürlichkeit und ihr höfisches Benehmen bewundern; 5. den Abzug eines großen Teiles der Armee oder, wie man damals sagte, der ›bataille‹ am 8. Juni nach Orléans, unter dessen Mauern am 10. abends alle französischen Truppen versammelt wurden.

Durch ein eigenartiges Zusammentreffen verließ am selben 8. Juni eine neue fünftausend Mann starke englische Armee, die Bedford nach der Niederlage von Orléans schnell zusammengestellt hatte und unter Falstaffs Kommando stand, Paris und zog zur Loire, um den Überresten der Armee Suffolks, die nach Jargeau, Meung und Beaugency geflüchtet waren, Hilfe zu bringen. Somit kann man die militärische Situation am Vorabend des kurzen Feldzugs, der vom 11. bis 18. Juni dauerte, so zusammenfassen: Die französische Armee, bereits acht- bis zehntausend Mann stark, liegt an der Loire unmittelbar vor den drei kleinen, voneinander isolierten englischen Garnisonen, von der jede ein-

---

[1] Procès, IV, 316.

zelne nur etwa sechshundert Mann stark ist, Falstaffs fünftausend Soldaten hingegen stehen 70 Kilometer weiter nördlich, und kommen erst nach drei Tagen Aufenthalt in Etampes und einer Unterbrechung von vier Tagen in Janville am Abend des 17. auf dem Gelände an[1].

Um die Ereignisse dieser Woche, obwohl die Dokumente verworren und bruchstückhaft sind, besser zu verstehen, werden wir sie, wie wir es bereits mit denjenigen von Orléans getan haben, nacheinander beurteilen.

11. Juni. Im ›Tagebuch‹ heißt es[2]: »Der Herzog von Alençon, die Jungfrau, der Graf von Vendôme, der Bastard von Orléans, der Marschall von St. Sévère (Boussac), La Hire, Florent d'Illiers, James du Tillet ... zogen am Sonntag, dem 11. Juni, mit etwa achttausend Kriegern zu Fuß und zu Pferd davon ... sie führten viele Geschütze mit sich, sie wollten die Stadt Jargeau belagern, in der sich William Pole, Graf von Suffolk, und ... seine Brüder und mit ihnen sechs- bis siebenhundert englische Soldaten und Kanonen und andere Geschütze befanden ...«

Zur gleichen Zeit, als die Franzosen Jargeau erreichten, scheinen sie erfahren zu haben, daß Falstaff in ihre Richtung marschierte, denn dieselbe Quelle fügt hinzu, daß die Belagerung »aufgrund der angstvollen Reden mancher, die sagten, man solle sie unterbrechen und Messire Falstaff und den anderen Feldhauptleuten der gegnerischen Partei, die von Paris kamen, entgegenziehen, beinah aufgegeben wurde.« Alençon erwähnt nur, daß[3] »zwischen den Hauptleuten eine Besprechung stattfand, weil die einen der Ansicht waren, man solle die Stadt angreifen, die anderen sich hingegen auf die große Macht und Zahl der Engländer beriefen und der gegenteiligen Ansicht waren[4]«.

Dann fährt er fort: »Aber Johanna, die ihre Bedenken bemerkte, sagte, sie sollten weder die Zahl der Engländer fürchten noch vor dem Angriff zurückschrecken, denn Gott würde ihnen helfen, und fügte hinzu, wenn sie nicht genau wüßte, daß Gott ihr helfen würde, wolle sie lieber wieder

---

[1] Wavrin du Forestel (Procès, IV, 413–414).

[2] Journal, a.a.O., 96ff. (Das Tagebuch wurde hier sichtlich von der Chronik Chartiers beeinflußt). [3] Procès, III, 95.

[4] Eine deutliche Übertreibung des Zeugen ist die von ihm genannte ›große Zahl‹ (der Engländer).

die Schafe hüten als sich solchen Gefahren aussetzen. Nachdem sie das gesagt hatte, marschierten alle auf Jargeau zu, um dort die Vororte einzunehmen und auch die Nacht zu verbringen. Die Engländer bemerkten diese Absicht, kamen ihnen entgegen und schlugen die Leute des Königs beim ersten Mal zurück. Als Johanna das sah, ergriff sie ihr Banner, ging zum Angriff über und sprach den Soldaten Mut zu. Sie kämpften so tapfer, daß die Leute des Königs in den Vororten von Jargeau Quartier beziehen konnten. Und der Zeuge glaubt, Gott habe ihnen geholfen, denn in jener Nacht stellte man kaum Wachen auf, und wenn die Engländer einen Ausfall gewagt hätten, wären die Leute des Königs in große Gefahr geraten.«

12. Juni. Obwohl sie ›sehr tapfer kämpften‹, konnten die Engländer (einer gegen zwanzig) nicht lange widerstehen, und nach den kleinen Scharmützeln vom Samstag, setzte man den Angriff auf Sonntag fest. Die Stadt wurde schnell eingenommen und alle Verteidiger, einschließlich der Graf von Suffolk, gefangen oder getötet[1].

Alençon berichtet über Johannas Rolle und ihr Verhalten während dieser Ereignisse: »Die Soldaten des Königs machten die Geschütze feuerbereit und stellten am Morgen Kanonen und Steinschleudermaschinen vor der Stadt auf. Dann hielten sie einige Stunden Kriegsrat[2] und berieten, was gegen die in Jargeau befindlichen Engländer zu unternehmen sei, um die Stadt zu entsetzen. Während dieser Zeit wurde den Teilnehmern an dieser Beratung gemeldet, La Hire verhandele mit Herrn von Suffolk. Mit dieser Nachricht waren der Zeuge und die anderen Hauptleute durchaus nicht zufrieden. La Hire wurde zurückberufen, und er kam. Nach seiner Rückkehr wurde der Angriff auf die Stadt beschlossen, und die Herolde riefen aus: ›Auf zum Sturm‹. Da sagte Johanna zum Zeugen: ›Vorwärts, edler Herzog, auf zum Sturm‹; und da dem Zeugen dieser

---

[1] Das ›Tagebuch‹ und auch J. de Bourbon geben die Zahl der getöteten Engländer, ohne dabei die Gefangenen zu berücksichtigen, mit vierhundert bis fünfhundert an (a.a.O., 100 u. 137).

[2] Im Text steht ›Tage‹. Der Schreibfehler des Kanzleibeamten ist offensichtlich, denn die Stadt wurde im Verlauf des Abends eingenommen.

Angriff verfrüht erschien[1], sagte Johanna: ›Zweifelt nicht, dies ist die Stunde, die Gott gefällt‹, und fügte hinzu: ›Weißt Du nicht, daß ich Deinem Eheweib versprochen habe, Dich heil und gesund zurückzubringen . . .‹.«

Er fügt hinzu, »während des Angriffs auf Jargeau habe ihm Johanna gesagt, er solle den Platz, auf dem er gerade stehe, verlassen; wenn er das nicht befolge, ›wird‹ (sagte sie), sie deutete dabei auf eine Steinschleuder in der Stadt, ›diese Schleuder Dich töten‹. Der Zeuge ging zur Seite, und bald danach wurde Herr von Lude an derselben Stelle durch diese Steinschleuder getötet. Der Zeuge empfand große Furcht und bewunderte Johannas Worte und ihre Weissagung sehr. Dann ging Johanna zusammen mit dem Zeugen zum Angriff über. Während die Soldaten in die Stadt eindrangen, ließ der Graf von Suffolk ausrufen, er wolle mit dem Zeugen sprechen. Man hörte ihn jedoch nicht an, und der Angriff ging weiter. Und Johanna stand auf einer Leiter, das Banner in der Hand, das getroffen wurde, und Johanna fiel ein Stein auf den Kopf, der auf ihrem Helm zersprang. Sie fiel zu Boden, stand auf und rief den Soldaten zu: ›Freunde, Freunde, auf, hinauf! Unser Herr hat die Engländer verdammt. Noch in dieser Stunde sind sie in unserer Hand. Habt Mut‹. In diesem Augenblick wurde die Stadt Jargeau genommen, die Engländer zogen sich zur Brücke zurück, verfolgt von den Franzosen. Bei dieser Verfolgung wurden über elfhundert (Engländer) getötet[2].«

Diese Aussage Alençons berechtigt zu zwei Bemerkungen: 1. Was die zwischen Suffolk und La Hire begonnenen Verhandlungen betrifft, von denen Dunois vielleicht Kenntnis hatte, da er La Hires Stellvertreter war, so handelte es sich um einen Waffenstillstand oder, genauer, um eine bedingte Übergabe[3] nach dem Brauch der Zeit, um die der englische Feld-

[1] Eine nachträgliche Bemerkung, die der vorangegangenen Entscheidung Alençons, mit dem Angriff zu beginnen, widerspricht und eine tendenziöse Darstellung enthüllt.

[2] Übertriebene Angabe; die wirkliche Truppenstärke der Engländer belief sich auf nicht mehr als sechshundert bis siebenhundert Soldaten (s. o.).

[3] Es geschah oft, daß die Garnison einer belagerten Stadt einen Waffenstillstand, nach dessen Ablauf sie sich zu ergeben versprach, wenn sie nicht inzwischen Unterstützung erhalten hatte, verlangte und erhielt.

hauptmann bat und die verweigert wurde. Dies geht aus einer Frage hervor, die man Johanna während ihres Prozesses stellte[1]: »Befragt, warum sie den Kommandanten von Jargeau nicht zu Verhandlungen empfangen habe, erwiderte sie, die Herren auf ihrer Seite hätten den Engländern geantwortet, daß sie die erbetene fünfzehntägige Frist nicht gewähren würden, und daß sie sofort mit ihren Pferden abziehen sollten. Sie fügte hinzu, sie selbst habe den Verteidigern von Jargeau gesagt, wenn sie nur mit dem Waffenrock bekleidet abzögen, behielten sie das Leben, andernfalls würde die Stadt im Sturm genommen.« So versuchte Suffolk erfolglos bei Alençon Zeit zu gewinnen, denn er hoffte, die Armee Falstaffs, von derem Anmarsch er sicher unterrichtet war, käme ihm zu Hilfe. 2. Nach allem, was der Zeuge sagte, und der eben zitierten Antwort Johannas, wurden die militärischen Entscheidungen während dieser zwei Tage nur von den Hauptleuten getroffen.

13. bis 14. Juni. Noch am Abend dieses erfolgreichen Tages kehrte die französische Armee nach Orléans zurück, wo sie für 48 Stunden Quartier bezog. Alençon gibt an[2]: »Nach Einnahme der Stadt (Jargeau), gingen der Zeuge, Johanna und die Armee nach Orléans zurück.« Das ›Tagebuch‹[3] enthält mehr Einzelheiten: »Und zur selben Nacht (12. bis 13.) kehrten der Herzog von Alençon und die Jungfrau zurück . . . sie blieben nach dieser Eroberung kurze Zeit in Orléans, wo bereits sechs- bis siebentausend Krieger lagen[4], zu denen noch verschiedene Edelleute, Ritter, Junker, Hauptleute und tapfere Soldaten stießen, unter anderen der Seigneur de Laval und der Seigneur de Lohéac, sein Bruder[5], der Seigneur de Chauvigny de Berry, der Seigneur de la Tour d'Auvergne und der Vidame de Chartres.«

Und er fährt fort: »In diesen Tagen begab sich der König nach Sully-sur-Loire.« Diese Tatsache ist wichtig, denn die dreiundvierzig Kilometer östlich von Orléans gelegene Stadt zwischen Jargeau und Gien gehörte La Trémoille, in dessen Schloß sich Karl VII. einquartierte und sich somit in dem Augenblick von der Armee entfernte, als diese sich nach Beau-

---

[1] Champion, II, 53. [2] Procès, III, 97. [3] a.a.O., 99, 100.
[4] Im Gegensatz zu der an früherer Stelle im ›Tagebuch‹ genannten Zahl ist diese niedriger. [5] Die Schreiber des oben zitierten Briefes.

gency (dreißig Kilometer westlich von Orléans) in Marsch setzte. Viriville[1] macht die völlig ungerechtfertigte Bemerkung, »der König habe damit, wie die Jungfrau ihm geraten, einen wichtigen, aber gemäßigten Schritt in Richtung Reims getan.« Diese Auslegung ist unannehmbar, denn wir haben bereits darauf hingewiesen, daß diese Angelegenheit noch nicht entschieden war und auch nicht entschieden werden konnte. Am wahrscheinlichsten ist die Ansicht von E. Cosneau, La Trémoille habe ein Treffen des Konnetabels mit dem König bei der Armee verhindern wollen[2], nachdem er erfahren hatte, daß Richemont, ohne sich um die durch den Seigneur de la Jaille zu Loudun gemachte Warnung zu kümmern, vorrückte.

15. Juni. Das ›Tagebuch‹[3] berichtet, daß »der Herzog von Alençon, als Oberbefehlshaber der königlichen Armee, in Begleitung der Jungfrau, des Herrn Ludwig von Bourbon, des Grafen von Vendôme und anderer Hauptleute und Soldaten zu Pferd und zu Fuß am Mittwoch, dem 15. Juni[4], mit vielen Lebensmitteln, Wagen und Geschützen Orléans verließ, um Beaugency zu belagern und um auf dem Hinweg die Brücke von Meung-sur-Loire zu besetzen, die von den Engländern befestigt worden war . . . und sie wurde beim Angriff, obwohl sie verteidigt wurde, fast sofort eingenommen.« Bourbon[5] sagt, in Meung »waren der Herr von Scales und bis zu sechshundert Krieger«, und Alençon sagt kurz aus[6]: »Von Orléans zogen sie (der Zeuge, Johanna und die Armee) nach dem von den Engländern besetzten Meung . . . der Zeuge selbst verbrachte die Nacht mit einigen Soldaten in einer Kirche bei Meung, wo er in großer Gefahr schwebte[7].«

[1] Viriville, Histoire de Charles VII, II, 83.

[2] E. Cosneau, Le Connétable de Richemont, 167. [3] Journal, a.a.O., 100, 101.

[4] Dieses Datum, Mittwoch, 15. Juni, wird auch von J. de Bourbon (ebd., 137) und Cagny (Procès, IV, 13) angegeben. Der letztere stellt die Tatsachen vom legendären Standpunkt aus dar und fügt hinzu: Johanna »rief ihren edlen Herzog und sagte ihm: ›Morgen, nach dem Abendbrot, will ich die Leute in Meung besuchen. Veranlaßt, daß die Truppe zu dieser Stunde bereit ist‹.« Wir wissen jedoch, daß Johanna keine Befehle geben konnte, vor allem nicht dem Herzog von Alençon, der nichts derartiges berichtet. [5] Journal, a.a.O., 138. [6] Procès, III, 97.

[7] Der Grund ist unbekannt: vielleicht, wie vor Jargeau, durch das Fehlen von Wachen.

Die Franzosen begnügten sich damit, nach einem kurzen Kampf am frühen Nachmittag, bei dem Johanna nicht erwähnt wird, die Brücke von Meung zu besetzen, um auf diese Weise ihren Marsch nach Beaugency zu decken, wohin man, wie es scheint, gleich weiterzog. Wavrin[1] berichtet uns von der englischen Seite, Talbot habe, als er am selben Tag den Verlust der Brücke von Meung und das Nahen der Armee Alençons erfuhr, sofort mit einer starken Eskorte Beaugency verlassen, um sich mit Falstaff in Janville, wo er am Morgen des 16. ankam, zu beraten.

16. Juni. Alençon erklärt zunächst[2]: »Am nächsten Tag (16. Juni) zogen wir nach Beaugency; unterwegs stießen noch andere Soldaten des Königs zu uns, und wir griffen die Engländer in Beaugency an. Nach diesem Angriff gaben die Engländer die Stadt auf und flüchteten in das Schloß, und wir stellten Wachen davor auf, damit keiner von ihnen entkommen konnte.«

Dann fährt er fort: »Nachdem wir die Wachen aufgestellt hatten, kam die Nachricht, der Konnetabel sei mit seinen Soldaten auf dem Weg zu uns. Der Zeuge, Johanna und die anderen waren unzufrieden und wollten die Stadt verlassen, denn sie hatten Order, den Konnetabel nicht in die Armee aufzunehmen. Und der Zeuge sagte zu Johanna, daß er, wenn der Konnetabel käme, selbst fortgehe«; und Gruel[3] präzisiert diesen zweiten Punkt: »Und als er (der Konnetabel) in der Nähe (von Beaugency) war, schickte er die Seigneurs de Rostrenen und Le Bourgeois, um bei den Belagerern um Herberge zu bitten. Da wurde ihm gesagt, die Jungfrau und die Belagerer würden kommen und gegen ihn kämpfen. Er erwiderte, wenn sie kämen, wolle er sie schon empfangen. Und bald bestiegen die Jungfrau, der Herr von Alençon und verschiedene andere ihre Pferde[4]. La Hire, Girard de la Paglière, Monseigneur de Guitry und andere Hauptleute fragten die Jungfrau, was sie tun wolle. Und sie erwiderte, man müsse gegen den Konnetabel kämpfen. Sie entgegneten, daß bei der Truppe Leute wären, die lieber ihm als ihr gehorchten und ihn und seine Truppe allen Jungfrauen Frankreichs vorzögen.«

---

[1] Procès, IV, 414. [2] Procès, III, 97. [3] Procès, IV, 316.

[4] Hier handelt es sich offensichtlich um einen zeitlichen Irrtum. Alençon und Richemont trafen sich erst am nächsten Tag, dem 17. Juni.

So sind für diesen Tag, den 16. Juni, auf französischer Seite zwei sichere Tatsachen bezeichnend: 1. Die Armee dringt, ohne viel Widerstand zu finden, in Beaugency ein, umzingelt die kleine englische Garnison, die sich in das Schloß geflüchtet hat, und macht den Weg zum rechten Loireufer frei. Über diese Operation sind weder Einzelheiten bekannt noch wird über Johanna etwas Besonderes gesagt. 2. Die Nachricht von der Ankunft Richemonts beunruhigt die Hauptleute sehr und trotz einiger gegenteiliger Ansichten verschanzt sich Alençon mit Zustimmung Johannas zuerst hinter den königlichen Instruktionen, die ihm verbieten, die Hilfe des Konnetabels anzunehmen. Diese erste Reaktion eines disziplinierten Soldaten, der er wenigstens noch zu jener Zeit ist, wird um so verständlicher, als ein Jahr vorher, am 20. Mai 1428, in Tours »zwischen dem Herzog und La Trémoille, in Gegenwart und im Auftrag des Königs, ein Vertrag geschlossen wurde, in dem sich die beiden Kontrahenten ständige Treue und Freundschaft schworen, indem sie sich im Dienst des Königs und zum Besten des Königreichs zu einem engen Bündnis zusammenschlossen[1].«

Auf englischer Seite fand an jenem Tag in Janville zwischen Talbot, Falstaff und den anderen Hauptleuten eine Beratung statt, über die uns Wavrin berichtet[2]: »Und so ... zog Herr von Talbot mit ungefähr vierzig Lanzen und zweihundert Bogenschützen in die Stadt ein; über ihre Ankunft freuten sich die Engländer sehr ... denn zu jener Zeit hielt man ihn für den erfahrensten und tapfersten Ritter des englischen Königreichs.

---

[1] Beaucourt, II, 128.

[2] Procès, IV, 414ff. Es muß darauf hingewiesen werden, daß etwa zwanzig Zeilen in der Mitte des Textes von Wavrin eine fast wörtliche Wiederholung des Textes darstellen, den Monstrelet über dasselbe Ereignis schrieb. Nach Quicherat kompilierte und verfaßte Wavrin einen großen Teil seiner Chroniken zwischen 1455 und 1460, während Monstrelet bereits 1453 starb. Wavrin scheint also in diesem Fall – wie in vielen anderen –, obwohl er Zeuge der von ihm erzählten Ereignisse war, einzelne Stellen von Monstrelet, der nicht dabei war, abgeschrieben zu haben. Diese recht überraschende Übereinstimmung könnte man so erklären: entweder fand Wavrin bei Monstrelet eine Bestätigung für seine eigenen Erinnerungen und begnügte sich damit, dessen Texte abzuschreiben, oder Monstrelet erhielt zu Lebzeiten von ihm Informationen. Das alles sind jedoch nur Annahmen, die dieses kleine Problem der äußeren Kritik nicht lösen.

Als besagter Herr von Talbot in seinem Palais abgestiegen war, gingen die Herren John Falstaff, Thomas Rameston und andere englische Herren . . . zusammen essen. Und als die Tafel aufgehoben war, zogen sie sich zur Beratung in ein Zimmer zurück, wo viele Dinge besprochen und verhandelt wurden, denn Herr John Falstaff, den man für einen klugen und tapferen Ritter hielt, machte Herrn von Talbot und den anderen viele Vorhaltungen und sagte, als sie vom Verlust ihrer Soldaten vor Orléans, Jargeau und vor anderen Orten erfahren hätten, wären alle Leute auf ihrer Seite niedergeschlagen und verängstigt, ihre Feinde hingegen sehr mächtig; diese würden sich freuen, wären begeistert und würden ihre Truppen verstärken. Darum riet er ihnen, nicht weiter vorzurücken und es den Belagerten von Beaugency selbst zu überlassen, wie sie sich am besten mit den Franzosen einigen könnten. Sie sollten sich in die von den Engländern besetzten Städte, Schlösser und Festungen zurückziehen und nicht eher gegen ihre Feinde kämpfen, als bis sie in Sicherheit wären; und man sollte die Ankunft der Leute abwarten, die ihnen der Herr von Bedford schicken wollte.

Die von Herrn John Falstaff bei dieser Beratung entwickelten Vorstellungen mißfielen verschiedenen Hauptleuten und besonders dem Herrn von Talbot, der sagte, wenn er nur über seine Truppen und diejenigen, die ihm willig folgen würden, verfüge, wolle er mit Gottes und des heiligen Georg Hilfe aufbrechen, um gegen die (Franzosen) zu kämpfen. Als Herr John Falstaff sah, daß keine Erklärung noch Vorhaltung nützte, noch seine Worte beachtet wurden, zog er sich von der Beratung zurück. Das taten auch alle anderen und jeder ging zu seiner Herberge. Somit wurde den Hauptleuten und Heerführern bekanntgegeben, sich für den nächsten Morgen zum Marsch vorzubereiten und den von ihren Vorgesetzten befohlenen Weg zu nehmen.« Durch den Zeugen erfahren wir also, daß in dem Augenblick, wo man die Entscheidung traf, die englische Armee nach Beaugency zu verlegen, Chef und Truppe demoralisiert waren und nicht mehr an die Möglichkeit eines Sieges glaubten.

17. Juni. Dieser Tag ist der wichtigste von allen, denn er entscheidet bereits mit über den nächsten, an dem die Engländer in Patay geschlagen wurden. Drei Ereignisse sind von großer Bedeutung: die Ankunft Riche-

monts sowie die Einigung, die schließlich zwischen ihm und Alençon erzielt wird; die gleichzeitige Ankunft der Armee Falstaffs, nach der jedoch nicht gekämpft wurde, und die Übergabe von Schloß Beaugency durch die englische Garnison.

1. Alençon, dessen verworrener und unvollständiger Bericht alle Tatsachen entstellt, sagt über Richemont aus[1]: »Am folgenden Tag (17. Juni), vor der Ankunft des Konnetabels, erfuhr man, daß die Engländer in großer Zahl unter Sir John Talbot heranrückten. Die Soldaten schrien: ›Zu den Waffen!‹ und Johanna sagte zu dem Zeugen, der sich wegen der Ankunft des Konnetabels zurückziehen wollte: ›Wir müssen einander helfen!‹ Und als Richemont ankam, sagte Johanna zu ihm: ›Ah, schöner Konnetabel, Ihr kommt nicht auf mein Verlangen, aber da Ihr hier seid, so seid willkommen‹.« Gruels Version[2] hierüber lautet anders: »Der Herr (Konnetabel) jedoch«, sagt er, »kam in guter Marschordnung angeritten, und alle waren von seiner Ankunft beeindruckt. Und bei la Maladrerie trafen die Jungfrau, der Herr von Alençon, der Herr von Laval, der Herr von Lohéac, der Herr Bastard von Orléans und verschiedene andere Hauptleute mit ihm zusammen und hießen ihn freudig willkommen. Die Jungfrau stieg vom Pferd, Monseigneur ebenfalls, und besagte Jungfrau umfaßte die Knie meines Herrn. Der sprach zu ihr: ›Johanna, man sagt, Ihr wollet gegen mich kämpfen. Ich weiß nicht, ob Ihr von Gott kommt oder nicht. Wenn Ihr von Gott gesandt wurdet, fürchte ich Euch nicht, denn Gott kennt meine guten Absichten; wenn Ihr vom Teufel kommt, fürchte ich Euch noch weniger.‹ Man hieß ihn danach an der Belagerung teilnehmen, gab ihm aber keine Herberge für diese Nacht. So hielt Monseigneur Wache, denn Ihr wißt, die Neuangekommenen müssen die Wache übernehmen.«

Der Kompilator des ›Tagebuchs‹[3] fügt achtunddreißig Jahre später hinzu, Johanna habe auf Richemonts Bitte hin versprochen, beim König für ihn einzutreten, »wenn er vor ihr und den Herren schwöre, daß er dem König immer treu dienen werde«; und als Garantie für dieses Versprechen habe sie ein Schriftstück haben wollen, das mit der Unterschrift

[1] Procès, III, 98. [2] Procès, IV, 175 (von der ›Chronik‹ übernommen).
[3] Procès, IV, 175.

und dem Siegel Alençons und der anderen anwesenden hohen Herren versehen wurde. ›Und‹, sagte er, ›somit war die Möglichkeit gegeben, daß der Konnetabel mit den anderen Herren die Belagerung mitmachte‹.« Abgesehen von der offensichtlichen Überschätzung der gebieterischen Rolle Johannas bei der Abfassung des Protokolls, das von den höchsten Persönlichkeiten unterzeichnet und gesiegelt wurde, ist es schwierig, diese nachträgliche Ergänzung als erwiesene Tatsache anzuerkennen, zumal die einzigen beiden Zeugen, Alençon selbst und Gruel, darauf keine Anspielung machen.

Wie es sich auch mit den Einzelheiten dieses Ereignisses verhalten mag, so kann man doch allen bereits zitierten Texten entnehmen, daß sich Alençon am 16. entschied, bei der Nachricht von der Ankunft des Konnetabels, den Instruktionen des Königs folgend und mit Zustimmung Johannas, ihm zu untersagen, sich mit seiner Truppe der Armee anzuschließen, und am folgenden Tag, dem 17., hingegen mit Freude »seinen großen Beistand und seine Hilfe[1]« annahm. Daraus geht hervor, daß ein so vollständiger Gesinnungswandel einen wichtigen Grund haben mußte; dieser lag in der gleichzeitigen Ankunft von Falstaffs Armee. Angesichts des Feindes war es nicht mehr an der Zeit, sich unter Franzosen zu streiten und das Terrain aufzugeben. An jenem Tag siegte, wie immer, das Gesetz der Notwendigkeit über die königlichen Erlässe.

2. Unmittelbar nachdem man erfahren hatte, daß die Engländer da seien, reagierte Johanna in gewohnter Weise, indem sie den Wunsch äußerte, sie sofort anzugreifen. Alençon gibt an[2]: »Es kam ein Mann von La Hires Truppe, der dem Zeugen und den Hauptleuten berichtete, daß es bald zum Kampf mit den Engländern käme und daß es mindestens tausend Soldaten wären[3] ... Viele von den Leuten des Königs waren beunruhigt und sagten, es wäre besser, nach den Pferden zu schicken. Johanna sagte: ›Im Namen Gottes, wir müssen gegen sie kämpfen. Und wenn sie an den Wolken hingen, sollten sie uns nicht entgehen, denn Gott hat sie zu uns geschickt, damit wir sie züchtigen‹. Sie versicherte,

---

[1] Chartier: Procès, IV, 66. [2] Procès, III, 98, 99.

[3] Sie hatten bisher nur die englische Vorhut bemerkt; die Armee Falstaffs war fünftausend Mann stark.

daß sie des Sieges sicher sei und sagte: ›Der edle König wird heute seinen größten Sieg davontragen. Mein Ratgeber hat mir gesagt, heute noch werden sie uns alle gehören‹. Und der Zeuge weiß, daß die Engländer ohne große Schwierigkeit geschlagen und getötet wurden; und unter anderen wurde auch Talbot gefangengenommen.«

Dunois sagt seinerseits aus[1]: »Als sie erfuhren, daß die Festung (Beaugency) übergeben und in der Gewalt des Königs war, sammelten die Engländer ihre Armee, so daß die Franzosen glaubten, die Engländer wollten sie zum Kampf herausfordern. Darum ordneten sie ihr Heer und stellten sich zur Schlacht auf. Da fragte der Herzog von Alençon Johanna in Gegenwart des Konnetabels, des Zeugen und anderer, was er tun solle. Sie erwiderte mit lauter Stimme: ›Schnallt Eure Sporen an.‹ Als die Umstehenden das hörten, fragten sie Johanna: ›Was sagt Ihr da? Sollen wir etwa fliehen?‹ Aber Johanna erwiderte: ›Nein, aber die Engländer werden sich nicht verteidigen, sie werden besiegt werden, und Ihr werdet die Sporen brauchen müssen, um sie zu verfolgen.‹ So geschah es auch; sie flohen; und es gab viertausend Tote und Gefangene.«

Diese beiden Aussagen stimmen überein, was die Johanna zugeschriebenen Worte anbetrifft. Die Darstellung der Tatsachen ist jedoch sehr unklar und oft sogar falsch. Somit sind einige Erklärungen nötig. 1. Alençon spricht von der Besorgnis, die durch die Nachricht von der bevorstehenden Ankunft der Engländer bei den Hauptleuten entstanden sei. Dies widerspricht jedoch der Aussage von Dunois, der auf ihren Protest hinweist, als sie zu Unrecht glaubten, Johanna wolle sie zum Rückzug bewegen. Allerdings ist kaum zu glauben, daß die Befehlshaber einer Armee, die seit sechs Wochen nur Erfolge hatte und deren Begeisterung und Zuversicht uns bekannt sind, je eine andere Absicht oder einen anderen Wunsch hätten haben können, als gegen den angekündigten Feind zu kämpfen. 2. Nach den vorliegenden Textfassungen scheint es so, als habe Johanna diese Worte am 18., am Morgen von Patay, ausgesprochen, ehe die französische Armee zur Verfolgung der Engländer aufbrach. Die Zeugen verwechseln jedoch einerseits ganz offensichtlich den chronologi-

[1] Procès, III, 10 u. 11.

schen Ablauf der Ereignisse; andererseits fielen diese Worte entweder während einer ›Beratung der Hauptleute‹, die sicherlich nicht am 18. stattfand, denn wir erfahren durch Wavrin, daß die Befehlshaber der französischen Armee am 17., abends, den nächsten Tag als Kampftag mit den Engländern festsetzten, oder Johannas Worte fielen im Verlauf einer einfachen Unterhaltung und Johanna konnte weder sagen: ›Gott hat sie uns gesandt‹ noch Dunois angeben, die Armee Alençons habe sich am 18., morgens, in Schlachtordnung aufgestellt, da die Franzosen in jenem Augenblick erfuhren, daß die Engländer, die sich am Vorabend nach dem zehn Kilometer entfernten Meung zurückgezogen hatten, diesen Ort gerade verließen, um sich nach Janville zu begeben. Darum ist es sicher, daß Johanna diese Worte in dem Augenblick aussprach, als man die erste Feindberührung hatte, d. h. am 17. und nicht am 18. Diese Feststellung führt uns zu der Schlußfolgerung, daß die Franzosen Falstaffs Armee nicht, wie es die spontane Kampflust Johannas wünschte, sofort im Gelände angriffen.

Wavrin[1] berichtet uns seine Beobachtungen über die Umstände des Zusammentreffens beider Armeen. Nachdem er bemerkt hatte, daß sich die englischen Truppen am Morgen des 17., gemäß der am Abend vorher getroffenen Entscheidung, vor Janville sammelten, versuchte Falstaff noch einmal, die anderen Hauptleute von der Gefahr, die ein weiteres Vorrücken mit sich bringen würde, zu überzeugen. Er fährt fort: »Als Sir John Falstaff sah, daß keine Vorhaltungen es vermochten, seine Gefährten von ihrem Entschluß abzubringen, befahl er den Bannerträgern, den direkten Weg nach Meung einzuschlagen. Ihr hättet die Engländer durch die sich weit dahinstreckende Beauce in guter Marschordnung reiten sehen können. Nachdem sie von Meung nur noch eine Meile entfernt und in der Nähe von Beaugency waren, stellten sich die Franzosen, von der Ankunft der Engländer benachrichtigt, mit ungefähr sechstausend Kriegern und mit Johanna der Jungfrau, dem Herzog von Alençon, dem Bastard von Orléans, dem Marschall de Lafayette, La Hire, Poton und anderen Hauptleuten als Anführer in Schlachtordnung auf einem Hügel

---

[1] Procès, IV, 416–417.

auf, um die Stärke der Engländer besser beurteilen zu können. Als diese sahen, daß die Franzosen in Schlachtordnung standen, glaubten sie, daß sie den Kampf wollten und sofort wurde der Befehl gegeben . . . ein jeder solle vom Pferd steigen und alle Bogenschützen sollten die Spitze ihrer Waffe in den Boden pflanzen, so wie es vor einem Kampf Brauch ist. Als sie sahen, daß die Franzosen sich nicht rührten, sandten sie zwei Herolde zu ihnen und sagten, drei ihrer Ritter wollten gern gegen diejenigen von ihnen kämpfen, die den Mut hätten, von dem Hügel herab zu ihnen zu kommen. Darauf antworteten die Leute der Jungfrau: ›Bezieht für heute Quartier, denn es ist spät. Aber morgen, wenn es Gott und Unserer Lieben Frau gefällt, werden wir weitersehen‹. Als die englischen Herren merkten, daß man nicht gegen sie kämpfen wollte, zogen sie davon und ritten nach Meung, wo sie für die Nacht Quartier bezogen.«

Diese von Angesicht zu Angesicht stattfindende Parade der beiden Armeen, die sich ohne Kampf trennen, ist in der militärischen Geschichte des Mittelalters nicht ohne Beispiel, wie das Ereignis am 15. August desselben Jahres vor Montepillou zeigt. Eine allgemeine Erklärung hierfür ist in den taktischen Kampfbedürfnissen der mit Hiebwaffen ausgerüsteten Kavallerie und Infanterie zu sehen, wodurch die Wahl des Geländes vor dem Gefecht sehr wichtig wurde. Bei den Niederlagen der Lilie (Frankreichs) zu Crécy, Poitiers und Azincourt war dies nicht beachtet oder vergessen worden. In diesem besonderen Fall kamen noch andere Umstände hinzu: die vorgerückte Stunde, der Ermüdungszustand der Engländer nach einem Marsch von fünfundvierzig Kilometern und der Wunsch der Franzosen, vor der Einnahme des durch eine feindliche Garnison besetzten Schlosses von Beaugency nichts zu unternehmen.

3. Mit letzterer hatten tatsächlich schon die Übergabeverhandlungen begonnen, wobei sich manches ereignete. Darüber sagt Alençon kurz[1] aus: »Nachdem sie beraten hatten, übergaben die Engländer das Schloß und zogen mit einem Geleitbrief ab, den der Zeuge, der damals Vertreter des Königs bei dieser Armee war, ihnen gewährte.« Wavrins Angaben[2] sind jedoch genauer: »Die Franzosen lagen vor dem (Schloß von Beau-

[1] Procès, III, 98. [2] Procès, IV, 418–419.

gency), dessen Garnison sie sehr bedrängten, indem sie ihnen sagten, der erwartete Entsatz käme nicht; und sie sagten noch, sie (Falstaffs Armee) sei nach Paris zurückgekehrt. Als die Belagerten das und anderes von den Franzosen hörten, wußten sie nicht mehr, wozu sie sich entschließen sollten, was das Beste und Nützlichste wäre, denn der Ruf Johannas der Jungfrau hatte den Kampfgeist der Engländer stark geschwächt und entmutigt; und nach dem, was sie sahen, schien es ihnen, als ob das Glück ihnen nicht günstig wäre ... sie sahen ihre mutlosen Soldaten ... und so schien es ihnen ratsam, sich bis hinter die Grenzen der Normandie zurückzuziehen und alles was sie in der Ile-de-France und Umgebung besaßen, aufzugeben ... Sie konnten sich nicht entscheiden, denn sie waren sicher, daß sie sobald keine Hilfe bekommen würden; hätten sie jedoch gewußt, daß sie (Falstaff) so nahe waren, hätten sie sich nicht so bald ergeben. Endlich, nachdem sie alles reiflich überlegt hatten, verhandelten sie mit den Franzosen, und es wurde beschlossen, daß sie mit all ihrer Habe sicher abziehen könnten, die Festung jedoch König Karl und seinen Leuten zufiele. Nachdem dieser Vertrag abgeschlossen war, zogen die Engländer am Samstagmorgen nach Paris ab[1].«

Nach den Angaben von Bourbon[2] und Chartier[3] wurden die beiden englischen Heerführer Richard Guethin und Mathays als Geiseln zurückbehalten und ihre Truppe beim Rückzug von Ambroise de Loré eskortiert, um für die Einhaltung des ebenfalls gegebenen Versprechens zu sorgen, daß sie die Waffen gegen den König von Frankreich nicht vor zwei Monaten wieder erheben würden[4].

Auf jeden Fall hatten diese Ereignisse die bereits sehr vorteilhafte Situation der französischen Armee noch stark verbessert. Von nun an ist sie im Rücken frei, durch Richemonts Korps auf über zwölftausend Mann verstärkt und durch eine achtundvierzigstündige Quartiernahme in Beaugency ausgeruht und durch die letzten und leichten Erfolge von einem

[1] Bourbon sagt, sie hätten sich nach le Mans zurückgezogen, was man am ehesten annehmen könnte; das >Journal< sagt, sie hätten sich nach Meung zurückgezogen, was sicher falsch ist (Journal, a.a.O., 138 u. 102).

[2] Journal, a.a.O., 138. [3] Chartier: Procès, IV, 67.

[4] Das >Journal<, weniger sicher, spricht nur von zehn Tagen (Journal, a.a.O., 102).

wachsenden Vertrauen belebt, und außerdem steht sie einem zahlenmäßig unterlegenen Feind gegenüber, der, bereits demoralisiert, von einem anstrengenden Marsch erschöpft ist und, zwischen der Bedrohung durch Alençon im Westen und die Garnison von Orléans im Osten, auf die Loire stößt, sich, bildlich gesprochen, in den Rachen des Löwen begibt.

18. Juni. In Johannas, Alençons und Dunois' Aussagen über diesen Tag sind keine Einzelheiten enthalten. Der Page Coutes berichtet darüber etwa zehn Zeilen, legt die Ereignisse jedoch zeitlich vor die von Jargeau. Unsere Kenntnisse beruhen allein auf den zeitgenössischen französischen Berichten von Gruel und Jacques de Bourbon[1] und den späteren burgundischen Chroniken von Monstrelet und Wavrin[2]; der letztere war an der Seite Falstaffs selbst Zeuge der Ereignisse. Die Texte sind zu lang und schweifen ab, so daß eine einfache Lektüre keinen klaren Überblick über die Ereignisse geben kann. Sie sind jedoch sehr vollständig, widersprechen sich nicht zu sehr und ermöglichen so mit einer Wahrscheinlichkeit, die der Wahrheit sehr nahe kommt, den allgemeinen Ablauf der Operation, die am 18. Juni zwischen der Loire und Patay[3] stattfand, zu rekonstruieren.

In der Nacht vom 17. zum 18. beschossen die Engländer die Brücke von Meung, um die Franzosen, die inzwischen durch ein Truppenkontingent Richemonts verstärkt worden waren, von ihr zu vertreiben. Als Falstaff jedoch in den ersten Morgenstunden durch einen direkten Boten aus Beaugency erfuhr, daß sich die englische Garnison des Schlosses ergeben hatte und die Armee Alençons sich in den Feldern zur Attacke aufstellte, befahl er, die Vorbereitungen zu diesem Angriff sofort einzustellen und alle Soldaten außerhalb der Stadt zum Marsch nach Paris zu sammeln. Nach Wavrin wurde dieser Rückzugsbefehl mit großer Freude befolgt, und bald darauf setzte sich die Vorhut in Bewegung, ihr folgten die Geschütze, der Proviantzug, die ›Kerntruppe‹ mit Falstaff und Talbot, während die Nachhut vorsichtshalber nur von Engländern gebildet wurde.

---

[1] Gruel; Procès, IV, 318ff. – Bourbon: ›Journal‹, a.a.O., 138 u. 140.

[2] Monstrelet: Procès, IV, 371 u. 376. – Wavrin: Procès, IV, 421 u. 424.

[3] Es ist nicht notwendig, detaillierte Angaben zu machen, da diese leicht aus den o. a. vier Quellen zu ersehen sind.

Tatsächlich hatten sich die Franzosen früh versammelt, um die Engländer, wie sie am Vorabend Falstaff mitgeteilt hatten, ›von nahem‹ zu sehen. Da sie wußten, daß er in Meung war, mußte ihr Manöver notwendigerweise darin bestehen, die Stadt rasch vom Norden her zu überflügeln, um ihn zu zwingen, sich dort einzuschließen, da südlich der Loire oder nach Orléans keine Abzugsmöglichkeit bestand; als sie jedoch erfuhren, daß er ihnen zuvorgekommen war und auswich, mußten sie diese vorgesehenen Dispositionen ändern. Gruel, der stets zugunsten Richemonts auslegt, gibt zu verstehen, daß in jenem Moment eine gewisse Unsicherheit herrschte, und der Konnetabel die gesamte Armee mit sich zog, indem er als erster mit seinen Leuten die Verfolgung des Feindes aufnahm. Dieser Vorfall ist jedoch unwahrscheinlich, denn Richemont, dessen Gegenwart nur geduldet wurde, hatte keine höhere Befehlsgewalt als Alençon, der Vertreter des Königs war; außerdem war die Lage der Dinge nicht so einfach, denn man mußte zuerst die Truppenverbände, die sich bei einer Verfolgung durch die ›schöne Beauce‹ den schnellen Kavalleriebewegungen anpassen sollten, anders zusammenstellen. Darum bildete man eine Vorhut von vierzehn- bis fünfzehnhundert Mann[1] unter dem Kommando von La Hire und Xaintrailles; ein Spähtrupp von ungefähr achtzig Reitern, die zu den ›erfahrensten und bestberittensten‹ zählten, wurde vorausgeschickt. Es folgte die ›Kerntruppe‹, bei der natürlich Alençon, Vendôme und Richemont waren, und dann kam die Nachhut mit dem Marschall von Rais und Graville. Der Page Coutes[2] berichtet bei dieser Gelegenheit, Johanna habe sich ›sehr erzürnt‹, weil La Hire das Kommando über die Vorhut bekam, denn ›sie hatte sehr gewünscht, es selbst zu erhalten‹, d. h. natürlich, ihn zu begleiten. Bourbon, der fünf Wochen nach diesen Ereignissen und teilweise nach den Angaben von La Hire schreibt, sagt, Johanna wäre der Nachhut zugeteilt worden. Das läßt sich durch das Bestreben der französischen Feldherren erklären, sie nicht den zahlreichen Gefahren in einem offenen Gelände auszusetzen. Gruel erwähnt sie zusammen mit den Herren und Hauptleuten, die in

---

[1] Die allein vom ›Journal‹ (a.a.O., 104) angegebene Zahl kann nur unter größtem Vorbehalt berücksichtigt werden. [2] Procès, III, 71.

›Marschordnung voranzogen‹, ohne zwischen dem Gros der Armee und der Nachhut einen Unterschied zu machen. Sicher ist nur, daß sie sich nicht bei La Hire befand, der, wie wir sehen werden, der eigentliche Sieger von Patay ist.

Bourbon fügt eine Beobachtung hinzu, die den wahren Eindruck des Tages gut zu charakterisieren scheint: »Dieser große Haufen Männer«, sagt er, »Fußvolk und Reiter, zog schnell und etwas ungeordnet vorwärts, denn man fürchtete, nicht mehr zur rechten Zeit auf den Feind zu stoßen.« Zwischen den beiden Armeen fand ein Wettlauf auf verschiedenen, doch schließlich zusammenführenden Strecken statt. Die Engländer hatten die Straße östlich von Meung gewählt, die direkt über Rouvray und Janville nach Norden führt. Die Franzosen hatten eine mehr westliche Abkürzung genommen, und folgten einer, im Verhältnis zum Feind, etwas schrägen Linie, um ihm durch schnelles Vorrücken den Weg abzuschneiden. Das Manöver entsprach im allgemeinen der ›T-Sperre‹ der heutigen Marinetaktik.

Die Entfernung von Beaugency bis zum Dorf Lignerolles, zwei Kilometer südlich von Patay, wo die beiden Vorhuten schräg zusammenstießen[1], beträgt etwa fünfundzwanzig Kilometer, was für eine durch ebenes Gelände schnell geführte Kavallerie etwa vier Wegstunden ausmacht. Somit fand die Begegnung am Anfang des Nachmittags statt; die Kampfhandlungen begannen sofort.

Falstaff, der durch seine Plänkler unterrichtet worden war, daß der Feind sich auf der linken Seite seiner Vorhut näherte, gab dieser den Befehl anzuhalten und zu wenden, um sich dem Feind frontal zu stellen und um mit den fünfhundert von Talbot geführten Bogenschützen an einem Ort Stellung zu beziehen, wo die von Hecken umsäumten Pfade ihnen einen gewissen natürlichen Schutz boten. Hier sollten sie auf das Gros ihrer Armee und auf ihre Nachhut warten. Diese Schlachtordnung war zwar eine Notlösung, hätte aber, wäre den Engländern Zeit zur Ausführung geblieben, wenigstens einen ernsthaften Widerstand ermöglicht. La Hire aber ließ ihnen keine Zeit; von ihrer Ankunft war er fast gleich-

---

[1] Die genaue Stelle des Schlachtfelds, im Dreieck von Lignerolles, St. Peravy und Coinces gelegen, ist nicht bekannt.

zeitig durch Schreie alarmiert worden, die sie beim Erscheinen eines großen Hirsches ausstießen, der durch die Unruhe gestört worden war. Er ließ sofort seine Schwadron die bei der Aufstellung zur Schlachtordnung überraschte Infanterie angreifen, brachte sie durch den Überfall durcheinander und schlug sie völlig zusammen. Der Kommandant der Garnison von Lyon, Rebauteau, berichtet selbst aus Lyon am 27. Juni . . . »als unsere Leute mit den Engländern zusammentrafen, schrieb man mir, wären es nicht mehr als hundert bis hundertundzwanzig gewesen, aber sobald sie (die Engländer) unsere Truppe kommen sahen, ergriffen sie, vollständig verwirrt, die Flucht und sie wurden alle getötet oder gefangengenommen[1].« Dies läßt die Annahme zu, daß La Hires Spähtrupp genügte, um die feindliche Linie zu durchbrechen.

Während des Kampfes sah der Anführer der englischen Vorhut die ›Kerntruppe‹ Falstaffs in aller Eile herankommen und glaubte, sie wäre vor Alençon auf der Flucht; ohne länger zu warten, brach er mit dem Rest seiner Leute aus den Hecken hervor. Betrübt erzählt Wavrin: »Als Sir Falstaff die Gefahr erkannte, die durch die Flucht (der Vorhut) ausgelöst wurde, und bemerkte, daß es schlecht stünde, riet er zur Flucht. Und ich, der Autor, der dabei war, sagte ihm, er solle auf seine Person achten, denn die Schlacht sei verloren . . . und als er flüchten wollte, hatten die Franzosen bereits den Herrn Talbot gefangengenommen und alle seine Leute getötet. Für die Franzosen stand die Schlacht so günstig, daß sie die Gegner nach Wunsch entweder gefangennehmen oder töten konnten; und endlich wurden die Engländer, bei nur geringen französischen Verlusten, völlig vernichtet.«

Als die Hauptmacht der französischen Truppen auf dem Schlachtfeld ankam, brauchte sie nur noch einige Widerstandsnester auszuräumen, d. h. die Lorbeeren zu sammeln, die La Hire und seine Gefährten in ruhmvoller Weise gebrochen hatten. Nach den Worten Bourbons: »Es war ein allgemeines Rette-sich-wer-kann auf seiten der Engländer.« Alençon faßt zusammen: »Die Engländer wurden ohne große Schwierigkeiten geschlagen . . . und es war ein großes Gemetzel.« Nach dem offiziellen

[1] Bull. Académie delphinale, Bd. 2, 1847, 461.

Bericht der Kanzlei von Tours beliefen sich ihre Verluste an Toten und Gefangenen auf zweitausendfünfhundert Mann[1].

Johannas Name wird bei dieser Gelegenheit nur von Coutes[2] erwähnt, der sich erinnert, sie gesehen zu haben, als sie einem englischen Gefangenen beistand, der von einem königlichen Soldaten brutal geschlagen worden war; und Alençon[3] berichtet von ihrer Anwesenheit, als Talbot vor ihn und den Konnetabel geführt wurde.

Vom nächsten Tag an verbreitete die königliche Kanzlei die gute Nachricht in alle Richtungen; der Rat der Dauphiné erhielt z. B. folgenden Brief[4]:

»An unsere lieben und treuen Freunde ... wir teilen Euch mit, daß gestern, am Sonnabend, dem 18. Tag des gegenwärtigen Monats, der edle Neffe Alençon, andere Herren und Hauptleute, unter (ihnen) die Jungfrau, die Turm, Festung und Brücke von Beaugency belagerten, unsere Feinde, eine Zahl von fünf- bis sechshundert Kriegern, die dort in Garnison lagen, zur Übergabe zwangen und sie von dort abziehen ließen. Als Talbot, Falstaff, der Herr von Escalles, der Sohn des Grafen von Ungrefort und andere Hauptleute unserer Feinde, die mit ungefähr dreitausend anderen Kriegern in Mehun-sur-Yèvre, nahe bei besagtem Ort Beaugency lagen, um unser Heer zu bedrängen, die Nachricht von der Übergabe erhielten, gaben sie Stadt und Schloß auf und brachen auf, um sich zu retten. Unsere Leute erfuhren von ihrem Abzug und verfolgten die flüchtigen Engländer so scharf, daß alle getötet wurden; Talbot, Falstaff, von Ungrefort und andere Hauptleute und Edelleute wurden gefangen ...« – Geschrieben zu Sully, am 19. Tag des Juni. Karl.

So wurde der Loirefeldzug mit dem Sieg von Patay beendet, der taktisch nur als ein Gefecht der Vorhut erscheint, bei dem die überrumpelten Feinde eine Verteidigung mit umgekehrten Fronten organisieren mußten und bald darauf aufgelöst wurden. Dies hatte Panik und den Zerfall einer Armee zur Folge, deren Anführer bereits zwei Tage vorher nur noch an einen kampflosen Rückzug gedacht hatten.

Wie nach den Tagen von Orléans, müssen wir nun die wichtigsten Handlungen und Johannas Verhalten während dieser ereignisreichen Woche zusammenfassen:

---

[1] Procès, IV, 263. Gruel, Monstrelet und Wavrin geben etwas niedrigere Zahlen an: zweitausend bis zweitausenddreihundert; Bourbon und Dunois geben sehr viel höhere Zahlen an: dreitausenddreihundert bis viertausend.

[2] Procès, III, 71. [3] Procès, III, 99.

[4] Bull. Académie delphinale, Bd. 2, 1847, 450. Zu beachten ist der offizielle Irrtum über die angebliche Gefangennahme Falstaffs, der in Wirklichkeit fliehen konnte.

1. Es steht nicht nur fest, daß die Loirearmee von Alençon befehligt wurde, wie die von Orléans unter Dunois' Befehl gestanden hatte, sondern verschiedene Texte, die sich auf diesen Zeitabschnitt beziehen, geben uns auch wertvolle Hinweise über Johannas Stellung den Heerführern gegenüber. Es handelt sich um Rechnungsauszüge vom 22. September 1429 des Magisters Hémon Raguier, ›Kriegsschatzmeister des Königs‹, die sich in zwei Gruppen unterteilen. Die erste[1] enthält vier Aufstellungen von aufeinanderfolgenden Soldzahlungen an über siebzig ›Edelleute, Feldherren und Hauptleute‹ und deren Gefolge ›für die Monate Mai und Juni 1429 . . . für den Entsatz der Städte und Festungen von Janville, (am Tag von Patay), Jargeau, Meung, Beaugency und anderer . . . wie für die Reise und das Geleit des besagten Herrn nach Reims zu seiner Salbung und Krönung‹. Alle großen Namen, die auf jeder Seite dieses Buches zitiert werden, sind dort zu finden: Alençon, Dunois, Vendôme, Gaucourt, Rais, Culan, Graville, Loré, La Hire, Xaintrailles, Florent d'Illiers, usw. . . . Johannas Name steht nicht unter ihnen. Die zweite[2] besteht aus zwei Zahlungsanweisungen für Johannas Reise nach Reims, für verschiedene Käufe von Pferden und Sattelzeug und aus einer Zuwendung an Jacques d'Arc, die an Mathelin Raoul ausgezahlt wird, ›dem Beauftragten für Johannas Ausgaben‹, d. h. an den Zahlmeister ihres persönlichen Hofstaats.

Die offiziellen Dokumente bezeugen deutlich, daß Johanna und ihre Begleitmannschaft niemals auf den Etatlisten der Armee standen, sondern die Begleichung aller ihren Unterhalt betreffenden Ausgaben von einer besonderen administrativen Verordnung abhing. Daraus ergibt sich die Schlußfolgerung, daß Johanna von der königlichen Regierung nur religiös, so wie sie es von Anfang an getan hatte, eingeplant wurde, sie aber nie einen militärischen Auftrag von ihr erhielt. Dieser Tatbestand ist für die Bestimmung ihrer wirklichen Rolle von weitgehender Bedeutung.

2. Die von Alençon und Dunois bei Beratungen oder während Unterhaltungen Johanna zugeschriebenen wenigen Worte lassen nicht darauf schließen, daß sie Befehls- oder Entscheidungsgewalt hatte. Sie zeigen

[1] Journal, a.a.O., 198–205. [2] Procès, V, 265–267.

schlicht und einfach die Reaktion ihres Temperaments, den beständigen Wunsch, den Feind so bald wie möglich anzugreifen. So wie sie zu Poitiers den Gelehrten gesagt hatte: »Die Soldaten werden kämpfen, und Gott wird den Sieg verleihen«, so sagt sie vor Jargeau zu den Soldaten: »Handelt, und Gott wird handeln.« Und am Vorabend von Patay sagt sie zu den Soldaten von Beaugency: »Gott hat sie uns gesandt, damit wir sie züchtigen.« Verschieden sind die Redewendungen, aber unterschiedslos sind die Vorstellungen von einem ständigen Zusammenhang der Handlungen der Menschen und des Willens Gottes, die den Platz der taktischen Erwägungen einnehmen. Unerschrocken war sie vor den englischen Basteien von Orléans; mutig war sie beim Angriff auf Jargeau; doch wissen wir nicht, ob sie auch Gelegenheit hatte, bei Meung, Beaugency und Patay zu kämpfen. Wir sehen sie diesmal wieder aus einem rein persönlichen Antrieb handeln und reden, gestärkt von ihrem ihr angeborenen Kampfgeist und ihrem unerschütterlichen Glauben an göttlichen Schutz.

3. Wenn darum Alençon[1] seine Erinnerungen an Johanna während dieser Zeit so zusammenfaßt: »Sie konnte ebensogut die Lanze schwingen, Truppen aufstellen, einen Schlachtplan entwickeln und Geschütze feuerbereit machen ... wie ein Hauptmann, der seit zwanzig oder dreißig Jahren Krieg geführt hatte«, dann kann man in dieser allgemeinen Würdigung nur den wenn auch sichtlich übertriebenen Beweis für die Anteilnahme und Aktivität Johannas sehen, die sie bei allen Vorbereitungen für einen Kampf zeigte.

4. Wenn Alençon ebenfalls zu verstehen gibt, daß er in drei Situationen durch Johannas Gegenwart aus großer Gefahr gerettet wurde, und wenn Dunois[2] glaubt, daß die Städte und Festungen (der Loire) nur durch Johannas Anwesenheit in wenigen Tagen dem König zurückerobert werden konnten, dann schreiben ihr beide eine Wunderkraft zu, die als Beweisgrund die Aussage des Zweitgenannten weitgehend beeinflußt.

Aus diesen verschiedenen Beobachtungen gewinnt man schließlich von Johannas Verhalten in diesem Juni den gleichen Gesamteindruck wie Anfang Mai nach den Tagen von Orléans.

---

[1] Procès, III, 100. [2] Procès, III, 10.

VERLAUF DES KRÖNUNGSZUGES
29 Juni – 21 September 1429

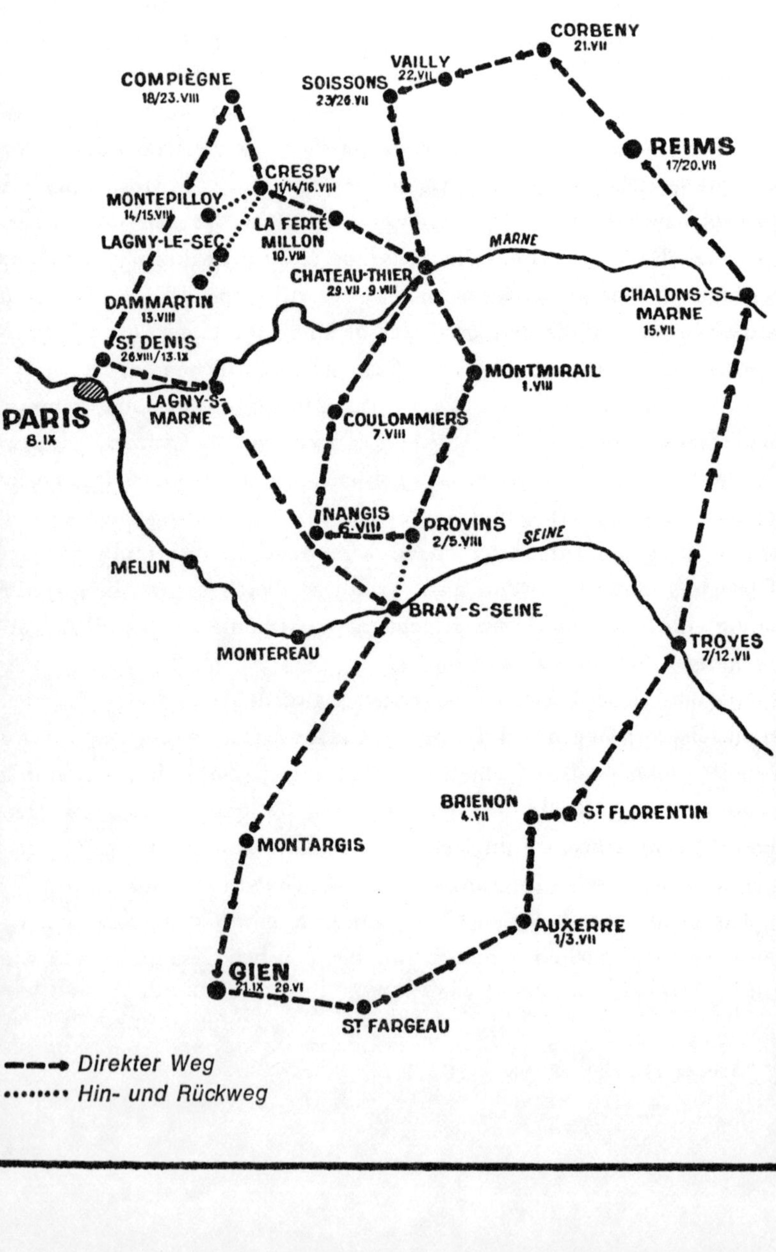

IX.

DER KRÖNUNGSZUG

Wenn uns die Tage an der Loire, vom 11. bis 18. Juni, auch keine neuen psychologischen Symptome für Johannas Fall liefern, so können wir nicht daran zweifeln, daß ihr Ansehen in der Öffentlichkeit weiter wuchs. Durch ihre Anwesenheit bei den Kämpfen von Jargeau, Beaugency und Patay erschienen diese Siege als zusätzliche ›Zeichen‹ des göttlichen Schutzes, die zu dem bereits bei der Befreiung von Orléans offenbarten hinzukamen. Monstrelet[1] sagt, obwohl er auf der anderen Seite der Barrikade war, daß sie »bei diesen Taten so viel Lob und Ruhm erwarb, daß alle Leute glaubten, die Feinde des Königs hätten keine Kraft mehr, ihr zu widerstehen und der König würde mit ihrer Hilfe seine alte Stellung im ganzen Königreich wieder einnehmen.«

Die Propaganda der Kanzlei war hierauf aus. Im Register des Bürgermeisteramts von Tours[2] ist der königliche Bericht vom 22. Juni enthalten, der »die Schlacht (von Patay) gegen die Engländer erwähnt, bei der die Befehlsgewalt (über die französische Armee) in den Händen des Herzogs von Alençon, des Herrn Grafen von Vendôme und der Jungfrau lag.« Wir wissen, daß die Bewohner der Dauphiné, Poitiers' und La Rochelles ähnliche Berichte[3] erhielten. In einem Brief vom 25. Juni, der unter Johannas Namen an die Einwohner von Tournai gerichtet wurde, lesen wir sogar, daß nur ihr allein das Verdienst zugeschrieben wird, »die Engländer aus den von ihnen besetzten Plätzen an der Loire vertrieben[4]«

---

[1] Procès, IV, 374. [2] Procès, V, 262.

[3] Bulletin de l'Académie delphinale, Bd. 2, 459. – Mémoire de la Société des Antiquaires de l'Ouest, Bd. 3, 406. – Revue historique, Bd. 4, 459.

[4] Procès, V, 125.

zu haben. Bis in die Rechnungsbücher drang die Propaganda ein, denn der Oberschatzmeister Guillaume Charrier[1] erwähnt eine Urkunde vom 21. Juni, aus der hervorgeht, daß an den Marschall von Rais eine Zahlung für »die auf königlichen Befehl aufgestellte große Kompanie Soldaten und Bogenschützen« geleistet wurde, und er fügt hinzu: »die er zusammen mit Johanna der Jungfrau in seinem Dienst unterhalten hatte.«

Hier findet die Legende wieder neue Nahrung. Morosini[2] schreibt in einem am 9. Juli in Brügge abgeschickten Brief über das Gefecht von Patay, daß, »ehe sie auf die Engländer trafen, diese ihnen, ohne sich zu verteidigen, sogleich den Rücken kehrten; etwas, was man bisher noch nie gehört hatte. Auch sagt man, daß besagtes Fräulein mit ihrer ganzen Begleitung dabei war und daß von den achttausend Engländern keiner entkam . . . darum glaubt man, sie habe in kurzer Zeit absichtlich unzählige Wunder zugunsten des Dauphins vollbracht.« Über die nach Deutschland gedrungenen Gerüchte berichtet Windecke[3]: »Die Engländer kamen eines Tages mit einer großen Streitmacht. Als die Jungfrau sie sah und erkannte, befahl sie den Hauptleuten, ihre besten Pferde zu besteigen und sagte zu den Soldaten, sie würden jetzt eine Treibjagd veranstalten. Was sie jagen sollten, fragten die Soldaten. Die Jungfrau antwortete, sie würden die Engländer jagen. Alle stiegen da auf ihre Pferde und ritten mit der Jungfrau. Die Engländer, sobald sie sie gesehen hatten, ergriffen die Flucht; die Bogenschützen warfen ihre Bogen und Pfeile weit fort, und der größte Teil wurde getötet.«

So verbreitete sich in Frankreich und im Ausland der Glaube von Tag zu Tag mehr, daß Johanna die Armee Karls VII. befehlige und ihre Gegenwart genüge, den Feind in die Flucht zu schlagen. Diese letztgenannte Annahme war zutreffend; die militärische Lage war für die geschlagenen, verstreuten und demoralisierten Engländer äußerst kritisch geworden.

Nach dem 18. Juni waren sie faktisch auf das Schlimmste gefaßt. Folgen wir dem ›Tagebuch‹[4], dann ». . . rettete sich John Falstaff nach Corbeil; die Soldaten in den englischen Garnisonen der Beauce, in Mont-Pipeau, Saint-Sigismond und in anderen Festungen und an anderen befestigten

[1] Procès, V, 261. [2] a.a.O., III, 129. [3] a.a.O., 181.
[4] a.a.O., 105. Vgl. Chartier, Procès, IV, 69 u. Fauquembergue, Procès, IV, 453.

Orten erschraken so sehr, daß sie diese in Brand steckten und eilig die Flucht ergriffen.« In Paris, das Bedford nach der ›Chronik‹[1] bereits einen Tag nach der Befreiung Orléans vorübergehend verlassen hatte, um sich in Vincennes zu verschanzen, war die Erregung groß. Der ›Bourgeois‹[2] berichtet, nach der Nachricht von Patay, am 21. Juni, ging das Gerücht um, noch in derselben Nacht würden die Franzosen in die Hauptstadt einziehen, und er fügt hinzu: »Die Einwohner von Paris verstärkten seitdem Tag und Nacht die Wachen, ließen die Mauern verstärken und bestückten sie mit zahlreichen Kanonen und anderen Geschützen.« Viele Leute waren überzeugt, daß die königliche Armee sofort in Richtung der Hauptstadt ziehen würde. Bedford glaubte als einer der ersten daran. Er schrieb sofort nach dem 26. Juni an den Rat des englischen Königs in Rouen und beauftragte ihn, »wo es erforderlich sei, die Festungen mit Leuten und Lebensmitteln zu versorgen«, weil er sich selbst im Augenblick nicht darum kümmern könne, die Festungen, die man zu verteidigen gewillt war, zu ›verstärken‹ und die Festungen, die man aufzugeben beabsichtige, zu ›schleifen‹[3]. Einer der Korrespondenten Morosinis[4] schreibt am 20. Juni aus Avignon: »Ich bin fest davon überzeugt, daß der Dauphin schon heute in Paris ist. Er handelt sicher richtig: denn da von den Engländern so viele tot oder gefangen sind, muß der Rest verloren sein.«

Am Abend des 18. begnügte sich jedoch Alençons Armee damit, die Fliehenden bis nach Janville zu verfolgen, wo sich die Englische Garnison ergab. Einen Tag später, am 19., kehrte seine Armee nach Orléans[5] zurück, wo sie sich vor nur acht Tagen zu diesem so schnell und glücklich beendeten Loirefeldzug versammelt hatte. Bei unseren heutigen Anschauungen erscheint uns dieser Rückzug einer siegreichen Armee, die ihren Erfolg nicht voll ausnutzt, sehr seltsam; es ist jedoch zu berücksichtigen, daß die militärischen Operationen in der damaligen Zeit nur ein begrenztes Ziel hatten. War dieses erreicht, so wollte der Brauch, daß man neu beriet, um ein anderes festzusetzen. Dieses Ziel mußte nicht unbedingt dem vorhergehenden entsprechen.

---

[1] Procès, IV, 233 (Gestes des Nobles Francais).

[2] Hrsg. H. Jonquières, Paris 1929. 219. [3] Von Wallon hrsg., 75, I, 225, Anm. 1.

[4] a.a.O., Bd. III, 79. [5] Journal, a.a.O., 105.

Allerdings befand sich der König am 19. Juni noch bei La Trémoille in Sully-sur-Loire. Er begab sich nicht nach Orléans, wo man ihn erwartete. Die Bürger waren hierüber ›unzufrieden‹. Man weiß nicht genau, wo sich der König und wo sich Johanna bis zum 24. aufhielten; die Angaben der drei Chronisten widersprechen sich. Cagny[1] erklärt: »Von Sonntag bis zum kommenden Freitag, dem 24. des Monats, blieben die Jungfrau, der Herzog von Alençon und die gesamte Truppe in Orléans oder in der Umgebung der Stadt.« Dann zogen sie nach Gien. Die ›Chronik‹ gibt an[2]: »Darum ging die Jungfrau zum König und tat so viel (und redete ihm so viel zu), daß er am 22. Juni ... nach Châteauneuf-sur-Loire kam, wo er von den Edlen und Feldherren erwartet wurde. Dort hielt er mehrere Beratungen ab und kehrte dann nach Sully zurück; die Jungfrau ging nach Orléans zurück ... danach verließ die Jungfrau Orléans und ging nach Gien.« Ohne ein Datum anzugeben, sagt das ›Tagebuch‹[3], daß »der Herzog von Alençon und alle Soldaten und Kriegsleute ... vor allem die Jungfrau zum König nach Sully gingen.« Über eine Unterhaltung des Königs mit Johanna in Benoît-sur-Loire berichtet der Zeuge Simon Charles[4], gibt aber keinen Zeitpunkt an; diese Unterredung entspricht offenbar der obengenannten. Vergleicht man diese an sich sehr ungenauen Texte, so scheint die Armee in Orléans geblieben zu sein. Während dieser Zeit kamen der König und La Trémoille aus Sully, Alençon, Johanna und die Hauptleute aus Orléans und trafen in Châteauneuf oder St. Benoît-sur-Loire zusammen. Um neue Entscheidungen zu fällen, hielten sie hier Rat.

Diese Beratungen dauerten zwei oder höchstens drei Tage. Vor allem betrafen sie Richemont, der, als er zur Armee stieß, dem Befehl des Königs, d. h. dem ausdrücklichen Willen La Trémoilles, seines persönlichen Gegners, der ihn vom Hof fernhalten wollte, zuwidergehandelt hatte. Hierüber sagt Gruel[5]: »Der König befahl dem Herrn Konnetabel, nach Hause zurückzukehren, und mein Herr sandte zum König, um zu bitten, daß er ihn bei Hofe dienen lasse ... und bat La Trémoille, ihn dem König dienen zu lassen, er würde alles tun, was er wolle ... der König

---

[1] Procès, IV, 16, 17. [2] Procès, IV, 245 (Gestes des Nobles Francais).
[3] a.a.O., 105. [4] Procys, III, 116. [5] Procès, IV, 319.

ließ ihm sagen, er solle fortgehen.« Das (von der ›Chronik‹ kopierte) ›Tagebuch‹[1] berichtet weiter über die von ihm in Beaugency vermutete Unterhaltung zwischen Richemont und Johanna. Es sagt, daß Johanna beim König vermittelte, »zu ihm vom Konnetabel und seinem bewiesenen guten Willen sprach . . . und den König bat, ihm (dem Konnetabel) seine Irrtümer zu verzeihen . . . das tat der König auf ihre Bitte hin; doch aus Liebe zu dem Herrn La Trémoille . . . wollte er nicht zulassen, daß er am Krönungszug teilnähme.« Dieser Bericht ist nicht klar, er enthält Widersprüche. Der König konnte Richemont nur dadurch beweisen, daß er ihm verziehen hatte, indem er ihn nicht weiter abseits hielt; und an der Reise nach Reims war Richemont nicht beteiligt. Aber wollen wir davon absehen, ob Johanna diesen an sich unglaubwürdigen Schritt getan hat oder nicht, sicher ist, daß Richemonts Bitte abgeschlagen wurde. Er kehrte nach Parthenay zurück; von hier unternahm er wahrscheinlich aus eigener Kraft Scharmützel gegen die Engländer in der Normandie[2].

Eine sehr viel wichtigere Frage mußte noch beantwortet werden: sollte man die vom Heer errungenen letzten Erfolge diplomatisch oder militärisch nutzen? Heute würde man diese Frage nicht mehr stellen, denn das allgemein anerkannte Prinzip heißt: »Den Stützpunkt der gegnerischen Macht, die feindlichen Armeen suchen, sie schlagen und vernichten. Um das zu erreichen, soll man so schnell wie möglich die sicherste Bewegung und Taktik anwenden, das ist die ganze Lehre des modernen Krieges[3].« Zu Beginn des 15. Jahrhunderts beruhte die Kriegskunst jedoch nicht wie heute auf Theorien, die durch langjährige praktische Erfahrungen gewonnen wurden. Für die territorialen und demographischen Gegebenheiten waren die Truppen und Aktionsmittel damals doch recht schwach; das diplomatische Handeln erforderte daher eine enge und ständige Übereinstimmung mit der Schlacht. Mit unserer modernen Ansicht vom Krieg sind die damaligen kriegerischen Auseinandersetzungen nicht zu vergleichen. Wir wiesen bereits auf die ständigen Verwicklungen hin, hervorgerufen durch Kämpfe, die nicht bis zur Entscheidung durchgeführt wurden, durch Waffenstillstände, die nicht eingehalten wurden,

[1] a.a.O., 106. [2] Vgl. Cosneau, Le Connétable de Richemont, S. 174.
[3] F. Foch, Les principes de la guerre. Paris-Nancy 1919, 41.

durch Verträge, denen man keinen Glauben schenkte, durch Verhandlungen, die keine Aussicht auf Erfolg hatten; in guten oder schlechten Zeiten folgte hierauf fast regelmäßig die Wechselwirkung der Kriegs- und Kanzleimanöver.

Wenn wir diese Ereignisse für sich betrachten, ohne den geschichtlichen Ablauf zu rekonstruieren, wird ersichtlich, daß die militärischen Aussichten der Franzosen seit Beginn des Hundertjährigen Krieges nie so günstig waren wie am Tag nach der Schlacht von Patay. Die für die damalige Zeit zahlenmäßig starke königliche Armee wurde täglich durch neue Kontingente verstärkt und in der Hand ihres Feldherrn vereinigt. Begeistert durch Siege, die bereits zwei Monate anhielten, und gestärkt durch den Glauben an den von Johanna verkündeten göttlichen Schutz, hatte die Armee auf heimatlichem Boden nur die Reste der englischen Streitmacht als Gegner. Diese befand sich in panischer Auflösung und konnte frühestens erst nach einem Monat mit Truppenverstärkungen von jenseits des Kanals rechnen. Ein stets sofort handelnder und seinen Vorteil nutzender Philippe-Auguste oder ein Du Guesclin hätte sich in dieser Situation nicht irremachen lassen. Militärisch hätte man unter allen Umständen die erdrückende materielle, moralische und taktische Übermacht sofort ausnutzen, d. h. alle zwischen Paris und Rouen wiedervereinigten Streitkräfte zusammenziehen und, nachdem der Feind aufs Meer zurückgedrängt worden wäre, zur Hauptstadt zurückkehren müssen, da dieser bei ihrer völligen Isolation nichts anderes übriggeblieben wäre, als sich der Gnade des Königs zu ergeben. Unverhofft bot sich die Gelegenheit, die Engländer ›aus Frankreich hinauszuwerfen‹.

Die Feldherren begriffen das genau, ihre Ansicht setzte sich jedoch nicht durch. Man entschied, den König zuerst in Reims krönen zu lassen und dann erst nach Paris zu ziehen. Anstatt den Feind zu verfolgen, entfernte man sich von ihm und zog in die Champagne. In vier Tagen hätte Karl VII., ohne auf irgendeinen Widerstand zu stoßen, vor den Mauern seiner Hauptstadt stehen können, wo er erst elf Wochen später erscheinen wird und somit seinem Gegner genügend Zeit läßt, sich neu zu sammeln und Hilfstruppen zu empfangen. Wie so oft mußten die strategischen Erwägungen den politischen Berechnungen weichen.

Die direkten Informationen über diese veränderte Haltung genügen nicht, sie zu erklären. Sie bestehen nur aus drei unvollständigen Zeugnissen. Alençon[1] sagt kurz: »Und danach kehrten sie zum König zurück, der nun beschloß, nach Reims zu gehen, um sich krönen und salben zu lassen.« Coutes[2] erklärt: »Nachdem die Belagerung von Orléans aufgehoben worden war und nach den Siegen (an der Loire), ging Johanna mit den Kriegern zum König, der sich in Tours[3] befand; man beschloß, daß der König zur Krönung nach Reims gehe.« Dunois[4] gibt mehr Einzelheiten an: »Der Zeuge«, schreibt er, »erinnert sich, daß die Fürsten von königlichem Geblüt und die Feldherren nach diesen Siegen (an der Loire) wünschten, daß der König in die Normandie und nicht nach Reims gehe; die Jungfrau war jedoch immer der Meinung, man müsse nach Reims gehen, um den König zu krönen, und sie begründete ihre Meinung, indem sie sagte, daß, wenn der König gesalbt und gekrönt sei, die Macht der Feinde immer schwächer würde und sie endlich weder ihm noch dem Königreich weiterhin schaden könnten. Alle stimmten ihr zu.«

Diese Angaben beweisen mit Sicherheit, daß die endgültige Entscheidung für die Krönung, wie wir bereits im vorigen Kapitel bemerkt haben, nicht vor, sondern nach dem Loirefeldzug getroffen wurde. Wenn Dunois auch berichtet, der Kronrat habe gegen die einstimmige Ansicht der Hauptleute beschlossen, zuerst nach Reims zu gehen, weil Johanna die mystische Behauptung aufstellte, daß der Vollzug dieser Zeremonie den Feind praktisch entwaffnen würde, so sind seine Worte diesmal wieder ebenso übertrieben wie jene seiner Worte, deren Übertreibung wir bereits an anderen Stellen in seiner Aussage festgestellt haben. Spätere Ereignisse werden diese Meinung nicht nur grausam widerlegen, sondern die Ratgeber Karls VII. wußten auch sehr genau, daß die englischen Bestrebungen und Unternehmungen durch die Krönungen früherer Könige niemals abgeschwächt worden waren. Die auf Gefühlen beruhende Hoffnung Johannas, durch die Erfahrung bereits widerlegt, konnte somit die so ernste Entscheidung der Ratgeber nicht beeinflußt haben.

---

[1] Procès, III, 99. [2] Procès, III, 72.

[3] Das ist unrichtig; der Zeuge verwechselt die Verhandlungen vom Mai mit denen vom Juni. [4] Procès, III, 12, 13.

Auch scheint die dokumentarisch nicht zu belegende Behauptung Anatole France'[1] nicht glaubhaft zu sein, daß dieser Beschluß auf eigennütziges Betreiben Regnault de Chartres' gefaßt wurde, der, bereits seit fünfzehn Jahren Erzbischof von Reims, sobald wie möglich in den Genuß der ertragreichen Einkünfte dieser Pfründe kommen wollte. Wie groß auch immer die menschlichen Schwächen gewesen sein mögen, die wichtigen Staatsentscheidungen konnten, durch die Situation allein bedingt, nicht Ergebnisse privater Wünsche sein, selbst nicht einmal dann, wenn es sich um Wünsche hochstehender Persönlichkeiten handelte. Die Staatsentscheidungen wurden letztlich nur von dem wirklichen Machthaber, damals La Trémoille, und nicht durch Regnault de Chartres, getroffen. Sie bleiben von der ob nun günstigen oder ungünstigen, aber immer notwendigen Auslegung der augenblicklichen Umstände abhängig, die der allgemeinen politischen Richtung der Staatsgeschäfte folgt. In den Maßnahmen und in der Politik der königlichen Regierung muß man also Zweck und Ziel des Krönungszuges suchen. Zwei geschichtliche Tatsachen stehen hierfür fest.

Die erste ist, daß La Trémoille während seiner Amtszeit von 1427 bis 1433 absolute Machtvollkommenheit besaß. So sehr auch alle johannischen Chronisten darauf bedacht sind, Johannas Bedeutung zu übertreiben und die Handlungen dieses Protagonisten mit argwöhnischer und feindseliger Voreingenommenheit zu schildern, so geben sie das doch zu und man kann es ihnen aufs Wort glauben. Die ›Chronik‹[2] erklärt: »Der Herr von La Trémoille und Sully kam 1427 an den Hof und übernahm für alles und vor allen anderen die oberste Regierungsgewalt. Dies erregte bei vielen Mißfallen, denn alle seine Verwandten befanden sich am Hofe des Herzogs von Burgund.« Sein Bruder Jean war nämlich erster Hofmeister Philipps des Guten, was zumindest eine Möglichkeit für eine Verbindung bot, die eventuell sehr nützlich werden konnte. Cagny[3] wiederholt zweimal: »Er (La Trémoille) vertrat die Regierung und den König«; »Messire Regnault de Chartres, der Sire de La Trémoille und der Sire de Gaucourt, die damals im Auftrag des Königs regierten und Krieg führten.«

---

[1] a.a.O., I, 455. [2] Chronique de la Pucelle, hrsg. v. Viriville. Paris 1859, 201.
[3] Procès, IV, 14 u. 30.

Chartier[1] bestätigt auch: »Und zu dieser Zeit war der Sire de La Trémoille beim König von Frankreich, und man sagte, daß er vom König die Regierung über das Königreich von Frankreich übernommen habe ... und zu dieser Zeit wagte man nicht, gegen besagten Sire de La Trémoille etwas zu sagen.« Berry[2] gibt über Richemonts nach der Schlacht von Patay erfolgten Abzug folgende Erklärung: »(Der König) schickte den Konnetabel fort ... und ... den Grafen von Ponthieu ... denn der Sire de La Trémoille fürchtete, sie würden versuchen, die königliche Regierung an sich zu reißen oder sie würden dem König schaden und versuchen, ihn abzusetzen.« Das ›Tagebuch‹[3] sagt ebenfalls: »In der Umgebung des Königs besaß der Seigneur de La Trémoille die größte Macht ... der König tat alles, was dem Seigneur de La Trémoille gefiel.« Monstrelet[4] nennt ihn den »ersten Statthalter des Königs.« Gruel[5] endlich, Richemonts Chronist, gibt zu, letzterer habe, um beim König Gnade zu finden, »La Trémoille gebeten, ihn dem König dienen zu lassen und er täte alles, was er (La Trémoille) wolle. Soweit ging er, daß er sogar seine Knie umfaßte, aber (La Trémoille) wollte nicht darauf eingehen.«

Welches Urteil man auch immer über das moralische Verhalten dieser Persönlichkeit fällen mag, das alles in allem nicht schlimmer war als Richemonts'[6], sicher ist, daß er allein zu jener Zeit Herr der Entscheidungen war. Übrigens war La Trémoille intelligent, geschickt und äußerst autoritär. Er hatte sich vor der Übernahme der Regierungsgeschäfte durch diplomatische Missionen, vor allem am Hofe von Burgund[7], darauf vorbereitet. Ob es sich um den Krieg gegen die Engländer, ob es sich um Verhandlungen mit dem Herzog von Burgund oder um Verhandlungen mit dem Papst oder ob es sich um den Einsatz Johannas handelte, nichts konnte ohne seinen Willen oder seine Zustimmung geschehen.

---

[1] Procès, IV, 70. [2] Procès, IV, 46.

[3] a.a.O., 106. Vgl. ›Chronique‹, Procès, IV, 249.

[4] Procès, IV, 380. [5] Procès, IV, 320.

[6] La Trémoille hatte seine Frau, Jeanne de Bretagne, zu Tode mißhandeln lassen, um die Witwe des Sire de Giac, eines Favoriten Karls VII., zu heiraten. Diesen hatte Richemont ertränken lassen, wie er anschließend einen anderen Favoriten, Le Camus de Beaulieu, durch den Marschall Boussac ermorden ließ.

[7] Beaucourt, II, 372, 373.

Die zweite Tatsache ist, daß die französische Politik von 1422 bis 1435, während der Regierungszeit La Trémoilles, das nie geänderte Hauptziel verfolgte, den Herzog von Burgund von seinem Bündnis mit dem englischen König zu lösen und diesen, falls erforderlich, weiter zu bekriegen. Der Kronrat Karls VII. glaubte zu keiner Zeit, daß man die englische Besatzung ganz vertreiben und das ganze Königreich zurückerobern könne, ohne vorher die burgundische Macht für die französische Seite gewonnen zu haben. Es ist fraglich, ob diese Grundeinstellung die klügste war. Um die Ereignisse zu begreifen, genügt jedoch diese Feststellung. Wir geben daher im Anhang[1] eine chronologische Übersicht über die französisch-burgundischen Verhandlungen während dieser langen Zeit. Sie ermöglicht, die ununterbrochenen Bemühungen der königlichen Kanzlei zu verfolgen. Wir fassen sie hier kurz zusammen:

Seit Januar 1423, seit der ›Tagung‹ in Bourg-en-Bresse zwischen den Vertretern Karls VII. und Philipps von Burgund unter dem Vorsitz des Herzogs Amadeus VIII. von Savoyen, die nach einem treffenden Wort Beaucourts[2] »den Schlüssel zu den Verhandlungen, die zwölf Jahre lang dauern sollten«, bildet, bot der erstere dem letzteren Bedingungen an, die, von einigen Einzelheiten abgesehen, die Grundlage des Vertrags von Arras bilden. Damit wurde am 21. September 1435 die endgültige Versöhnung der beiden Fürsten besiegelt. Die Versöhnung stützt sich im wesentlichen auf fünf Punkte: 1. Karl VII. ist bereit, Buße zu tun für den an Johann ohne Furcht im Jahre 1419 auf der Brücke von Montereau begangenen Mord. 2. Für die Ruhe der Seele des Opfers eine ständige religiöse Stiftung in derselben Stadt einzurichten. 3. Die an dem Verbrechen Schuldigen zu bestrafen. 4. Philipp materielle und territoriale Entschädigungen zu gewähren. 5. Weder von Philipp noch von dessen Erben zu Lebzeiten Huldigungen zu verlangen.

In unzähligen Versammlungen, Konferenzen, Konventionen, bei Empfängen, Waffenstillstandsverhandlungen und in Verträgen werden von Bourg-en-Bresse (1423) bis Arras (1435) diese Angebote durch den Beistand wichtiger Vermittler, zu denen der Herzog von Savoyen, der Herzog von

---

[1] Vgl. Anhang V. [2] Beaucourt, II, 323.

Bretagne, der Papst und der Kaiser gehören, immer wieder wiederholt oder es wird an sie erinnert. Jedoch wurde das Drängen der königlichen Kanzlei von Philipp bis zum Schluß nur dazu benutzt, sich bei den Engländern, mit denen er nicht immer konform ging, neue Vorteile zu verschaffen. Auf englischer Seite folgte man wiederum den von Heinrich V. 1422 auf dem Totenbett gegebenen Ratschlägen[1]: »Geratet nie in Streit mit dem Schwager Burgund . . . denn, wenn das geschähe . . . daß zwischen Euch eine Mißstimmung aufkäme, könnten die Angelegenheiten des Königreichs, die wir sehr gefördert haben, stark darunter leiden . . . wenn der Schwager von Burgund die Regierung des Königreichs übernehmen will, so rate ich Euch, sie ihm zu übertragen.« Philipp der Gute konnte so nach Belieben sein viel zu lange dauerndes Doppelspiel zwischen den beiden Königreichen treiben, von dem das eine ihn gewinnen und das andere ihn nicht verlieren wollte.

Während dieses beinahe endlosen Streits zwischen Armagnacs und Burgundern war der unter dem Namen ›Vertrag von Chambéry‹ bekannte regionale Waffenstillstand die einzige dem Frieden dienende Tat. Er war von längerer Dauer und wurde durch Vermittlung des Herzogs von Savoyen am 28. September 1424 zwischen dem Gesandten Karls VII. und dem Gesandten Philipps geschlossen. Dieser Vertrag wurde jeweils bei Ablauf der Frist kontinuierlich bis zum Vertrag von Arras erneuert. Er sah vor, daß der König keinen Angriff auf die Herzogtümer, Grafschaften und Länder von Burgund, Nevers, Donziois, Charolais und Mâconnais dulden werde. Der Herzog mußte dafür die zur französischen Krone gehörenden Herzogtümer, Baronien und Länder von Bourbonnais, Forez, Lyonnais, Beaujolais, Château-Chinon und Combrailles und den dem König unterstehenden Teil der Grafschaft Mâconnais, respektieren. Der Vertrag verhinderte vor allem eine offene Kriegserklärung zwischen den beiden Fürsten und hielt Karl VII. die von den Burgundern bedrohte Rückfront, südlich von Nevers, frei.

Durch die eine völlige Umkehr der bisherigen Situation bedingende englische Niederlage sah sich La Trémoille vor die Wahl gestellt, entweder

[1] Beaucourt, II, 329, 331.

zu versuchen, 1. mit allen Mitteln das Ziel der militärischen Operationen zu erreichen, die Engländer, ohne vorher mit den Burgundern verhandelt zu haben, vollständig zu vertreiben, was jedoch den bisherigen politischen Gepflogenheiten nicht entsprochen hätte oder 2. den Waffenerfolg diplomatisch auszunutzen, indem er das Ansehen des Königs durch die Krönung zu Reims festigte, um, bevor der entscheidende Schlag gegen die Eindringlinge geführt wurde, eine französisch-burgundische Versöhnung zu erreichen. Das hätte der bisher angewandten Methode entsprochen.

Es ist also nicht verwunderlich, daß ein Mann, der mehr Politiker als Soldat war, die zweite Entscheidung vorzog, die auch den geringeren Kraftaufwand erforderte. Er konnte sie um so leichter treffen, als er an eine gewisse zwischen Philipp und Bedford bestehende Spannung glauben konnte, die auf die vor zwei Monaten von der königlichen Diplomatie ausgespielte Frage einer Beschützung Orléans zurückging. Es war ihm außerdem sicher bekannt, daß der Herzog von Savoyen, getreu seiner Vermittlerrolle, aufgrund des materiellen und moralischen Erstarkens der Krone, seit Mitte Juni Gesandte nach Chinon und Dijon geschickt hatte. Am 23. Juni war nämlich zwischen Frankreich und Savoyen ein Vertrag über die Grafschaften Valentinois und Diois unterzeichnet worden[1]. Außerdem wissen wir, daß der bevollmächtigte Vertreter Philipps beim Herzog von Savoyen, der Marschall von Toulongeon, der zu dieser Zeit allerdings im Artois weilte, auf die Nachricht von den Erfolgen bei Jargeau und Beaugency[2] mit dem Einverständnis des Rates von Burgund einen Boten »zu Herrn G. von La Trémoille, Herrn von Sully, schickte, um von ihm zu wissen und zu erfahren, ob der Dauphin (d. h. Karl VII.) den Willen und die Absicht habe, die zwischen ihm und meinem besagten Herrn getroffenen Abmachungen über die Waffenruhe einzuhalten und um gleichzeitig nach Befinden und Konvenienz des besagten Dauphins zu fragen.«

So drängten die traditionelle Politik, die Vermittlung des Herzogs von Savoyen, die vom Rat von Burgund geäußerte Besorgnis und der Charakter La Trémoilles zu einer diplomatischen Lösung. Überdies wird der Ablauf der Ereignisse zeigen, daß die angespannten Bestrebungen der könig-

---

[1] Beaucourt, II, 401. [2] ebd., Anm. 4 u. 5.

lichen Kanzlei vom Beginn bis zum Ende des Krönungszuges auf einen neuen Versöhnungsversuch mit Philipp gerichtet waren, der jedoch auch diesmal nicht zustande kam.

Zweifellos war der Gedanke an die Krönung wieder neu belebt worden, sowohl durch Johannas wiederholte Behauptung, es sei ihre Sendung, Orléans zu befreien und danach den König zu Reims krönen zu lassen, als auch durch die Legende, die sich um sie gebildet hatte. Und das entsprach ganz den Gefühlen der Masse. Die königliche Regierung hatte jedoch bei Johannas Einsatz gewiß nicht im Sinn, für sie auch nur ein einziges ihrer Vorrechte aufzugeben, und es blieb ihr ganz allein überlassen, die zeitliche Ordnung der zu treffenden Maßnahmen festzusetzen. Nach Orléans hatte die Regierung den von Johanna aus mystischen Gründen ausgesprochenen Wunsch, sofort nach Reims zu ziehen, abgelehnt. Jetzt nach Patay lag es ebenfalls in ihrer Macht, eine Zeremonie, deren Verwirklichung seit sieben Jahren ausstand, noch um einige Wochen zu verschieben.

Die Erklärung dafür, daß der Kronrat schließlich den diplomatischen Weg dem militärischen vorzieht, ist nicht in gefühlsmäßigen Gründen oder dem Glauben an Übernatürliches zu suchen und noch weniger in einer gewissen Nachgiebigkeit den Weissagungen Johannas gegenüber. Unsere Kenntnis der Lage und der Menschen und vor allem des krassen Realismus von La Trémoille läßt uns ganz einfach zu der Schlußfolgerung neigen, daß Karl VII. nach Reims ging, weil sein erster Minister und seine einflußreichsten Räte nach den Siegen über die Engländer dort in der Champagne auf dem Altar der Basilika eine entscheidende Karte zu finden hofften, die den Gewinn des diplomatischen Spiels sichern sollte, das man seit über zehn Jahren mit den Burgundern verfolgte, und das stets die Basis ihrer Politik blieb.

Nachdem der Entschluß gefaßt worden war, nach Reims zu gehen, verließ die Armee Alençons, der Johanna folgte, am 24. Juni Orléans, um sich nach Gien an der Loire zu begeben, wo alle Truppen zusammengezogen wurden. Cagny[1], der diese Auskunft gibt, fügt hinzu: »Und an diesem Tag kamen sie zum Quartier des Königs in der Stadt Gien.« Da

[1] Procès, IV, 16, 17.

die Entfernung zwischen Orléans und Gien fünfundsechzig Kilometer beträgt, ist es wahrscheinlicher, daß die Strecke nicht an einem Tag zurückgelegt wurde, und Johanna erst im Laufe des 25. im Standquartier eintraf. Die Armee hielt sich übrigens dort nur kurz auf, denn am 27. oder 28. schlug Johanna mit der von den beiden Marschällen Boussac und Rais[1] befehligten Vorhut den Weg nach Auxerre ein, und am 29. begann der König seinerseits mit Alençon und der Hauptmacht der Truppen seinen Krönungszug[2].

Die Kanzlei verwandte die drei oder vier Tage in Gien außer zu militärischen Vorbereitungen dazu, an verschiedene Würdenträger und die guten Städte die Einladungsschreiben zur Krönung zu verschicken. Unter den uns überlieferten müssen wir vor allem die beiden erwähnen, die Johanna zugeschrieben werden. Das erste Schreiben ist so abgefaßt[3]:

Jhesus + Maria

»Edle und treue Franzosen der Stadt Tournai, die Jungfrau läßt Euch wissen, daß sie die Engländer innerhalb von acht Tagen durch Sturmangriffe oder auf andere Weise aus allen befestigten Orten, die sie an der Loire besetzt hielten, vertrieben hat; es gab viele Tote und Gefangene und man hat sie in der Feldschlacht ganz und gar geschlagen. Und erfahrt, daß der Graf von Suffolk, der Herr von Scales und der Herr John Falstaff und verschiedene andere Ritter und Hauptleute gefangen wurden, und daß der Bruder des Grafen von Suffolk und Glasdale tot sind. Und ich bitte Euch auch, Euch darauf vorzubereiten, zur Krönung des edlen Königs Karl nach Reims zu kommen, wo wir binnen kurzem sein werden, und kommt uns entgegen, sobald Ihr erfahrt, daß wir uns nähern. Ich empfehle Euch Gott, er möge Euch behüten und in seiner Gnade bewahren, damit Ihr den gerechten Streit des Königreichs Frankreich weiterführen könnt. Geschrieben zu Gien, am 25. Tag des Juni.«

(Adressiert: An die treuen Franzosen der Stadt Tournai.)

Bei flüchtiger Lektüre könnte man glauben, daß Johanna, wie es bei dem berühmten ›Brief an die Engländer‹ in Poitiers der Fall war, diesen Brief spontan diktiert habe, obwohl er keine Spur ihrer kraftvollen Sprache

---

[1] Monstrelet: Procès, IV, 378. – Cagny behauptet, Johanna wäre wegen des langen Aufenthalts in Gien so ungeduldig geworden, daß sie zwei Tage vor der Abreise des Königs aus Ärger im freien Feld übernachtete; dieser romanhafte und tendenziöse Bericht wird jedoch von den Tatsachen widerlegt.

[2] Cagny: Procès, IV, 17,18. – Chartier: Procès, IV, 71. [3] Procès, V, 125.

enthält. Man muß jedoch Sinn und Tragweite einer Maßnahme nach den Umständen auslegen. Man kann nur schwerlich einsehen: 1. daß Johanna sich selbst ausschließlich den Verdienst an diesen Siegen zuschrieb, welche die Truppen, über die sie niemals Befehlsgewalt hatte, errungen hatten, ohne sie wie gewöhnlich aus dem Willen Gottes zu erklären; 2. daß sie, nachdem sie am 18. abends in Patay die englischen Heerführer als Gefangene vor Alençon gesehen hatte, eine Woche später in unbesonnener Weise Falstaff unter ihnen erwähnen konnte; während wir hingegen wissen, daß sich dieses irrtümliche Gerücht in der königlichen Umgebung verbreitete[1]; 3. daß sie auf den Gedanken kam, den Einwohnern einer ihr unbekannten Stadt zu schreiben, an die sie keine Erinnerung hatte; 4. und vor allem, daß sie, entgegen ihren respektvollen und ehrerbietigen Gefühlen, bei einer Einladung, die nach der Etikette nur mit Zustimmung des Königs erfolgen konnte, die Stelle des letzteren einnahm. Diese wichtigen Einwände und die Banalität des Inhalts erlauben es, die Initiative, vielleicht sogar die gesamte Abfassung des Schriftstücks der Kanzlei zuzuschreiben, die unter dem Deckmantel eines administrativen Aufrufs ihre politische Propaganda mit der ›Sendung‹ Johannas betrieb.

Der zweite Brief, dessen Text uns nicht überliefert ist, der jedoch sicher zur gleichen Zeit abgesandt wurde[2], enthielt ebenfalls eine Einladung zur Krönung des Königs, war jedoch an eine wichtige und gefährliche Persönlichkeit gerichtet: den Herzog von Burgund persönlich. Die Auslegung dieses Schreibens läßt sich eindeutig bestimmen. Denn alles, was wir über die Politik des Königs wissen, schließt in der Tat den Gedanken aus, eine solche schriftliche Maßnahme, die mit ihrem Hauptanliegen in Zusammenhang stand, hätte von einer außerhalb der Regierung stehenden Person unternommen werden können. Es ist unvorstellbar, daß Jean d'Aulon, den La Trémoille Johanna als Begleiter gegeben hatte, einen von ihr an den Herzog von Burgund gerichteten Brief hätte passieren lassen, ohne davon dem argwöhnischen Ersten Minister zu berichten. Ebenso ist es ganz offensichtlich, daß dieser vom Kronrat beschlossen und

---

[1] Procès, IV, 120 u. 122. – Journal, a.a.O., 140 (Brief von J. de Bourbon). – Bull. Académie delphinale, Bd. II, 1874, 450.

[2] Procès, V, 127. – (Brief deutscher Korrespondenten: Procès, V, 352).

seine Terminologie sorgfältig abgewogen werden mußte. In Wahrheit benutzte die königliche Kanzlei an jenem Tag Johanna so als Vermittler, wie sie im vergangenen März die Bürger von Orléans, die Xaintrailles begleiteten, dazu benutzt hatte, Philipps Absichten zu sondieren. Und dies ist anscheinend der erste Schritt auf einem Weg, der, wie La Trémoille hoffte, sowohl zur Krönung als auch zur französisch-burgundischen Versöhnung führen sollte.

Die siebzig Kilometer lange Strecke von Gien nach Auxerre wurde in zwei Etappen zurückgelegt. Der König und die Armee gelangten also am Abend des 30. Juni vor der Stadt St. Germain an. Die Grafschaft Auxerre gehörte seit 1371, nachdem Karl V. sie dem Haus Châlon (sur-Saône) für einunddreißigtausend Louisdor abgekauft hatte, zur französischen Krone. Bedford hatte jedoch aus dem Rückzug der französischen Streitmächte hinter die Loire (im Laufe des Jahres 1424) Nutzen gezogen und sie großzügig seinem Schwager Philipp von Burgund geschenkt, der seitdem dort tatsächlich die Herrschaft durch einen von ihm ernannten Verwalter für zivile und einen für militärische Belange ausübte[1].

So begannen die Bevollmächtigten Karls VII. nach den üblichen Vorladungen sogleich die Verhandlungen mit den Vertretern der Bürgerschaft. Folgendes berichtet Monstrelet[2]: »(Der König) ließ die Einwohner der Stadt auffordern, ihn als ihren natürlichen und rechtmäßigen Herrn anzuerkennen: dazu waren diese jedoch nicht gleich bereit. Trotzdem wurden von beiden Seiten mehrere Gesandte geschickt. Endlich kamen beide Parteien zu einer Übereinkunft, und die Einwohner besagter Stadt Auxerre versprachen, den König zu empfangen und ihm in gleicher Weise zu gehorchen wie die Städte Troyes, Châlons und Reims. Und so gaben sie den Leuten des Königs für ihr Geld Lebensmittel und anderes und hielten Frieden, und der König betrachtete sie für dieses Mal als entschuldigt.« Es ist verständlich, daß die guten Städte nicht allein die Kosten der wechselseitigen Erfolge des Königs von Frankreich oder seiner Gegner tragen wollten, und darum versuchten sie, sich gegenseitig beizustehen.

---

[1] Lebeuf, Histoire ecclésiastique et civile d'Auxerre. Bd. II, 251 u. III, 302, 306.
[2] Procès, IV, 377, 378.

Zu diesen logischen Erwägungen[1] fügt Chartier sichtlich erfundene Angaben hinzu. Nach seiner Aussage wurde trotz des Wunsches der Hauptleute und Johannas nicht zum Sturm geblasen, sondern drei Tage verhandelt, weil die Bewohner von Auxerre La Trémoille dafür bezahlt hatten. Natürlich ist es gut denkbar, daß der Erste Minister Kommissionen dieser Art einsteckte. In diesem Fall wäre diese Geste jedoch, selbst wenn sie auf Wahrheit beruhte, überflüssig gewesen, denn er war nicht so töricht, gewaltsam und vorübergehend eine Stadt zu besetzen, die unter der wenn auch usurpierten Herrschaft eines Fürsten stand, mit dem er sich um jeden Preis versöhnen wollte.

Auf jeden Fall machte sich die Vorhut mit Johanna am 3. Juli auf den Weg, denn am 4. befand sie sich in Saint-Phal, vierundfünfzig Kilometer von Auxerre und zweiundzwanzig Kilometer von Troyes entfernt. Am gleichen Tag war die Hauptmacht mit dem König und Alençon noch in Brienon-sur-Armançon, dreiundzwanzig Kilometer von Auxerre und siebenundfünfzig Kilometer von Troyes entfernt[2]. Denn von Brienon aus richtete die königliche Kanzlei am 4. Juli an die Einwohner von Reims einen Brief, den Rogier[3] so zusammenfaßt: »Er verkündet ihnen die Nachricht von der glücklichen Wendung und dem Sieg, den Gott in seiner Gnade ihm über die Engländer, seine alten Feinde, vor der Stadt Orléans und danach bei Jargeau, Beaugency und Meung-sur-Loire verliehen hatte ... da er diese Siege mehr göttlichem als menschlichem Wirken verdankte, habe er sich auf Rat der Fürsten königlichen Geblüts und seines Kronrats nach Reims auf den Weg begeben, um sich dort salben und krönen zu lassen. Darum gebiete er ihnen, bei der Treue und dem Gehorsam, die sie ihm schuldeten, sich zu seinem Empfang in der Weise zu rüsten, wie sie es stets bei seinen Vorgängern getan hätten ... und versicherte ihnen, daß er sie, wenn sie sich angemessen ihm gegenüber verhielten, bei allen ihren Angelegenheiten als gute und treue Untertanen behandeln wolle; und wenn ein Bürger der Stadt zu ihm kommen wolle,

---

[1] Procès, IV, 72 (Übernahme aus dem ›Journal‹, Procès, IV, 181 und der ›Chronik‹, Procès, IV, 250). [2] Procès, IV, 288 u. 292.

[3] Procès, IV, 291. – Dieser Brief wird bei Jadart, Jeanne d'Arc in Reims, 85, vollständig wiedergegeben.

um mehr über seine Absichten zu erfahren, würde er den Herold gern empfangen . . .« Dazu muß man bemerken, ohne daraus jedoch deutliche Schlußfolgerungen ziehen zu können, daß der Brief die Siege vom Mai und Juni der ›göttlichen Gnade‹ zuschreibt, aber Johanna nicht erwähnt, und was die Krönung betrifft, nur auf die Ansichten der Prinzen und königlichen Ratgeber Bezug nimmt.

Rogier berichtet ebenfalls, daß die königliche Regierung sich zu einem unbestimmten, zweifellos jedoch etwas früheren Zeitpunkt in Reims bereits halbamtliche Konnivenzen gesichert hatte. Der Herzog von Burgund, dem dies zu Ohren gekommen war, hätte den Bürgern darüber Vorwürfe gemacht[1]. Er berichtet weiter, daß ein in Troyes gefangengenommener Franziskanermönch[2] » . . . bei seinem Gelübde geschworen hätte, er habe drei oder vier Bürger gesehen, die gesagt hätten, sie kämen aus Reims und auch, daß der Dauphin bestimmt nach Reims käme, und daß sie es einrichten würden, daß er in besagte Stadt einziehen könne.« Daraus kann man folgern, daß der Kronrat, wenn er auch die Zurüstungen zum Krönungszug mit allem Gepränge traf, doch sehr weise dafür sorgte, nicht von den Waffen Gebrauch machen zu müssen, und darauf bedacht war, den Eindruck der Macht zu verstärken, von dem er für seine eigentlichen Ziele Vorteile erhoffte.

Inzwischen war der König in die Champagne gekommen und näherte sich der Hauptstadt Troyes. Hier lagen die politischen Verhältnisse anders. Man befand sich nicht mehr wie in Auxerre in einer kleinen, von dem Burgunder verwalteten Grafschaft, sondern in einem der ältesten und bedeutendsten Lehen des Königreichs, das 1284 durch die Heirat des Dauphins, des späteren Philipps des Schönen, mit der einzigen Tochter des Grafen von Champagne zu den Ländern der Krone gekommen war. Aus Mangel an Soldaten hielten die Engländer die Champagne zwar nicht mit ihren eigenen Truppen besetzt, aber sie verwalteten sie doch wenigstens durch eine Kommission ›abtrünniger‹ Franzosen, die Bedford am 3. Februar 1428 eingesetzt hatte. Diese bestand aus: dem Vorsitzenden Pierre Cauchon, Bischof von Beauvais (dem zukünftigen Richter Johan-

[1] Procès, IV, 285. [2] Procès, IV, 290.

nas); Jean de Luxembourg-Ligny, dem Bruder Ludwigs, Bischof von Thérouanne und Kanzler Heinrichs VI. in Frankreich; Antoine de Vergy, Graf von Dammartin; Guillaume de Châtillon, Stadthauptmann von Reims und Colard de Mailly, Landeshauptmann des Vermandois[1].

In Troyes war auch der unheilvolle Vertrag vom 21. Mai 1420 abgeschlossen worden, durch den der unglückliche Karl VI. in seinem Irrsinn den ›sogenannten Dauphin‹ enterbte und nach seinem Tod seinen Schwiegersohn Heinrich VI. von England als französischen König anerkannte. Diesmal ging es vor allem darum, von den Einwohnern von Troyes gegen die englische Vormundschaft, der sie unterstanden, Huldigung und Anerkennung zu erlangen. Vom militärischen Standpunkt aus war das kein schwieriges Problem, denn die kleine, unter dem Befehl der Herren von Rochefort und von Plancy[2] stehende Garnison von fünf- bis sechstausend Mann war, selbst wenn die Bürger ihnen zu Hilfe kommen sollten, gewiß nicht in der Lage, einem Angriff der königlichen Armee zu widerstehen. Ehe man jedoch Gewalt anwendete, war es sicher vorteilhafter, es sowohl mit Einschüchterung als auch mit Überredung zu versuchen.

Cagny[3] gibt an, daß der König am Nachmittag des 8. Juli vor Troyes ankam und nach ›einigen Scharmützeln‹ dort am Sonntag, dem 10., ebenfalls im Verlauf des Nachmittags, einzog. Die ›Gestes‹[4] hingegen berichten: »Der König von Frankreich kam am Mittwoch, dem 6. Tag des Juli 1429, vor Troyes an und belagerte die Stadt von allen Seiten. Er ließ seine Schleudermaschinen und Bombarden am Rand des Wallgrabens der Stadt, die von starken Mauern umgeben war, aufstellen: und er begann sie zu beschießen.« Nach Rogier[5] hatte der Dauphin die Absicht gehabt, am 6. in Troyes einzuziehen, sie jedoch erst am 11. ausgeführt, »ohne irgendeine Anstrengung gemacht zu haben.« In einem zeitgenössischen Brief, der am Krönungstag zu Reims geschrieben wurde, steht: »Freitag war es acht Tage her (am 8.), daß der König Troyes belagerte, und er bekämpfte die Stadt heftig, um sie zum Gehorsam zu bringen. Am Sonn-

[1] Viriville, II, 25.

[2] Procès, IV, 296. – Chartier, Procès, IV, 72. – ›Gestes‹, Procès, IV, 247, Anm.

[3] Procès, IV, 18. [4] Procès, IV, 247, Anm. [5] Procès, IV, 287, 295, 297.

tag, dem 10., zog er dort nach gütlicher Übereinkunft ein[1].« Die zwischen dem König und der Stadt Troyes unterzeichnete Übereinkunft trägt, was endlich als wichtigste Tatsache zu vermerken ist, das Datum des 9.[2].

Wenn wir berücksichtigen, daß die Entfernung von Brienon, wo sich Karl VII. am 4. befand, bis Troyes sechzig Kilometer, d. h. zwei Etappen beträgt, mußten der König und die Hauptmacht am 6. abends vor der Stadt ankommen, die Verhandlungen am 7., 8. und 9. und der Einzug am Sonntag, dem 10., stattfinden, denn am 12. zog die Krönungsarmee nach Châlons-sur-Marne weiter. Wenn man den Ablauf der Ereignisse zu rekonstruieren versucht, indem man den höchst wahrscheinlich eingeschlagenen Weg vom 4. bis 12. verfolgt, scheinen die Dinge sich so verhalten zu haben:

Ehe die Vorhut, bei der sich Johanna befand, und die Hauptmacht vor den Mauern von Troyes ankamen, ließ die Kanzlei den Einwohnern zwei Botschaften zukommen mit der Aufforderung, dem König Gehorsam zu leisten. Rogier überliefert sie nach den ihm bekannten Dokumenten[3]. »Nachdem der Dauphin am 5. Tag des Monats Juli vor der Stadt Troyes angekommen war, ließ er die Einwohner wissen, daß er auf Anraten seiner Ratgeber auf dem Weg nach Reims sei, um sich dort salben und krönen zu lassen, und daß es seine Absicht sei, am nächsten Tag in besagter Stadt Troyes einzuziehen; aus diesem Anlaß fordere er sie auf, ihm den Gehorsam, den sie ihm schuldig seien, zu leisten und sich anzuschicken, ihn ohne Schwierigkeiten und ohne Furcht wegen der vergangenen Geschehnisse zu empfangen, denn er wolle keine Rache üben: das sei nicht seine Absicht. Sie sollten sich ihrem Herrscher gegenüber benehmen, wie es sich gebühre, und er wolle alles vergessen und sie in seiner Gnade halten.«

Johanna die Jungfrau schrieb ebenfalls an die Einwohner:

Jhesus + Maria

»Sehr liebe und teure Freunde, es hängt nur von Euch, Ihr Herren, Bürger und Einwohner der Stadt Troyes, ab zu tun, was Johanna die Jungfrau Euch gebietet im Namen des Himmelskönigs, ihres rechtmäßigen und obersten Herrschers, durch dessen Willen sie täglich im Dienst des Königs steht: nämlich dem edlen König von Frankreich, der bald in Reims und Paris sein wird, wahren Gehorsam

[1] Procès, V, 130. [2] Ordonnances, Bd. XIII, 144. [3] Procès, IV, 287, 288.

und Anerkennung zu zollen. Wer auch immer sich ihm entgegenstellen mag, mit Hilfe des Königs Jesus Christus wird er bald in seinen guten Städten des heiligen Königreichs sein. Getreue Franzosen, kommt alle König Karl entgegen ohne Furcht für Euer Leben noch für Eure Güter. Und wenn Ihr das nicht tut, so werden wir, das gelobe ich bei Eurem Leben, mit Gottes Hilfe in alle Städte einziehen, die zum heiligen Königreich gehören, und wer sich uns auch entgegenstellen mag, wir werden zu einem guten Frieden kommen. Ich empfehle Euch Gott, Er möge Euch behüten, wenn es Ihm gefällt. Erwarte umgehend Antwort. Vor der Stadt Troyes, geschrieben zu Saint-Phal, am Dienstag, dem 4. Tag des Juli.«

Die Gleichzeitigkeit und das identische Ziel dieser beiden Briefe schließen natürlich die von A. France[1] vertretene Ansicht aus, daß Johanna eine ›mönchische Kanzlei‹ neben oder unabhängig von der königlichen Kanzlei unterhalten habe. Schon der gesunde Menschenverstand zeigt die Unmöglichkeit dieser Annahme. Einen solchen Dualismus kann man rein vernunftgemäß nicht zugeben, denn Johanna begleitete nur die Armee und die königliche Regierung und – wir wiederholen es – hatte keinerlei Machtbefugnisse erhalten. Ungeachtet der genauen Umstände, unter denen Johannas Brief abgefaßt wurde, ist es klar, daß man darin nur ein neues Zeugnis ihres Einsatzes durch die Kanzlei sehen kann und zwar dem Zusammenhang nach immer auf religiösem Gebiet, wenn auch diesmal in schriftlicher Form.

Nach derselben Quelle[2] wurde den Bürgern von Troyes der Brief des Königs durch seine Herolde übergeben und der Johannas durch den Minoriten Richard, eine zügellose, recht zweifelhafte Persönlichkeit, die von der theologischen Fakultät zu Paris wegen ihrer ausschweifenden Predigten ausgeschlossen worden und danach nach Troyes geflohen war. Als er der Vorhut und Johanna nach Saint-Phal entgegenging, erhoffte er zweifellos, dort Gelegenheit zu finden, die Aufmerksamkeit von neuem auf sich zu ziehen. Diese Tatsache wird noch wahrscheinlicher, wenn Johanna von ihm sagt[3]: »Befragt, wie sie von Bruder Richard empfangen wurde, erwiderte sie, sie glaube, die Einwohner von Troyes hätten ihn zu ihr geschickt, weil sie fürchteten, daß sie nicht von Gott gesandt wäre; und als Bruder Richard zu ihr kam, bekreuzigte er sich und besprengte sie mit

---

[1] a.a.O., I, 463. [2] Procès, IV, 289ff. [3] Champion, II, 65, 66.

Weihwasser. Da sagte sie zu ihm: ›Geht kühn auf mich zu, ich werde nicht davonfliegen‹.«

Rogier, nicht der einzige, aber doch der beste Berichterstatter jener Tage, erklärt anschließend[1], daß der Rat der Stadt, nachdem er von dem Brief des Königs Kenntnis genommen hatte, den Herolden erwiderte, die Einwohner hätten dem König von England und dem Herzog von Burgund gelobt, niemanden ohne ihre Zustimmung in Troyes einziehen zu lassen, und daß sie sich außerdem, »wenn sie auch wollten, nicht der großen Zahl von Kriegern, die in besagter Stadt so viel stärker als sie wären«, widersetzen könnten. Was Johannas Schreiben betrifft, so nannten sie die Absenderin eine »vom Teufel besessene, dumme Person« und warfen es »ohne Antwort« ins Feuer, »denn das alles war nur Spott und Hohn.« Am selben Tag schickte der Rat außerdem zwei Briefe an die Einwohner von Reims, um sie von dem Geschehen in Kenntnis zu setzen und sie zu bitten, »zu dem Herrn Regenten und dem Herzog von Burgund zu schicken, um sie aufzufordern und anzuflehen, Mitleid mit ihren armen Untertanen zu haben und ihnen (zu) Hilfe zu eilen.« Aus diesen Auskünften, die authentischen Texten entlehnt wurden, geht hervor, daß den Einwohnern von Troyes nichts daran lag, sich mit der königlichen Armee zu schlagen, sie aber andererseits Vorsichtsmaßnahmen trafen, um eventuelle Vorwürfe oder Repressalien der Anglo-Burgunder zu verhindern, indem sie letztere durch Mittler, die von der gleichen Besorgnis bedrängt waren, um eine Hilfe baten, die, wie sie wußten, jedoch nicht rechtzeitig eintreffen konnte.

Nach dieser ersten Ablehnung beratschlagte der Kronrat, wahrscheinlich im Verlauf des 7., was zu tun wäre. Über diese Beratung haben wir nur zwei sehr kurze und recht unvollständige Aussagen von Dunois und Simon Charles. Der erstere gibt an[2]: »Den ersten Halt[3] machte der König mit seiner Armee vor Troyes. Nachdem er Stellung bezogen hatte, beriet er mit den Fürsten königlichen Geblüts und den Heerführern, ob man bleiben und die Stadt belagern oder lieber direkt nach Reims weiterziehen und Troyes liegenlassen solle. Der Kronrat war geteilter Meinung,

---

[1] Procès, IV, 288 ff. für diesen ganzen Bericht. [2] Procès, III, 13, 14.

[3] Das ist unrichtig; die erste Etappe war Auxerre.

und da niemand wußte, welche die bessere wäre, wurde Johanna aufgefordert, an der Beratung teilzunehmen, und sie sagte folgende oder ähnliche Worte: ›Edler Dauphin, befehlt Eurer Armee, Troyes zu belagern, und haltet nicht länger Rat, denn ich werde es im Namen Gottes, noch ehe drei Tage vergangen sind, im Guten oder mit Gewalt erreichen, daß Ihr in Troyes einziehen könnt, und die verräterischen Burgunder werden sehr erschrecken‹. Dann zog die Jungfrau mit dem Heer des Königs voran, errichtete in der Nähe der Festungsgräben ihr Zelt, wobei sie so geschickt zu Werke ging, wie zwei oder drei erfahrene Krieger es nicht besser gekonnt hätten; während der ganzen Nacht arbeitete sie so emsig, daß sich am Morgen der Bischof und die Bürger von Troyes vor Angst zitternd unterwarfen. Später wurde berichtet, die Bürger hätten in dem Augenblick, als Johanna dem König riet, sich nicht von der Stadt zu entfernen, den Mut verloren und nur daran gedacht, in den Kirchen Zuflucht zu suchen.«

Der andere sagt aus, ohne daß man weiß, ob er dabei war[1]: »Als der König vor Troyes lag und die Soldaten verzweifelten, weil Proviant fehlte, und umkehren wollten, sagte Johanna zum König, er solle Mut fassen, denn am nächsten Tag würde er die Stadt erobern. Und Johanna ergriff daraufhin ihr Banner; viel Fußvolk folgte ihr, dem sie befahl, die Festungsgräben mit Reisigbündeln aufzufüllen. Das taten die Soldaten, und am nächsten Morgen rief Johanna ›Auf zum Sturm‹, und sie taten so, als ob sie noch immer Reisigbündel in die Gräben würfen. Als die Einwohner von Troyes das sahen, bekamen sie Angst und sandten zum König, um über die Kapitulation zu verhandeln.«

Die vor der Rehabilitation zuständigen Chronisten, Cagny und Berri, spielen auf diese Ereignisse nicht an, aber Chartier, das ›Tagebuch‹ und die ›Chronik‹[2], die offensichtlich von Dunois' Aussage Gebrauch machen, berichten darüber weitschweifender. Dabei ist nur die Tatsache interessant, daß Johanna auf Veranlassung des ehemaligen Kanzlers, Robert le Maçon, vor den Kronrat gerufen wurde. Unsere Kenntnis von diesem Vorfall beruht also nur auf Dunois' Bericht, der 1. uns implizite bestätigt, daß

[1] Procès, III, 117. [2] Procès, IV, 72ff., 181ff., 251ff.

Johanna nicht zum Kronrat gehörte; 2. ganz offenbar, wie in allen vorangegangenen Aussagen, ihren tatsächlichen Einfluß auf die Ereignisse übertreibt; 3. die anderen Umstände dieser Tage verschweigt. Wenn es auch sehr wahrscheinlich ist, daß Johanna unter den ›verschiedenen Meinungen‹ des Kronrats, ihrer kämpferischen Natur gemäß, diejenige vorzog, die dem König riet, die Stadt anzugreifen und nicht vorbeizuziehen, so gibt es doch keinen Hinweis darüber, auch nicht bei Dunois, daß ihre alleinige Bejahung die Wahl entschieden hätte. Acht Tage vorher, vor Auxerre, hatte man von ihrem Vorschlag keine Notiz genommen. Am wahrscheinlichsten ist, daß der Kronrat in diesem Fall der Ansicht war – und daran ist nicht zu zweifeln – ein ausreichendes politisches Motiv zu besitzen, um die völlige Unterwerfung der Hauptstadt der Champagne zu erlangen. Außerdem stimmt es mit allem überein, was wir bereits über Johanna wissen, nämlich daß sie sich bei jedem echten oder vorgetäuschten Sturm mit gewohntem Eifer an den Vorbereitungen beteiligte.

Der Bericht von Rogier berechtigt nicht zu der Annahme, daß sich die Stadt Troyes am nächsten Morgen ergeben habe, denn er hat folgenden Wortlaut[1]: »Außer dem Brief, den er ihnen (den Einwohnern von Troyes) geschickt hatte ... hatte (der König) ihnen sagen lassen, daß sie sich sicher fühlen und zu ihm kommen könnten. Und nachdem der Herr Bischof besagter Stadt zu ihm gegangen war, zeigte und bewies ihnen der König in klarer und kluger Weise die Gründe seines Kommens; er sagte, nach dem Tod des seligen Königs, seines Vaters, sei er der einzige Erbe des Königreichs. Er vergäbe ihnen alles Vergangene, und er würde sie in Frieden und Freiheit lassen, wie es König Ludwig der Heilige mit seinem Reich gehalten habe. Nach Empfang dieser Nachricht beschlossen sie in einer großen Versammlung, ihm in Anerkennung seiner guten Rechte in allen Dingen zu gehorchen.« Der Vertrag wurde aus diesem Grund, wie wir bereits erwähnt haben, erst am 9. Juli abgeschlossen. Rogier fügt einige Zeilen weiter nach einem am 13. Juli von Jean de Chatillon geschriebenen Brief hinzu, der Einzug des Königs »sei nach Überredung des Bischofs und des Ältesten der Stadt Troyes durch einen Minoriten, namens Richard, zustande gekommen; und daß zahlreiche

[1] Procès, IV, 295, 296.

Bürger besagter Stadt zu besagten Herren gingen (den Kommandanten der Garnison)... um ihnen zu sagen, daß sie den Vertrag nicht halten wollten. Sie würden zum Wohl der Bürger handeln und die Leute des Königs in die Stadt hineinlassen, ob sie wollen oder nicht.« Monstrelet berichtet ähnliches[1]: »Der König ... lag drei Tage vor der Stadt, bevor die Einwohner ihn als Herrn einziehen ließen. Nachdem sie verschiedene Versprechen erhalten hatten, öffneten sie ihm nach Ablauf dieser Zeit die Tore.«

Es scheint also fast sicher, daß der Einzug in Troyes hauptsächlich das Resultat einer Verhandlung zwischen dem Kronrat und dem Bischof der Stadt, Jean Laiguisé, war und durch ein militärisches Scheinmanöver sehr wirksam unterstützt worden war. Denn nachdem die Einwohner durch ihre Korrespondenz mit den Reimsern gegen die Anglo-Burgunder gedeckt waren, hatten sie keine Lust, einen ungleichen Kampf zu beginnen. Bei diesem Vorfall und auch später scheint Johanna vor allem als Botin der Vorhut Verwendung gefunden zu haben, wenn man Cagny glauben will. Er sagt[2]: »Die Jungfrau schickte die Leute, die zu ihrem Banner gehörten, ständig zu allen Festungen, um denen, die drinnen waren, zu sagen: ›Ergebt Euch dem König des Himmels und dem edlen König Karl‹.«

Am Sonntag, dem 10. Juli, zog Karl VII. in Troyes ein, und die englische Söldnergarnison wich zurück. Rogier sagt aufgrund des Briefes des Jean de Chatillon: »Besagte Ritter und Schildknappen waren dem Vertrag gemäß, ohne an Leib und Gut Schaden zu nehmen, aus der Stadt gegangen, und für jeden Gefangengenommenen sollten sie eine Silbermark erhalten.« Chartier (er schreibt, wie immer, das ›Tagebuch‹ und die ›Chronik‹ ab)[3] erwähnt diese letzten Bedingungen des obengenannten ›Vertrags‹, von dem er keine Kenntnis hat, nicht und gibt vor, die Gefangenen wären in dem Augenblick, als sie von der Garnison aus der Stadt geführt wurden, durch Johannas Eingreifen befreit worden, was den König erst jetzt verpflichtete, Lösegeld zu zahlen. Eine zeitgenössische Aussage ist jedoch stets glaubwürdiger als ein dreißig Jahre später niedergeschriebener Bericht, und es ist sehr viel wahrscheinlicher, daß alle

[1] Procès, IV, 378. [2] Procès, IV, 19. [3] Procès, IV., 76, 184, 252.

Einzelheiten dieser Art den Sitten der Zeit zufolge vorher festgelegt worden waren. Hier erkennen wir, wie immer, den tendenziösen Geist der verschiedenen Chronisten.

Die königliche Armee nahm ihren Marsch am Dienstag, dem 12., wieder auf, und vor dem Abzug befahl der Kanzler, Regnault de Chartres[1], »den Einwohnern von Reims schriftlich ... sie sollten sich darauf vorbereiten, den König zu seiner Krönung ehrenvoll zu empfangen.« Am 14. kam sie in Châlons-sur-Marne und am 16. in Reims an[2]. Beide Male schickte man dem König Deputationen entgegen. Die Einwohner dieser beiden Städte hatten sich wie die von Troyes, mit denen sie in häufigem Briefwechsel standen, während dieser ersten beiden Juliwochen soweit wie möglich den Engländern gegenüber gesichert. Es ist nicht nötig, diese Maßnahmen, die mit Johanna nichts zu tun haben, in allen Einzelheiten zu verfolgen. Nach dem recht anschaulichen Bericht Rogiers über die Reimser[3] läßt sich ein ausreichender Eindruck gewinnen. »Man konnte«, so schreibt er, »während der Dauphin heranzog, bei den Einwohnern von Reims eine große Vorsicht beobachten. Um den von den Engländern autorisierten Anführern keinen Anlaß zum Verdacht zu geben, teilten sie ihnen alles mit, was sie über das Kommen (des Königs) und die Stimmung in besagter Stadt Reims wußten, und baten, man solle besagtem Dauphin den Weg versperren; aber sie verlangten mit keinem Wort Hilfstruppen, um die Stadt zu schützen und zu verteidigen und wollten auch keine haben.«

Zur gleichen Zeit waren die Anglo-Burgunder ihrerseits durch die Aussicht auf die bevorstehende Krönung Karls VII., deren politische Tragweite ihnen nicht entgehen konnte, sehr beunruhigt und versuchten, Gegenmaßnahmen zu treffen. Wir haben bereits darauf hingewiesen, daß der herzogliche Rat von Dijon gleich nach dem 30. Juni einen Boten zu La Trémoille geschickt hatte, um von seinen Absichten zu erfahren, und daß Philipp der Gute zur gleichen Zeit an die Reimser geschrieben hatte, um zu versuchen, sie zu beeinflussen. Außerdem sind wir noch im Besitz

---

[1] Rogier: Procès, IV, 297, 298. [2] Cagny: Procès, IV, 19.
[3] Procès, IV, 286.

einer Reihe verschiedener Informationen, die alle von der fieberhaften, bis zum Krönungstag reichenden Tätigkeit der Gegner zeugen.

Zuerst verlangte Bedford nach der schweren Niederlage von Patay, bei der seine einzige Armee vernichtet worden war, daß man ihm aus England schnellstens frische Truppen schicke. Durch ein seltsames Zusammentreffen hatte Kardinal Winchester am selben 18. Juni mit den zu diesem Zweck von Papst Martin V. zur Verfügung gestellten Geldmitteln die Aufstellung einer Armee erlaubt, die sich zum Kampf gegen die Hussiten nach Böhmen begeben sollte. Aus Mangel an sofort zu mobilisierenden Truppen beschloß der Geheime Rat von England am 1. Juli, durch eine in Rochester unterzeichnete Akte, die Armee des Kardinals bis zum 21. Dezember vom Kreuzzug abzuhalten und in den Dienst des Königs zu stellen. Folglich landeten die dreitausendfünfhundert Reiter und Bogenschützen, aus denen sie bestand, Anfang Juli in Calais, das sie am 15. verließen, um am 25. Paris zu erreichen[1].

Am 1. Juli schreibt Philippe de Moulant, Stadthauptmann im Dienst der Engländer, in Nogent-sur-Seine ebenfalls an die Reimser, um ihnen für den Notfall seine Hilfe zuzusichern und das Kommen einer Hilfsarmee Bedfords und des Herzogs von Burgund anzukündigen[2]. Am 5. Juli verläßt ein anderer burgundischer Gesandter, Guillaume de la Tournelle, Dijon, um sich »zu besagtem Seigneur Georges de La Trémoille, der nach Auxerre abgereist war, zu begeben, wo, wie man sagte, der Dauphin sich auf dem Zug nach Reims aufhalte. Er wollte besagtem Seigneur de La Trémoille verschiedene Anliegen vorbringen und um deren Gewährung bitten[3].«

Am 10. Juli kam Philipp der Gute auf Verlangen Bedfords aus Hesdin (Pas-de-Calais) nach Paris, um auch dort sein übliches Doppelspiel zu treiben und sich mit ihm zu beraten. Fünf Tage lang wurden dort die Verhandlungen im Rahmen einer geradezu schauspielhaften Inszenierung geführt. Nach einer allgemeinen Prozession und einem Hochamt in Notre Dame, veranstalteten die beiden Gevattern eine Manifestation im Palais Royal, wo man nach einer feierlichen Gedächtnisstunde für den in

[1] Morosini, III, 133, Nr. 4 u. IV, 328. [2] Rogier: Procès, IV, 285.
[3] Beaucourt, II, 401, Nr. 5.

Montereau ermordeten Johann ohne Furcht »das gesamte Volk mit erhobener Hand schwören ließ, dem Regenten und dem Herzog von Burgund die Treue zu bewahren. Besagte Herren gelobten ihnen bei ihrem Glauben, die gute Stadt Paris zu beschützen.« Außerdem versprach Philipp während dieser Versammlung Bedford, ihm eine Hilfsarmee gegen Zahlung von 20000 Pfund aufzustellen, das Geld wurde ihm vor Monatsende gezahlt, und Edelsteinen, mit denen er sich vom König von England eine gleichwertige Summe leihen konnte. Am 16. reiste Philipp in Begleitung seiner Schwester Anna von Burgund, der Gattin Bedfords, die sich dann nach Pontoise begab, nach Arras zurück[1].

Bevor Bedford Paris verließ, schickte er, erstaunlich schnell informiert, seinen Herold Jarretière mit dem Auftrag nach London, dort zu verkünden, daß »der Dauphin ... heute (am 16. dieses Monats) in Reims ankommen muß, wo man ihm sehr wahrscheinlich (wie in Troyes und Châlons) morgen die Tore öffnen wird, und wo er gekrönt werden wird«, und kundzutun, daß der Herzog von Burgund »sich in dieser Notlage wiederholt als wahrer Verwandter, Freund und treuer Vasall des Königs (von England) erwiesen habe, wofür er sehr zu loben sei, denn ohne ihn wären Paris und alle anderen (Besitzungen) sogleich verloren gewesen[2].«

Während dieser Zeit veranlaßte Toulongeon, Marschall von Burgund, »für den 28. Juli ein Treffen verschiedener Truppenkontingente vor Châtillon-sur-Seine an der Grenze des Herzogtums[3]. Colard de Mailly, Landeshauptmann von Vermandois, schrieb ebenfalls am 10. Juli, den Einwohnern von Reims, »daß der Herzog von Burgund und Herr Johann von Luxemburg in Paris einziehen werden ... daß die Engländer mit achttausend Mann in die Grafschaft Boulogne gekommen wären ... und daß der Herzog von Burgund seine Armee an die Orte geschickt habe, wo sich die Feinde befänden, um sie an der Rückkehr zu hindern, und sie würden nicht alle heimkehren[4].« In Wahrheit wird hier die Bedeutung von Winchesters Armee übertrieben; und die zweite Bemerkung ist un-

---

[1] ›Le Bourgeois de Paris‹, Hrsg. Jonquières, S. 220. – Beaucourt, II, 403, Nr. 1. – Monstrelet, Bd. II, Kap. 45. – Morosini, III, 188, Nr. 3.

[2] Beaucourt, II, 402, Nr. 4 u. 403, Nr. 1. [3] Morosini, III, 174, Nr. 1.

[4] Rogier: Procès, IV, 295.

genau, läßt jedoch die mögliche Absicht erkennen, die französische Armee zwischen Oise und Seine einzukreisen.

Zur gleichen Zeit jedoch äußert sich Guillaume de Châtillon, der sich mit den Herren von Saveuse und von L'Isle-Adam und einer ›großen Zahl von Leuten‹ auf der Rückreise nach der Stadt Reims befand, deren Stadthauptmann er war, ganz anders. Er erklärt den Bürgern: »Verschiedene Vorbereitungen des Herzogs von Burgund und die Aufstellung einer Armee, die dem Dauphin Widerstand leisten soll, können erst nach sechs oder sieben Wochen zum Abschluß kommen. Nachdem die Einwohner das erfahren hatten, wollten sie besagte Herren nicht in die Stadt Reims lassen; das war der Grund, warum diese Herren . . . sich wieder zurückzogen[1].«

Am 16. Juli, am Tag vor der Krönung, verließ Jean de Villeneuve, ein burgundischer Gesandter, Dijon, um Philipp den Guten in Arras aufzusuchen und »ihm verschiedene Dinge darzulegen, die besagter Dauphin und La Trémoille mündlich zu ihm (Villeneuve) gesagt hätten, der persönlich zu ihnen gereist sei, um den Herren Marschällen und den Räten den Wunsch und Willen seines Herrn (des Herzogs von Burgund) zu überbringen[2].«

So bestätigen diese wenigen Tatsachen deutlich den Irrtum, den der Rat Karls VII. beging, als er den Engländern Zeit ließ, ihre Streitmacht neu aufzustellen, und decken die Hinterhältigkeit Philipps des Guten auf, der gleichzeitig mit La Trémoille verhandelt und mit Bedford Abmachungen trifft.

Der Tradition gemäß mußte die Krönung an einem Sonntag stattfinden. Die Zeremonie wurde in aller Eile organisiert und fand am 17. Juli, am Tag nach dem Einzug in Reims, in der Kathedrale von Notre Dame statt. Der Erzbischof und Kanzler, Regnault de Chartres, las die Messe und nahm die Krönung des Königs vor, den der Herzog von Alençon anschließend zum Ritter schlug. Johanna, die dort ihren Vater Jaques d'Arc und verschiedene Einwohner von Domremy, die zu diesem Ereignis gekommen waren, getroffen hatte, mußte während der Messe mit dem Banner in der Hand neben dem Altar stehen; damit sollte anscheinend in

---

[1] Rogier: Procès, IV, 294. [2] Beaucourt, II, 402, Nr. 3.

den Augen der Menge der heilige Charakter ihrer ›Sendung‹ herausgestellt werden[1]. Als die Richter von Rouen sie fragten, »warum ihr Banner bei der Krönung zu Reims denen der anderen Feldherren vorangetragen wurde«, gab sie diese ganz von ihrem Glauben erfüllte bekannte Antwort: »Es war bei jeder Bedrängnis dabei, so war es auch sein gutes Recht, bei der Ehrung dabei zu sein[2].«

Als der Burgunder, der die Ereignisse ebenso genau verfolgte wie Bedford, von der bevorstehenden Krönung erfuhr, suchte er sofort Zeit zu gewinnen, um den möglichen militärischen Folgen vorzubeugen. Aus Erfahrung wußte er, daß er die Entschlüsse des französischen Hofes am besten verhindern konnte, wenn er Bevollmächtigte beauftragte, die von ihm so heiß ersehnte Möglichkeit einer Versöhnung vorzuspiegeln. Darum schickte Philipp während seiner Rückreise von Paris nach dem Artois eine von David von Brimeu[3] geführte Gesandtschaft zu Karl VII., die gerade am Krönungstag in Reims ankam.

Die Genugtuung, mit der sie vom Kronrat empfangen wurde, kann man sich leicht vorstellen. La Trémoille, der bei dieser Gelegenheit zur Belohnung seiner Dienste den Grafentitel erhielt, glaubte wahrscheinlich, sein Ziel schon erreicht zu haben. Drei angevinische Edelleute, die sich am Hofe befanden, schrieben am selben Abend aus Reims an die Königin und an Yolande von Sizilien, die Schwiegermutter Karls VII., einen Brief, der folgende Stelle enthält: »Morgen wird der König abreisen und den Weg nach Paris einschlagen. Hier in der Stadt sagt man, der Herzog von Burgund sei dort gewesen und dann nach Laon zurückgekehrt, wo er sich jetzt aufhält. Gleich nach seiner Ankunft in dieser Stadt hat er zum König geschickt. Zu dieser Stunde hoffen wir, daß es vor ihrer Abreise zu einem guten Vertrag kommen wird. Die Jungfrau läßt keinen Zweifel darüber aufkommen, daß sie Paris zur Unterwerfung zwingen wird[4].«

---

[1] Chartier: Procès, IV, 77 (aus dem ›Tagebuch‹ übernommen, Procès, IV,186).

[2] Champion, II, 107. – Nach einem Zeugen (Procès, II, 423) soll Johanna in Reims gesagt haben, »sie fürchte nur den Verrat.« Das Ungewöhnliche dieser Bemerkung unter solchen Umständen ermöglicht die Annahme, daß ihre retrospektive Auslegung im Jahr 1455 mit dem damals umlaufenden Gerücht zusammenhing, daß Johanna vor Compiègne durch Verrat gefangen wurde.

[3] Beaucourt, II, 404, Nr. 3. [4] Procès, V, 130.

Diese Zeilen verraten, in Anbetracht der Stellung und der Beziehungen ihrer Schreiber, die Absicht des Kronrats, schnell einen ›guten Friedensvertrag‹ mit Philipp zu schließen, um den auf ihre eigene Kraft angewiesenen Engländern gegenüber freie Hand zu haben, und gegen die Hauptstadt zu ziehen, um sie zu ›unterwerfen‹. Hätte man den ersten Schritt dieses Plans ausführen können, hätte sich der Versuch des zweiten trotz einer Verspätung von einem Monat noch gelohnt, denn es bestand die Möglichkeit, vor der Armee Winchesters, die erst am 25. Juli dort ankam, vor den Mauern von Paris zu stehen. Die Ereignisse sollten jedoch unglücklicherweise diese Hoffnungen enttäuschen und diese Pläne vereiteln.

Nach der Ankunft der burgundischen Gesandtschaft übergab die Kanzlei (oder sandte an Philipp) ihr einen von Johanna unterzeichneten Brief folgenden Inhalts[1]:

Jhesus + Maria

»Hoher und mächtiger Fürst, Herzog von Burgund, die Jungfrau bittet Euch im Namen des Königs des Himmels, meines rechtmäßigen und obersten Herrn, daß der König von Frankreich und Ihr einen guten, festen und lang andauernden Frieden schließen möget. Vergebt Euch gegenseitig von ganzem Herzen, wie man es von guten Christen erwartet; und wenn Ihr weiter Krieg zu führen wünscht, zieht gegen die Sarazenen. Fürst von Burgund, ich bitte Euch, flehe Euch an und ersuche Euch in Demut, nicht weiter gegen das heilige Königreich Frankreich Krieg zu führen und sogleich und ohne Verzug Eure Leute, die verschiedene Orte und Festungen des heiligen Königreichs besetzt halten, zurückzuziehen. Und der edle König von Frankreich ist bereit, mit Euch Frieden zu schließen, wenn er es mit seiner Ehre vereinbaren kann, und das liegt nur an Euch. Und ich lasse Euch im Auftrag meines rechtmäßigen und obersten Herrn, des Königs des Himmels, bei Eurem Besitz, Eurer Ehre und Eurem Leben wissen, daß Ihr keine Schlacht gegen die Franzosen gewinnen werdet, und daß alle, die gegen das heilige Königreich Krieg führen, gegen den König Jesus, König des Himmels und der ganzen Welt, meinen rechtmäßigen und obersten Herrn, Krieg führen. Ich bitte Euch und flehe Euch mit gefalteten Händen an, daß Ihr keine Schlachten schlagt und uns nicht bekriegt, Ihr, Eure Leute oder Untertanen; und Ihr sollt wissen, mit wieviel Truppen Ihr auch gegen uns zieht, Ihr werdet nie gewinnen, und es wäre schade um die Schlacht und das Blut derer, die sich gegen uns stellen. Und vor drei Wochen habe ich Euch geschrieben und den Brief durch einen Herold zu Euch gesandt, um Euch zur Krönung einzuladen, die heute, Sonntag, am 17. Tag des gegenwärtigen Monats Juli, in der Stadt Reims stattfand: darauf erhielt ich keine Antwort und auch keine

[1] Procès, V, 126 (in heutiges Französisch übersetzt).

Nachricht von besagtem Herold. Gott sei mit Euch und behüte Euch, wenn es ihm gefällt; und bittet Gott um einen guten Frieden. Geschrieben zu Reims, am 17. Tag des Monats Juli.«

Es scheint nicht zweifelhaft, daß Johanna diesen Brief kannte und sogar Gelegenheit hatte, mit den Gesandten Philipps zusammenzutreffen, denn sie erklärt vor ihren Richtern[1]: »Was den Herzog von Burgund beträfe, so habe sie besagten Herzog brieflich und durch seine Gesandten gebeten, mit ihrem König Frieden zu schließen.« Aber ebensowenig wie bei der Einladung zur Krönung, die man dem Herzog aus Gien geschickt hatte, oder der Aufforderung an die Einwohner von Troyes, können wir in Anbetracht aller bereits erwähnten Umstände annehmen, sie habe den Inhalt diktiert und den Entschluß dazu selbständig gefaßt. Der Ton und die Art des Textes widersprechen dem ›Brief an die Engländer‹, der von allen Schreiben, die wir kennen, anscheinend das einzige frei abgefaßte von Johanna ist. Vom Anfang bis zum Schluß läßt der Inhalt dieses zweiten Briefes an Philipp deutlich den Stil und die Formulierungen der Kanzlei erkennen. Diese Demut einem Fürsten gegenüber, der doch in ihren Augen, wie die Engländer, ein Feind ihres Königs war, und von dem sie einige Monate später sagen wird »ihr schien, daß man den Frieden nur durch die Spitze der Lanze finden konnte[2]«, entspricht durchaus nicht ihrem impulsiven und kraftvollen Wesen. Diese Versicherung, daß der König bereit sei, mit dem Herzog Frieden zu schließen, wenn nur seine Ehre gewahrt bliebe, ist nur die Wiederholung dessen, was der König bei jeder Gelegenheit sagen ließ und dem Burgunder nach so vielen Jahren sagen lassen konnte. Noch unglaubwürdiger als in den beiden vorherigen Fällen ist die Annahme, die Kanzlei habe nichts von einem Schritt gewußt, der das große politische Ziel des Krönungszuges so direkt betraf. Damit würde alles bisher Konstatierte verneint: die genau ausgerichtete und aufmerksam geführte diplomatische Arbeit, La Trémoilles autoritäre Gewalt, deren Kontrolle durch Regnault des Chartres und der ›Schutz und die Führung‹ ihrer Person, die Aulon anvertraut waren. Alles deutet darauf hin, daß dieser Brief vom 17. Juli in Form und Inhalt nur ein neues

[1] Champion, II, 140. [2] Champion, II, 69.

Zeugnis von Johannas Einsetzung ist, die hier in der Hoffnung erfolgte, sie könne auf den Herzog von Burgund einen günstigen Eindruck machen.

Im übrigen bewirkte die Ankunft dieser Gesandtschaft eine erste Verspätung. Während man, nach dem obenerwähnten Brief der drei angevinischen Edelleute, zuerst die Absicht hatte, am folgenden Tag nach Paris zu ziehen, mußten der König und sein Gefolge drei Tage in Reims bleiben, den 18., 19. und 20. Juli, an denen die Verhandlungen geführt wurden. Über diese haben wir keinerlei direkte Auskünfte, die späteren Ereignisse berechtigen jedoch zu der Annahme, daß ein Übereinkommen erzielt wurde: 1. über einen provisorischen Waffenstillstand von zwei Wochen; 2. über die baldige Einberufung einer großen Versammlung zu Arras, wo man über den Frieden beraten wollte[1]. Übrigens ist nicht bekannt, daß vor dieser Versammlung, die ›etwa Mitte August‹[2] begann, andere Besprechungen dieser Art stattgefunden hatten.

So gewann Philipp der Gute, dieser ›schlaue Fuchs‹, der stets seine Schiedsrichterrolle zwischen den englischen Ansprüchen und den französischen Wünschen einkalkulierte, einen gewichtigen Punkt für seine Verbündeten und für sich selbst. Von nun an hatte die Armee Karls VII. keine Aussicht mehr, Paris vor der Armee Winchesters zu erreichen; aus diesem Grund war auch das Ergebnis der Konferenz von Arras von vornherein in Frage gestellt. Der Krönungszug wird langsam und in Ungewißheit fortgesetzt werden und für die einhundertfünfzig Kilometer von Reims nach Paris sechsunddreißig Tage brauchen.

Am 21. Juli gelangt die Armee nach Corbeny, einer alten königlichen Residenz, wo die Heilung Skrofelkranker traditionsgemäß in der Kirche Saint-Marcoul erfolgte. Am nächsten Tag, dem 22., wandte sie sich nach Westen, nach Vailly, und war am 23. in Soissons, wo sie drei Tage verbrachte.

Während dieser Zeit forderte man Compiègne auf, sich dem König zu ergeben, und verschiedene ›gute Städte‹ unterwarfen sich: Château-Thierry, Coulommiers, Crécy-en-Brie, Provins[3]. Übrigens besitzen wir, wie so oft, kein einziges offizielles Dokument über die neuen Entscheidungen.

---

[1] Beaucourt, II, 404. [2] ›Chronique anonyme‹ (Champion, G. de Flavy, 154).
[3] Morosini, III, 197, Nr. 6.

Vielleicht reisten von hier aus die ersten Gesandten Karls VII. nach Arras, die dort, nach Beaucourts Meinung[1], in den ersten Augusttagen angekommen sein sollen.

Doch nun machen wir eine ganz erstaunliche Feststellung: am 27. verläßt die Armee Soissons und anstatt ihren Weg zur Ile-de-France weiter zu verfolgen, wendet sie sich nach Süden, um in Coincy-en-Tardenois[2] Quartier zu nehmen. Am 29. ist sie in Château-Thierry, wo sie zwei Tage bleibt. In dieser Stadt wurde am 31. Juli die den Einwohnern von Domremy gewährte Steuerbefreiung unterschrieben: »Auf Bitten unserer vielgeliebten Johanna der Jungfrau (in Anbetracht) der großen, edlen und nützlichen Dienste, die sie uns geleistet hat und täglich leistet zur Wiedererlangung unserer Herrschaft[3].« Am 1. August ist Karl VII. in Montmirail, am 2. in Provins, nur dreiundzwanzig Kilometer von der Brücke von Bray-sur-Seine entfernt.

Ein Blick auf die Karte genügt um zu erkennen, daß die Armee in diesen sieben Tagen einhundertzehn Kilometer direkt nach Süden vorgestoßen war. Das führt zu der Schlußfolgerung: Schon in Soissons war der Rückzug der Armee zur Loire, ihrem Ausgangspunkt, und somit die Aufgabe des Marsches nach Paris beschlossen worden. Dieses Mal kann man Chartier[4] glauben, wenn er schreibt: »Besagter König von Frankreich hat auf Anraten einiger (Räte) und mit eigenem Willen beschlossen, die Seine zu überqueren, um mit seiner Armee in sein ihm ergebenes Land jenseits der Loire zu gehen.« Die Gründe für diese außergewöhnliche Sinneswandlung, dieses Eingeständnis militärischer Ohnmacht am Vorabend der Konferenz von Arras, deren politisches Ziel am Anfang zu dieser ganzen Kraftentfaltung geführt hatte, sind nicht mit Sicherheit zu klären. Muß man darin ein übertriebenes und sehr ungerechtfertigtes Vertrauen der königlichen Regierung in die nächsten Verhandlungen mit Philipp sehen? Soll man annehmen, La Trémoille habe, als er von der Ankunft der Armee Winchesters am 25. vor Paris und der Zusammenziehung der burgundischen Truppen in Châtillon-sur-Seine zum 28. hörte, die Gefahren der Lage überschätzt? Wir wissen es nicht.

---

[1] Beaucourt, II, 404. [2] Morosini, III, 201, Anm. 5.
[3] Procès, V, 138. [4] Chartier: Procès, IV, 79.

Doch wissen wir, daß die Armee, nachdem sie die Zeit vom 2. bis 5. August in Provins verbracht hatte, ihren Rückzug nicht weiterführte und nach Norden, diesmal in Richtung Compiègne, umkehrte. Aber auch hier ist der Grund des Gesinnungswandels nicht klar. Die Texte bieten uns drei Erklärungen, die nicht unbedingt die einzigen sein müssen und vielleicht auf das gleiche hinauslaufen.

Die erste ist folgende: Fauquembergue[1] berichtet, Bedford habe sicher von dem Rückzug der königlichen Armee in Richtung Seine gehört und mit Winchesters Armee am 4. August, morgens, als Karl VII. sich seit zwei Tagen hundert Kilometer entfernt in Provins aufhielt, Paris verlassen, »um die Feinde, die sich in Brie befanden, zu schlagen.« Er folgte dem linken Seineufer und war am 7. in Montereau. Chartier[2], der keine Daten angibt, sagt dazu: »Und als der Herzog von Bedford das gehört hatte . . . zog er mit einem starken Heer nach Corbeil und nach Melun. Er sagte, er wolle gegen den König von Frankreich zu Feld ziehen und ihn schlagen; als der König erfuhr, daß besagter Bedford gegen ihn kämpfen wollte, verließ er Provins und stellte sich mit seiner Armee auf freiem Feld in der Nähe des Schlosses Motte de Nangis in Brie auf. Die Truppen des Königs von Frankreich wurden in Schlachtordnung aufgestellt, und sie blieben fast den ganzen Tag kampfbereit, da laufend Nachrichten kamen, der Herzog wünsche die Schlacht. Er kam jedoch nicht, sondern kehrte mit seiner Armee nach Paris zurück.« Wie wir von Cagny wissen, blieb Karl VII. bis zum 5. in Provins, also mußte er an jenem Tag oder am nächsten frühmorgens nach Westen, nach Nangis, weitergezogen sein, das zweiundzwanzig Kilometer von Bedfords mutmaßlichem Seineübergang bei Melun entfernt lag. Da er ihn nicht kommen sah, rückte er am 6. abends nach Norden vor und war am 7. mittags in Coulommiers. Und es ist sehr wahrscheinlich, daß die unvorhergesehene Ankunft der englischen Armee südlich der Seine sie von einem Übergang absehen ließ, der offensichtlich nur Gefahren mit sich brachte.

Die zweite finden wir bei Chartier[3]. Nach der Angabe, daß die Bewohner von Bray-sur-Seine dem König ›Durchzug und Gehorsam‹ versprochen

---

[1] Procès, IV, 453. [2] Procès, IV, 78.

[3] Procès, IV, 79 (nach dem ›Tagebuch‹ u. der ›Chronik‹ übernommen).

hätten, fügt er hinzu: »In der Nacht vor dem geplanten Übergang tauchten zahlreiche Engländer auf, und alle, die vorrückten, um den Übergang zu wagen, wurden entweder getötet oder ausgeplündert. Somit wurde der Übergang verhindert und die Herzöge von Bar, Alençon und Bourbon, die Grafen von Vendôme und von Laval, Johanna die Jungfrau und mehrere andere Hauptleute und Edelleute waren darüber recht froh und sehr zufrieden, denn der Entschluß, den Fluß zu überqueren, war gegen ihren Wunsch und Willen gefaßt worden.« Dazu muß man jedoch bemerken, daß weder ein Zeuge der Rehabilitation noch die späteren Chronisten auf diesen ziemlich unwahrscheinlichen Vorfall anspielen. Chartier verlegt dieses Ereignis nach vorangehenden sicheren Angaben auf den 5. und 6. August zu Nangis. Das ist jedoch unmöglich, da die königliche Armee am 6. abends nach Coulommiers abzog[1]. Und schließlich konnte Bedford, der am 4. Paris verlassen hatte, nicht eine Vorhut zur Brücke von Bray, die zweiundzwanzig Kilometer hinter Montereau lag, geschickt haben, bevor er selbst am 7. in der Stadt eintraf. Außerdem kann man sich nur schwer vorstellen, daß die Armee von Jargeau und Beaugency von einigen Kundschaftern auf einer Brücke angehalten werden konnte, die sie in Wirklichkeit besetzen wollte, und ihre Anführer über diese für sie recht wenig ehrenvolle Niederlage ›recht froh und sehr zufrieden‹ gewesen wären. Unserer Ansicht nach handelt es sich hier um die Entstellung einer nebensächlichen Anekdote, die sich auf die Gegenwart der Engländer südlich der Seine während dieser wenigen Tage bezieht.

Die dritte Erklärung ist anderer Art und beruht auf den Überlegungen der Öffentlichkeit. Als die Nachricht vom Abmarsch der Armee aus Soissons in Richtung zur Seine bekannt wurde, waren die Einwohner der Gebiete, durch die Karl VII. vorher gekommen war, ziemlich beunruhigt, denn sie rechneten eine Woche nach der Krönung mit seiner Ankunft in Paris und konnten die nachteilige Situation nicht kennen, in die ihn seine Ratgeber durch die Vorverhandlungen mit dem Burgunder gebracht hatten. Darum kam bald das Gerücht auf, dem König genüge es, die Krönung erreicht zu

[1] Morosini, III, 206, Anm. 3. – Lefèvre-Pontalis, dessen kritische chronologische Untersuchung im allgemeinen sehr genau ist, scheint dieser Widerspruch nicht aufgefallen zu sein.

haben. Nun habe er beschlossen, sich in sein Königreich Bourges zurückzuziehen, und überlasse die Städte der Champagne, die sich ihm geöffnet hatten, ihrem Schicksal, d. h. den Vergeltungsmaßnahmen des Feindes.

Die Bürger von Reims waren ganz besonders beunruhigt, denn ihr passiver Widerstand gegen die anglo-burgundischen Forderungen und der Empfang, den sie Karl VII. und Johanna hatten zuteil werden lassen, konnten sie, wenn die königliche Armee ihren Marsch auf die Ile-de-France nicht fortsetzte, in eine schlechte Lage bringen. Am 3. August ließ der Rat der Stadt »an den Monseigneur von Reims (Regnault de Chartres) schreiben, man habe gehört, er wolle seinen Weg verlassen . . . und auch seine Bestrebungen aufgeben, was zur Zerstörung des Landes führen könne, denn die Feinde wären, wie man sagte, sehr stark«, und am nächsten Tag, dem 4., teilt er den Einwohnern von Laon und Châlons-sur-Marne diesen Schritt mit und erklärt ihnen, »man habe sagen hören, der König wolle den Weg nach Orléans und Bourges einschlagen und die Verfolgung (des Feindes) aufgeben[1].«

In den Archiven von Reims findet sich nicht der geringste Nachweis einer Antwort Regnault de Chartres, aber dort gibt es einen Brief Johannas vom 5. August[2]:

»Meine teuren und guten Freunde, gute und treue Franzosen der Stadt Reims, Johanna die Jungfrau sendet Euch Nachricht und bittet Euch sehr, nicht an dem guten Streit zu zweifeln, den sie für das Königshaus führt; ich verspreche und gelobe Euch, daß ich Euch, solange ich lebe, nie verlassen werde. Und (es) ist wahr, daß der König mit dem Herzog von Burgund einen fünfzehntägigen Waffenstillstand abgeschlossen hat; nach dessen Ablauf soll er (der Herzog) die Stadt Paris kampflos ihrem Besitzer zurückgeben; verwundert Euch nicht, wenn ich dort nicht so schnell einziehe; wieviel Waffenstillstände wurden so schon geschlossen, ich bin darüber nicht zufrieden und weiß nicht, ob ich sie halten werde. Aber wenn ich sie halte, so geschieht es nur, um der Ehre des Königs willen, und sie werden auch das königliche Blut nicht täuschen, denn ich halte die gesamte Armee des Königs für den Ablauf dieser fünfzehn Tage, wenn sie danach keinen Frieden schließen, bereit. Darum, meine sehr teuren und besten Freunde, bitte ich Euch, daß Ihr Euch nicht sorgt, solange ich lebe. Aber ich ersuche Euch, gut Wache zu halten und die gute Stadt dem König zu erhalten; und laßt mich wissen, ob es nicht Verräter gibt, die

---

[1] Varin, Archives législatives de Reims, Statuts I, 741 f. (Morosini, III, 203, Anm. 3). [2] ebd., Statuts, I, 596 (Vgl. Procès, V, 139).

Euch schaden wollen, und ich werde sie dann, so schnell ich kann, vernichten; und laßt mir Nachrichten von Euch zukommen. Ich empfehle Euch Gott, er halte Euch in seiner Hut. – Geschrieben am Freitag, dem fünfzehnten Tag des August, in einer Herberge auf dem Land, auf dem Weg nach Paris.«

Dieser Brief ist sehr interessant. Zunächst fällt auf, daß er im wesentlichen eine direkte Antwort auf das Schreiben der Reimser (vom 3. August) darstellt, das man sicher vorher empfangen hatte; denn er wurde erst am 5. abgeschickt[1]. Außerdem ist sein Stil nicht einheitlich. Einerseits lassen der gutmütige Ton und die stellenweise derbe Sprache sowie die in naiver Weise Johanna zugeteilte Befugnis, über die Armee befehligen und vom König unterzeichnete Waffenstillstände einhalten oder brechen zu können, auf ein Diktat Johannas schließen. Andererseits fühlt man hinter der vagen Andeutung der Bedingungen eines Waffenstillstands und der diskreten Erwähnung des verspäteten Marsches auf Paris die Vorsicht einer gut informierten höheren Stelle. Dieses allgemeine Zusammentreffen und die Gegensätzlichkeit des Tones erlauben wieder die Annahme, daß es sich hier nicht um die spontane Initiative Johannas handelt, die schwer zu erklären wäre, sondern um einen von der Kanzlei gewünschten und gelenkten Schritt. Es wäre sehr verständlich, wenn die königliche Kanzlei nach Erhalt dieses Briefes der Bürger von Reims einerseits den politischen und psychologischen Irrtum des begonnenen Rückzugs erkannt und darum beschlossen hätte, umzukehren, und sich andererseits Johannas Namen bedient hätte, um die Bürger, ohne offizielle Antwort auf eine verfängliche Frage, zu beruhigen, wobei übrigens keine Anspielung auf diesen Rückzug gemacht wird[2]. Was den fünfzehntägigen Waffenstillstand betrifft, der im Text nur erwähnt wird, und dessen Bedingungen uns unbekannt sind, so muß man die Angabe zurückstellen, daß nach dessen Ablauf der

---

[1] Die Entfernung Reims–Provins beträgt ungefähr einhundert Kilometer, und es ist bekannt, daß es berittene Kuriere gab, die durch Pferdewechsel zu jener Zeit 250 Kilometer in 24 Stunden zurücklegten. Weiter oben haben wir z.B. gesehen, daß Bedford am 16. Juli in Paris wußte, daß Karl VII. an diesem Tag in Reims einziehen würde. Das beweist, wie schnell Nachrichten übermittelt werden konnten.

[2] Am 11. August schrieben die Bürger von Reims noch an Karl VII., der bereits nach Compiègne zog, und flehten ihn an, »zu seinem und des Königreichs Wohl eifrig fortzufahren«. (Jadart, doc. XIX, 118).

Herzog von Burgund Karl VII. seine Hauptstadt zurückgeben sollte, was nach allem, was wir von den Bestrebungen des ersteren wissen, recht überraschend erscheint.

Wenn wir die zwischen dem 27. Juli und 6. August stattgefundenen Ereignisse zusammenfassen, wird offensichtlich, daß der in Soissons getroffene Entschluß zum Rückzug und die in Provins oder Nangis entschiedene Umkehr in Richtung der Ile-de-France als sichere Tatsachen angesehen werden können. Diese überraschenden Sinneswandlungen lassen einen völligen Mangel an klarer Entscheidungsfähigkeit bei den Staatsgeschäften erkennen; ihre wahren Gründe bleiben jedoch unbegreiflich.

Bedford jedoch, der erfahren hatte, daß die Armee Karls VII. zurückkehrte, richtete am 7. August an den König von Montereau aus einen Brief, den Monstrelet ungekürzt wiedergibt[1]. Er wirft »Karl von Valois«, der sich »unberechtigt« König nennt, vor, das »unwissende Volk zu verführen und zu betrügen«, indem er sich »einer liederlichen, verrufenen, sittenlosen Frau bediene, die Männerkleider trage«, und kündigt an, er sei zu Feld gezogen, um ihn zu verfolgen. Danach fordert er ihn auf, einen Ort für die Zusammenkunft »in Brie . . . oder der Ile-de-France« festzusetzen, wo er kundtun wird, »ob er ein Friedensangebot machen wird.« »Denn«, fügt er hinzu, »wir sind immer noch geneigt, den Weg des Friedens einzuschlagen, eines weder geheuchelten noch verfälschten, noch hinterhältig gebrochenen, noch falsch geschworenen Friedens.« »Wenn nicht«, so schließt er, »wenn durch Eure Schuld die Leiden, Nöte, Kriege, Plünderungen usw. noch zunehmen . . . wir rufen Gott zum Zeugen . . . so tragen wir daran keine Schuld, denn wir haben nur unsere Pflicht getan und tun sie noch, und wir schlagen vor . . . aus Vernunft und um der Ehre willen, daß dies zuvor durch den Frieden verhindert werde oder wenn es auf andere Weise zwischen zwei mächtigen und großen Parteien nicht entschieden werden kann, durch eine Schlacht zum Ausgang komme.« Es ist ganz offensichtlich, daß Bedford, wenn er die Schlacht gewünscht hätte, die französische Armee, die sich von ihm entfernte und

---

[1] Procès, IV, 382.

nach Norden zog, verfolgt hätte. Nach Absendung dieses herausfordernden Briefes kehrte er aber ganz ruhig nach Paris zurück. Damit zeigt er, daß es sich nur um eine rein politische Geste handelte; d. h. nachdem er notgedrungen durch Philipp über die Konferenz von Arras informiert worden war, wollte er die Aussichten seines Bundesgenossen durch eine militärische Demonstration fördern.

Nachdem die königliche Armee am 9. in Château-Thierry angelangt war, um dort über die Marne zu setzen, kam sie am 10. nach La Ferté-Milon und am 11. nach Crépy-en-Valois. Nach Dunois[1] fand auf diesem Weg zwischen Johanna und Regnault de Chartres eine Unterhaltung statt, von der er wie folgt berichtet: »Das Volk zog dem König entgegen und schrie seine Freude laut heraus. Da sagte die Jungfrau, die zwischen dem Erzbischof von Reims und dem Zeugen ritt: ›Welch ein gutes Volk! Nie habe ich eins gesehen, daß sich über die Ankunft eines edlen Königs so freute. Wolle der Himmel, daß ich, wenn meine Tage beendet sind, in dieser Erde begraben werde.‹ Als der Herr Erzbischof das hörte, sagte er: ›Oh, Johanna, an welchem Ort möchtet Ihr sterben?‹ Darauf erwiderte sie: ›Wo es Gott gefällt, denn ich kenne weder Ort noch Stunde. Ich weiß darüber nicht mehr als Ihr. Und wenn es Gott, meinem Schöpfer, gefiele, so würde ich mich jetzt zurückziehen und das Waffenhandwerk aufgeben. Dann ginge ich zu meinem Vater und meiner Mutter, um ihnen zu helfen, und hütete mit meiner Schwester und meinen Brüdern, die sich über mein Kommen freuen würden, die Schafe‹.« Diese Äußerungen, die rein anekdotischen Wert haben, bezeugen nur (dabei bleibt es fraglich, ob sie nach fünfundzwanzig Jahren noch genau überliefert werden konnten), daß Johanna, wie alle Menschen, manchmal eine vorübergehende Ermüdung empfand.

Aufgrund der Berichte über das erneute Anrücken von Bedfords Truppen mußte Karl VII. bleiben oder besser gesagt sein Hauptquartier vom 11. bis 16. August in Crépy-en-Valois errichten und konnte nicht sofort nach Compiègne weiterziehen. Die militärische und damit auch politische Position Bedfords blieb schwach, denn, um die Armee Win-

---

[1] Procès, III, 14.

chesters und die wenigen aus der Normandie herbeigeführten Truppenkontingente zu verstärken, brauchte er die siebenhundert pikardischen Soldaten unter dem Kommando des Seigneurs de l'Isle-Adam, die Philipp Mitte Juli nach Paris geschickt hatte[1]. Bedford war jedoch ein echter Politiker und Feldherr und war sich bewußt, daß das beste Mittel der Verteidigung, besonders wenn man unterlegen ist, immer noch in der Androhung einer Offensive besteht. Nachdem er am 13. August den Herzog von Burgund zum Statthalter von Paris ernannt hatte, eine notwendige und folgenschwere Entscheidung, marschierte er mit seinen Truppen nach Senlis. Karl VII., der davon erfuhr, schickte ihm nach Dammartin-en-Goëlle, wo er ihn vermutete, Leute entgegen und stieß selbst bis nach Lagny-le-Sec oberhalb dieses Ortes vor; die Hauptmächte trafen jedoch nicht zusammen, da die Engländer weiter westlich vorrückten[2]. Also kehrten die französischen Einheiten am 13. abends nach Crépy zurück und am 14. setzte sich die gesamte Armee in Richtung Senlis in Bewegung: Bedford hielt sich diesmal östlich davon in der Nähe des Dorfes Montepilloy auf.

Über diese Begegnung, der kein ernsthafter Kampf folgte, liegen die übereinstimmenden Berichte von Cagny, Chartier und Monstrelet[3] vor. »Am nächsten Tag, dem 15., morgens, zog der König von Frankreich mit seiner Armee ins Feld und ließ die Truppen in Schlachtordnung aufstellen; das Kommando der größten Heerschar übernahmen der Herzog von Alençon und der Graf von Vendôme. Der Herzog von Bar befehligte eine andere Heerschar. Die dritte Truppenmacht, die einen Flügel bildete, befehligten die Herren von Rais und von Boussac, Marschälle von Frankreich. Eine andere Truppe, die oft ihr Operationsgebiet wechselte, um den Engländern Scharmützel zu liefern, befehligten der Herr von Albret[4], Johanna die Jungfrau, der Bastard von Orléans, La Hire und mehrere andere Hauptleute; und die Bogenschützen führte ihr Oberbefehlshaber, der Herr von Graville, an ... der König hielt sich dicht bei seinem Heer auf, und der Herzog von Bourbon, der Herr von La Trémoille und verschiedene

---

[1] Monstrelet: Procès, IV, 387. – ›Le Bourgeois de Paris‹, Hrsg. Jonquières, 220.
[2] Cagny: Procès, IV, 21. – Berri: Procès, IV, 46.
[3] Procès, IV, 22, 82, 386. [4] Schwager von G. de La Trémoille.

andere waren zu seinem Schutz da. Und der König ritt mehrmals in Sichtweite der Engländer vor sein Heer, ebenso der Herzog von Bourbon und der Herr von La Trémoille.«

»Und der Herzog von Bedford, der Graf von Suffolk, der Herr von Talbot[1], der Bastard von St. Pol, ein Burgunder, und verschiedene andere standen in Schlachtordnung in der Nähe eines Dorfes mit dem Rücken zu einem See und zu besagtem Fluß (der Nonnette); die ganze Nacht arbeiteten sie hart, um Gräben auszuheben, Pfähle einzurammen und Unterstände zu bauen. Und obwohl der König von Frankreich und sein Rat beschlossen hatten, den Herzog von Bedford und seine Armee anzugreifen, rieten ihm verschiedene Hauptleute und andere, die die befestigten Stellungen gesehen hatten, die Engländer auf keinen Fall dort zu bekämpfen. Die Hauptmacht der Franzosen umzingelte jedoch die Engländer zwei Bogenschußweiten entfernt und forderte sie auf, aus ihrem Lager herauszukommen, denn man wolle gegen sie kämpfen. Die Engländer wollten jedoch nicht aus ihrem Lager hervorkommen, und an jenem Tag fanden prächtige und großartige Scharmützel statt, und es kam so weit, daß die Franzosen zu Fuß und zu Pferd mit den Engländern vor den Befestigungen handgemein wurden, und die Engländer kamen von allen Seiten zu Fuß und zu Pferd heraus ins Feld und schlugen die Franzosen zurück, und es gab so manchen Toten und Gefangenen auf beiden Seiten . . . und es erhob sich so viel Staub, daß man weder Freund noch Feind erkannte, und daß es so finster wie die Nacht wurde. Die Engländer zogen sich in ihr Lager zurück, die Franzosen taten das gleiche. Die Engländer blieben dort in Stellung, wo sie waren; die Franzosen bezogen dort Quartier, wo sie die vorige Nacht verbracht hatten, ungefähr zwei Meilen von den Engländern entfernt . . . Am nächsten Morgen, dem 16., um ungefähr 10 Uhr, zog die französische Armee nach Crépy-en-Valois ab, und die Engländer kehrten gleich darauf nach Paris zurück.«

Die Ereignisse des 15. August vor Montepilloy entsprachen also völlig den Vorfällen am Abend des 17. Juni vor Beaugency. Die beiden Armeen

[1] Suffolk und Talbot waren im Juni an der Loire gefangengenommen worden. Ihre Anwesenheit in Montepilloy, wenn sie auf Wahrheit beruht, läßt vermuten, daß sie Lösegeld gezahlt hatten.

standen sich gegenüber, keine wagte jedoch den Angriff zu beginnen: die Franzosen wollten nicht das Risiko eingehen, eine auf freiem Feld befestigte Stellung anzugreifen, aus der die Engländer nicht hervorkommen wollten und aus Mangel an besseren Ideen konnten sie zweifellos auch nicht anders handeln. Dieses rein defensive Verhalten Bedfords, der von Paris gekommen war, um dieses Treffen herbeizuführen, beweist jedoch, daß seine wahre Absicht, wie in Montereau, auf eine präventive und nur auf Schau abgestimmte Maßnahme beschränkt war.

Am nächsten Tag, dem 17., erhielt der König in Crépy die Schlüssel von Compiègne, wo er am 18. einzog und ungefähr zwei Wochen, wenigstens bis zum 28., blieb. An diesem Tag wurde mit den Gesandten Philipps ein neuer Waffenstillstand unterzeichnet, dessen für die Franzosen nachteilige Bedingungen zeigen, daß sich die von La Trémoille und Regnault de Chartres gehegten diplomatischen Hoffnungen vollkommen zerschlagen hatten.

Ein Bericht über die Verhandlungen, die dem Waffenstillstand vorausgingen, wird nur von zwei burgundischen Chronisten, Monstrelet und Chastellain[1], überliefert. Sie begannen vor dem 15. August in Arras. Die französischen Hauptbevollmächtigten, die nacheinander eintrafen, waren: der Kanzler Regnault de Chartres, Christoph von Harcourt, die Herren von Dampierre, von Gaucourt und Jean Tudert, der Doyen von Paris. Einige Tage nach ihrer Ankunft erhielten sie bei Philipp dem Guten Audienz, der sie am 16. in seinem Palais empfing. Regnault de Chartres legte dort dem Herzog »sehr weise und eingehend das Anliegen ihrer Gesandtschaft dar . . . und bewies ihm unter anderem die große Neigung und den wahren Wunsch des Königs, den Frieden mit ihm wiederherzustellen und einen Vertrag abzuschließen, und sagte auch unter anderem, der König sei bereit, ihm entgegenzukommen, indem er ihm weit mehr Entschädigungen biete, als seine königliche Person ihn eigentlich verpflichte. Den König entschuldigte er bis zu einem gewissen Grad

---

[1] Monstrelet, II, Kap. 64, 66 u. 67. – Chastellain (Hrsg. Lettenhove), II, 26, 27. Für die unveränderten Texte vgl. D. Plancher, Hist. de Bourgogne, IV, preuves, Nr. 70. – Revue de Normandie, V, 396, 401. – Beaucourt, II, 404ff. – Morosini, IV, 336ff.

für den an dem Herzog Johann von Burgund, des Herzogs Vater, begangenen Mord mit seiner Jugend und führte an, daß er (der König) damals unter dem Einfluß von Leuten gestanden hätte, die am Wohl des Königreichs und der öffentlichen Ordnung nicht interessiert gewesen wären, und daß er zu jener Zeit ihnen nicht zu widersprechen und sie nicht zu erzürnen gewagt hätte[1].« Diese ›Angebote einer Entschädigung‹ entsprachen übrigens im Prinzip denen, die 1423 zu Bourg-en-Bresse gemacht wurden, d. h.: 1. Der König verdammt den Mord an Johann ohne Furcht (mit anderen Worten: er tut Buße) und bittet den Herzog von Burgund, Haß und Rachsucht aufzugeben. 2. Die Anstifter dieses Mordes werden bestraft und, wenn man ihrer nicht habhaft werden kann, ›auf ewig‹ aus dem Königreich verbannt. 3. Der König wird als Sühnestiftung eine Kapelle auf der Brücke von Montereau erbauen, wo jeden Tag eine Messe gehalten werden wird, sowie ein Kloster für vierundzwanzig Kartäusermönche nahe der Stadt errichten lassen. 4. Die Schmuckstücke und kleineren Gegenstände, die Johann ohne Furcht an seinem Todestag mit sich führte, oder ihr Wert, werden Philipp dem Guten zurückerstattet. 5. Letzterer erhält als Schadenersatz und Apanage: die Gebiete der königlichen Besitzungen, die er im Augenblick besetzt hält, die er schon ›früher‹ hatte und andere, über die man noch entscheiden wird. 6. Die ausstehenden Schuldforderungen an den verstorbenen König Karl VI., die der Herzog von Burgund nachweisen kann, werden ihm vergütet. 7. Zu Huldigung und Lehnseid Karl VII. gegenüber sind der Herzog von Burgund und seine Vasallen, solange er lebt, nicht verpflichtet. 8. Die Gefährten Johanns ohne Furcht von Montereau erhalten für den erlittenen Schaden Genugtuung, und das Lösegeld, das man ihnen abgezwungen hat, wird ihnen zurückerstattet. 9. Gewährung einer allgemeinen Amnestie. 10. Durch »Geiseln, Leibes- und Geldstrafen, Schuldscheine, kirchliche und weltliche Abtretungen, die so hoch wie möglich festgesetzt werden«, werden (vom König) alle Garantien für die Erhaltung des Friedens gegeben. Und zum Schluß nahm Karl VII. den Vorschlag des Herzogs von Savoyen an, schon jetzt ›mit allen Parteien‹

---

[1] Monstrelet, II, Kap. 64.

(d. h. auch den Engländern) einen Waffenstillstand abzuschließen, dem eine Friedenskonferenz folgen sollte[1].

So demütigte sich dieser siegreiche und gekrönte König, der von einer starken Armee unterstützt wurde, die der Engländer nicht mehr anzugreifen wagte, der durch Propaganda und Legende mit dem Nimbus eines von Johanna verkündeten göttlichen Schutzes versehen war, den so viele gute Städte mit Freude empfangen hatten, noch einmal vor seinem Vasallen und versprach ihm Entschuldigungen, Stiftungen, Geld, Gebietsabtretungen, Amnestien, Garantien und Waffenstillstand, damit er sich nur wieder mit ihm vertrage, d. h. neutral bleibe. Statt wie zu Orléans und Patay das Schwert zu ziehen, streckte er ihm fast demütig die Bettlerschale entgegen.

Monstrelet[2] erzählt, daß »der größte Teil der Räte des Herzogs von Burgund den Wunsch und das Bestreben hatte, die beiden Parteien miteinander versöhnt zu sehen. Magister Jean de Tourcy, Bischof von Tournai, und Messire Hue de Lannoy, die gerade von besagtem Herzog von Bedford kamen und den Auftrag hatten, dem Herzog von Burgund gewisse Vorhaltungen zu machen und ihn zu ermahnen, den Schwur zu halten, den er dem König Heinrich (von England) geleistet hatte, waren nicht zufrieden, daß besagter Vertrag zustande kam.«

Bedford arbeitete zweifellos mit allen Mitteln gegen einen französisch-burgundischen Frieden. Aber Philipp wäre der letzte gewesen, der sich durch die Versprechungen der anderen hätte einnehmen lassen oder für den die eigenen bindend gewesen wären. Er spielte sein Spiel und wog die Karten des Augenblicks auf der Goldwaage seines Ehrgeizes. Nachdem er seine Truppen zu Arras versammelt hatte und Gouverneur für die Verteidigung von Paris geworden war, dem Winchesters Armee Schutz gab, wußte er, daß die drohende Gefahr der Tage nach Patay nicht mehr bestand. Es gab keinen Grund mehr, der ihn hätte veranlassen können, seine vorteilhafte Stellung zwischen den beiden gegnerischen Königen aufzugeben, deren einer, sein wahrer Gegner, sich in Compiègne einschloß, ohne etwas zu unternehmen. Und doch, so sagt Monstrelet[3], wäre

---

[1] Cosneau, Traités de la guerre de cent ans, a.a.O., S. 180.

[2] Monstrelet, II, Kap. 66. [3] Monstrelet, II, Kap. 67.

Karl VII. »mit all seiner Macht nach St. Quentin, Corbie, Amiens, Abbeville und in verschiedene andere befestigte Städte und Burgen gekommen, hätte ihn der größte Teil der Einwohner willig als Herrn empfangen, denn sie wünschten nichts anderes auf der Welt, als ihm zu gehorchen und ihm die Tore zu öffnen. Man riet ihm jedoch, nicht gegen die Marken des Herzogs von Burgund zu ziehen, weil sie stark mit Bewaffneten besetzt waren und auch, weil man in der Hoffnung und Erwartung lebte, daß mit der Zeit ein guter Vertrag und Übereinstimmung zwischen ihnen zustande käme.«

Nachdem er die Angebote des Königs bekommen und mit seinen Räten besprochen hatte, schickte ihm Philipp seinerseits am 21. August eine Gesandtschaft nach Compiègne, die aus Jean de Luxembourg, Hugues de Cayeu, Bischof von Arras, David de Brimeu und dem Herrn von Charny bestand. Am 28. erreichten die langwierigen und ungeschickten Vorbereitungen der königlichen Regierung in der Stadt, vor der Johanna neun Monate später gefangen wurde, nicht etwa den ›guten Frieden‹, auf den man seit dem Abzug von Gien so sehr hoffte, sondern den trügerischsten aller Waffenstillstände.

Ohne auf die Vorschläge Karls VII. oder eine eventuelle Versöhnung auch nur anzuspielen, waren Philipps Beauftragte nur bereit, einen über den bereits abgeschlossenen regionalen Verträgen stehenden allgemeinen Waffenstillstandsvertrag zu unterzeichnen, der 1. bis zum 25. Dezember gültig war; 2. für alle Länder nördlich der Seine von Nogent-sur-Seine bis Harfleur galt, ausgenommen die Städte, die ›einen Seineübergang haben‹, einschließlich der Stadt Paris, zu deren Verteidigung gegen jeden Angriff des französischen Königs, das ist eine wichtige Klausel, der Herzog von Burgund ermächtigt wurde; 3. dem König von England die Freiheit ließ, sich, wenn er wollte, bis zum Ablauf der Frist den Kontrahenten anzuschließen[1].

Die Bedeutung dieser wenigen Zeilen ist augenscheinlich. Der Herzog von Burgund verpflichtete sich seinerseits, die Franzosen nördlich der

---

[1] Vgl. Morosini, IV, 336ff. zu allem, was diesen Waffenstillstand vom 28. August betrifft, der durch die Zusatzentscheidungen vom 18. September vervollständigt, dann bis zum 15. März, vielleicht sogar bis zum 15. April 1430 verlängert wurde.

Seine vier Monate lang nicht anzugreifen, d. h. zu gar nichts. Karl VII. verlor damit praktisch die Möglichkeit, die Huldigung der pikardischen Städte entgegenzunehmen, die wie Amiens und Abbeville zu seinem Empfang bereit waren, und auch seine Hauptstadt wiederzuerlangen (wie es der vorherige fünfzehntägige Waffenstillstand vorsah), denn Philipp war dort Statthalter in Vertretung der Engländer, die ihrerseits gar keine Verpflichtungen hatten. Philipp bekam so freie Hand, mit seinem Bundesgenossen Bedford den Feldzug von 1430 vorzubereiten, während der französische König ganz gebunden war und nur noch an den Rückzug denken konnte.

Noch schwerwiegender war jedoch, daß Karl VII. sich mündlich verpflichtet hatte, dem Herzog von Burgund während der Dauer des Waffenstillstands die wichtigsten Städte der Oise als Pfand zu übergeben: Compiègne, Pont-Sainte-Maxence, Creil sowie Senlis, d. h. den freien Weg zwischen dem Artois und der Ile-de-France. Philipp gab das den Einwohnern von Beauvais am 12. September bekannt, und Karl VII. bestätigte es in einem Brief, den er später, am 22. April 1430, an den Herzog von Savoyen richtete[1]. Die Tatsache ist also erwiesen.

Übrigens war der Rückzug bereits vor dem Abschluß dieses Waffenstillstands erwogen, wenn nicht gar beschlossen worden, denn gleich nach der Ankunft der burgundischen Gesandten in Compiègne erhielt Alençon den Befehl, mit Johanna und der Armee in Richtung Paris abzuziehen. Am 23. besetzte er Senlis und am 26. erreichte er St. Denis. Drei Tage später schickte er eine Vorhut nach Lagny, um sich den eventuellen Übergang über die Marne zu sichern[2]. In der folgenden Woche lieferten die französischen Truppen, nach Cagny[3], »jeden Tag Scharmützel vor den Toren von Paris, einmal hier und einmal dort . . . und es verging kein Tag, an dem die Jungfrau nicht an einem Scharmützel teilnahm.«

Die Einwohner ihrerseits »begannen Paris an den Toren der Basteien und die Häuser auf der Stadtmauer zu befestigen, bestückten die Mauern mit Kanonen und Fässern voll Steine, vertieften die Gräben vor der

[1] Champion, G. de Flavy, 139 u. 151 ff.

[2] Chartier: Procès, IV, 88. [3] Procès, IV, 25.

Stadt und schlugen Bekanntmachungen außerhalb und innerhalb der Stadt an[1].« In den ersten Septembertagen richtete Alençon, als Oberbefehlshaber der Armee, an den Profos von Paris und den Vorsteher der Kaufmannschaft und der Schöffen einen Brief, um sie aufzufordern, sich dem König zu unterwerfen, »und redete viel in schönen Worten von ihrem Wohl, um das Volk zu rühren und einen gegen den anderen aufzuhetzen«, aber sie gingen nicht darauf ein und erwiderten ihm, daß er mit solchen Schriftstücken sein Papier verschwende[2].

Bedford jedoch hatte von der am 23. erfolgten Besetzung Senlis' gehört, und da er sich zu einer Schlacht mit günstigem Ausgang nicht stark genug fühlte, zog er sich in die Normandie zurück. Am 27. August, von Vernon aus (achtzig Kilometer westlich von Paris), ordnete er eine Heerschau aller englischen und burgundischen Soldaten an, »um den verdammenswürdigen Unternehmungen des Feindes zu widerstehen ... die sich bemühen ... die gute Stadt Paris zu unterwerfen[3].«

Was Karl VII. betrifft, so hatte er am 30. oder 31. August mit seinem Hof Compiègne verlassen, um nach der Unterzeichnung des Waffenstillstands, dessen Besprechungen ihn in der Stadt zurückgehalten hatten, zur Armee zu stoßen. Er hielt sich ›einige Tage‹ in Senlis auf, wo er den Treueschwur von etwa einem Dutzend Städte erhielt[4]. Cagny, der stets dazu neigt, die Rolle seines Herrn Alençon zu übertreiben, schreibt, der letztere habe sich zweimal, am 1. und 5. September, nach Senlis begeben müssen, um den König zu überreden, bis nach St. Denis zu kommen, wo er endlich am 7. vormittags eintraf[5]. Wir wissen jedoch, daß am selben 7. September: 1. die Armee Alençons Chapelle verließ, um eine vorläufige Rekognoszierung vorzunehmen und den für den nächsten Tag vorgesehenen Sturm vorzubereiten[6]. 2. Karl VII. durch ein Dekret Jean Tudert, den Doyen von Notre Dame zu Paris, zum alleinigen Finanzverwalter der Länder nördlich der Seine ernannte[7]. Ohne daß wir auf die

---

[1] Bourgeois de Paris, Hrsg. Jonquières, 221. [2] ebd.

[3] Morosini, III, 215, Nr. 5; hier auch weitere nützliche Angaben.

[4] Monstrelet: Procès, IV, 391, 392. [5] Procès, IV, 25, 26.

[6] ›Bourgeois de Paris‹, Hrsg. Jonquières, 222 u. St. Luce, Jeanne d'Arc à Domremy: Preuves CCXXIV. [7] V. de Viriville, II, 116, Nr. 1.

ganz selbstverständliche Notwendigkeit gewisser materieller Vorbereitungen eingehen wollen, die selbst im 15. Jahrhundert für eine starke Armee beim Sturm auf eine große Stadt erforderlich waren, lassen diese beiden Hinweise erkennen, daß die Operation des 8. vor Karls VII. Ankunft am 7. vormittags beschlossen worden war, d. h. bereits in Senlis, wohin sich Alençon nur begeben hatte, um die Angelegenheit mit La Trémoille zu besprechen. Wenn man also, wie so viele Autoren, behaupten will, dieser Angriff wäre zwischen Alençon und Johanna gegen den Willen oder gar ohne Wissen des Kronrats, der allein eine so folgenschwere Entscheidung treffen konnte, verabredet worden, so handelt es sich um eine romanhafte Geschichtsauffassung, die durch die bekannten Tatsachen widerlegt wird. Außerdem wird Johanna zweimal sagen[1], daß sie an diesem Angriff nur auf »Verlangen der Edelleute (d. h. der Heerführer) teilnahm, die eine Waffentat vollbringen wollten«, und daß »es ohne Wissen und Willen ihrer Stimmen geschah.« Das beweist, daß man sie darüber vorher nicht befragt hatte.

Über diesen Tag besitzen wir verschiedene Berichte[2], der sicherste scheint jedoch der von Fauquembergue, dem Kanzleischreiber des Parlaments von Paris, zu sein. Er beschreibt ihn wie folgt: »Donnerstag, am 8. Tag des September 1429, Geburtstag der Mutter Gottes, versammelten sich die Krieger des Herrn Karl von Valois in großer Zahl vor den Mauern von Paris, in der Nähe des Tores St. Honoré, und hofften, das Volk in Furcht zu versetzen und dadurch die Stadt und die Einwohner von Paris mehr zu belasten und zu schädigen als sie durch Kraft und Stärke ihrer Waffen vermocht hätten. Gegen zwei Uhr nachmittags taten sie so, als wollten sie die Stadt Paris einnehmen. Und schnell brachten einige Leute, die sich auf dem Platz Pourceaux und in der Nähe besagten Tores aufhielten, gefüllte große Säcke und Reisigbündel herbei und warfen sie in den anderen Graben nahe der Mauer, der voll Wasser war. Zu dieser Stunde gab es in Paris viele verängstigte und wankelmütige Einwohner,

---

[1] Champion, II, 88 u. 99.

[2] Fauquembergue: Procès, IV, 456 ff. (Vgl. Cagny: Procès, IV, 27 ff. Chartier: Procès, IV, 86 ff. – Das ›Tagebuch‹ (übernommen von Chartier): Procès, IV, 198 ff. – Monstrelet: Procès, IV, 392 ff. – ›Bourgeois de Paris‹: Procès, IV, 464 ff.).

die überall in der Stadt und diesseits und jenseits der Brücken schrien, daß alles verloren sei und daß die Feinde bereits in Paris wären und jeder sich zurückziehen und schnell retten solle. Und als dies Gerücht beim Nahen der Feinde aufkam, verließen die Leute, die gerade der Messe beiwohnten, sehr erschreckt die Kirchen, zogen sich in ihre Häuser zurück, und verschlossen die Türen. Weitere Aufregung blieb den Einwohnern von Paris jedoch erspart. Die Bürger der Stadt, die dazu beordert wurden, blieben zur Bewachung und Verteidigung der Tore und Mauern zurück und verschiedene andere Einwohner kamen ihnen zu Hilfe und leisteten den Leuten des Herrn Karl von Valois, die sich im ersten Graben und draußen auf besagtem Platz Pourceaux befanden, bis zehn oder elf Uhr abends starken Widerstand, so daß sie ohne Erfolg abziehen mußten. Und (sie) hatten mehrere Tote und verloren Zugpferde und Kanonen. Unter anderem wurde eine Frau, die man Pucelle nannte, und die mit den anderen Feldherren die Armee des besagten Herrn Karl von Valois anführte, durch einen Pfeil am Bein verletzt. Sie hatten übrigens gehofft, Paris eher durch besagte Bedrängung und Erregung als durch Sturm oder Waffengewalt zu erobern, denn wenn sie auch jedem Mann vier oder mehr Soldaten hätten entgegenstellen können, so hätten sie doch trotz ihrer guten Bewaffnung besagte Stadt Paris weder durch Sturm noch durch Belagerung einnehmen können, solange sie noch Lebensmittel hatte; und sie war damit noch für lange Zeit gut versehen. Die Einwohner aber erklärten sich mit den Soldaten der Stadt ganz einig, dem Sturm und dem obenerwähnten Unternehmen zu widerstehen.«

Was an dem Bericht dieses Zeugen über die innerhalb der Stadt vorgekommenen Ereignisse am meisten überrascht, ist der Nachdruck, mit dem er darauf hinweist, daß die französische Armee weder über genügend Truppen noch über die materiellen Mittel verfügte, Paris im Sturm zu nehmen, und daß die Anführer vor allem auf eine Volkserhebung zugunsten Karls VII. rechneten. Die vorherige Ernennung des Doyens von Notre Dame in den Dienst des Königs und die von Cagny berichtete Tatsache[1], daß der Sire de Montmorency, erster Baron seiner Majestät von Gottes Gnaden in der Ile-de-France, am nächsten Tag, dem 9., mit fünfzig

[1] Procès, IV, 28.

Edelleuten die Hauptstadt verließ, um zur Armee Alençons zu stoßen, zeigen wohl, daß man bereits geheime Verbindungen geschaffen hatte, was den Bericht Fauquembergues sehr wahrscheinlich macht. In der Tat hatten die Franzosen für die Belagerung keine Kanonen und konnten nur durch einen überstürzten Angriff zum Ziel kommen, denn Bedford befand sich ganz in der Nähe, in Vernon, und Philipp, dessen Reaktion nicht zweifelhaft war, konnte von Arras in knapp einer Woche herbeikommen. Mit anderen Worten, wir können uns sehr gut vorstellen, daß La Trémoille, trotz des prinzipiell beschlossenen Rückzugs, daran gedacht hatte, Paris beim Vorbeizug mit Gewalt zu nehmen. Das hätte eventuell durch Verbindung mit Leuten innerhalb der Stadt gelingen können, wodurch, wie in Troyes, die in Compiègne erlittene diplomatische Niederlage wieder gutgemacht worden wäre.

Der ›Bürger von Paris‹ sagt über die Rolle Johannas aus[1]: »Und die Jungfrau stand mit ihrem Banner am Rand des Grabens und sagte zu den Einwohnern von Paris: ›Im Namen Jesu, ergebt Euch uns sogleich, denn wenn Ihr Euch nicht vor der Nacht ergebt, werden wir mit Gewalt eindringen, ob Ihr wollt oder nicht, und Ihr werdet alle gnadenlos getötet werden.‹ ›Das wollen wir sehen, du schamlose Hure‹, sagte einer. Er zielte mit seiner Armbrust direkt auf sie und (der Pfeil) durchbohrte ihr Bein, und sie wich zurück.« Cagny und Chartier berichten ihrerseits, daß sie nach ihrer Verletzung auf dem Kampfplatz bleiben wollte, und man sie zwingen mußte, sich zurückzuziehen.

Am selben Abend, als es dunkel wurde, zog sich die Armee nach Chapelle zurück, und am nächsten Morgen beschloß der Kronrat, das Unternehmen abzubrechen, das, da es nicht beim ersten Mal gelungen war, aufgegeben werden mußte. Am 10. begann man die Vorbereitungen zum Rückzug, und am 13. morgens setzte man sich in Richtung auf die Marne in Bewegung. Vor dem Aufbruch legte Johanna dem Ritterbrauch gemäß ihren Harnisch ›mit viel Bedauern‹ vor dem Bildnis der Notre Dame und den Reliquien in der Abtei St. Denis nieder[2].

Die Kanzlei richtete ihrerseits wie üblich Rundschreiben an alle ›guten Städte‹, um die getroffene Entscheidung zu rechtfertigen. Von dem

[1] Procès, IV, 465. [2] Procès, IV, 29.

Schreiben, das am selben 13. September an die Einwohner von Reims geschickt wurde, besitzen wir das Original, aus dem wir hier die wichtigsten Stellen anführen[1]:

»Teure und Vielgeliebte, nachdem wir verschiedene Städte, befestigte Orte und Festungen dieser Gegend unterworfen und erobert haben, um für unser Königreich und auch zwischen uns und unserem Vetter von Burgund den Frieden zu erlangen ... wurden mehrere Beratungen sowohl von uns und unseren Leuten als auch von unserem Vetter von Burgund und den Seinen abgehalten ... bei diesen Beratungen wurde festgesetzt, bis zum kommenden Weihnachtsfest zwischen uns und unserem Vetter von Burgund keinen Krieg zu führen; während dieser Zeit des Waffenstillstands können wir den Frieden sicherer vorbereiten ... Und damit während dieses Waffenstillstands die außerordentlich vielen Leute, die in unserem Dienst stehen, in diesem Land bleiben, was seinen vollständigen Niedergang bedeuten würde, weil wir sie zur Zeit nicht im Krieg einsetzen können, so haben wir beschlossen, um das Los unserer Länder während des Waffenstillstands zu erleichtern und auch um eine noch größere Armee aufzustellen, mit der wir, wenn nötig, nach dem Waffenstillstand zurückkehren und die Wiedereroberung unserer Herrschaft weiterverfolgen werden, auf das andere Ufer der Seine hinüberzugehen; und zur Wache und zur Verwaltung besagter Länder oberhalb (der Seine) haben wir unseren sehr teuren und geliebten Vetter, den Grafen von Clermont, als Generalstatthalter zurückgelassen ... und mit ihm den edlen Vetter Christoph von Harcourt und andere Mitglieder unseres Kronrats[2]. Unserem Vetter und Generalstatthalter haben wir Regierungsgewalt über Euch und die anderen gegeben, um Euch bis zu unserer Rückkehr zu schützen und gegen alle Angriffe zu verteidigen ...«

Dieser Brief, dessen Ton gezwungen und kläglich wirkt, läßt die drei folgenden Bemerkungen zu: 1. Er spricht nicht, und das ist verständlich, von dem mißlungenen Angriff auf die Hauptstadt, enthält aber auch nicht die gewöhnlichen Anspielungen auf die ›alten Feinde, die Engländer‹, so als ob die Anstrengungen der drei Monate nichts mit ihnen zu tun gehabt hätten. 2. Im ersten Satz wird bestätigt, was uns die Tatsachen schon klar gezeigt haben, daß der Zug in die Champagne und die Ile-de-France hauptsächlich in der Hoffnung erfolgt war, mit dem Herzog von Burgund einen ›guten Frieden‹ zu schließen. 3. Er gesteht ein, daß es zu diesem Frieden nicht kam, und der mit Philipp unterzeichnete provi-

[1] Beaucourt, III, 518 (in heutiges Französisch übersetzt).

[2] So läßt der König nicht nur einen ständigen militärischen Generalstatthalter zurück, sondern auch eine Regierungskommission unter dem Vorsitz von Regnault de Chartres, die frühestens am 7. September gebildet worden war, vor dem Angriff auf Paris (Beaucourt, II, 239, Nr. 1).

sorische Waffenstillstand für Karl VII. während dieser Zeit alle kriegerischen Operationen unmöglich macht; somit ist er gezwungen, auf die andere Seite der Seine hinüberzugehen, um auf günstigere Gelegenheiten zu warten. Nach den Berichten der Siege von Orléans und Patay ist dies ein echtes Zeugnis einer Niederlage.

Am 21. September kehrte der König nach Gien zurück, wo die Armee Alençons, die in fünfundachtzig Tagen tausend Kilometer zurückgelegt hatte, verabschiedet wurde. Der Krönungszug, dem eine außergewöhnlich günstige strategische Situation geopfert wurde, endete mit einem diplomatischen und militärischen Mißerfolg.

Bei dem Bemühen, Johannas Rolle bei diesen Ereignissen festzustellen, kommen wir sofort zu folgendem Ergebnis: An den begangenen Irrtümern und Mißerfolgen war sie nicht verantwortlich beteiligt, weil sie keine Befehlsgewalt innehatte. Wenn sie, ganz von der Idee der Krönung befangen, der sie eine mystische Wirkung auf die sofortige Befreiung des Königreichs zuschrieb, und ohne Kenntnis der Kriegführung, den nach Patay begangenen unwiderruflichen Irrtum nicht begreifen konnte, so kann ihr dafür doch nicht die Schuld gegeben werden, da alles von den Berechnungen La Trémoilles und nicht von ihrer treuherzigen Begeisterungsfähigkeit abhing. Außerdem ist es ganz offensichtlich, daß niemand daran dachte, eine Person um ihre Meinung zu fragen, der die diplomatischen Umwege völlig fremd waren und die von den zahllosen Verzweigungen einer längst vor ihrem Kommen eingeleiteten Staatspolitik nichts wissen konnte.

Während des ganzen Krönungszuges verfolgt sie ihren Weg, der von Anfang an auf religiöser Ebene festgelegt war. Sie begleitet unter Aulons Geleit den König, seinen ersten Minister und seine Räte; sie wird von der Kanzlei, die ihren bereits am ersten Tag festgelegten Propagandaabsichten folgt, als Botin benutzt, um mündlich oder schriftlich mit den hohen Persönlichkeiten und guten Städten in Verbindung zu treten. Sie zeigt endlich immer noch den gleichen Mut und ihre alte Aktivität, die gleiche Selbstverleugnung und ist, ohne Furcht vor Gefahr, immer in der ersten Reihe, wenn es wie in Troyes oder Paris darum geht, ein Scheinmanöver oder einen Sturm vorzubereiten.

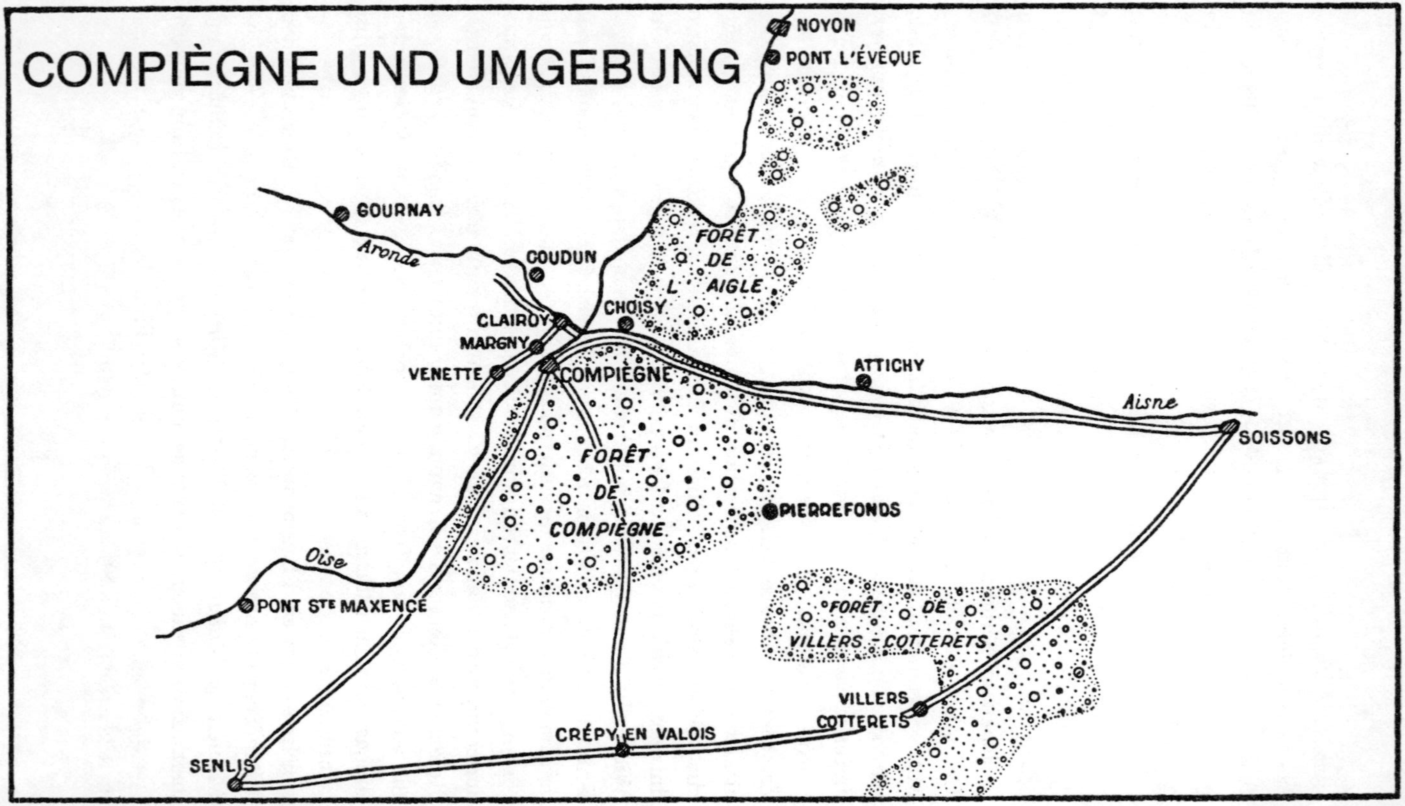
COMPIÈGNE UND UMGEBUNG
NOYON
PONT L'ÉVÊQUE
GOURNAY
Aronde
COUDUN
FORÊT DE L' AIGLE
CHOISY
CLAIROY
MARGNY
VENETTE
COMPIÈGNE
ATTICHY
Aisne
SOISSONS
FORÊT DE COMPIÈGNE
PIERREFONDS
Oise
PONT STE MAXENCE
FORÊT DE VILLERS - COTTERETS
VILLERS COTTERETS
CRÉPY EN VALOIS
SENLIS

X

VON GIEN NACH COMPIÈGNE

Johannas Aufgebot hatte viereinhalb Monate gedauert, von Mitte Dezember 1428 bis Ende April 1429, und ihr Ritt, von Anfang Mai bis Mitte September, ebenso lange. Acht Monate später, am 23. Mai 1430, wird sie vor den Mauern Compiègnes gefangengenommen, und ihr aktives Leben ist beendet.

Auf militärischem Gebiet sind für diese letzte Periode, wie immer damals in der schlechten Jahreszeit, nur bedeutungslose örtliche Operationen bezeichnend. Auf diplomatischem Gebiet unterstützt der französische Mißerfolg bei der Konferenz von Arras-Compiègne die feindlichen Intrigen der Anglo-Burgunder und führt zu Beginn des Frühjahrs zur Wiederaufnahme der Feindseligkeiten zwischen Karl VII. und Philipp dem Guten. In der immer lückenhafter werdenden Dokumentation wird Johanna während dieser stagnanten Periode nur noch episodenhaft auf einem nicht genau festzulegenden Weg erscheinen. Da sich die Nachforschungen der Rehabilitation nicht auf die Zeit nach der Krönung zu Reims erstrecken, müssen wir uns mit den seltenen Angaben begnügen, die von zwei bis drei Zeugen und Johanna selbst gemacht wurden sowie einigen amtlichen Schriftstücken und den so wenig glaubwürdigen Angaben der Chronisten.

Nach Cagny und Berry[1] wollte Alençon nach der Verabschiedung der königlichen Armee zu Gien eine persönliche Expedition im Gebiet der Maine organisieren, um sein Herzogtum wiederzuerlangen. Er bat darum, Johanna zu erlauben, ihn zu begleiten, denn er dachte mit Recht, daß ihre

---

[1] Procès, IV, 30 u. 48.

Gegenwart ihm mit Leichtigkeit Parteigänger zuführen würde. Aber, so berichten die beiden Chronisten, La Trémoille erlaubte es nicht. Man kann leicht verstehen, vorausgesetzt daß es wahr ist, daß der Erste Minister, der Johanna für die königliche Sache eingesetzt hatte, sie zu seiner Verfügung behalten und nicht bei einer privaten Unternehmung wissen wollte, die seiner Kontrolle nicht unterstanden hätte.

Nach einem kurzen Aufenthalt in Gien beauftragte La Trémoille seinen Halbbruder, den Herrn von Albret, Graf von Dreux und Statthalter des Königs in Berry, Johanna in Bourges, der provisorischen Hauptstadt, bei Magister René de Bouligny, dem Finanzberater Karls VII., einzuquartieren. Dies wird wenigstens von der Witwe des letzteren, Marguerite La Touroulde[1] ausgesagt, die auch einige anekdotische Einzelheiten über Johanna berichtet. Als diese Dame eines Tages zu Johanna sagte, »sie ginge deswegen ohne Zaudern beim Angriff vor, weil sie wüßte, daß sie dabei nicht getötet würde«, erwiderte diese, »sie habe in dieser Hinsicht nicht mehr Sicherheit als andere Menschen.« Danach erzählte ihr Johanna von der Untersuchung der Gelehrten zu Poitiers und fügte hinzu, daß sie gesagt hätte: »Es gibt Bücher unseres Herrn, die mehr sind als die Euren.« Und endlich gibt die Zeugin an, daß Johanna gelacht hätte, als man ihr Amulette brachte, die sie berühren sollte, und den Besucherinnen gesagt habe: »Berührt sie doch selbst, denn das hat die gleiche Wirkung.« Diese Worte zeugen von dem unbedingten Glauben Johannas an ihre ›Sendung‹ und ihrer gleichzeitigen Bescheidenheit, die sie überzeugt sein ließ, nur ein Werkzeug des göttlichen Willens zu sein.

Da die Umstände eine Unterbrechung ihres Einsatzes erforderlich machten, blieb Johanna drei Wochen bei La Touroulde, d. h., wie es scheint, die längste Zeit des Oktober. Der König begab sich seinerseits mit seinem Hof zuerst von Gien nach Selles und dann nach Montargis, Loches, Vierzon, Jargeau, Issoudun und gelangte am 15. November nach Mehun-sur-Yèvre, wo er zwei Monate blieb[2]. Die Gründe für diese Ortswechsel sind nicht bekannt; am wahrscheinlichsten ist jedoch die Annahme, daß es sich um eine Propagandareise durch die Gebiete, in denen sich Karl VII.

---

[1] Procès, III, 85ff. [2] Beaucourt, II, 265.

oft aufhielt, handelte, denn nun konnte er dort mit dem neuen Prestige der Krönung erscheinen.

Indessen war die königliche Kanzlei vor allem mit den Waffenstillständen vom 28. August und 18. September beschäftigt, denn sie hoffte noch immer – und sei es mit neuen Opfern –, die erwünschte Versöhnung zustandezubringen, während Philipp sein Doppelspiel weiterverfolgte und darin nur eine für die Befestigung seiner Macht vorteilhafte Ruhepause sah. Aus diesen Erwägungen heraus behauptet Berry[1], daß Philipp nach dem Rückzug der königlichen Armee Theater spielte, indem er von Karl VII. einen Freibrief verlangte – der ihm natürlich ausgestellt wurde –, um sich nach Paris zu begeben, und Monstrelet[2] berichtet uns, daß der Herzog von Burgund zur gleichen Zeit »Boten nach Amiens schickte (die Stadt war in Händen der Engländer) . . . um dem Bürgermeister und den Einwohnern die große Zuneigung zu beweisen, die er und seine Vorgänger immer für sie gehabt hätten . . . und sie bat, immer auf seiner Seite zu bleiben und seine Partei zu unterstützen . . . so, wie es sich für gute Nachbarn und Freunde gehöre.«

Am 21. September verließ Philipp Corbie an der Spitze einer Armee von viertausend Mann, die man im pikardischen Grenzland ausgehoben hatte, und in Begleitung seiner Schwester, der Frau Bedfords. Auf seinem Weg nach Senlis huldigten ihm der Kanzler Regnault de Chartres und der Graf von Clermont, sein Schwager, königlicher Statthalter der nördlich der Seine gelegenen Länder[3]. Am 30. September kam er nach Paris zu Bedford, und am 8. Oktober stieß der Kardinal von Winchester zu ihnen.

Die beiden Engländer wollten den Franzosen vor allem die Hoffnung auf Frieden erhalten und am 10. Oktober begann in St. Denis eine Konferenz, bei der Karl VII. durch Regnault de Chartres, der König von England durch Kardinal Winchester, Philipp der Gute durch Jean de Luxembourg und Hue de Lannoy vertreten waren. Als wichtigste Punkte

---

[1] Procès, IV, 48.

[2] Monstrelet, Bd. II, Kap. 67ff. (Vgl. Le Bourgeois de Paris, 1429).

[3] Der Graf von Clermont hatte am 6. August 1425 Agnes von Burgund geheiratet, eine Schwester Philipps, der Pate eines ihrer Kinder war und ihm ein bestimmtes Jahresgeld zahlte.

standen zur Debatte: 1. Die Rückgabe von Compiègne an den Herzog von Burgund, die der Rat der Stadt Ende September[1] verweigert hatte; 2. der ›Tag‹ des allgemeinen Friedens, der am 1. April 1430 in Auxerre in Gegenwart des Herzogs von Savoyen und der von dem kürzlich anerkannten Papst beauftragten Kardinäle stattfinden sollte[2].

Danach gab Philipp am 12. Oktober seine Einwilligung zu dem sogenannten ›Friedenstag‹ mit dem Versprechen, bei den Engländern zugunsten einer friedlichen Lösung einzutreten, und schrieb am 15. an den Herzog von Savoyen, um ihn zu bitten, persönlich nach Auxerre zu kommen und den Kaiser zu ersuchen, sich dort vertreten zu lassen[3]. Die königliche Regierung gab am 20. Oktober dem Burgunder ihrerseits amtlich bekannt, daß man ihm freistelle, die Stadt Compiègne mit Gewalt zu erobern, falls die Einwohner Widerstand leisteten: der Graf von Clermont würde nicht einschreiten[4]. Dann, am 30. Oktober, reisten die königlichen Beauftragten von Jargeau nach Reims ab, um die Bürger über die geschlossenen Waffenstillstände in Kenntnis zu setzen und sie zu ihrer strikten Einhaltung aufzufordern[5]. Am 4. November endlich nahm Karl VII. seinerseits die Bedingungen der Konferenz von Auxerre an und schickte einige Tage später seinen getreuen Gaucourt zu Philipp, um den am 25. Dezember abgelaufenen Waffenstillstand zu verlängern[6].

Aber bei den Anglo-Burgundern handelte es sich nur um Täuschung und Schauspiel, denn, so berichtet Monstrelet[7], gleich nach der Begegnung zwischen Philipp und Bedford in Paris »wurden zwischen diesen beiden Fürsten und ihren Ratgebern mehrere große Beratungen über die Kriegführung abgehalten, die sehr wichtig waren ... Und so beschlossen besagte Herzöge von Bedford und von Burgund, daß sich gegen Ostern, wenn es Frühling würde, jeder stark rüsten wolle, um die Städte in der Mark Frankreich und an der Oise, die sich von ihnen abgewandt hatten,

---

[1] Champion, G. de Flavy, Pièces justif. XVIII–XIX–XXII.

[2] Nach dem 26. September hatte R. de Chartres den Einwohnern von Beauvais davon Mitteilung gemacht. Ebd. Pièces justif. XX. [3] Beaucourt, II, 412, 413.

[4] Archives du Nord, B. 1483 (zit. nach Beaucourt, II, 414, Anm. 1). Vgl. ›Mémoire à consulter sur G. de Flavy‹ (Procès, V, 174 ff.).

[5] V. de Viriville, II, 124.

[6] Beaucourt, II, 414, 415. [7] Monstrelet, Bd. II, Kap. 70.

wieder zurückzuerobern.« Um dieses Abkommen noch zu bekräftigen, übergab der König von England durch eine offene Urkunde vom 13. Oktober Philipp, der bereits Gouverneur von Paris war, die Statthalterschaft über das Königreich Frankreich. Vier Tage später zog letzterer mit seiner Truppe nach Brügge, um dort seine Heirat mit Isabella von Portugal vorzubereiten, die am 8. Januar 1430 stattfand[1].

Diese Heiratsabsichten hinderten Philipp übrigens nicht, mit den Engländern in engstem Kontakt zu bleiben. Anfang Dezember[2] wird von der Anwesenheit eines seiner Vertrauensmänner, Hue de Lannoy, in London berichtet, der etwa im September–Oktober zwei Entwürfe veranlaßt, wenn nicht gar selbst abgefaßt hatte, die ein gemeinsames Vorgehen der Engländer und Burgunder – natürlich mit größerem Vorteil für letztere – vorsahen[3].

Die Gedanken und Vorschläge dieser beiden Abhandlungen lauten folgendermaßen: 1. Der König von England sollte mit großem Aufwand zur Konferenz von Auxerre kommen, um bei dem französischen Volk den vorteilhaften Eindruck zu erwecken, daß er alles Nötige zur Herstellung des Friedens täte. 2. Aber man mußte bereits jetzt damit rechnen, daß »der Frieden nicht Frucht trage«, und noch vor Weihnachten »eine große Truppenmacht, Krieger und Bogenschützen«, nach Frankreich schicken. Anschließend sollte der König von England selbst »mit der größtmöglichen Machtentfaltung vor dem besagten Tag von Auxerre in sein Königreich Frankreich kommen.« 3. Zur gleichen Zeit wollte man eine ausreichend starke Armee nach Guyenne schicken, um dort den Grafen von Armagnac und den Grafen von Foix zurückzuhalten, damit sie Karl VII. »für seinen Krieg in Frankreich« keine Hilfe bringen könnten. 4. Es wäre notwendig, die englische Regierung daran zu erinnern, daß ohne die Hilfe des Herzogs von Burgund und seiner guten Vasallen »kein beständiger Gewinn erreicht werden könne« und es darum vorteilhaft wäre, sich ihren Beistand durch Geld, Truppen, Geschütze, Waffen und territoriale Konzessionen zu bewahren. 5. In letzterem Fall würde sich der Herzog von Burgund »in Erwartung der Ankunft des Königs« verpflichten, das »Land um Paris zu

[1] Beaucourt, II, 413. [2] Champion, G. de Flavy, 34, Anm. 2.
[3] ebd., pièces justif, XXIII, XXIV u. Anm.

unterwerfen« und auch dem König (von England) den Weg frei zu machen, um zur Salbung und Krönung nach der Stadt Reims gehen zu können.« 6. Es wäre »sehr zweckmäßig«, den Herzog von Savoyen wegen einer »Angelegenheit, die ihm am Herzen läge«, zu gewinnen, damit er nicht ins andere Lager überginge, wie auch Beistand und Freundschaft des Kaisers, der Könige von Spanien, Aragon, Portugal und Navarra, der Herzöge von Mailand und Lothringen und der großen deutschen Fürsten zu suchen, ohne dabei die gegen Schottland nötigen Vorsichtsmaßnahmen zu vergessen, »auf das die Feinde große Hoffnungen setzten.« 7. Der Herzog von Burgund sollte versuchen, sich direkt gegen Karl VII. mit dem Herzog von Bretagne zu verbinden, indem er ihm das Poitou verspräche, und auch mit dem Konnetabel von Richemont, dem er das Herzogtum Touraine, Aunis und Saintonge, die Stadt La Rochelle und die Besitzungen des Herrn von La Trémoille gäbe. 8. Wenn es gelänge, Richemont zu gewinnen, sollte man ihm dreitausend Krieger oder das zu ihrer Besoldung notwendige Geld geben, damit er die Franzosen vom Westen her angreife, während der Herzog von Burgund von Osten her über La Charité und die anderen Loirestädte in das Berry eindränge. Ihre Vereinigung oder schon die Androhung würde Karl VII. zwingen, Bourges zu verlassen und sich ins Languedoc zurückzuziehen.

Aus diesem allgemeinen Überblick geht hervor, wenn man die diplomatischen und strategischen Schritte betrachtet, die seit Anfang Oktober von Bedford und Philipp unternommen wurden, daß die Wiederaufnahme des Krieges im Frühjahr von nun an unvermeidlich war; die Franzosen waren sich dessen noch nicht bewußt.

Außerdem wurde der Waffenstillstand von Compiègne, wie es immer geschah, von keiner der Parteien genau befolgt. Monstrelet sagt dazu[1]: »Zu der obenerwähnten Zeit war zwischen König Karl und dem Herzog von Burgund bis zum kommenden Osterfest ein Waffenstillstand vereinbart worden; trotzdem griffen sich beide Parteien sehr oft gegenseitig an. Und um sich dabei zu rechtfertigen, verbanden sich manche aus der Partei des besagten Herzogs von Burgund mit den Engländern, die mit

[1] Monstrelet, II, Kap. 70.

den Franzosen keinen Waffenstillstand geschlossen hatten, und nahmen mit ihnen am Krieg gegen die Franzosen teil. Und die Franzosen bekriegten ebenfalls die Burgunder ganz offen und gaben vor, es wären Engländer; somit gab es während besagtem Waffenstillstand keine oder nur wenig Sicherheit.« In dieser konfusen und unruhigen Atmosphäre fanden im Herbst 1429 zwischen Franzosen und Anglo-Burgundern verschiedene militärische Operationen statt, die jedoch vereinzelt und unbedeutend blieben, und von denen wir nur die zu erwähnen brauchen, an denen Johanna teilnahm.

Nach dem ›Tagebuch‹, von dem die ›Chronik‹ ausgeht[1], hatte der Kronrat im Juni, vor dem Aufbruch nach Reims, beabsichtigt, verschiedene Loirestädte wie Cosne und La Charité, die im Besitz der Anglo-Burgunder waren, vorher zu besetzen, zweifellos um die Krönungsarmee gegen jede Rückenbedrohung abzuschirmen. Endlich jedoch, nach zahlreichen erfolglosen Aufforderungen, hatte man diesen Gedanken aufgegeben. Also ist es nicht verwunderlich, daß man im Oktober darauf zurückkam, und, wie Aulon berichtet[2], man beschloß, »da es äußerst notwendig wäre, die Stadt La Charité, die besagte Feinde (die Engländer) besetzt hielten, zurückzuerobern, aber vorher müßte man die Stadt St. Pierre-le-Moustier, die ebenfalls im Besitz besagter Feinde war, einnehmen.« Eine Armee, deren Stärke uns bekannt ist, wurde in Bourges aufgestellt[3]. Das Kommando hatte Karl II., Herr von Albret, inne, dem der Marschall von Boussac und Ludwig von Bourbon, Graf von Montpensier[4], zur Seite standen. Johanna begleitete sie.

St. Pierre-le-Moustier liegt zwischen Nevers und Moulins ungefähr fünfundzwanzig Kilometer westlich der Loire in einer hügligen Gegend. Die einzige Schilderung von der Eroberung dieser Festung stammt von Aulon[5], der mitteilt, nach einer Belagerung von einigen Tagen wäre der erste Angriff durch die große Zahl und den Widerstand der Belagerten zurückgeschlagen worden, und die Franzosen hätten in ihre Ausgangsstellung zurückkehren müssen. Dann fügt er hinzu, daß, als er Johanna

---

[1] Procès, IV, 180 u. 245. [2] Procès, III, 217. [3] ebd.
[4] Procès, IV, 48 u. V, 149f., 150. [5] Procès, III, 218.

mit vier oder fünf Mann zurückbleiben sah, er zu ihr gegangen sei, um sie zu fragen, warum sie sich nicht mit der Hauptmacht zurückzöge. Johanna habe daraufhin den Helm abgenommen und ihm diese seltsame Antwort gegeben, »daß sie nicht allein wäre, daß sie noch von fünfzigtausend ihrer Krieger begleitet würde und nicht eher fortginge, als bis sie besagte Stadt eingenommen hätte . . . und sie sagte ihm, er solle Reisigbündel und Leitern bringen lassen, um über die Gräben der Stadt eine Brücke zu bauen . . . was auch sofort getan wurde. Darüber sei er sehr verwundert gewesen, denn die Stadt wurde ohne Verzug im Sturm genommen, ohne daß man dort großen Widerstand fand.« Da die Tatsachen gewiß nicht diesen symbolischen Worten entsprachen, ist es gut möglich, daß Johannas Bemerkungen eine vorübergehende halluzinatorische Störung bedeuten, die bei Aulon ein solches Erstaunen hervorrief, daß er diese Tatsache unter allen anderen behielt und ihr beim zweiten Angriff den Erfolg zuschrieb. Nach Einnahme der Stadt soll Johanna, nach Aussage eines Zeugen[1], eingeschritten sein, um die Plünderung einer Kirche zu verhindern.

St. Pierre-le-Moustier war in den ersten Novembertagen besetzt worden und der Herr von Albret besorgte sich, bevor er den Weg nach La Charité einschlug, das am rechten Ufer der Loire, vierundzwanzig Kilometer nördlich von Nevers liegt, bei den ›guten Städten‹ den für dieses Unternehmen notwendigen Nachschub. Wir wissen z.B., daß ihm Orléans Lebensmittel und Waffen[2] lieferte, und daß er am 7. November zusammen mit Johanna an die Einwohner von Clermont-Ferrand einen Brief – der Text ist uns unbekannt – schrieb, in dem er von ihnen Pulver, Pfeile und Geschütze verlangt, die ihm mit Ausnahme der Geschütze geliefert wurden[3].

Die in diesem Zusammenhang jedoch interessantesten Dokumente sind zwei am 9. November von Moulins aus an die Einwohner von Riom gesandte Briefe, von Albret und Johanna unterzeichnet, deren Text lautet[4]:

---

[1] R. Thierry: Procès, III, 23.
[2] Charp. u. Cuissard, ebd., 355.
[3] Procès, V, 146.
[4] Procès, V, 147—150.

Johannas Brief (vollständiger Text)

Liebe und gute Freunde, Ihr habt wohl erfahren, daß die Stadt Saint-Pierre-le-Moustier im Sturm genommen wurde. Und ich habe die Absicht, mit Gottes Hilfe, auch die anderen Festungen, die dem König Widerstand leisten, einzunehmen.

Aber es sind viel Pulver, Bogen und andere Kriegsgeräte vor besagter Stadt verbraucht worden, und die Herren, die in dieser Stadt (Moulins) sind, und ich, wir sind für die Belagerung von La Charité, wohin wir jetzt gehen, nur schlecht ausgerüstet.

Ich bitte Euch darum, die Ihr auf das Wohl und die Ehre des Königs und auch aller anderen Orte in der Nähe bedacht seid, daß Ihr sofort, um uns bei dieser Belagerung zu helfen, Pulver, Salpeter, Schwefel, Bogen und Armbrüste und anderes Material schickt.

Und tut das recht bald, damit das Unternehmen nicht aus Mangel an erwähntem Pulver und Kriegsgerät verzögert wird und damit man Euch nicht nachlässig oder widerspenstig nennen kann.

Liebe und gute Freunde, der Herr möge Euch behüten. Geschrieben zu Moulins, am 9. Tag des November. (gezeichnet) Johanna.

(Adressiert): An meine lieben und guten Freunde, die Geistlichen, die Bürger und Bewohner der Stadt Riom.

Brief des Herrn von Albret (Auszug)

Sehr liebe und treue Freunde, Ihr habt sicher erfahren können, daß die Stadt Saint-Pierre-le-Moustier im Sturm genommen wurde ... Unsere Absicht ist, mit Gottes Hilfe fortzufahren in der Befreiung und Ausräumung der anderen widerspenstigen und dem König feindlich gesinnten Festungen ... auch von La Charité.

Bei diesem Sturm haben wir viel Pulver, Bogen und andere Kriegsgeräte verbraucht und sind darum augenblicklich sehr in Verlegenheit...

Wir bitten und mahnen Euch sehr, wenn Ihr zu Eurem Besten und auch dem der benachbarten Orte die Ausräumung besagter Festungen wünscht, uns zu helfen und umgehend Pulver für die Kanonen, Salpeter, Schwefel, Armbrüste und anderes Material zu schikken.

Damit unser Unternehmen nicht aus Mangel an Pulver und den anderen obenerwähnten Dingen verzögert wird, sorgt, daß die Sendung umgehend erfolgt.

Unser Herr, in dessen Schutz wir stehen, weiß davon. Geschrieben zu Moulins, am 9. Tag des November. (gezeichnet) Herr von Albret usw. ... Statthalter des Landes Berry für den König während des Krieges, Karl.

(Adressiert): An meine sehr lieben und teuren Freunde, die Geistlichen, die Bürger und Bewohner der Stadt Riom.

Aus der Gegenüberstellung dieser beiden Texte geht hervor, daß Johannas Brief die fast wörtliche Wiederholung der wichtigsten Stellen von Albrets längerem Brief darstellt und darum nicht von ihr diktiert wurde, sondern nur eine schriftliche Hilfsmaßnahme der Kanzlei ist, die auf Verlangen des obersten Armeeführers erfolgte. Das beweist deutlich, daß man ihren Namen dann zur Unterschrift gebrauchte, wenn man es für nützlich erachtete, und daß man in jedem Einzelfall nur nach sorgfältiger Prüfung des Textes und der Umstände, unter denen die Absendung vor sich ging, feststellen kann, wie groß Johannas Anteil an der Abfassung der ihr zugeschriebenen Briefe ist.

Die Belagerung von La Charité begann Mitte November. Von Anfang an scheint sie schwierig gewesen zu sein, ohne daß wir über die genaue Lage der Dinge informiert sind. Am wahrscheinlichsten ist, daß sich die französische Armee am linken Loireufer aufstellen mußte, wogegen die Stadt auf dem gegenüberliegenden Ufer einen Brückenkopf bildete, der die Straße nach Dijon versperrte, was die Operationen gewiß nicht erleichterte. Die Regierung entschied bald, zu anderen Mitteln zu greifen, und am 24. November bewilligte die Stadt Bourges[1] auf Befehl des Königs einen Kredit von eintausenddreihundert Goldtaler »für die Kriegführung des hohen und mächtigen Herrn von Albret, Graf von Dreux und Gavre, Statthalter des Königs im Lande Berry während des Krieges, und Johannas der Jungfrau, die an der Belagerung der Stadt Charité-sur-Loire teilnimmt . . . um die Kriegsleute zu unterhalten, sonst müßten sie und ihre besagten Kriegsleute von der Stadt abziehen und die Belagerung aufheben, das wäre für besagte Stadt und das ganze Land Berry ein großer Schaden, wenn besagte Belagerung aus Mangel an besagter Summe aufgehoben würde.«

Dieser Text drückt die Dinge nicht genau aus, spielt jedoch darauf an. Nach einem Chronisten[2] hatten sich die Truppen des Königs nach einmonatiger Belagerung von La Charité unter Zurücklassung eines Teiles ihrer Geschütze tatsächlich zurückgezogen, was recht befremdlich wäre, wenn wir nicht von anderer Seite wüßten, daß diese ›gute Stadt‹ einige Wochen später, am 11. Januar 1430, die Oberherrschaft Karls VII. gegen Zahlung von eintausenddreihundert Berruyerer Goldtaler anerkannte[3]. Das Geld war somit erfolgreich an die Stelle der Steinschleudermaschinen,

[1] Procès, V, 356. [2] Berry: Procès, IV, 48 (Vgl. Procès, IV, 91).
[3] V. de Viriville, II, 126.

Kanonen und Falkonetten getreten. Was Johanna betrifft, so sagte sie über die Ereignisse von La Charité, deren Ausgang sie anscheinend nicht kannte, später nur, daß sie dort einen »Sturm laufen ließ«, aber nicht auf Geheiß ihrer Stimmen, sondern auf Wunsch der militärischen Oberbefehlshaber. Und sie fügte hinzu, Catherine de La Rochelle habe ihr abgeraten, nach La Charité zu gehen, weil »es dort zu kalt wäre und sie auch selbst nicht hinginge[1].«

Diese Catherine de La Rochelle[2], die uns hauptsächlich durch Johannas Angaben bekannt ist, scheint eine mehr oder weniger aufrichtige Seherin ohne größere Persönlichkeitswerte gewesen zu sein; sie wurde niemals wie Johanna eingesetzt, obwohl der merkwürdige Bruder Richard es wünschte, der – nach den Angaben des ›Bourgeois‹ – sie und zwei andere bretonische Seherinnen betreute[3]. Johanna berichtet, sie habe Catherine zuerst in Montfaucon-en-Berry[4], d. h. im Oktober oder November, dann, nach dem ›Bourgeois‹, am Weihnachtstag in Jargeau getroffen. Von Anfang an verstanden sie sich nicht. Catherine war auf politischem Gebiet der Ansicht, man solle zum Herzog von Burgund gehen, um mit ihm Frieden zu schließen; Johanna gab ihr jedoch die berühmte Antwort, »ihr schiene, man könne den Frieden nur mit der Spitze der Lanze finden.«

Was Catherines Visionen betrifft, so sagte sie darüber, »daß eine weiße, mit goldenen Gewändern bekleidete Dame zu ihr gekommen wäre und ihr gesagt habe, sie ginge zu den guten Städten, und der König würde ihr Herolde und Trompeten geben, um ausrufen zu lassen, daß jeder, der Gold, Silber oder Schätze besäße, sie sogleich herbeibringen solle; und die, die das nicht täten und sie versteckt hielten, würde sie erkennen und ihre Schätze würde sie finden; und sie sollten dazu dienen, Johannas Krieger

---

[1] Champion, II, 69.

[2] Für alles, was Catherine de La Rochelle betrifft: Champion, II, 68, 69, 184 u. ›Le Bourgeois de Paris‹, Hrsg. Jonquières, 234, 246.

[3] Der ›Bourgeois de Paris‹ gibt an, eine dieser Bretoninnen, la Pierronne genannt, wurde am 3. September 1430 in Paris lebendig verbrannt, weil sie erklärt hatte, »Johanna wäre ein braves Mädchen und alles, was sie getan hätte, sei wohlgetan gewesen«, und vorgegeben hatte, daß ihr Gott selbst oft erscheine, manchmal »mit einem langen weißen Gewand bekleidet . . . und einem purpurroten Mantel darüber« (›Le Bourgeois‹, Hrsg. Jonquières, 234). [4] Heute: Villequiers (Cher).

zu bezahlen.« Letztere zweifelte nicht daran, daß sie die weiße Dame ebenso wie Catherine sehen würde und wollte das nachprüfen. Nachdem sie eine Nacht schlaflos an Catherines Seite in deren Bett verbracht hatte, fragte sie Catherine, ob besagte (weiße) Dame denn nicht käme. Und Catherine erwiderte: »Ja, bald.« Und Johanna fügt hinzu, daß sie, »um sicher zu gehen, mit der heiligen Katharina und der heiligen Margareta gesprochen habe, die ihr sagten, daß es sich bei dieser Catherine (de La Rochelle) nur um Wahn handele und all das nicht wahr wäre.« Daraufhin teilte sie dem König die Ansicht ihrer ›Stimmen‹ mit und sagte zu Catherine, »sie solle zu ihrem Ehemann zurückkehren, ihren Haushalt führen und die Kinder erziehen.« Natürlich waren Richard und Catherine damit ›wenig zufrieden‹, und in Artikel 56 des ersten Verhörs beim Prozeß von Rouen wurde aufgezeichnet, daß Catherine vor dem Offizial von Paris erklärt habe, »Johanna (sie war damals gefangen) würde mit Hilfe des Teufels aus dem Gefängnis entweichen, wenn man sie nicht gut bewache[1].«

Indem man – und nichts scheint das Gegenteil zu beweisen – Johannas Bericht über Catherine de La Rochelle als wahr annimmt, braucht man unserer Meinung nach darin nicht – wie geschrieben wurde[2] – eine von Johanna gegen sie gerichtete Eifersuchtshandlung zu sehen; es handelt sich, sehr viel einfacher, um die Bestätigung[3] der naiven Aufrichtigkeit und des eigentümlichen Charakters ihrer halluzinatorischen Erscheinungen. Johanna gibt die Möglichkeit der Erscheinungen Catherines selbstverständlich a priori zu, aber da ihr diese natürlich unsichtbar bleiben, schließt sie daraus, daß sie nicht bestehen, und ihre ›Stimmen‹ bestätigen ihr das, denn sie sind die Veräußerlichung ihrer eigenen Empfindungen.

Gegen Ende des Jahres 1429 wurde Johanna ein neues Zeugnis der königlichen Dankbarkeit zuteil. Durch eine im Dezember erlassene Verordnung, die am 16. Januar 1430[4] registriert und von La Trémoille, Robert le Maçon, dem Herrn von Trèves und Bischof von Sées, unterzeichnet wurde, wurden Johanna, ihre Eltern, Brüder und die gesamte Nachkommenschaft geadelt. Dieses amtliche Schriftstück wird durch fol-

---

[1] Champion, II, 184. [2] A. France, a.a.O., II, 97.
[3] Vgl. Kap. IV, ›Die Stimmen‹. [4] Procès, V, 150.

gende Betrachtungen eingeleitet, die uns die Einschätzung der Regierung von der Rolle Johannas erkennen lassen: »Karl, König der Franzosen durch Gottes Gnaden, zur ewigen Erinnerung dessen, was geschehen. Wir wollen uns dankbar zeigen für die zahlreichen und großen Wohltaten der göttlichen Macht, die uns durch unsere teure und vielgeliebte Jungfrau Jeanne d'Ay[1] aus Domremy erwiesen wurden . . . und die sich noch, das ist unsere Hoffnung, durch das Wirken der göttlichen Gnade vermehren werden . . . Außerdem geschieht dies in Anbetracht der lobenswerten, willigen und nützlichen Dienste, die besagte Johanna uns und dem Königreich bereits bei vielen Gelegenheiten geleistet hat, und die sie uns auch, wie wir hoffen, in Zukunft leisten wird . . .«

Es handelt sich hier um ein ausschließlich von der Kanzlei abgefaßtes Schreiben, die auf Nuancen viel Wert legte. Die klare Unterscheidung zwischen ›den zahlreichen und großen Wohltaten der göttlichen Macht . . . die durch Johanna erwiesen wurden‹ und den persönlichen Dienstleistungen der letzteren, die sehr viel bescheidener als ›lobenswert, willig und nützlich‹ bezeichnet werden, zeigt ganz deutlich, was die Tatsachen bereits angedeutet haben, nämlich daß Johanna hauptsächlich auf religiösem Gebiet eingesetzt wurde und als göttliche Botin die gute Nachricht von der dem Königreich Frankreich gewährten göttlichen Hilfe brachte, aber niemals auf militärischem und noch weniger auf diplomatischem Gebiet vom König mit irgendwelchen höheren Befugnissen ausgestattet wurde.

Über Johannas Tun und Aufenthalt während dieser ersten zehn Wochen des Jahres 1430 wissen wir fast nichts. Am 19. Januar wurde sie von der Stadtobrigkeit von Orléans empfangen[2] und zur gleichen Zeit beratschlagte der Rat der Stadt Tours über eine Bittschrift, die man zugunsten der Tochter des Malers, der ihr Banner bemalt hatte, an sie richten wollte[3].

---

[1] Quicherat (Procès, IV, 150, Anm. 1) erklärt, die Veränderung des Namens Arc käme daher, daß »die Lothringer noch mehr als heute das A geschlossen aussprachen und das R verschluckten.« Diese Erklärung ist jedoch nicht stichhaltig, denn der ›Lothringer Akzent‹ betont und verlängert im Gegenteil die Vokale, besonders das A, und spricht das R normal aus. Da dieser uns zur Verfügung stehende Text eine Kopie ist, kann man in dieser Schreibweise eher einen Schreibfehler des Kopisten sehen. [2] Procès, V, 270. [3] Procès, V, 154.

Vielleicht kaufte sie zu jener Zeit in Orléans durch den damals üblichen ›Mietkauf‹ ein Haus, das im Zeitraum von neunundfünfzig Jahren abzuzahlen war; allerdings kennt man die Gründe nicht[1]. All diese Angaben sind sehr spärlich und unklar.

Außerdem wissen wir nur, daß Karl VII., der sich ungefähr zwei Monate in Mehun-sur-Yèvre und danach vielleicht an einem anderen Ort aufgehalten hatte, sich Mitte Februar zu La Trémoille nach Sully-sur-Loire begab[2], wo wir Johanna erst am 16. März an seiner Seite finden. Aus dieser Zeit ist uns kein Anzeichen eines militärischen Unternehmens oder einer diplomatischen Handlung von seiten der königlichen Regierung bekannt, mit Ausnahme der Verlängerung des zu Compiègne unterzeichneten Waffenstillstands bis zum 15. März oder sogar 16. April.

Philipp der Gute hingegen verfolgte, nachdem er in Brügge anläßlich seines Hochzeitsfestes, das vom 8. bis 15. Januar[3] dauerte, den berühmten Orden vom Goldenen Vlies geschaffen hatte, unbeirrt die Ausführung seiner Pläne. Bereits am 7. Februar ließ er sich von den zu Dijon versammelten drei Ständen eine Summe von zwölftausend Pfund leihen[4]. Am 12. erreichte er von Bedford die – vorher von Karl VII.[5] angebotene – Schenkung der Grafschaften Champagne und Brie ›als Lehen in männlicher Erbfolge‹ mit der Verpflichtung, sie selbst zu erobern und für seinen Verbündeten ein Truppenkontingent aufzustellen, dessen Unterhaltskosten man ihm zur Hälfte zurückerstatten wollte[6]. Diese beachtliche Investitur, die am königlichen Hofe von England am 8. März bei gleichzeitiger Entsendung von fünfundzwanzigtausend Nobel für die Besoldung von eintausendfünfhundert Kriegern[7] bestätigt wurde, stellte die territoriale Verbindung seiner Gebiete Burgund und Flandern, das Ziel seines großen Ehrgeizes, dar.

---

[1] Mémoires Soc. archéol. et histor. de l'Orléanais, Bd. XV, 491–500.

[2] Beaucourt, II, 265. [3] J. Le Fèvre de St. Remy, II, 163 ff.

[4] Champion, G. de Flavy, 34, Anm. 2. [5] V. de Viriville, II, 138.

[6] Archives de Lille (zit. nach Wallon, I, Anh. XLIV). – Vgl. Morosini, III, 269, Anm. 2.

[7] Beaucourt, II, 36, Anm. 7. – Champion, G. de Flavy, 34, Anm. 2. – Chastellain, II, 28, Anm. 1.

Von diesem Augenblick an überstürzen sich die Ereignisse, und Philipp gibt sich keine Mühe mehr, sein Doppelspiel zu verbergen. Ende Februar, Anfang März legt er Garnisonen nach Roye, Montdidier und in andere Städte des Vermandois, indem er vorgibt, sie »gegen die Angriffe der Armagnacs« schützen zu wollen[1]. Zur gleichen Zeit schickt er unter dem Kommando des Marschalls Toulongeon eine Truppe in die Champagne, die sich seit dem 26./28. Februar in der Gegend von Troyes befindet und einige Wochen später erfolglos versucht, die Stadt einzunehmen[2]. Dann erläßt er, vermutlich in den ersten Märztagen, den Befehl, daß sich seine burgundischen Truppen am 29. März und die aus Flandern am 16. April vor Péronne sammeln sollen[3].

Die Nachrichten verbreiteten sich mit großer Schnelligkeit; die guten Städte und das offene Land waren bald in größter Aufregung. In der zweiten Märzhälfte schreibt der Rat der Stadt Reims gleichzeitig an den König, an Johanna[4] und den Grafen von Vendôme, der als Nachfolger des Grafen von Clermont die Statthalterschaft der Länder nördlich der Seine übernommen hatte[5], um ihnen zu sagen, daß die Einwohner in großer Furcht vor einer baldigen Belagerung durch Jean de Luxembourg lebten, und um sie um Hilfe anzuflehen. Und diese Befürchtung wurde am 6. April in einer an Robert de Baudricourt, Stadthauptmann von Vaucouleurs, gerichteten Meldung bestätigt[6].

Die Feldherren Karls VII., die sich an verschiedenen Stellen des Landes befinden, reagieren auf Philipps Unternehmungen den örtlichen Umständen gemäß. Am 21. März gewinnt der Graf von Vendôme mit Unterstützung des Profoses von Laon nach hartem Kampf das Schloß Autels von den Burgundern zurück, das an der Grenze der Pikardie zwischen Laon und Mézières liegt[7]. Am selben Tag[8] gerieten der Bastard von St. Pol und der Sire de Saveuse an der Spitze der burgundischen Garnison von Paris,

---

[1] Champion, G. de Flavy, 35, Anm. 5.

[2] Morosini, III, 279, Anm. 4. – Vgl. Champion, G. de Flavy, 153, Anm. 2.

[3] Beaucourt, II, 36, Anm. 8. – Monstrelet, Bd. II, Kap. 76. – Morosini, III, 269, Anm. 2. [4] Procès, V, 159. [5] Morosini, II, 279, Anm. 4.

[6] Champion, G. de Flavy, 36, Anm. 4. [7] Morosini, III, 278, Anm. 2.

[8] ›Le Bourgeois‹, Hrsg. Jonquières, 1430, 226. (vgl. Morosini, III, 272–275 u. Anm.).

die in Richtung Monthléry einen Ausfall gegen die Armagnacs gemacht hatten, in einen Hinterhalt und wurden gefangengenommen. Achtundvierzig Stunden später wagten es dieselben Franzosen, die Stadt St. Denis in der Nacht anzugreifen, und nachdem sie ›eine Menge Pikarden‹ niedergemacht hatten, zogen sie sich mit reicher Beute zurück[1]. Diese Unternehmungen, die die Hauptstadt betrafen, standen übrigens in enger Verbindung mit einer Verschwörung, die sich zwischen den Parteigängern Karls VII. und zahlreichen Mitgliedern des Parlaments, des Châtelets und der Kaufmannschaft gebildet hatte, die die Franzosen in die Stadt einlassen wollten. Unglücklicherweise wurde der Mittelsmann, ein Karmeliterbruder, namens Pierre d'Allée, gefangengenommen und gestand unter der Folter; hundertundfünfzig der Hauptverschwörer wurden verhaftet; das Unternehmen schlug fehl[2].

Doch der Widerschein des von Philipp dem Guten in den Ländern Karls VII. neu entzündeten Brandes mußte auch den Herzog von Savoyen beschäftigen, den gewohnten und interessierten Vermittler zwischen den beiden Fürsten, der im vergangenen August die Einberufung einer allgemeinen Friedenskonferenz vorgeschlagen hatte. Vergeblich versuchte er einzuschreiten und war gezwungen, Karl VII. am 15., 21., und 27. März nacheinander mitzuteilen[3], daß der Herzog von Burgund, dann, daß Jean de Luxembourg und schließlich, daß die englischen Gesandten nicht wie verabredet am 1. April nach Auxerre kommen würden. Aus eigenem Ermessen schlug er dann vor, die ›Tagung‹ solle auf den 1. Juni verlegt werden. Die Würfel waren jedoch bereits gefallen, und eine Wiederaufnahme der Verhandlungen war praktisch erst nach neuen Auseinandersetzungen mit der Waffe möglich.

So stand der Kronrat gegen Mitte März, als man sich über Philipps wahre Absichten keinen Illusionen mehr hingeben konnte, einer diplomatischen und militärischen Lage gegenüber, die wenigstens deutlich war.

---

[1] ›Les Bourgeois‹, ebd.

[2] Der ›Bourgeois‹ gibt für die Aufdeckung des Komplotts den 2. und 9. April an. Eine sehr deutliche Anspielung macht Morosini darauf nach einem Brief, der am 22. März nach Brügge geschickt worden war. Daraus müßte man schließen, daß die Scharmützel von Monthléry und von St. Denis nach dem Mißlingen des Hauptangriffs stattfanden. [3] Beaucourt, II, 419.

Philipp setzt mehr denn je auf das anglo-burgundische Bündnis, und in Erwartung Heinrichs VI., der am 23. April mit einer Armee von ungefähr zweitausend Mann in Calais ankommen wird[1], mobilisiert er seine burgundischen und flandrischen Truppen und läßt einige Spähtrupps bereits Fühlung mit dem Feind nehmen. Die Bewegungen der letzteren enthüllen seine strategischen Absichten: einerseits die Hauptstädte der Champagne, die er als Lehen erhalten hat, zu besetzen, und andererseits die Ile-de-France zurückzugewinnen. Dazu mußte er den Zugang nach Paris durch das Oisetal freimachen, wo die Armagnacs noch Compiègne und Creil und außerdem zahlreiche umliegende Ortschaften wie Beauvais, Gournay-sur-Aronde, Choisy-au-Bac, Senlis, Soissons, Luzarches besaßen. Dieser Operationsplan, der deutlich genug aus den Tatsachen hervorgeht, wird mit allen Einzelheiten in einer langen Denkschrift erklärt, die Philipp selbst abfaßte und Heinrich VI. bei seiner Ankunft in Frankreich überreichte[2].

Obwohl die Regierung Karls VII. dem Gegner, von dem sie so lange geblendet worden war, einen beachtlichen Vorsprung gelassen hatte, bemühte sie sich, ihre Überlegenheit wiederzugewinnen, indem sie die innere Propaganda, die diplomatischen und militärischen Vorbereitungen eifrig weiterverfolgte. An ihrem Erfolg ist nicht zu zweifeln, denn am Ende des Feldzugs von 1430 sind noch alle wesentlichen Stellungen in ihrer Hand. Philipp gelang es weder, die Champagne zu besetzen noch Compiègne zu erobern, dessen Belagerung er am 24. Oktober 1430 nach sechsmonatiger Zernierung aufgeben mußte[3]; außerdem erlitt sein Verbündeter, der Prinz von Oranien, der einen Ablenkungsangriff auf die Dauphiné versucht hatte, am 11. Juni in Anthon eine blutige Niederlage durch den Herrn von Gaucourt[4]. So kann man mit Recht sagen, daß das Jahr 1430 schließlich trotz ungenügender Vorbereitung den französischen ›Waffen günstig war‹[5].

---

[1] Champion, G. de Flavy, 156, Anm. 4. – Andere Quellen erwähnen eine Armee von zehntausend oder sogar fünfundzwanzigtausend Mann (vgl. Morosini, III, 269, Anm. 3). [2] ebd., 155, pièces justif. XXX. [3] ebd., 57.

[4] Morosini, III, 285, Anm. 7.

[5] Beaucourt, II, 39.

Die Propaganda beschäftigte sich zuerst mit den guten Städten, die man beruhigen mußte. Das war vor allem in Reims nötig, denn die Stadt war, wie Anfang August 1429, sofort wegen der Hilfe, die sie im Fall einer Gefahr erhalten müßte, in Sorge. Dort war man auch recht gut über die burgundische Verschwörertätigkeit informiert, denn am 22. Februar hatte ein Prozeß gegen die Mitglieder eines Komplotts begonnen, das der Bischof Cauchon angezettelt hatte, um die Stadt den Engländern auszuliefern[1]. Am 16. März[2] wurde ein Brief Johannas an die Einwohner abgeschickt, der lautet:

»Sehr teure und vielgeliebte (Freunde), die ich gern besuchen würde, Johanna die Jungfrau hat Eure Briefe empfangen, in denen Ihr Eure Furcht, belagert zu werden, erwähnt. Ihr solltet wissen, daß das nicht geschehen wird, wenn ich ihnen entgegentreten kann; doch sollte es geschehen, daß ich ihnen nicht begegne und sie vor Euch ständen, so schließt die Tore, denn ich werde bald bei Euch sein; und wenn sie dort sind, werde ich sie zwingen, ihre Sporen so schnell anzulegen, daß sie nicht wissen, wie sie es anfangen sollen, und ihre Vernichtung wird so schnell vor sich gehen, daß Ihr bald damit rechnen könnt. Etwas anderes kann ich Euch im Augenblick nicht schreiben, aber bleibt immer gut und treu. Ich bitte Gott, er möge Euch in seinen Schutz nehmen. Geschrieben zu Sully, am 16. Mai. Ich gebe Euch noch keine Nachrichten, obgleich sie Euch freuen würden, denn ich fürchte, daß besagte Briefe unterwegs abgefangen werden und besagte Nachrichten dann bekannt würden. (Gezeichnet: Johanna).«

Dieser Brief in seinem vertraulichen, abgehackten und hastigen Wortlaut scheint direkt nach Johannas Diktat geschrieben zu sein. Die Wendung ›ich werde sie zwingen, ihre Sporen so schnell anzulegen . . .‹ ist für sie kennzeichnend. Man muß jedoch beachten, daß diese vagen Versprechungen nicht gehalten werden konnten, denn Johanna sollte nach Compiègne und nicht nach Reims gehen, und sie waren darum, wie man damals schon sagte, nur ›schöne Worte‹. Die geheimnisvolle Ankündigung einer erfreulichen, aber aus Gründen der Vorsicht verschwiegenen Nachricht scheint wohl, wie in verschiedenen früheren Fällen, auf das geheimgehaltene berechnete Eingreifen einer höheren Autorität hinzuweisen. Drei Tage später, am 19., unterzeichnet Karl VII. persönlich einen zweiten Brief an

---

[1] Jadard, Jeanne d'Arc à Reims, 60 u. 61. doc. XVIII, 109.

[2] Procès, V, 159.

die Reimser[1], um ihnen zu versichern, daß er sie nicht verlassen, sondern ihnen, wenn ›die anderen Dinge erledigt wären‹, Hilfe bringen wolle, und er kündigt ihnen die bevorstehende Entsendung einer Armee nach der Champagne ›unter einem befähigten Heerführer‹ an.

Außerdem kann man annehmen, daß die königliche Regierung ernsthaft über die inneren Verhältnisse der Krönungsstadt besorgt war, denn am 28. März ging ein zweiter Brief Johannas an die Einwohner ab[2]:

»Sehr teure und gute Freunde, Ihr sollt wissen, daß ich Eure Briefe empfangen habe, in denen erwähnt wird, daß man dem König überbracht habe, in der guten Stadt Reims geschähe viel Böses. Darum wisset, daß man ihm wahrhaftig überbracht hat, es gäbe viele, die ein Bündnis (mit dem Feind) eingegangen wären und die Stadt an die Burgunder verraten wollten. Und danach hat der König die gegenteilige Nachricht erfahren, die Ihr ihm überzeugend mitteilen ließet, und darüber ist er sehr zufrieden. Und Ihr könnt glauben, daß Ihr hoch in seiner Gnade steht, und wenn Ihr bei einer Belagerung Hilfe nötig habt, wird er sie Euch geben; und er weiß wohl, daß Ihr sehr unter den Härten dieser verräterischen burgundischen Feinde zu leiden habt; er wird Euch so bald wie möglich davon befreien, das soll heißen, sobald er kann. Wir bitten Euch, sehr teure Freunde, die Stadt dem König zu erhalten und eifrig Wachen aufzustellen. Bald werdet Ihr noch mehr und ausführlichere gute Nachrichten bekommen. Anderes schreibe ich Euch im Augenblick nicht, nur daß die ganze Bretagne französisch ist und der Herzog dem König dreitausend bereits für zwei Monate bezahlte Krieger senden wird. Ich empfehle Euch Gott, daß er Euch wohl beschützen möge. Geschrieben zu Sully, dem 28. März. (Gezeichnet: Johanna).«

Diesmal handelt es sich augenscheinlich nicht um einen teilweise von Johanna diktierten Brief, sondern um einen direkten Text der Kanzlei, der, gedeckt durch ihre Unterschrift, ausschließlich die An- und Absichten der Regierung vermittelt. Die abschließende Nachricht von der feststehenden oder erhofften Hilfe des Herzogs von Bretagne, die man in dieser Art oft in ähnlichen Dokumenten findet, scheint eine von derselben höheren Autorität beabsichtigte Indiskretion zu sein. Was hingegen die Benennung ›verräterische burgundische Feinde‹ betrifft, so deutet sie von diesem Datum an auf eine neue Einstellung Philipp gegenüber hin, die nur auf Veranlassung der königlichen Kanzlei öffentlich gebraucht werden konnte. Diese beiden Briefe Johannas an die Reimser, die durch

---

[1] Beaucourt, II, 265. [2] Procès, V, 161.

den Brief des Königs einen Zusammenhang erhalten, bieten ein neues Zeugnis für die Benutzung ihres Namens in Briefen der Kanzlei.

Zur gleichen Zeit begegnet uns ein anderes sehr eigenartiges Zeugnis für diese Propagandamethode. Wir sind im Besitz eines Briefes, datiert vom 23. März 1430[1], der in Johannas Namen von ihrem Beichtvater Pasquerel in lateinischer Sprache geschrieben wurde und an den Kaiser Sigismund adressiert war, um den böhmischen Ketzern, Anhängern des Johann Hus, den das Konzil von Konstanz 1415 zum Tod auf dem Scheiterhaufen verurteilt hatte, übergeben zu werden. Er ist unter dem Namen ›Brief an die Hussiten‹ bekannt, nachstehend seine Übersetzung:

Jesus und Maria

Vor langer Zeit schon ist mir, Johanna der Jungfrau, das Gerücht zu Ohren gekommen, daß Ihr Euch aus wahren Christen zu Ketzern, den Sarazenen gleich, gewandelt hättet, daß Ihr Religion und Kult abgeschafft und einen schädlichen und schändlichen Irrglauben angenommen hättet und Euch bemüht, ihn zu bewahren und zu verbreiten; es gibt keine Schandtaten noch irgendeine Grausamkeit, die Ihr nicht zu begehen wagt: Ihr erschüttert die Sakramente der Kirche, Ihr zerstört die Glaubensartikel, Ihr vernichtet die Kirchen, Ihr zerbrecht und verbrennt die heiligen Bilder, Ihr quält die Christen so lange, bis sie Euren Glauben annehmen. Woher stammt dieser Wahn, von welchem Irrsinn und welcher Wut werdet Ihr getrieben? Dieser Glaube, den der allmächtige Gott, der Sohn und der Heilige Geist geschaffen, unterhalten, erhöht und durch tausende von Wundern auf tausenderlei Art bewiesen haben, wird von Euch verfolgt, und Ihr versucht, ihn zu vernichten und auszurotten. Ihr seid blind, und nicht die, welche keine Augen haben. Glaubt Ihr ungestraft zu bleiben, oder wißt Ihr nicht, daß Gott, wenn er Eure gottlosen Werke nicht hindert und erlaubt, daß Ihr im Dunkeln und Irrtum verharrt, dies nur tut, weil, je mehr Verbrechen und Gotteslästerungen Ihr begeht, Euch um so mehr Qualen und Strafen erwarten? Was mich betrifft, ich wäre, um die Wahrheit zu sagen, schon zu Euch gekommen, wäre ich nicht so sehr mit dem englischen Krieg beschäftigt. Aber wenn ich nicht erfahren sollte, daß Ihr Buße tut, so werde ich vielleicht die Engländer lassen und gegen Euch ziehen, um Euren verderblichen und unreinen Irrglauben mit dem Schwert auszurotten, wenn ich nicht anders dagegen ankommen kann, und Euch Eure Ketzerei oder das Leben zu nehmen. Wenn Ihr es jedoch vorzieht, zum katholischen Glauben und dem Licht zurückzukehren, so schickt mir Eure Gesandten und ich werde Euch sagen lassen, was Ihr tun sollt. Wenn Ihr jedoch eigenwillig seid und es Euch gelingt, der Verfolgung eine Weile zu widerstehen, denkt an die schlechten Taten und Verbrechen, die Ihr weiter begeht, und erwartet mich mit der stärksten irdischen und göttlichen

---

[1] Biblioth. de l'École de Chartres, 3. Ser., Bd. II, 81 (vgl. Procès, V, 156).

Macht, um an Euch das alles zu vergelten. Geschrieben zu Sully, am 23. März an die Ketzer zu Böhmen. (Gezeichnet: Pasquerel).

Schon bei flüchtiger Lektüre des Textes lassen Ton und Stil bereits erkennen, daß dieser Brief nicht von Johanna diktiert und nicht anschließend von Pasquerel ins Lateinische übersetzt wurde. Keine Spur weist darauf hin, daß sie sich jemals für außenpolitische Ereignisse interessiert noch an diplomatischen Diskussionen teilgenommen hatte. Es ist wenig glaubwürdig, daß sie sich gerade in dem Augenblick, als der Kampf gegen die Anglo-Burgunder, der ihr ganzes Denken und Fühlen beherrschte, wieder auflebte, plötzlich um einen religiösen Bürgerkrieg gekümmert haben soll, der seit zehn Jahren zwischen Sigismund und den Hussiten in Böhmen geführt wurde.

Hingegen kann man sich gut vorstellen – und dies ist zweifellos die einzige einleuchtende Erklärung –, daß die französische Regierung dem Kaiser gegenüber auf diesem Gebiet keinesfalls zurückstehen wollte, nachdem sie erfahren hatte, daß die mit finanzieller Hilfe des Papstes Martin V. von Kardinal Winchester im Juni 1429 zum Kampf gegen die Hussiten aufgestellte Armee, die von Bedford bis zum 21. Dezember in Frankreich zurückgehalten worden war[1], nun fähig war, ihrer ursprünglichen Bestimmung zu folgen. Außerdem kann man sehr gut verstehen, daß sie zu einem Zeitpunkt, in dem Verhandlungen mit dem Herzog von Österreich und den deutschen Fürsten eingeleitet werden sollten, diesen indirekten Schritt unter Johannas Namen tat, um sich Sigismunds Gunst zu sichern und ihm zu verstehen zu geben, daß Frankreich ihm Unterstützung gegen seine Feinde gewähren würde, falls er Hilfe gegen die Feinde der Franzosen zusichere. Dieser ›Brief an die Hussiten‹ kann darum als ein in schriftlicher Form erfolgter Einsatz Johannas ausgelegt werden, der, da es sich um Ketzer handelte, durchaus mit ihrer religiösen Haltung übereinstimmt.

Dieser Schritt vom 23. März Sigismund gegenüber kann von der Entsendung der beiden Boten kaum getrennt werden, die Karl VII. am 4. April[2] an den Hof Friedrichs IV., Herzog von Österreich, schickte, um über die

[1] Morosini, IV, 328. [2] Beaucourt, II, 428 ff.

zukünftige Heirat seines Sohnes mit der Prinzessin Radegund von Frankreich, beide minderjährig, ein Abkommen zu treffen. Diese beiden Gesandten hatten außerdem den Auftrag, sich zu verschiedenen Fürsten, Baronen und freien Städten des Kaiserreichs zu begeben, um mit ihnen über ›Freundschaft, Wohlwollen, Pakte und Verträge‹ zu verhandeln und von ihnen ›Hilfe und Beistand durch Krieger und Bogenschützen zu erbitten‹, indem sie ihnen die Gefahr darstellten, die das Anwachsen der burgundischen Macht für sie alle bedeutete. Wenn diese Besuche auch am 22. Juli zu dem erhofften Heiratsvertrag und der Unterzeichnung eines Bündnisses zwischen Karl VII. und Friedrich IV. führten, so brachten sie Frankreich aber keine sofortige Hilfe. Sie fallen jedoch zu deutlich mit der im kommenden September erfolgten verstärkten Spannung zwischen dem Kaiser und dem Herzog von Burgund zusammen, als daß man den ›Brief an die Hussiten‹ und die nach Österreich geschickte Gesandtschaft nicht als Beweise für ein und dieselbe diplomatische Handlung betrachten könnte[1].

Zur gleichen Zeit bemühte sich die königliche Regierung, Philipp in seinen eigenen Ländern Schwierigkeiten zu machen. Boten gingen zum Bischof von Lüttich, um ihn zu überreden, daß er mit dem Widerstand gegen den agilen Burgunder nicht warten solle, bis dieser sich Namurs, des Hennegaus und Hollands bemächtigt habe. Dieses Zureden trug sofort Früchte, denn am 10. Juli schrieb der Bischof an Philipp einen herausfordernden Brief, und seine Truppen drangen in die Grafschaft Namur ein[2].

Indem sie so auf allen möglichen Wegen von außen Beistand suchten, trafen die Minister Karls VII. gleichzeitig ihre Dispositionen, um sich von vornherein gegenüber der öffentlichen Meinung von jeglicher Verantwortung für den kommenden unvermeidlichen Bruch freizumachen und um Philipps militärischen Projekten entgegenzuarbeiten.

Was den ersten Punkt betrifft, so wird man noch etwas warten müssen. Erst am 22. April[3] antwortete Karl VII. auf den Brief des Herzogs von Savoyen vom 27. März, der ihm vorschlug, die ›Tagung‹ von Auxerre auf den 1. Juni zu verlegen. Er akzeptiert dieses neue Datum mit dem

---

[1] Beaucourt, II, 433 ff. [2] ebd., II, 424. [3] Champion, G. de Flavy, 151 ff.

Hinweis, daß er stets seinem ehrlichen Verlangen Ausdruck gegeben hätte, mit dem Herzog von Burgund Frieden zu schließen. Er läßt jedoch bereits durchblicken, daß die Engländer niemals eine solche Absicht geäußert und Philipps Leute bei vielen Gelegenheiten, die er anführt, den Waffenstillstand nicht eingehalten hätten. Und erst nach dieser ersten Vorsichtsmaßnahme wird der Kronrat, als er für die Länder nördlich der Seine unter Vorsitz von Regnault de Chartres zusammentritt, endlich am 6. Mai[1] von Compiègne ein Rundschreiben an die unter seiner Befehlsgewalt stehenden guten Städte schicken, in dem es heißt:

»Ihr wißt wohl, wie in der hinter uns liegenden Zeit die gegnerische Partei der Burgunder den Untertanen unseres Königreichs falsche Tatsachen vorspiegelte und somit verschiedene gute Städte, Festungen und Länder unseres besagten Königreichs auf ihre Seite zog . . . und nachdem der besagte Feind von Burgund, der uns lange Zeit durch Waffenstillstände und andere (Vereinbarungen) getäuscht und in gutem Glauben gehalten hat, weil er sagte und versicherte, zu einem guten Frieden gelangen zu wollen, ganz klar bewiesen hat, daß er nie den Willen hatte, für besagten Frieden zu wirken, und stets unsere besagten Feinde begünstigt und seine Macht verwandt hat, um gegen uns, unsere Länder und treuen Untertanen Krieg zu führen . . . befehlen und gebieten wir Euch ausdrücklich . . . daß Ihr . . . keiner Person aus der Partei unseres besagten burgundischen Gegners das Wort haltet . . . und weder offiziell noch persönlich Briefe oder Bitten von besagter Partei, die Euch zugesandt oder vorgelegt werden können, empfangt oder einseht; aber alle, die sie überbringen oder in ihrem Namen sprechen wollen, sollt ihr gefangennehmen oder zurückhalten, welches Standes sie auch sein mögen, Ihr sollt sie so richten und bestrafen, wie es sich für Verräter an uns und unserer Herrschaft und für Abtrünnige geziemt, damit es allen anderen als Beispiel diene.«

Durch diesen offiziellen Bruch gestand die königliche Regierung den Mißerfolg der diplomatischen Operation ein, zu deren Gelingen der Krönungszug hätte führen sollen.

Außerdem mußte verhindert werden, daß Philipps Truppen, die aus Norden und Süden kamen, sich vereinigten, indem man ihnen die Eroberung der Champagne und den Durchgang durch das Tal der Oise unmöglich machte. Das war das Hauptproblem. Karl VII. hatte den Reimsern in seinem bereits erwähnten Brief vom 19. Mai die baldige Ankunft einer Armee ›unter einem befähigten Heerführer‹ angekündigt. Wir wissen,

[1] Champion, G. de Flavy, 166ff.

daß es sich um Arnaud Guilhem, Herrn von Barbazan, handelte, der bereits vor Bayard den Titel eines ›Ritters ohne Furcht und Tadel‹ erhielt und den La Hire am 24. Februar aus der Festung des Schlosses Gaillard bei Andelys befreite, wo ihn die Engländer gefangen gehalten hatten[1]. Nach seiner Rückkehr nahm Barbazan seinen Platz im Kronrat, den er seit 1416 innehatte, wieder ein und wurde zum Generalstatthalter der Champagne ernannt. Über den Verlauf der militärischen Operationen, die er zu einem guten Ausgang brachte, sind wir nur unzureichend informiert. Im April mußte er jedoch ins Feld ziehen, da René de Bar im Mai zu ihm stieß, um die Belagerung von Chappes, bei Bar-sur-Seine, durchzuführen[2]. Im Juli wurden Villeneuve-le-Roi (Yonne), Trainel und Mery (Aube), Vitry-en-Perthois (Marne) eingenommen. Danach fielen Bar-sur-Seine, Jully, St. Liébaut und andere Orte der Aube in seine Hände[3]. Und endlich blieben die großen Städte der Champagne im Besitz Karls VII.: Troyes, Châlons, Reims.

Somit brauchte man den aus Flandern gekommenen Burgundern nur noch das Tal der Oise, den Zugang nach Paris, zu verschließen. Das Tor zum Durchzug war Compiègne, das die Einwohner als Pfand für den Waffenstillstand des 28. August trotz Befehl Karls VII. nicht in die Hand des Feindes gegeben hatten. Das Amt des Stadthauptmanns dieser guten Stadt war La Trémoille vor dem Waffenstillstand übertragen worden, er begnügte sich jedoch mit den Einnahmen und hatte den Schutz der Stadt seinem Vertreter Guillaume de Flavy anvertraut, der ›zu seinen Leuten gehörte‹[4]. Zur Unterstützung dieser Stadt, die dem König durch ihren Ungehorsam so gut gedient hatte, wurde nun Johanna zum letzenmal eingesetzt.

Die Umstände ihrer Abreise von Sully werden von drei Chronisten erwähnt, die jedoch unterschiedliche Versionen geben. Cagny, dessen Text offensichtlich verfälscht ist[5], erklärt: »Im Jahre 1430, Ende April, war die Jungfrau sehr unzufrieden über die Kriegführung der Räte des Königs, und sie verließ den König, um sich in die Stadt Compiègne an der Oise zu

[1] V. de Viriville, II, 239–241. [2] ebd., 253 (vgl. Chastellain, II, 44).
[3] Beaucourt, II, 38, Anm. 4. [4] Procès, V, 173 u. Champion, G. de Flavy, 138.
[5] Procès, IV, 31, 32.

begeben.« Unmittelbar danach fährt er fort: »Im Jahre 1430, am . . . März, war der König in der Stadt Sully-sur-Loire; die Jungfrau, die alles über die Art und Weise erfahren hatte, durch die der König und sein Rat das Königreich wiedererlangen wollten, war darüber sehr unzufrieden; sie fand einen Weg, sich von ihnen zu trennen; ohne sich von dem König zu verabschieden und ohne sein Wissen, tat sie so, als wolle sie an einem Zeitvertreib teilnehmen, und ohne zurückzukehren zog sie zur Stadt Lagny-sur-Marne davon.« Chartier[1] sagt nur: »Im Jahre 1430 verließ Johanna die Jungfrau das Land Berry und zog in Begleitung mehrerer Krieger nach Lagny-sur-Marne davon.« Die Chronik von Tournai endlich erklärt die näheren Umstände[2]: »Der König schickte, ohne einen Rat eingeholt zu haben, Johanna die Jungfrau mit zweihundert italienischen Soldaten zur Unterstützung (Compiègnes).«

Abgesehen davon, daß sich die drei Texte widersprechen, kann man auf keinen Fall Cagnys Worten über die ohne Wissen der königlichen Regierung von Johanna ergriffene Initiative Glauben schenken. Zuerst muß daran erinnert werden, daß dieser Chronist uns bereits erzählt hat[3], daß Johanna aus Enttäuschung Gien Ende Juni 1429 vor dem König verlassen hätte, weil sie der Meinung war, er zögere seine Reise nach Reims zu lange hinaus. Wir wissen jedoch, daß Johanna nur die Vorhut begleitete, der die Armee vierundzwanzig oder achtundvierzig Stunden später folgte, und die Truppensammlung zu Gien ohne jeden Zeitverlust stattfand. Außerdem wäre es auch hier ganz unwahrscheinlich, daß Aulon, der von La Trémoille mit der Begleitung und Beschützung Johannas betraut war, gegen den Willen seiner Vorgesetzten an einer Flucht teilgenommen haben soll, deren Vorbereitungen er um so weniger verbergen konnte, als es sich um die Aufstellung mehrerer hundert Mann handelte. Außer den lombardischen Söldnern unter Führung eines Hauptmanns, mit Namen Baretta, bestand das für Compiègne bestimmte Kontingent auch noch aus etwa vierhundert Franzosen unter dem Kommando von Poton de Xaintrailles[4]. Es ist also klar, daß Johanna diese Truppe auf Befehl der königlichen Regierung begleitete.

---

[1] Procès, IV, 91. [2] Champion, G. de Flavy, 38, Anm. 2. [3] Procès, IV, 17.
[4] Chastellain, II, 44 u. Martial d'Auvergne, Procès, V, 72, 73.

Das genaue Abreisedatum kann wegen der verschiedenen Angaben Cagnys – ›Ende April‹, dann ›Ende März‹ – nicht bestimmt werden. Sicher ist nur, daß sich Johanna – ihren eigenen Angaben zufolge[1] – in der Osterwoche, d. h. zwischen dem 17. und 22. April, vor Melun befand. Da die Entfernung von Gien nach Melun einhundertfünf Kilometer beträgt, also drei oder vier Tagereisen, und wir keinen Anhaltspunkt dafür haben, daß die Truppe ihren Marsch unterbrochen hat, mußte die Abreise von Sully also um den 12. April erfolgt sein. Dieses wahrscheinlich zutreffende Datum fällt auch in die Zeit, in der der Kronrat erfahren haben mußte, daß Philipp am 4. April in Péronne[2] angekommen war, wo er seine Truppen versammelte, um anschließend gegen Compiègne zu ziehen.

Auf jeden Fall scheinen Johanna und ihre Begleiter kurz nach der Vertreibung der Anglo-Burgunder aus Melun vor dieser Stadt angekommen zu sein; die Karl VII. treu gebliebenen Einwohner hatten gegen die Anglo-Burgunder konspiriert. Der König hatte nicht gezögert, ihnen sofort eine kleine Garnison zu schicken, um diesen wichtigen Seineübergang zu halten[3]. In diesem Zusammenhang erklärte Johanna ihren Richtern[4], ihre ›Stimmen‹ hätten ihr vor den Gräben von Melun mitgeteilt, »daß sie vor dem Johannistag (d. h. vor dem 24. Juni) gefangengenommen würde«, und von diesem Augenblick an »habe sie sich bei allen Kriegsentscheidungen immer mehr nach dem Willen der Hauptleute gerichtet.« Wir haben bereits früher festgestellt[5], daß diese retrospektive Auslegung ihrem ständigen unbewußten Bestreben entsprach, ihre ›Stimmen‹ von dem Vorwurf eines Irrtums freizuhalten.

Es ist sicher, daß Philipps Armee in dieser Osterwoche ebenfalls aufbrach. Wie wir einer anonymen burgundischen Chronik entnehmen[6], machte sich die Vorhut unter Jean de Luxembourg am 20. April auf den Weg, Philipp folgte ihnen mit der Hauptmacht am 22., um Avaines und Gournay-sur-Aronde (das dem Grafen von Clermont gehörte) zu besetzen,

[1] Champion, II, 72, 73. [2] Champion, G. de Flavy, 35, Anm. 5.
[3] Chastellain, II, 29. – Champion, G de Flavy, 158, Anm. 2..
[4] Champion, II, 72, 73 u. 88. [5] Vgl. Kap. ›Die Stimmen‹.
[6] Champion, G. de Flavy, 162.

das aufgrund des Vertrags vom 1. August zu einer kampflosen, aber nicht bedingungslosen Übergabe bereit war, d. h. sich sofort neutral erklärte[1]. Von diesem Augenblick an bis zum 23. Mai ist Philipps Weg genau bekannt. Vom 1. bis 6. Mai war er in Noyon, wo sich ihm seine Statthalter Hue de Lannoy und Saveuse anschlossen[2]. Am 7. Mai stand er vor Choisy-au-Bac am rechten Ufer der Aisne, fünf Kilometer nordöstlich von Compiègne; die Stadt ergab sich ihm am 16[3]. Nachdem er Choisy ganz zerstört hatte, benutzte er eine Behelfsbrücke, um das rechte Ufer der Oise zu erreichen; dann wandte er sich gen Süden, um am 21. sein Lager Compiègne gegenüber aufzuschlagen[4].

Über den Weg Johannas während dieser Zeit, von der Osterwoche bis zum 23. Mai, dem Tag ihrer Gefangennahme, sind wir weniger genau informiert. Nach Melun finden wir sie in Lagny-sur-Marne, wo sie schon einmal, im September 1429, mit der königlichen Armee, die sich auf dem Rückzug nach Gien befand, vorbeigekommen war. Obwohl uns genaue Angaben fehlen, kann man annehmen, daß dieser kurze Aufenthalt nicht bis Mai dauerte, denn am 24. April entschied der Rat der fünfundvierzig Kilometer weiter nördlich gelegenen Stadt Senlis, daß nur Johanna und die Hauptleute der französischen Truppen in der Stadt Quartier beziehen könnten[5].

Über zwei sich in Lagny zugetragene Ereignisse müssen wir berichten. 1. Die Franzosen siegten gegen dreihundert Anglo-Burgunder bei einem Scharmützel in der Umgebung der Stadt, und der Anführer, Franquet d'Arras, wurde gefangengenommen. Die Richter von Rouen werden Johanna vorwerfen, daß sie ihm, ›der sich als Mörder, Räuber und Verräter bekannte‹, den Kopf abschlagen ließ. Es scheint jedoch, daß Johanna zuerst versucht hatte, ihn gegen einen der Ihren, der sich in den Händen der Engländer befand, auszutauschen, und ihn erst dann dem Gericht übergab, das ihn zwei Wochen später, als Johanna schon in Compiègne war, zum Tod verurteilte und hinrichten ließ[6].

---

[1] Procès, IV, 395 (Monstrelet). [2] Champion, G. de Flavy, 36, Anm. 5.
[3] ebd., 38, 39, Anm. 1 u. 40, Anm. 5. [4] Procès, IV, 397 (Monstrelet).
[5] Champion, G. de Flavy, 41, Anm. 5 (vgl. A. France, II, 157).
[6] Champion, II, 94. – Procès, IV, 32 u. 91. – Monstrelet, II, Kap. 80.

2. Ein drei Tage altes Kind, das kein Lebenszeichen mehr von sich gab, wurde in die Kirche vor das Bild der heiligen Jungfrau gebracht, vor dem mehrere junge Mädchen beteten. Sie baten die Jungfrau, dem Kind wenigstens einen Augenblick lang Leben zu verleihen, um es taufen zu können. Johanna trat zu ihnen. Das Kind, das ›schwarz wie ein Kettenhemd‹ war[1], gähnte dreimal, wurde getauft und starb bald danach. Die Richter von Rouen, die dieses anekdotenhafte Ereignis bei ihrer geheimen Voruntersuchung entdeckt hatten, wollten Johanna sagen lassen, »daß sie diese Wiederauferstehung durch ihre Gebete bewirkt habe.« Sie erwiderte jedoch in ihrer bescheidenen Art: »Ich weiß davon nichts« und sie sagte kein Wort, aus dem man hätte schließen können, sie habe sich in diesem oder in anderen Fällen selbst als Wundertäterin angesehen.

Von Lagny zogen die Franzosen also nach Senlis und danach sehr wahrscheinlich nach Compiègne. Wir wissen nicht, wann Johanna in dieser Stadt ankam. Ihre Anwesenheit wird dort am 13. Mai erwähnt[2], nichts verbietet jedoch die Annahme, daß sie dort schon einige Tage vorher eingetroffen ist. Da die Entfernung zwischen Senlis und Compiègne nur einen Tagesmarsch beträgt, ist es unverständlich, warum Xaintrailles erst nach zwei Wochen am Zielort angekommen sein soll. Berry und Monstrelet[3] hingegen sagen, daß Xaintrailles, andere Hauptleute und Johanna mit zweitausend Kriegern[4] die Aisne bei Attichy[5], vierzehn Kilometer östlich von Compiègne, überquert hätten und dann versuchten, Philipp, der vom 7. bis 16. Mai Choisy-au-Bac belagerte, den Nachschub abzuschneiden. Darum griffen sie die Anglo-Burgunder, die den Übergang über die Oise in Pont-l'Evêque besetzt hielten, in den Vororten von Noyon an; einige Tage später gelang es ihnen dann im Verlauf eines Scharmützels im Wald von Laigue eine Einheit der Burgunder zu sprengen und ihren Anführer, Jean de Brimeu, gefangenzunehmen. Diese Angriffe gegen die feindliche

[1] Champion, II, 68. – Es handelte sich wahrscheinlich um eine angeborene Blausucht, die auf einen Herzfehler zurückzuführen ist. [2] Wallon, I, 328, Anm. 1.

[3] Procès, IV, 49 u. 397.

[4] Die ›Chronique anonyme‹ gibt viertausend Krieger an. (Champion, G. de Flavy, 39, Anm. 4.)

[5] Nach Chastellain, II, 38 wäre Attichy vor Choisy, d. h. vor dem 16. Mai von den Burgundern eingenommen worden.

Nachhut, die gewisse Vorbereitungen erforderten, wurden mit Einheiten ausgeführt, die zahlenmäßig stärker waren als die aus Gien. Diese Truppe konnte nur durch Soldaten aus der Garnison von Compiègne verstärkt worden sein. Es ist daher sehr wahrscheinlich, daß Johanna und Poton de Xaintrailles Anfang Mai in Compiègne angekommen waren.

Während dieser Ereignisse befanden sich der Kanzler Regnault de Chartres und der Graf von Vendôme an Ort und Stelle, ein Beweis dafür, daß Johanna mit der Hilfstruppe erwartet wurde. Nach dem Fall von Choisy, am 16., fühlten sie sich jedoch in Compiègne, »dessen Bewohner jeden Tag die Belagerer erwarteten[1]«, nicht mehr in Sicherheit. Ein glaubwürdiges Dokument berichtet uns, daß sie am 18. in Begleitung Johannas vor Soissons standen, um dort für sich und ihre Begleitmannschaft Unterkunft zu verlangen[2]. Der Stadthauptmann, Guiscard Bournel, den der Graf von Clermont in dieses Amt eingesetzt hatte, erlaubte nur den ›Einzug des Erzbischofs, der Jungfrau und des Grafen von Vendôme mit geringer Begleitung‹ und die Krieger mußten ›auf dem Feld übernachten‹[3]. Am nächsten Tag hatten die Franzosen anscheinend erfahren, daß besagter Bournel gerade dabei war, die Stadt dem Herzog von Burgund gegen viertausend ›Saluts d'or‹ zu verkaufen[4], oder es schon getan hatte, und sie zogen nach Crépy-en-Valois weiter, wo sie sich trennten. Regnault de Chartres und Vendôme gingen nach Senlis, und Johanna kehrte mit vierhundert Mann der Truppe am Morgen des 23. Mai nach Compiègne zurück[5].

Wie sah das gegenseitige Kräfteverhältnis am Morgen des Tages aus, an dem Johanna gegen Abend gefangengenommen wurde? Wir können nur eine allgemeine Darstellung des Verlaufs geben; die zahlenmäßige Stärke der Truppen ist nicht genau bekannt. Was die französische Seite betrifft, so war Compiègne, vor einem Wald am linken Ufer der Oise gelegen, durch die Stadtsoldaten unter dem Befehl von Guillaume de Flavy und durch die zur Verstärkung geschickten Truppen unter dem Kommando von Xaintrailles besetzt. Ihm standen zur Seite: Ambroise de Loré,

[1] Berry: Procès, IV, 50. [2] Champion, G. de Flavy, 42, Anm. 3.
[3] Berry: Procès, IV, 50. [4] Champion, G. de Flavy, 42, Anm. 1 u. 169.
[5] Berry: Procès, IV, 32. – Champion, II, 72.

Jean Foucault, Jacques de Chabannes, der Schotte Kennedy, der Italiener Baretta, andere Hauptleute und Johanna, die immer noch von Aulon und ihrem kleinen persönlichen ›Hofstaat‹ begleitet wurde[1]. Auf der anglo-burgundischen Seite hatte Philipp seit dem 21. sein Hauptquartier in Coudun an der Aronde, sechs Kilometer nördlich vom rechten Ufer von Compiègne, aufgeschlagen, und seine Statthalter hatten vor Compiègne am rechten Ufer der Oise folgende Städte (von Norden nach Süden) in ihrem Besitz: Jean de Luxembourg besaß Clairoy; Baudot de Noyelle besaß Margny; der Engländer Montgomery hatte Venete besetzt.

Am Tag der Rückkehr Johannas[2] beschloß Xaintrailles, mit einem Stoßtrupp die Gegend bis nach Margny oberhalb des Felsens, anderthalb Kilometer von der Oise-Brücke von Compiègne entfernt, die am rechten Ufer durch ein starkes Bollwerk geschützt war, zu rekognoszieren. Flavy seinerseits sollte die Rückkehr der Truppe decken[3] und stellte darum Bogen-, Armbrustschützen und Feldschlangen am Brückenkopf auf und am Flußufer kleine Boote bereit, die eventuell das ›Fußvolk‹ aufnehmen sollten. Nach Monstrelet, unserem in diesem Fall wichtigsten Berichterstatter[4], begann diese Waffenhandlung gegen vier oder fünf Uhr nachmittags. »Johanna die Jungfrau, Poton (de Xaintrailles) und andere französische Hauptleute brachen mit fünf- bis sechshundert Kriegern zu Fuß und zu Pferd aus der Stadt hervor . . . bei dem Brückentor« und überraschten zuerst die Leute von Noyelle, die in Margny lagen. Zufälligerweise befand sich jedoch Jean de Luxembourg mit einigen Reitern in dieser Gegend auf einem Erkundungsritt, um zu untersuchen, »auf welche Weise man diese Stadt Compiègne belagern könnte.« Er sah den Beginn des Kampfes und benachrichtigte sofort die Burgunder in Clairoy und die Engländer in Venete. Bald kamen sie von beiden Seiten herbei, die ersten flußabwärts und die anderen flußaufwärts, um den Franzosen, die in Margny handgemein geworden und nun ihrerseits überrascht waren, den Rückweg abzuschneiden. Monstrelet berichtet über die letzten Augenblicke dieses Kampfes: »Endlich, nachdem besagtes Scharmützel lange genug

[1] Champion, G. de Flavy, 38.

[2] Vgl. Monstrelet: Procès, IV, 399 ff. für alles, was die Geschehnisse bei Compiègne betrifft. [3] Procès, V, 177. [4] Procès, IV, 399 ff.

gedauert hatte und die Franzosen sahen, wie sich die Zahl ihrer Feinde vermehrte, zogen sie sich in Richtung ihrer Stadt zurück, die Jungfrau befand sich unter ihnen bei der Nachhut und tat viel, um ihren Leuten beizustehen und sie ohne Verlust zurückzuführen; aber die Soldaten der burgundischen Partei hofften auf baldige Verstärkung, darum näherten sie sich eilig und warfen sich mit aller Wucht auf die Franzosen. Das war das Ende ... besagte Jungfrau wurde von einem Bogenschützen von ihrem Pferd gerissen, bei ihm war der Bastard von Vendôme, dem sie sich ergab und dem sie ihr Wort gab.«

Chastellain[1] schreibt mit größerem Lob, daß »die Jungfrau mehr als eine Frau getan und ausgehalten und sich sehr bemüht habe, ihre Kompanie vor Verlusten zu bewahren, indem sie ihnen als Anführerin und Mutigste der Truppe den Rücken deckte.« Johanna selbst berichtet ihren Richtern nur[2]: »Sie ging über die Brücke und die Schanze und traf mit der Kompanie auf den Monseigneur de Luxembourg. Sie schlug sie zweimal bis zum Lager der Burgunder zurück und das dritte Mal bis zur Hälfte des Weges; und da schnitten die Engländer, die sich dort befanden, ihr und ihren Leuten den Weg ab. Und als sie sich aufs freie Feld zurückziehen wollte ... wurde sie nahe bei der Schanze gefangengenommen ... und zwischen der Stelle, wo sie gefangengenommen worden war, und Compiègne war nur der Fluß, die Schanze und der Graben besagter Schanze.«

So wurde Johanna am 23. Mai 1430 »gegen sechs Uhr nachmittags[3]« gefangengenommen, »dort wo ihr das Schicksal zum letztenmal erlaubte, die Waffen zu tragen, und wo ihr Ruhm ein Ende fand[4].«

Bevor wir dieses letzte Kapitel über das aktive Leben von Johanna abschließen, müssen wir noch, wir werden uns nicht im Detail verlieren, die Art ihrer persönlichen Beziehungen zu den Regierungsmitgliedern untersuchen, besonders zu La Trémoille und Regnault de Chartres.

Ohne weiter auf die Legende einzugehen[5], von der bereits oft genug die Rede war (daß ihre Gefangennahme auf einen Verrat des Guillaume

---

[1] Chastellain, II, 49. [2] Champion, II, 73.

[3] Procès, V, 166. [4] Chastellain, II, 49.

[5] Champion, G. de Flavy u. J. H. Mestre, G. de Flavy n'a pas trahi Jeanne d'Arc, Compiègne, 1934.

de Flavy zurückgehe, der zugleich Halbbruder Regnaults de Chartres und Statthalter La Trémoilles war), bleibt die Ansicht Quicherats zu berücksichtigen[1], der in die johannische Literatur die nach ihm von V. de Viriville, Wallon, Lefèvre-Pontalis und anderen Autoren aufgenommene merkwürdige Meinung einführte, Johanna sei von Anfang an durch die wichtigsten Ratgeber Karls VII. verraten und behindert worden, und somit wären diese für die teilweise Nichterfüllung ihrer ›Sendung‹ und vielleicht sogar für ihr trauriges Ende verantwortlich.

Diese Auslegung der Ereignisse läßt sich ganz offensichtlich von der vorgefaßten Meinung ableiten, Johanna habe vom König eine amtliche Vollmacht erhalten, die auch das Arbeitsgebiet des Ersten Ministers und Kanzlers betraf, woraus unvermeidliche Konflikte entstehen mußten. Die aufmerksame Prüfung der Ereignisse hat jedoch ergeben, daß diese Dualität der Machtfunktionen niemals bestand, da Johanna in keinem Augenblick irgendein Kommando erhalten hatte. Und diese unwiderlegbare Feststellung genügt, um den tendenziösen Charakter von Quicherats Auslegung zu beweisen.

Außerdem macht nicht ein einziger der Chronisten auch nur die geringste Anspielung auf die angenommene Feindschaft der Minister Karls VII. ihrer Person gegenüber (allerdings berichten einige Chronisten, es handelt sich um die unsichersten, ohne den Beweis zu erbringen, von eifersüchtigen Handlungen mancher Feldherren Johanna gegenüber)[2]. Und endlich ist in den Erklärungen Johannas und denen der Rehabilitationszeugen nichts enthalten, was eine solche Hypothese rechtfertigen könnte. Um diese Frage zu beantworten, können wir uns also nur an das halten, was die Gegenüberstellung der Texte und die Gegebenheiten der kollektiven Psychologie der Zeit ergeben.

Was La Trémoille, den mächtigen, autoritären Ersten Minister betrifft, so konnte Johanna nur durch seinen Willen und niemals gegen seinen Wunsch eingesetzt werden. Wir sahen in der Tat, wie er im Privatgemach des Königs mit ihr sprach, sie Jean d'Aulon, einem seiner Ver-

---

[1] Quicherat, Nouveaux aperçus sur Jeanne d'Arc, 21 ff.

[2] Procès, IV, 59 (Chartier), 260 (Abréviateur du Procès), 278 (Sala), 327 (Doyen de Metz), 346 (Chronique normande).

trauensmänner, zum Schutz übergab und ihre Adelsurkunde unterzeichnete. An diesen Zeugnissen gibt es nichts zu deuteln. Wenn er im übrigen gewisse Entscheidungen zu treffen schien, die dem Wunsch Johannas entgegenstanden: hinsichtlich des Loirefeldzugs, bei der Besetzung von Auxerre, beim Angriff auf Paris, über Richemont und Alençon, so ist das nur ein Beweis dafür, daß er als Inhaber aller Machtbefugnisse, bewußt oder unbewußt, aber notwendigerweise, auch die volle Verantwortung übernahm. Nichts dabei läßt eine Feindschaft gegen Johanna vermuten, deren religiöse Stellung, die ihr der Kronrat zugewiesen hatte, er im Gegenteil zu erhalten sich bemühte.

Das Verhalten von Regnault de Chartres, Erzbischof und Kanzler, ist ebenso deutlich. Johanna hatte sich als Botin Gottes zu erkennen gegeben, somit nahm er als Kirchenfürst an der Aufstellung der Untersuchungskommission von Poitiers, die sie examinieren sollte, teil, führte sie nach Blois, wo die Entsatzarmee für Orléans aufgestellt wurde, benutzte ihren Namen für seine eigene politische Korrespondenz und verließ mit ihr zusammen am 18. Mai 1430 Compiègne. Außerdem wurde er vor Troyes und auf der Straße von Ferté-Milon in sehr freundlichem Gespräch mit Johanna gesehen. Nichts läßt hier auf irgendeine Feindschaft seinerseits schließen.

Allerdings wirft ihm Quicherat einen ›schändlichen Brief‹ vor, den er nach Johannas Gefangennahme an die Einwohner von Reims schickte; eine objektive Kritik dieses Textes ergibt jedoch ganz andere Schlußfolgerungen. Es handelt sich um folgendes: Rogier gibt in seinen Erinnerungen eine kurze Analyse[1] der Mitteilungen des Kanzlers an die Reimser: »Er benachrichtigt sie von der Gefangennahme Johannas der Jungfrau vor Compiègne, und daß sie keinem Rat folgen wollte und alles nach eigenem Willen tat. – Daß zum König ein junger Hirte gekommen sei, der in den Bergen von Gévaudan im Bistum Mende die Schafe hütete und alles über Johanna die Jungfrau erzählt habe, und daß er von Gott gesandt sei, um mit den Kriegsleuten des Königs zu ziehen und daß die Engländer und Burgunder dann bestimmt bald zersprengt würden. Und als man ihm

[1] Procès, V, 108.

darauf sagte, die Engländer hätten Johanna die Jungfrau getötet, erwiderte er, daß ihnen darum nur um so mehr Böses widerfahren würde; und daß Gott Johannas der Jungfrau Untergang zugelassen habe, weil sie stolz geworden wäre; und wegen der kostbaren Kleider, die sie angelegt hätte; und sie habe nicht das getan, was Gott ihr befohlen, sondern habe nach eigenem Willen gehandelt.«

Sagen wir gleich, daß es sich hier nicht um die Analyse eines Briefes, sondern um die von zwei späteren Briefen handelt. Der erste wurde bei der Gefangennahme, der andere bei Johannas Tod geschrieben, und daraus kann man nicht die wahre Einstellung Regnaults de Chartres vor diesen Ereignissen erkennen. Auch müssen wir erwähnen, daß der Hirte, von dem die Rede ist, ein Visionär war, ›der behauptete, göttliche Eingebungen zu haben‹, und der wie Franz von Assisi an den Händen, Füßen und der rechten Seite Stigmata hatte. Nachdem Johanna in Rouen verbrannt worden war, wollte die Regierung Karls VII., um den sehr peinlichen Eindruck beim französischen Volk abzuschwächen, nun den jungen Hirten ›einsetzen‹. Aber bei der ersten kriegerischen Auseinandersetzung, an der er teilnahm, im August 1431, in der Umgebung von Beauvais, wurde er von den Engländern zusammen mit Xaintrailles gefangengenommen und am darauffolgenden 16. Dezember ohne irgendeinen Prozeß in einen Sack genäht und in die Seine geworfen[1].

Um den tieferen Sinn der Briefe Regnaults de Chartres zu begreifen, muß man sie natürlich vor dem Hintergrund der damaligen Zeit sehen. Unzweifelhaft wurden Johannas Gefangennahme, danach ihre Verurteilung durch ein Inquisitionstribunal, dem ständig ein Abgesandter des Papstes beiwohnte, in der öffentlichen Meinung als grausame Widerlegung der um ihre ›Sendung‹ gemachten Propaganda und der Gunstbezeigungen des Königs ihr gegenüber aufgefaßt. Die Leute vom Land und aus den guten Städten glaubten, Gott habe erlaubt, daß sie in die Hände der Feinde fiel und von ihnen verbrannt wurde, weil er nicht mehr auf ihrer Seite stand. Es mußte sich somit um einen Irrtum oder eine Täuschung handeln. Wenn also der Kanzler auf diese Vermutungen ein-

---

[1] Lefèvre de St. Rémy, II, 263 u. 264. – ›Le Bourgeois de Paris‹, anno 1431.

geht, um alles zu erklären und die Leute zu beruhigen, tut er nur seine Pflicht, wenn er Johannas Verschwinden als nebensächlich hinstellt. Da er weder Gott kritisieren noch den König bloßstellen kann, bleibt ihm nichts anderes übrig, als dem Opfer die Schuld für sein Schicksal zuzuschreiben. Vom praktischen und politischen Standpunkt aus blieb ihm gar keine andere Wahl und er mußte so sprechen. Wenn also in diesem erzwungenen und von den Umständen diktierten Kommentar der Widerschein einer früheren Feindschaft gesucht werden sollte, auf die nichts hinweist, so hieße das gegen die elementarsten Regeln der Kritik und der Psychologie verstoßen.

Man kann darum im Gegensatz zu jener oberflächlichen und allzu häufig vorgebrachten Meinung zu der Schlußfolgerung kommen, daß Johanna während ihres Rittes von ihnen nie angefeindet oder verleumdet wurde: das wäre ein offenbar logischer Widerspruch, denn von La Trémoille und Regnault de Chartres war die Initiative ausgegangen, sie einzusetzen.

XI

ROUEN

Johanna wurde am Abend des Tages ihrer Gefangennahme nach Margny gebracht, wo Philipp und seine Statthalter sie aufsuchten. Achtundvierzig Stunden später schrieb der Burgunder[1] an den Herzog von Savoyen, daß »durch Gottes Gnade die, welche man Jungfrau nannte, mit mehreren Hauptleuten, Junkern und anderen gefangengenommen wurde.« Und in bezug auf die ›Tagung‹ von Auxerre, die für den 1. Juni vorgesehen war, fügte er die sehr deutliche Anspielung hinzu, daß, wenn Karl VII. sich nicht anschicke, »wahre und vollständige Zuneigung zu zeigen ... und mit Täuschung, Verschlagenheit und Hinterlist fortfahren wolle ... er (der Herzog) nichts mehr weiter tun und sich keine Mühe mehr geben solle, denn wir haben noch unsere Armee, die bereit steht ... sie ist sehr mächtig und für lange Zeit mit Sold versehen, darum wollen mein besagter Herr (der König von England) und ich keine Zeit mehr verlieren.«

Die Nachricht von Johannas Gefangennahme verbreitete sich sehr schnell, und am 26. Mai ging an Philipp persönlich von Paris aus ein Brief mit dem ›Siegel der Heiligen Inquisition‹ ab, in dem stand[2] »... Wir, Bruder Martin (Billorin) ... Hauptbevollmächtigter des Glaubensinquisitors im Königreich Frankreich ... machen von den Rechten unseres Amtes Gebrauch, von der Autorität, die uns der Heilige Stuhl zu Rom übertragen hat, und fordern ... von jeder Person ... sofort und zum Besten des katholischen Glaubens unter Androhung der rechtlichen Strafen ... besagte Johanna, die verschiedener ketzerischer Verbrechen

[1] Champion, G. de Flavy, 169.
[2] Champion, II, 7 u. 8.

sehr verdächtig ist, als Gefangene vor uns zu führen, damit sie vor uns und dem Untersuchungsrichter der Heiligen Inquisition erscheine und man mit Rat und Hilfe der guten Doktoren und Magister der Universität Paris und anderer würdiger Ratgeber, wie es sich gehört, vorgehen kann . . .« Die englische Regierung beeilte sich also, ihrem burgundischen Verbündeten durch die Feder ihrer getreuen Pariser Geistlichen mitzuteilen, daß Johanna nicht als Kriegsgefangene behandelt, sondern als Ketzerin von einem Tribunal der Inquisition verurteilt – und verdammt – werden sollte, um Karl, den ›sogenannten König von Frankreich‹, der sie für seine Sache eingesetzt hatte, zu demütigen.

Der Herzog von Burgund und Jean de Luxembourg gaben jedoch den ungeduldigen und sogar drohenden Forderungen der im Sold der Engländer stehenden Geistlichen nicht sofort nach. Sie waren zweifellos der Meinung, daß die Auslieferung Johannas, wenn sie schon nicht in Gold aufgewogen werden sollte, einen höheren Gegenwert als Danksagungen und Ablaßversprechen verdiente. Nach Erhalt dieses Briefes entfernten sie ihre Gefangene aus der Normandie und ließen sie zuerst nach Schloß Beaulieu im Vermandois (zwölf Kilometer nördlich von Noyon) bringen, wo sie zwei Wochen blieb; dann nach Schloß Beaurevoir bei Cambrai, wo sie sich vier Monate aufhielt.

Vergeblich waren Johannas Fluchtversuche aus den beiden Gefängnissen[1]. In Beaulieu wurde sie im Schloßinnern wieder eingefangen. In Beaurevoir wollte sie sich mit Hilfe eines Seils oder Tuchstreifens aus dem Fenster des Turms, in dem ihr Kerker lag, hinunterlassen; dieser provisorische Halt riß jedoch und durch den harten Aufprall »lag sie zwei oder drei Tage . . . ohne essen oder trinken zu wollen.« Die Richter von Rouen versuchten, diesen Zwischenfall als Selbstmordversuch, eine besonders schwere Sünde, auszulegen, und fragten sie, »ob sie bei ihrem Sprung die Absicht hatte sich zu töten«; sie erwiderte jedoch, daß »sie sich beim Sprung in Gottes Hand empfahl und glaubte, sie könne dadurch entfliehen und würde nicht den Engländern ausgeliefert werden.« Während dieses Aufenthalts in Beaurevoir boten ihr die Schloßherrin und die Demoiselle

[1] Champion, II, 64, 69, 70, 90, 91, 95, 96 (vgl. Morosini, III, 30, Anm. 4–7 u. IV, 354–356ff.).

de Luxembourg »Frauenkleider an ... (aber) sie erwiderte, daß Unser Herr sie noch nicht aus seinen Diensten entlassen habe, und daß es noch nicht so weit wäre.« Johanna hatte also auch als Gefangene nichts von ihrem unerschütterlichen Mut verloren und hoffte noch immer, eine ›Sendung‹ fortführen zu können, die in ihren Augen noch nicht beendet war.

Nach dem Mißerfolg der Exhortationen, die der Inquisitor von Frankreich und die Universität von Paris an Johannas burgundische Kerkermeister gerichtet hatten, entschlossen sich die Engländer zu ernsthafteren Vorschlägen. Zur Ausführung dieses Anliegens wählten sie einen Mann, der in jeder Hinsicht am sichersten und qualifiziertesten schien: Pierre Cauchon, Bischof von Beauvais, in dessen Diözese Johanna gefangengenommen worden war, und der außerdem Rat des Königs von England und Hofkaplan der Königin von England war.

Dieser ehemalige Anhänger von Caboche, der zum Prototyp des ›abtrünnigen‹ Franzosen geworden war, kam am 14. Juli 1430 in Begleitung eines apostolischen Notars in Philipps Hauptquartier vor Compiègne an[1]. In der einen Hand hielt er einen Brief der Universität von Paris an Jean de Luxembourg, der vom selben Tag datiert war, und in dem jener »sehr demutsvoll« gebeten wurde, Johanna an den Glaubensinquisitor oder an ihn selbst, den Bischof von Beauvais, auszuliefern, um »die unerträgliche Beleidigung der göttlichen Majestät« zu vermeiden, die dann gegeben wäre, »wenn diese Frau durch List oder, noch schlimmer, durch Silber oder Lösegeld ... befreit würde und damit für uns verloren wäre ...« In der anderen Hand hielt er ganz schamlos die gegensätzliche Aufforderung an Philipp und den Bastard von Vendôme, ihm Johanna für den Preis von zehntausend Frank für den König von England zu übergeben, »obwohl man sie nicht als Kriegsbeute ansehen darf«, und er erklärte, daß der König, der französischen Tradition gemäß, das Recht habe, jede Person gegen eine solche Summe loszukaufen.

Dieses für die damalige Zeit bedeutende Angebot wurde nicht sofort angenommen, führte jedoch zu Verhandlungen, die vier Monate dauerten und deren Bedingungen uns kaum bekannt sind. Erst gegen Mitte No-

[1] Champion, II, 6–9.

vember[1] wurde Johanna, die inzwischen nach Arras überführt worden war, den Engländern übergeben und über Drugny, Le Crotoy, Saint-Valéry, Eu und Dieppe nach Rouen gebracht, wo sie im Dezember ankam. Dort hielt sich Johanna die fünf letzten Monate ihres Lebens auf, während der Dauer des Prozesses, in einem Kerker in einem der sieben Türme des alten Schlosses Bouvreuil, von Soldaten ständig bewacht. Vielleicht hielt man sie zu Anfang in einem Metallkäfig gefangen[2], sicher wurde sie aber nachts und vielleicht auch tagsüber in Fußeisen gelegt und durch eine verschließbare Kette an einen großen Holzblock gefesselt[3].

Am 28. Dezember[4] gewährte das Kapitel der Kathedrale von Rouen dem Bischof von Beauvais ›Stadtrecht‹, d. h. man erkannte ihn in einer Diözese, die nicht seine eigene war, als Inquisisitionsrichter an. Am 3. Januar 1431[5] autorisierte der Kronrat von England, der in derselben Stadt tagte, »unseren ehrwürdigen Kirchenvater (Pierre Cauchon), sich diese Johanna, so oft es ihm nötig schiene, von unseren Leuten und Offizieren, die sie bewachen, vorführen zu lassen, um sie zu befragen, zu prüfen und ihr den Prozeß zu machen . . . wegen ihres Aberglaubens, ihrer Irrlehren und anderer Verbrechen gegen die göttliche Majestät«; danach folgt diese wichtige Einschränkung, die das politische Ziel enthüllt: »Es ist jedoch unsere Absicht, Johanna wieder zurückzunehmen, wenn sich herausstellen sollte, daß man sie in keinem der obenerwähnten Punkte oder in anderen, die auf den Glauben Bezug haben, überführen kann.« Von diesem Zeitpunkt an war alles bereit, und am 9. Januar[6] eröffnete Pierre Cauchon den Ketzerprozeß gegen Johanna durch eine geheime Versammlung von acht »Doktoren und Magistern«, in der »Regel und Methode, die in diesem Prozeß zu befolgen waren«, festgelegt wurden.

Es ist nicht erforderlich, auf die juristischen Einzelheiten dieses Prozesses einzugehen; wir können sagen, daß er bis zum Ende den Bräuchen der Zeit gemäß geführt wurde. Die Inquisitionsrichter waren juristisch

---

[1] Champion, II, 10.

[2] Procès, II, 346–371, III, 155–180. Diese Maßnahme wurde zu jener Zeit häufig gegen der Ketzerei angeklagte bedeutende Personen (wie Johann Hus) oder auch gegen einfache Kriegsgefangene (wie Barbazan) angewandt.

[3] Procès, II, 18, 298, 301, 302, 306. [4] Champion, II, 13–15.

[5] ebd., II, 12 u. 13. [6] ebd., II, 3.

an keine strenge Prozeßordnung gebunden, und es blieb ihnen überlassen, die Angeklagten nach Gutdünken zu behandeln[1]. Sie richteten sich in der Tat nach der Tradition. Wenn wir z.B. feststellen, daß die Zeugen gehört wurden, ohne sie Johanna gegenüberzustellen oder ihr die Namen zu nennen; daß Johanna ohne Rechtsbeistand durch zahlreiche Fragen bedrängt wurde, die immer wiederholt wurden und in denen sich die verschiedenen Anklagepunkte unaufhörlich vermischten, um sie zu verwirren oder ihr eine Falle zu stellen; daß ab und zu – wie in Poitiers – ein ›Spion‹ eingesetzt wurde, der ihr Vertrauen täuschen sollte; daß sie bis zu ihrem letzten Tag in Ketten blieb und mit der Folter bedroht wurde; daß man endlich von ihr verlangte, das Urteil über ihre Aussagen der streitbaren Kirche zu übertragen, dann ihre Irrtümer im Verlauf einer feierlichen Zeremonie vor dem ersten Urteilsspruch abzuschwören: so entsprechen alle diese Maßnahmen ganz zweifellos den Anweisungen in den Handbüchern der Inquisition und ihren üblichen Methoden.

Glanz und Elend des Prozesses von Rouen liegen – wie bei den meisten Ketzerprozessen – gerade in dem ungeheuren Mißverhältnis zwischen den Rechtsmitteln der Anklage und denen der Verteidigung begründet. Auf der einen Seite die mächtige Gruppe von ungefähr sechzig Theologen, infolge ihrer Bildung gegen jeden der Ketzerei Verdächtigten durch doktrinäre Vorurteile eingenommen, und ›abtrünnige‹ Franzosen, die unter dem Vorsitz der zwei ernannten Richter zur Beratung zugezogen wurden: Pierre Cauchon, Bischof von Beauvais, der als begeisterter Parteigänger ein ganz bestimmtes politisches Ziel verfolgte, und Jean Le Maistre, Bevollmächtigter des Inquisitors, eine farblose Figur, jedoch offizieller Vertreter des Papsttums. Alle sind in scholastischen Spitzfindigkeiten geschult, in geistigen Vorbehalten, verfänglichen Auslegungen und arglistigem Fallenstellen erfahren und beherrschen ganz nach Belieben ein Spiel, dessen Trümpfe sie in der Hand halten. Auf der anderen Seite, angesichts dieses voreingenommenen und feindseligen Areopags, steht einsam und ohne Beistand ein junges Mädchen von zwanzig Jahren, das, obwohl es ein Jahr lang in der Umgebung des Königs von Frankreich

---

[1] Vgl. für alles, was das Inquisitionsverfahren betrifft: Tanon, Hist. des tribunaux de l'Inquisition en France u. Amiet, Le condamnation de Jeanne d'Arc.

gelebt hatte, das unwissende Bauernmädchen[1] geblieben ist, das aus einem Dorf an der Maas gekommen war, um ›gegen die Engländer zu kämpfen‹.

Der Prozeß dauerte zwanzig Wochen. Während dieser Zeit erschien Johanna wenigstens achtundzwanzigmal vor ihren Richtern. Formal besteht der Prozeß aus zwei ganz unterschiedlichen Phasen: 1. vom 9. Januar bis 26. März der vorbereitende, der sogenannte ›Offizialprozeß‹, d. h. er wird auf Antrag des Gerichts und nicht infolge einer Privatklage eingeleitet; er umfaßt die Präliminaruntersuchung und Johannas Verhöre und entspricht dem, was wir heute einleitendes Verfahren nennen würden. 2. Vom 27. März bis 30. Mai der sogenannte ›gewöhnliche‹ Prozeß, der unserem Hauptverfahren mit Anklagerede, Gutachten, Exhortationen und Urteilsspruch entspricht.

Wir haben darauf hingewiesen, daß alle an Johanna gestellten Fragen im allgemeinen dauernd offengelassen und dann später wieder aufgenommen wurden. Das rief eine beabsichtigte Verwirrung hervor und erweckte den Anschein einer unzusammenhängenden Diskussion. Diese bei allen Ketzerprozessen in gleicher Weise angewandte Methode sollte in den Aussagen des Angeklagten Abweichungen hervorrufen, die wiederum zum Geständnis seines Vergehens, dem Hauptziel jeden Verhörs, führen konnten. Da die Ketzerverfolgungen stets aufgrund von immer anfechtbaren Verdächtigungen eingeleitet wurden – und das ganz besonders in Johannas Fall, bei dem man den politischen Hintergedanken nur mühsam verbarg –, ruhten die Inquisitionsrichter nicht eher, bis sie entweder das Geständnis des Angeklagten erhalten oder ihn zu einer Haltung oder zu Äußerungen gezwungen hatten, die an sich ein Verbrechen gegen den Glauben darstellten. Sie waren so eifrig auf Geständnisse bedacht, daß sie nicht nur die Folter anwandten, sondern, wenn diese zu keinem Ergebnis führte, den Beschuldigten so lange gefangenhielten, bis er zum Geständnis seiner ihm zur Last gelegten Schuld bereit war.

Eine solche Führung der Verhöre erleichtert weder die Analyse noch die nachträgliche Auslegung des Prozesses von Rouen. Trotzdem ist es nicht unmöglich, hinter den nebensächlichen oder eingeschobenen, aber immer

---

[1] Champion, II, 238.

verfänglichen Fragen die drei Hauptpunkte der Anklage, die sich durch die ganze Verhandlung ziehen, zu erkennen. Es sind dies:

1. *Die Stimmen.* Obwohl Johannas Jungfräulichkeit durch eine von mehreren Matronen in Poitiers durchgeführte Untersuchung festgestellt und folglich auch an verschiedenen Stellen des Protokolls[1] bestätigt worden war, was jeden Verdacht einer teuflischen Besessenheit hätte ausschließen müssen, versuchten die Richter doch wenigstens zu beweisen, daß ihre Stimmen nicht die der von der streitbaren Kirche anerkannten Heiligen sein konnten, sondern ›lügnerischen und bösartigen Geistern‹ gehören mußten[2], und ihre Wißbegierde wird sich ganz besonders diesem Problem zuwenden. Die Aufrichtigkeit Johannas in ihren Antworten, die wir bereits zitiert haben[3], wird sie in diesem Punkt jedoch einer soliden Grundlage berauben und ihnen nur Zuflucht zu tendenziösen Behauptungen lassen.

2. *Das Zeichen.* Wir können ohne weiteres als sicher annehmen, daß die Richter von Rouen das Gutachten der Kommission von Poitiers über Johannas Einsatz kannten, das, wir wiederholen, zu den von der königlichen Kanzlei für die Propaganda verwendeten Dokumenten gehörte. Sie wußten also aus erster Quelle, daß die französische Regierung der öffentlichen Meinung Johanna als eine Gottgesandte vorgestellt hatte, ohne vorher das ›Zeichen‹, d. h. die wunderbare Rechtfertigung, erhalten zu haben. Dies wird sehr deutlich vom Bischof von Lisieux, einem der Beisitzer, betont, der es in einem schriftlichen Gutachten vom 14. Mai 1431 so ausdrückt[4]: »Man soll keiner Person, die ganz einfach behauptet, von Gott gesandt zu sein, um der Mitwelt irgendeine geheime und unsichtbare Absicht Gottes zu offenbaren, Glauben schenken, es sei denn, daß sie sich durch das Erscheinen gewisser Zeichen, Wunder oder das besondere Zeugnis der Schrift rechtfertigt (das erklärt das Dekretale ›*Cum ex injuncto*‹ über die Ketzer). In ihren Augen war Johannas ›Sendung‹ also von Anfang an ungültig, und Karl VII. konnte persönlich angegriffen und verdächtigt werden, er habe die in solchen Fällen notwendigen Kontrollmaßnahmen in trügerischer Absicht unterlassen. Johanna durfte diese

---

[1] Procès, III, 50, 89, 155, 163. – Champion, II, 166, 208, 211, 235, 276.

[2] Champion, II, 152. [3] Vgl. Kap. IV. ›Die Stimmen‹. [4] Champion, II, 231.

doppelte Gefahr um so weniger verkennen, als sie selbst, wenn es sich um andere handelte, fest an die Notwendigkeit dieser Vorzeichen glaubte. Sie hatte von Catherine de La Rochelle[1] ohne Erfolg das Zeichen verlangt, und als sie am 18. April[2] »befragt wurde, ob sie sich nicht vorstellen könne, daß Gott einer guten Person, die ihr unbekannt wäre, Dinge offenbaren könnte«, erwiderte sie: »Es ist gut zu wissen, daß es möglich ist, ich aber würde weder einem Mann noch einer Frau glauben, wenn ich kein Zeichen erhalten hätte.« Als man ihr also die so peinliche Frage stellt, versucht sie zuerst auszuweichen, dann, weil sie sie weder übergehen noch zugeben kann, daß sie vor ihrem Einsatz kein Zeichen vorgebracht hatte, wartet sie mit einer allegorischen Erklärung auf, womit sie die Richter zwar nicht hintergeht, aber das Geständnis vermeidet, sie hätte sich als Botin Gottes ausgegeben, ohne dafür die doktrinäre Berechtigung zu haben.

3. *Die Männerkleidung.* Es steht fest, daß Johanna, als sie vor dem Inquisitionsgericht erschien, weder die Männerfrisur noch die Männerkleidung abgelegt hatte, die sie seit über zwei Jahren trug. Und wenn man die mühsamen Erklärungen berücksichtigt, durch die Jean Gerson in seinem Gutachten vom 14. Mai 1429[3] diese Übertretung der religiösen Vorschriften und der üblichen Moral zu rechtfertigen sucht, ermessen wir, bis zu welchem Punkt Johanna von denen ausgenutzt werden konnte, die im voraus entschlossen waren, sie zu verurteilen. In diesem Punkt war kein Ausweichen möglich. Sie mußte sich dem ausdrücklichen Befehl, die dem anderen Geschlecht entliehenen Kleider abzulegen, unterwerfen oder die Verurteilung hinnehmen, die das Tragen mit sich brachte. Endlich wurde dieser Kleiderstreit – in unseren Augen nebensächlich, aber damals sehr bedeutsam – zum Stein des Anstoßes, der sie auf den Scheiterhaufen brachte, denn nach einer vorübergehenden Schwäche wollte sie weiter die Kleider tragen, die für sie das eigentliche Symbol und praktische Attribut ihrer kämpferischen Sendung blieben.

Johannas Verhöre während dieses einleitenden Verfahrens können unterteilt werden: einmal in die sechs öffentlichen Gerichtssitzungen in

---

[1] Champion, II, 74 u. 75. [2] ebd., II, 239. [3] Procès, III, 304 u. 305.

der Kapelle oder im Festsaal des Schlosses von Bouvreuil; zum anderen in elf Geheimsitzungen im kleinen Kreis, die im Gefängnis stattfanden. Johanna erschien am Morgen des 21. Februar[1] das erste Mal vor ihren Richtern, die die Präliminarformalitäten vornahmen und ihre Personalien aufnahmen. Cauchon begann, wie es üblich war, indem er sie aufforderte, den Eid auf die Evangelien zu leisten »und auf alle Fragen, die ihr in Glaubenssachen gestellt würden, die volle Wahrheit« zu bekennen. Sofort leistete sie Widerstand und antwortete: »Ich weiß nicht, worüber Ihr mich befragen wollt. Ihr könntet mich zufällig nach Dingen fragen, die ich nicht sagen möchte.« Dann fügte sie hinzu, daß sie über die Offenbarungen, die Gott nur ihr gemacht habe, niemals gesprochen noch sie irgend jemandem außer Karl enthüllt habe . . . (und) sie würde sie nicht preisgeben, sollte man ihr auch den Kopf abschlagen, denn ihre geheimen Ratgeber, ihre Stimmen, hätten es ihr untersagt.« Damit gestand sie von vornherein mit einer mutigen, aber unvorsichtigen Unbefangenheit ihre Furcht ein, sich über den dem König dargebrachten Beweis ihrer ›Sendung‹, d. h. über das traditionelle ›Zeichen‹ rechtfertigen zu müssen. Diese Diskussion über den Wert und die Bedeutung von Johannas Schwur wird mit mehr oder weniger klar ausgedrückten Vorbehalten zu Beginn jeder öffentlichen Gerichtsverhandlung stattfinden, aber eingestellt werden, sobald die Geheimsitzungen im Gefängnis beginnen.

Die eigentliche Feststellung der Personalien ging ohne Zwischenfall vor sich. Als Cauchon sie jedoch dem Brauch gemäß aufforderte, das Vaterunser aufzusagen, widersetzte sie sich von neuem und erklärte, sie würde es ihm nur in der Beichte sprechen: ein von Mißtrauen oder Berechnung beeinflußtes Verhalten, dessen wahrer Grund nicht leicht zu erkennen ist. Die Debatte wurde nun lebhafter. In Anbetracht ihrer widersetzlichen Antworten wurde Johanna von Cauchon verwarnt, sie wäre, wenn sie aus dem Gefängnis zu entfliehen versuche, »des Verbrechens der Ketzerei überführt.« Sie ließ sich durch diese Verwarnung, in der eine schwerwiegende Drohung enthalten war, jedoch nicht einschüchtern. Frei heraus erklärte sie, »daß sie dieses Verbot nicht an-

---

[1] Champion, II, 28–30.

erkenne ... denn sie habe niemandem ihr Wort gegeben«, und »beklagte sich, daß man sie in Ketten und Fußeisen gefangenhalte.« Als der Bischof bemerkte, das geschähe, weil sie bereits mehrere Male zu entfliehen versucht hätte, erwiderte sie mit Nachdruck: »Es ist wahr, daß ich zu entkommen versucht habe und ich würde es immer wieder tun, da jeder Gefangene oder Inhaftierte ein Recht hat zu fliehen.« Der Protokollführer Manchon wird erklären, daß der Verlauf dieser ersten Sitzung äußerst stürmisch war[1], da fast jede Äußerung Johannas über ihre Offenbarungen von einem der Beisitzer unterbrochen wurde. Darum beschloß man, die Gerichtssitzungen künftig in einem kleineren Saal, d. h. vor einer kleineren Zuhörerschaft, stattfinden zu lassen.

Die fünf anderen öffentlichen Verhöre (am 22., 24., 27. Februar und am 1. und 3. März) waren vor allem den drei Hauptanklagepunkten gewidmet: den ›Stimmen‹, dem ›Zeichen‹ und der Männerkleidung. Sie wurden mit Fragen über nebensächliche Dinge vermischt, die zum größten Teil bereits erwähnt worden waren. Was die ›Stimmen‹ betrifft – die in einem eigenen Kapitel behandelt wurden –, so genügt es, ganz allgemein daran zu erinnern, daß Johanna nie aufhörte zu versichern, daß alles, was sie an Gutem getan habe, auf ihren Befehl hin geschehen sei, denn sie seien durch Vermittlung des heiligen Michael, der heiligen Katharina und der heiligen Margareta von Gott gekommen. Und als man ihr die Frage stellte, die uns heute so lächerlich erscheint, »ob die heilige Margareta englisch gesprochen habe«, erwiderte sie unschuldig: »Warum sollte sie englisch sprechen, da sie nicht auf seiten der Engländer ist?«

Das Problem des ›Zeichens‹ wurde von der zweiten Sitzung an indirekt, aber deutlich genug angeschnitten[2]. »Befragt, ob sie, als die Stimme ihr den König (in Chinon) bezeichnete, nicht ein Licht an jener Stelle gesehen hätte, antwortete sie: ›Übergeht das, fahrt fort‹. Befragt, ob sie über dem König vielleicht einen Engel gesehen hätte, erwiderte sie: ›Verschont mich, fahrt fort‹. Sie sagte auch, der König habe mehrere Erscheinungen und günstige Offenbarungen gehabt, bevor er sie einsetzte. Befragt, welche Offenbarungen und Erscheinungen besagter König gehabt

[1] Procès, III, 135. [2] Champion, II, 36.

hätte, erwiderte sie: ›Ich werde das nicht sagen. Erwartet jetzt keine Antwort; aber schickt zum König, er wird Euch antworten ...‹ Und sie sagte auch, daß ihr König und mehrere andere die Stimmen, die auf besagte Johanna zukamen, selbst gehört und erkannt hätten; Karl von Bourbon (Graf von Clermont) und mehrere andere wären dabei gewesen.« Diese Antwort ist sehr bedeutsam; denn sie läßt Johannas doppelte Bemühung erkennen, das Aufkommen der Meinung zu verhindern, Karl VII. habe sie unbesonnen eingesetzt, und zu vermeiden, genaue Auskünfte in dieser Beziehung geben zu müssen. Die einfachen Worte: ›Verschont mich, fahrt fort‹, bezeugen das deutlich.

Nach einer zweiten leichten Anspielung am 24. Februar, die ohne direkte Antwort blieb, auf diese ›Stimme‹ hin, die zum König sprach, »als sie zu Johanna gekommen war[1]«, wird die Frage am 27. Februar und 1. März direkt gestellt. Zuerst[2]: »Befragt, ob ein Engel über dem Haupt des Königs schwebte, als sie ihn zum erstenmal sah, erwiderte sie: ›Bei der Jungfrau Maria, wenn er dort war, so weiß ich es nicht, denn ich habe ihn nicht gesehen ... Befragt, wie es kam, daß der König ihr Glauben schenkte, erwiderte sie, er habe verläßliche Zeichen erhalten und auf Anraten der Geistlichen gehandelt ... und ihr König habe von ihren Handlungen erfahren, ehe er an sie glaubte, und die Geistlichen, die auf seiner Seite waren, waren der Meinung, daß an ihren Handlungen nur Gutes sei‹.« Danach[3]: »Befragt, welches Zeichen sie ihrem König zum Beweis gab, daß sie von Gott gesandt sei, erwiderte sie: ›Ich habe Euch immer gesagt, daß das nicht aus meinem Mund kommen wird. Geht hin und fragt ihn ... darüber werde ich Euch nichts sagen, was ich geheimzuhalten versprochen habe ...‹ Befragt, wem sie das versprochen habe, erwiderte sie, den Heiligen Katharina und Margareta, und das wurde dem König gesagt ... und besagte Johanna tat es aus eigenem Verlangen, denn zu viele Leute hätten sie gefragt, ob sie besagten Heiligen nicht dieses Versprechen gegeben habe. Befragt, ob nicht andere Leute dabei waren, als sie dem König ihr Zeichen vorwies, erwiderte sie, daß sie meine, er

[1] Champion, II, 41.
[2] ebd., 49 u. 50.
[3] ebd., 60 u. 61.

wäre allein gewesen[1], obwohl viele Leute in der Nähe standen. Befragt, ob sie, als sie ihrem König das Zeichen brachte, über seinem Haupt die Krone gesehen hätte, erwiderte sie: ›Ich kann es nicht sagen, ohne meinen Eid zu brechen‹. Und zum Schluß fügte sie hinzu: ›Das Zeichen, das ich brauche, ist, daß Gott mich aus Euren Händen befreit, und das wäre das sicherste, das er Euch schicken könnte‹[2].«

So verwickelte sich Johanna offensichtlich in Widersprüche über das ›Zeichen‹, das sie nicht angeben wollte, aber doch bestätigte. Quicherat[3] gibt zu, daß die Richter bei dieser Frage in sie drangen, »sie waren«, sagt er, »durch ein öffentliches Gerücht beunruhigt, daß das Erscheinen eines Engels als Zeichen ansah.« A. France[4] nimmt an, Johanna habe erzählt, daß sie dem König, als sie am französischen Hofe war, »ein Zeichen in Form einer kostbaren Krone gegeben habe.« Das sind jedoch reine Vermutungen, die durch keinen Text bewiesen werden und von der wichtigsten, bereits berichteten Tatsache abweichen, daß die Richter von Poitiers offiziell Johannas Behauptung registriert hatten, daß ihr einziges ›Zeichen‹ die Befreiung von Orléans sei. Und gerade von diesem Ausbleiben eines ›Zeichens‹ vor ihrem Einsatz gingen die Geistlichen von Rouen aus, um ihr eine Tatsachenverdrehung oder Unwahrheit nachzuweisen.

Was das Tragen der Männerkleidung betrifft, über das sie bei jeder der fünf Sitzungen befragt wurde, so antwortet Johanna ohne Zögern und Abweichungen[5], »daß sie diese Kleidung nur auf Befehl Gottes und der Engel angelegt habe«, und als man sie fragte, welche Meinung »der König, die Königin und andere ihrer Partei« darüber hatten, erwiderte sie nur: »Das gehört nicht zu Eurem Prozeß.«

Außer diesen drei Hauptanklagepunkten bereitete ihr ein anderes Ereignis echte Schwierigkeiten. Es handelt sich um ihren Brief an den Grafen von Armagnac, der sie gefragt hatte – aus den bereits erwähnten persönlichen Gründen –, welcher der wahre Papst sei, ob Martin V.,

---

[1] Am 22. Februar hatte sie das Gegenteil behauptet und gesagt, Karl von Bourbon und verschiedene andere »hätten die Stimmen gesehen und gehört, die in Gegenwart des Königs auf sie zukamen«. S. o.

[2] Champion, II, 75. [3] Nouveaux aperçu sur Jeanne d'Arc, 63 u. 64.

[4] Bd. II, 265. [5] Champion, II, 35, 44, 49, 63, 64.

Clemens VII. oder Benedikt XIV. Sie hatte ihm schreiben lassen[1]: »Ihr wolltet von mir wissen, welchem der drei Päpste . . . Ihr glauben sollt . . . ich kann Euch im Augenblick die Wahrheit ganz einfach nicht sagen . . . Aber wenn ich in Paris sein werde, schickt mir einen Boten, und ich lasse Euch die Wahrheit darüber wissen, wem Ihr glauben sollt, so wie ich es durch den Rat meines rechtmäßigen und höchsten Herrn erfahren habe.« Diese Antwort, die ganz sicher von ihr diktiert wurde und nichts von der natürlichen Vorsicht eines Schreibers enthält, konnte leicht als ketzerisch angesehen werden, denn Johanna nahm darin die Fähigkeit in Anspruch, den wahren Papst erkennen zu können, als sich die Kirchen von Frankreich und England bereits dem römischen Papst Martin V. unterworfen hatten. Sie fühlte sehr wohl die drohende Gefahr und versuchte, ihr durch eine Erklärung auszuweichen, die sie sich abringen mußte[2]: »Befragt, ob sie Zweifel hätte, wem der Graf gehorchen müßte, erwiderte sie, daß sie ihm darüber nichts zu sagen wüßte, denn der Graf wollte von ihr wissen, wem er nach Gottes Willen gehorchen solle. Was sie, Johanna, jedoch beträfe, so glaube sie, daß wir unserem Papst, der in Rom ist, gehorchen müssen . . . Befragt, warum sie geschrieben habe, daß sie später antworten wolle, wenn sie an den Papst zu Rom glaube, erwiderte sie, daß sie mit ihrer Antwort etwas anderes als die drei päpstlichen Herren gemeint hätte. Befragt, ob sie gesagt habe, daß sie über die drei päpstlichen Herren einen Hinweis erhalten würde, erwiderte sie, daß sie so etwas niemals schrieb noch schreiben ließ. Und dies schwöre sie bei ihrem Glauben.«

Dies war, wie wir sehen, ein recht deutlicher Kampfruf, und die Richter schließen daraus[3], daß sie zu viel von sich selber und nicht genug von der Autorität der allgemeinen Kirche hielte und ihre Worte der Autorität jeder Kirche vorzöge und daher versichert habe, daß sie, unter gewissen Bedingungen, sagen werde, welchem Papst man glauben solle.« Ausnahmsweise war das eine für sie nicht zu tendenziöse Feststellung.

Johanna wurde auch über ihren ersten berühmten ›Brief an die Engländer‹ befragt; ferner über den Baum der Feen zu Domremy; das Schwert von Fierbois; das Schwert von Lagny, das sie ein ›gutes Kriegs-

[1] Champion, II, 149. [2] ebd., 55. [3] ebd., 149.

schwert nannte, mit dem man gut Schläge und Prügel austeilen konnte‹; ihre Verwundung vor Orléans, von der sie bereits vorher zum König gesprochen hatte; den Stadthauptmann von Jargeau, mit dem man keinen Vertrag abgeschlossen hatte; den Gebrauch der Mandragora, den sie leugnete; das angeblich vom Tod erweckte Kind zu Lagny; Catherine de La Rochelle und den Sprung von Beaurevoir: alle diese Punkte wurden bereits erwähnt und kommentiert[1]. Weisen wir nun noch darauf hin, daß sie erklärte, als man sie über ihr Banner befragte, »sie habe zu ihrer Begleitung nur zwei oder drei Lanzen gehabt (d. h. in diesem Fall: zwei oder drei lanzenbewaffnete Reiter)«, was deutlich beweist, daß sie in der Armee noch nicht einmal ein untergeordnetes Kommando innehatte.

Auf alle diese nebensächlichen oder überflüssigen Fragen, auf die sie keine ernsthaften Entgegnungen weiß, erwidert Johanna mit Leichtigkeit und weiß bei Gelegenheit durch Angriffslust oder Ironie einen Vorteil zu erringen. Sie wiederholt mehrmals, daß ihr die ›Stimmen‹ geraten hätten, ihren Richtern ›kühn‹ zu antworten, so wie sie zu den Ihren oft sagte: »Geht kühn auf die Engländer los, und das auch selber tat[2].« In der dritten Sitzung unterbricht sie Cauchon: »Ihr, der Ihr Euch mein Richter nennt, nehmt eine große Verantwortung auf Euch und legt mir zuviel zur Last[3].« Bei der fünften Sitzung sagte sie, daß »die, welche ihr das Leben nehmen wollten, vielleicht vor ihr dahingehen würden . . . eines Tages werde ich sicher befreit werden[4]«, und zwei Tage danach wiederholt sie: »Ja, sie haben (die Stimmen) mir versichert, daß ich befreit werde, aber ich weiß weder Tag noch Stunde, und mir geraten, daß ich Euch kühn entgegentreten soll[5].«

Als Beaupère sie fragt, wie es ihr während der drei Tage, an denen sie krank war, ergangen wäre, erwidert sie spöttisch: »Ihr seht doch, wie es mir geht, ich habe mich so wohl befunden, wie es mir nur möglich war[6].« Man befragte sie, ob sie niemals um Segen für ihr Schwert gebetet habe, und sie lächelte: »Ich hätte wohl gewünscht, daß meine gesamte Ausrüstung begünstigt gewesen wäre[7].« Befragt, ob der heilige Michael etwa

---

[1] Champion, II, 43, 50, 51, 54, 55, 56, 59, 65, 68–70. [2] ebd., 40, 46, 63, 65. [3] ebd., 38. [4] ebd., 59. [5] ebd., 63. [6] ebd., 46. [7] ebd., 51.

nackt war, bricht ihr Spott frei heraus: »Meint Ihr, Gott habe nichts, um ihn zu kleiden?«

Aber außer zu diesen energischen oder spöttischen Antworten ist Johanna auch mit einer erstaunlichen Kaltblütigkeit zur geschicktesten Spitzfindigkeit oder zu ernster Würde fähig, wenn einer der Frager ihren Glauben angreift. Bei der dritten Sitzung fragt einer von ihnen sie scheinheilig, »ob sie versichern könne, daß sie in der Gnade Gottes sei[1]?« Damit möchte er sie in dieses ausweglose Dilemma bringen: entweder sagt sie ja und ist einer großen Anmaßung schuldig; oder sie sagt nein und gibt damit zu, daß Gott sie nicht beschützt. Aber Johanna erkennt sofort die Gefahr, begegnet ihr und beschämt den trügerischen Geistlichen: »Wenn ich nicht im Zustand der Gnade bin – sagt sie –, so möge Gott ihn mir verleihen; und wenn ich darin bin, so möge Gott mich darin halten.« Und Boisguillaume erklärt, daß die Examinatoren von dieser Antwort so überrascht waren, daß sie an diesem Tag nichts weiter unternahmen[2]. Einige Tage später will Cauchon diese Frage von neuem anschneiden und fragt sie, »ob sie glaube, wenn sie beichte, im Stand der Todsünde zu sein.« Er hat jedoch nicht mehr Erfolg als sein Beisitzer, denn Johanna erwidert ihm sanft: »Sie wisse nicht, ob sie im Stand der Todsünde gewesen sei, aber sie glaube nicht, solche Taten begangen zu haben[3].«

Wenn wir dem Verlauf dieser sechs Verhöre folgen, können wir die wichtigsten psychologischen Züge Johannas präzisieren und vervollständigen. Natürlich erkennen wir sogleich ihren ihr angeborenen kämpferischen Geist wieder, ein Grundcharakterzug, der sich während ihrer aktiven Periode durch eine mehr spontane als überlegte Angriffslust offenbarte. Doch in diesem Saal des Schlosses von Bouvreuil, wo sie im Kreis ihrer feindlichen Richter einen für sie ganz ungewohnten Kampf führen muß, treten intellektuelle Gaben zutage, denen wir bisher noch nicht begegnet sind. Sie bleibt ganz ihrem durch nichts zu erschütternden Sendungsbewußtsein verhaftet und erkennt instinktiv die in den Fragen verborgenen Gefahren und paßt sich den Spielregeln dieses Wortstreits sehr schnell an. Je nachdem, ob sie sich in guter oder schlechter Position

[1] Champion, II, 60. [2] Procès, III, 163.–Vgl. Procès, II, 368. [3] Champion, II, 60.

befindet, teilt sie unerwartet Schläge aus oder wehrt sich mit berechneten Gegenangriffen. Wenn man zu sehr auf einer peinlichen Frage besteht, versucht sie, abzulenken und Zeit zu gewinnen. Fühlt sie sich sicher, so geht sie zum Gegenangriff über und nutzt ihren Vorteil manchmal ironisch aus. Glaubt man sie mit einer hinterlistigen Frage zu fangen, entwaffnet sie ihren Gegner durch eine überlegene Einfachheit. Natürlich kann sie diese angespannte, schwierige und erschöpfende Rolle nicht bis zum Ende durchhalten. Schon vor der letzten Stunde ihres Martyriums wird sie manchmal von Ermüdung oder Schwäche befallen. Uns genügt es jedoch, einige ihrer verschiedenen natürlichen Reflexe zu zeigen, um sie besser zu verstehen. Diese Tatsachen geben dem Urteil zweier ihrer Gegner seinen vollen Wert. Das erste stammt von Jean Tiphaine, Domherr und Lizentiat der Medizin. Er sagt aus[1]: »Er entsinne sich, daß Magister Jacques de Touraine sie gefragt habe, ob sie sich jemals an einem Ort befand, wo Engländer getötet wurden. Darauf erwiderte Johanna: ›Im Namen Gottes, ich bin dabei gewesen. Wie vorsichtig Ihr Euch ausdrückt! Warum verlassen diese Leute nicht Frankreich, um in ihre Heimat zurückzukehren?‹ Und da war ein hoher englischer Herr, der, als er das hörte, ausrief: ›Das ist wirklich eine gute Frau! Wenn sie nur Engländerin wäre‹!« Das zweite Urteil wird von Beaupère formuliert[2], der sich erinnert, »daß sie sehr gewandt, von einer weiblichen Gewandtheit war«, d. h. einen schnellen und durchdringenden Verstand hatte. Kampflustig, mutig, mit großer Vorsicht und oft mit Erfolg antwortend, so sehen wir Johanna zu Beginn des Prozesses.

Johanna hatte sich also während dieser ersten sechs Tage so gut wie möglich verteidigt, und Cauchon war nicht viel weiter gekommen. Wir können annehmen, daß seine Entscheidungen nach der Sitzung vom 3. März, Johanna künftig im Gefängnis zu befragen, »ohne dazu die große Zahl der Beisitzer zu bemühen«, von dem Gedanken ausging, daß sie in Gegenwart von nur fünf oder sechs derselben[3], sich bei einem Verhör im kleinen Kreis, unter Ausschluß aller lauten Elemente, noch vereinsamter fühlen würde, und es somit leichter wäre, ihren Willen zu brechen oder

---

[1] Procès, III, 48. [2] Procès, II, 21. [3] Champion, II, 70 u. 71.

sie zu bezwingen. Im Verlauf der elf geheimen Verhöre, die vom 10. bis 25. März stattfanden, wurde dieses Ergebnis wenigstens teilweise erreicht.

Diese Verhöre wurden in der gleichen Weise wie die vorhergehenden geführt: nebensächliche Fragen wurden unaufhörlich mit den Hauptanklagepunkten zusammengebracht. Es genügt, die zum größten Teil schon einmal erwähnten Fragen nur kurz anzuführen: der Ausfall bei Compiègne; die Gunstbezeugungen Karls VII.; der Heiratsprozeß von Toul; die Abreise aus Domremy gegen den Willen der Eltern; der Aufenthalt in Melun; der Fenstersprung von Beaurevoir; Franquet d'Arras; die Geschichte von einem Pferd, das dem Bischof von Senlis weggenommen und zurückgegeben wurde; der Angriff auf Paris an einem Festtag; die Belagerung von La Charité; die Anfertigung ihres Banners; die Ringe in ihrem Besitz; die Zurücklassung ihres Kriegsharnisches in der Kirche von St. Denis[1]. Dazu muß man bemerken, daß es sich um einen ›weißen Harnisch‹[2], d. h. den eines Schildknappen, handelte und nicht um den vergoldeten Harnisch eines Ritters[3]. Johanna konnte aufgrund ihres Geschlechts und ihres Alters selbst nach der Erhebung in den Adelsstand nicht in den Ritterstand aufgenommen werden: das bedeutet den Traditionen jener Zeit zufolge, daß sie niemals das Kommando einer Armee erhalten konnte.

Hinsichtlich der ›Stimmen‹, auf die viele der gestellten Fragen Bezug nehmen, gibt es nichts mehr zu berichten; wir haben alles Wichtige in dem Kapitel hierüber behandelt.

Das Problem des ›Zeichens‹ verlangt hingegen eine genauere Untersuchung. Diese Frage war im Verlauf der öffentlichen Sitzungen durchaus nicht erschöpft worden und wurde beim ersten geheimen Verhör vom 10. März von neuem angeschnitten. Johanna ließ sich sofort dazu verleiten, weitere Einzelheiten anzugeben. Sie erklärt nacheinander, daß das Zeichen »schön, ehrenhaft und glaubwürdig ist, daß es gut und das kostbarste von allen ist . . . daß es noch tausend Jahre und länger ruhen wird . . . in der Schatzkammer des Königs . . . daß ein Engel, der nur von

[1] Champion, II, 72, 74, 79–81, 89–91, 94, 98, 101, 104, 105.

[2] ebd., 103. – Schon angegeben von Gui de Laval (Procès, V, 108).

[3] Curne de St. Palais, Mémoires sur l'ancienne chevalerie, I, 68 ff.

Gott und keinem anderen gekommen war, dem König das Zeichen überreichte ... und daß sie, als ihr König und die anderen, die bei ihm waren, das Zeichen und auch den Engel, der es überbrachte, gesehen hatten, den König fragte, ob er zufrieden sei, und er sagte: ja ... und daß (sie) sich vor ihm (dem Engel) verbeugte, niederkniete und die Kopfbedeckung abnahm ... daß (der Engel) ihrem König sagte, man solle sie einsetzen und das Land wäre alsbald befreit ... (und daß) der Engel, der besagtes Zeichen überbrachte, derjenige war, der ihr zuerst erschienen war[1].«

Aber alles hatte sie noch nicht gesagt, und am 13. März stellten Cauchon und Jean de la Fontaine ihr die Frage von neuem. Durch dauerndes Drängen gelang es ihnen, von Johanna die Beschreibung des ›Zeichens‹ und der Umstände seines Erscheinens zu erfahren, die man so zusammenfassen kann: Vom Himmel kam ein Engel und brachte dem König eine Krone in sein Gemach im Schloß zu Chinon. Johanna trat nach ihm ein und sagte zu ihrem Fürsten: »Sire, hier ist Euer Zeichen, nehmt es hin.« Der Engel übergab die Krone aus feinstem Gold dem Erzbischof von Reims, der sie dem König überreichte, »und das Zeichen war, daß der Engel den König bestätigte, indem er ihm die Krone brachte, wobei er ihm sagte, er gewänne das ganze Königreich Frankreich mit Gottes Hilfe zurück, und das durch das Werk besagter Johanna, die er einsetzen, d. h. der er Krieger geben solle, sonst würde er nicht so bald gesalbt und gekrönt werden.« Und als man Johanna fragte, warum besagter Engel gekommen wäre, erwiderte sie: »Er kam um einer großen Sache willen ... in der Hoffnung, daß der König dem Zeichen glaubte und man aufhöre, an ihr zu zweifeln, und um den Einwohnern von Orléans Hilfe zu bringen und auch wegen der Verdienste des Königs und des Herzogs von Orléans ... und der König glaubte den Geistlichen, die dabei waren und dem Zeichen der Krone ... und die Geistlichen erkannten, daß es ein Engel war ... durch ihr Wissen und weil sie Geistliche waren[2].«

Trotz ihrer Bemühungen hatte Johanna also dem Dilemma nicht entgehen können: zuzugeben, daß sie vor Orléans kein ›Zeichen‹ gegeben hatte oder zu versuchen, eine Erklärung dafür zu finden. Zwei Wochen

---

[1] Champion, II, 74–76, 78. [2] ebd., 85–88.

später, am 28. März, als man ihr die siebzig Artikel der Anklagerede vorliest, ruft sie bitter aus, »sie habe über das dem König gegebene Zeichen gesprochen, weil die Geistlichen sie dazu gezwungen hätten[1]«, was beweist, daß ihr Schweigen durch zähe Beharrlichkeit gebrochen wurde.

In der oben erwähnten Anklagerede wird mit Nachdruck ausgeführt, daß dieser ganze Bericht über das Zeichen nur »eine lügnerische Erfindung dieser Johanna im Auftrag des Teufels sei oder ihr von diesem Dämon als gauklerische Erscheinung vorgeführt wurde, um von ihrer Neugier zu profitieren, da sie sich in Dinge mische, von denen sie nichts verstehe und die nicht ihres Standes seien.« In Wahrheit und vom psychologischen Standpunkt aus läßt sich die Erklärung für Johannas Haltung aus ihren eigenen Worten ableiten. Sie versteht wohl, daß sie nicht zugeben kann, man habe ihr ohne vorheriges ›Zeichen‹ Glauben geschenkt, und entschließt sich zu einer allegorischen Erzählung, die dem Engel die Worte zudiktiert, die sie selbst zu Karl VII. sagte, d. h. er würde mit Gottes Hilfe sein Königreich zurückgewinnen, wenn er sie mit seinen Kriegern einsetze, um Orléans zu befreien und sich anschließend zu Reims krönen ließe. Am Morgen ihrer Hinrichtung, als sie vor dem Tod noch die Eucharistie empfangen wollte, wird sie zugeben, »daß sie selbst, Johanna, der Engel war, der zum . . . König sagte, sie würde ihn zu Reims krönen lassen, wenn er sie einsetze[2].«

Damit wird offensichtlich, daß Johanna diese Geschichte ganz bewußt erzählte. Es handelt sich dabei weder um eine Sinnestäuschung noch um eine verspätete Halluzination oder den Wunsch, ihrer Sendung eine symbolische Form zu geben, sondern ganz einfach um ein Verteidigungsmanöver, das einen stillschweigenden Vorbehalt einschloß – die für sie am wenigsten nachteilige Lösung –, um eine schwere Lüge oder ein Schweigen zu vermeiden. Magister Guillaume Prévoteau, der Verteidiger der Mutter Johannas und ihrer Brüder beim Rehabilitationsprozeß, gibt uns die der Mentalität der Zeit gemäßeste Erklärung, die auch dem Denken Johannas am besten entspricht, wenn er in seiner einführenden Abhandlung schreibt[3]: »Sie hat nicht gelogen, als sie sagte, ein Engel habe

---

[1] Champion, II, 191. [2] ebd., 306. [3] Procès, II, 182.

dem König ein kostbares Zeichen gebracht . . . denn wenn die Lüge auch nicht erlaubt ist, so ist es doch gestattet, die Wahrheit den Umständen und dem Ort gemäß durch eine schöne Dichtung oder eine Wortumschreibung zu verkleiden . . . und da ein Engel der Mittler dieser Sendung ist, d. h. ein Gesandter Gottes, konnte sie sagen, sie wäre selbst der Engel, der von Gott gesandt worden sei, um dem König die Krone und die Friedenspalme zu bringen, an der er sich jetzt erfreut, und damit log sie durchaus nicht, sondern sie drückte sich nur sehr vorsichtig aus. Und wenn sie sagte, daß der Engel der heilige Michael gewesen sei, so sagte sie das nicht aus Verschlagenheit, da sie doch versicherte, sie habe im Auftrag des heiligen Michael gehandelt.« Somit wird dieser ganze Bericht über das Zeichen der von einem Engel überbrachten Krone zu einem neuen Beweis der erfinderischen Vorsicht, die Johanna in ihrer schwierigen Lage anwandte.

Was hingegen jedoch die Männerkleider betraf, über die man sie von neuem befragte, so blieb sie fest und wiederholte, sie hätte sie »von selbst und nicht auf Verlangen eines Menschen dieser Erde, sondern auf Befehl Unseres Herrn und in seinem Dienst« angelegt, und weigerte sich, sie abzulegen, wie man ihr vorschlug, um die Messe zu hören, denn »dieses Gewand belaste ihre Seele nicht, und es zu tragen wäre nicht gegen die Kirche«; sie versicherte, daß sie sofort wieder Männerkleider anlegen würde, wenn man sie in Frauenkleidern gehen ließe, und sie das tun würde, »was ihr durch Unseren Herrn befohlen ward[1].« Am 2. Mai vervollständigt sie diese Erklärung und sagt: »Wenn ich das ausgeführt habe, wozu ich von Gott gesandt wurde, werde ich wieder Frauenkleider anlegen[2]«, was beweist, daß sie, solange die Engländer noch nicht aus Frankreich vertrieben waren, ihre Sendung für unvollendet hielt.

Obwohl ihre Richter entschlossen waren, alle ihre Worte und Gesten als Zeugnisse der Ketzerei auszulegen, hätten sie in bezug auf die ›Stimmen‹, das ›Zeichen‹ und die Männerkleider nichts Entscheidendes erreichen können. Am 15. März beschlossen sie, von ihr ein Bekenntnis ihres Gehorsams gegenüber den Entscheidungen der Kirche zu verlangen, was bei allen Prozessen der Inquisition üblich war. Man erklärte ihr[3] »den

---

[1] Procès, II, 85, 90, 102, 103, 111. [2] ebd., 250. [3] ebd., 96 u. 97.

Unterschied zwischen der himmlischen und der streitbaren Kirche, und man verlangte von ihr, sich in allem, was sie getan oder gesagt habe, Gutem oder Bösem, dem Beschluß der (streitbaren) Kirche zu unterwerfen.« Auf diese Forderung hin versuchte Johanna Zeit zu gewinnen und auszuweichen. Darum verlangte sie zuerst, »daß ihre Antworten von Geistlichen gelesen und geprüft würden, und danach solle man ihr sagen, ob darin etwas gegen den christlichen Glauben enthalten sei: ihre Ratgeber würden ihr dann sagen, wie es sich damit verhalte.« Wir können annehmen, daß sie die Gefahr dieses neuen und diesmal unausweichlichen Dilemmas sofort spürte: entweder lehnte sie ab, sich dem Urteil der Richter zu unterwerfen, was ihren Glauben und ihre Sendung betraf, und diese verdammten sie folglich als Ketzerin; oder sie nahm an und dementierte und verdammte sich selbst. Die Frage wurde ihr kurze Zeit darauf von neuem gestellt und sie sagte: »Alle meine Worte und Taten sind in Gottes Hand und ich hoffe auf ihn.«

Trotzdem mußte sie bei dieser Alternative ihre Wahl treffen. Bereits am Vortag, dem 14. März, hatte sie erklärt, »sie hätte es vorgezogen zu sterben als in die Hand der Engländer zu fallen[1].« Und jetzt war sie ihre Gefangene und spürte ihren nahen Tod. Im Verlauf des 17. März[2], dem erregendsten Tag, entschied sie über ihr Schicksal. Da sie doch in jedem Fall verurteilt werden würde, wollte sie nicht, daß es wegen Verleugnung ihres Glaubens und ihrer Hoffnungen geschähe. Als sie von neuem aufgefordert wurde, sich dem Urteil der streitbaren Kirche zu unterwerfen, erwiderte sie ganz klar, »sie wäre von Gott, von der Jungfrau Maria und allen gesegneten Heiligen des Paradieses und der himmlischen Kirche zum König von Frankreich gesandt worden; und dem Urteil dieser Kirche unterstelle sie alle ihre guten Taten und alles, was sie getan habe und noch tun werde. Und was die Antwort auf die Frage beträfe, ob sie sich der streitbaren Kirche unterwerfen werde, so könne sie jetzt dazu nichts anderes mehr sagen.« Danach faßt sie all ihren Mut zusammen und fügt hinzu, »wenn man sie also verurteilen müsse, so bitte sie die Geistlichen um die Gnade, ihr ein Frauengewand und eine Kopfbedeckung zu geben;

[1] Procès, II, 90. [2] ebd., 102, 104.

daß sie lieber sterben würde, als das zu widerrufen, was Unser Herr ihr aufgetragen habe«, und mit plötzlichem Vertrauen, »sie glaube fest daran, daß Gott sie nicht so tief sinken lassen und daß sie bald wunderbare Hilfe von ihm erhalten werde.« Und als man sie fragt, »warum sie für den Tod ein Frauengewand verlange«, da sie doch die Männerkleidung auf Geheiß Gottes trüge, gibt sie diese einfache, in ihrer demütigen Scham rührende Antwort: »Es genügt mir, wenn es lang ist.«

Bevor er sie zu diesen verhängnisvollen Erklärungen brachte, war Cauchon auf Nebenwegen auf die verfängliche Frage nach dem Stand der Gnade zurückgekommen und wollte von ihr wissen[1], »ob sie sicher wäre, gerettet und nicht zum höllischen Feuer verdammt zu werden.« Dieses eine Mal sah sie die Falle nicht und erwiderte offenherzig, »sie glaube fest, was ihr die Stimmen gesagt hätten, daß sie gerettet werde, so fest, als ob sie es schon wäre.« Für alle diese Geistlichen waren das »kühne, anmaßende und sehr prahlerische Worte[2]«, und als sie diese Antwort für sehr »bedeutsam ansehen«, erwidert sie unschuldig, ohne zu begreifen, daß sie eben eine sie belastende Aussage gemacht hatte: »Ich halte sie auch für einen großen Schatz.«

Sonst verteidigte sich Johanna im Verlauf dieser elf Geheimsitzungen weiterhin mit kluger Vorsicht, und einer der beiden Zeugen[3] geht so weit in seiner Aussage zu behaupten, die Beisitzer hätten an ihrer Stelle kaum besser antworten können. Massieu fügt sogar hinzu: »Viele schwierige Fragen kamen auf einmal, und ehe sie auf die eine geantwortet hatte, stellte ein anderer schon die nächste, darüber war sie unzufrieden und sagte: »Stellt eine nach der anderen[4].« Von Anfang an griff sie Cauchon persönlich an[5]: »Ihr nennt Euch mein Richter, ich weiß nicht, ob Ihr es seid. Aber hütet Euch, daß Ihr nicht falsch richtet, denn Ihr begebt Euch damit in große Gefahr. Ich warne Euch, damit ich, wenn Unser Herr Euch bestraft, meine Pflicht getan habe, es Euch zu sagen.« Sie hat jedoch ihre Ironie verloren. Allein in ihrer Zelle, zwischen fünf oder sechs Geistlichen, von denen einer sie fragt, der nächste sie unterbricht, fehlen ihr

[1] Procès, II, 93. [2] ebd., 215.
[3] Procès, II, 368 u. 373. Vgl. Procès, II, 331, 350, 371, 373, 388 u. III, 47, 150.
[4] Procès, II, 332. [5] Champion, II, 92.

Raum und Zuhörerschaft, die sie für ihre Schlagfertigkeit braucht. Und dann sieht sie auf den verschlossenen Gesichtern dieser undurchdringlichen Männer bereits ihr Todesurteil und muß all ihren Mut zusammennehmen.

Am 24. März[1] wird ihr das Protokoll aller ihrer Verhöre verlesen und sie erkennt dessen Richtigkeit an, am nächsten Tag wird der Offizialprozeß abgeschlossen nach einem letzten und vergeblichen Versuch Cauchons, sie gegen das Versprechen, zu Ostern kommunizieren zu dürfen, zum Ablegen der Männerkleidung zu bewegen.

Am 26. März beschließen die beiden Richter, der Bischof und der Inquisitor, »im Anschluß an den bis zu diesem Tag abgehaltenen vorbereitenden Prozeß . . . nun gegen besagte Johanna durch einen ›gewöhnlichen‹ Prozeß vorzugehen[2].« Am 27. März verließ sie ihr Gefängnis und erschien in einem dem Festsaal des Schlosses von Bouvreuil nahegelegenen Zimmer vor Cauchon und Jean Le Maistre, die wie am ersten Tag von ungefähr vierzig Beisitzern umgeben waren. Dieser Milieuwechsel scheint ihre Angriffslust neu erweckt zu haben, denn als man ihr ankündigt, es würde jetzt die Anklagerede verlesen, und es wäre ihr gestattet, »je nach Wunsch einen oder mehrere der Anwesenden auszuwählen«, um »sie über das, was sie antworten und tun solle zu befragen«, antwortet sie mit ironischem Stolz: »Dafür, daß Ihr mir in bezug auf mein Leben und unseren Glauben Ratschläge erteilen wollt, danke ich Euch und der ganzen Versammlung; aber ich habe nicht die Absicht, anderen Rat als den Unseres Herrn anzunehmen[3].« An diesem und dem darauffolgenden Tag hörte sie die siebzig Artikel der Anklagerede[4], in denen alle Antworten, die sie auf die ihr gestellten Fragen gegeben hatte, angeführt und die zu ihrem Nachteil ausgelegt waren. Trotzdem verlor sie nicht die Ruhe, hörte während dieser endlosen Sitzungen aufmerksam zu, bestritt die Richtigkeit der nachteiligen Auslegungen ihrer Angaben, leugnete gewisse Tatsachen und begnügte sich oft mit der Antwort, man solle sich an das halten, was sie bereits gesagt hätte.

Als sie am 31. März von neuem in ihrem Gefängnis befragt wurde, ob sie sich der streitbaren Kirche unterwerfen wolle, falls diese ihre »Offen-

---

[1] Champion, II, 110 u. 111. [2] ebd., 113. [3] ebd., 117, [4] ebd., 118–203.

barungen für Trugbilder, teuflische Eingebungen, Aberglauben oder böse Geister« ansehe, erwidert sie, »daß sie sich immer nach Unserem Herrn richten und nur nach seinem Willen handeln werde«; als man sie danach hinterlistig fragt, »ob sie nicht glaube, sich der Kirche auf Erden, nämlich unserem Heiligen Vater, dem Papst, den Kardinälen, Erzbischöfen, Bischöfen und anderen Prälaten der Kirche unterwerfen zu müssen«, gibt sie die bekannte Antwort: »Ja, aber Gott muß man zuerst gehorchen[1].«

Die erste Hälfte des April wurde dazu verwandt, die Anklagerede in zwölf Artikel zusammenzufassen und sie einer gewissen Anzahl ›Doktoren und im göttlichen und menschlichen Recht gelehrten Leuten‹ zur schriftlichen Begutachtung vorzulegen. Deren Ansichten, die dem Protokoll hinzugefügt wurden, enthalten einstimmig die Schlußfolgerung, daß sie als Ketzerin verurteilt werden müsse[2].

Am 18. April war Johanna krank und wurde von Cauchon persönlich in ihrem Gefängnis »voll Barmherzigkeit ermahnt, sie solle diese heilsame Warnung wohl beherzigen und befolgen; wenn sie sich aus Eigensinn und Unerfahrenheit widersetze, müßten wir sie fallen lassen; sie solle also an die Gefahr denken, die sich daraus für sie ergebe«, eine Gefahr, die er gleich danach deutlich bezeichnet, denn »wenn sie sich der Kirche nicht unterwerfen und ihr nicht gehorchen wolle, würde man sie wie eine Sarazenin fallen lassen.« Darauf entgegnete sie mutig, »sie wäre eine gute Christin und habe die Taufe empfangen, und als gute Christin würde sie sterben.« Die Drohungen, die täglich deutlicher formuliert werden, können in der Tat ihren Glauben, der sie aufrechterhält, nicht erschüttern. An diesem Tag äußert sie außerdem: »Ich glaube, daß ich durch diese Krankheit in Todesgefahr schwebe ... wenn der Körper im Gefängnis stirbt, erwarte ich von Euch ein christliches Begräbnis; wenn Ihr mir das nicht gebt, so verlasse ich mich auf Unseren Herrn[3].«

Am 2. Mai fand in Gegenwart von sechzig Beisitzern, nie zuvor waren so viele berufen worden, eine neue feierliche Sitzung des Tribunals statt[4]. Nach einer Rede Cauchons wurde Johanna hereingeführt und mußte eine Exhortation des Archidiakons Jean de Châtillon anhören, der sie ermahnte,

[1] Champion, II, 204 u. 205. [2] ebd., 205–237. [3] ebd., 237–240. [4] ebd., 241–252.

sich der streitbaren Kirche zu unterwerfen, und ihr ausdrücklich sagte, »wenn sie nicht an die Kirche und den Artikel ›Unam sanctam ecclesiam catholicam‹ glauben wolle, handele sie als Ketzerin und würde mit dem Feuer bestraft werden.« Sie erwidert jedoch: »Ich kann Euch nichts anderes sagen, und wenn ich das Feuer schon sähe, würde ich doch dasselbe und niemals etwas anderes sagen.« Dann fragt man sie, ob sie über das ›Zeichen‹, die Erscheinungen und Prozeßfragen, das Urteil derer aus ihrer Partei, die das Zeichen gesehen hätten, und der Geistlichen von Poitiers annehme; sie bemerkt jedoch die Falle und entgegnet: »Glaubt Ihr, mich auf diese Art zu fangen und damit zu Euch zu ziehen . . . Ihr werdet mir das, was Ihr sagt, nie antun, sonst wird es Euch an Leib und Seele übel bekommen.«

Des Krieges müde und angesichts der Unmöglichkeit, durch Überredung von Johanna das Geständnis ihrer vermeintlichen Irrtümer zu erlangen, versuchte Cauchon, sie durch Androhung der Folter einzuschüchtern. Am 9. Mai wurde sie in einen Raum im großen Turm des Schlosses geführt, wo sie die Henker erwarteten. Dort sagte man ihr, »wegen zahlreicher und verschiedener Probleme, die sich während ihres Prozesses ergaben . . . und wenn sie darüber nicht die Wahrheit sage, würde man sie der Folter übergeben, deren bereitgestellte Werkzeuge ihr im Turm gezeigt wurden . . . um sie auf den Weg der Wahrheit zurückzuführen.« Aber von dieser Inszenierung wird sie nicht erschüttert und entgegnet: »Wahrhaftig, selbst wenn Ihr mir die Glieder brechen und die Seele aus dem Leib holen würdet, ich würde Euch nichts anderes sagen, und wenn ich es doch täte, würde ich immer sagen, daß Ihr mich durch Gewalt zum Reden gebracht habt.« Sie fügte hinzu, daß »ihre Stimmen ihr sagten, wenn sie wolle, daß Unser Herr ihr helfe, solle sie sich ihm ganz anvertrauen.« Als die beiden Richter, wie sie erklärten, »die Verhärtung ihrer Seele erkannten . . . (und) fürchteten, die Qualen der Tortur wären für sie von schwachem Nutzen . . .«, beschlossen sie, dieselbe aufzuschieben; und endlich, am 12. Mai, entschieden sie, nach der einstimmigen Ansicht von zwölf Beisitzern, daß ›es weder nötig noch tunlich sei‹, sie anzuwenden[1].

---

[1] Champion, II, 252–255.

Nachdem Cauchon und der Inquisitor Jean Le Maistre am 23. Mai die Gutachten der Universität von Paris und des Kapitels von Rouen[1] zur Kenntnis genommen hatten, die selbstverständlich Johanna belasteten, und diese noch einmal sagen hörten[2] »und wenn sie vor der Verurteilung stände, das Feuer schon angezündet und die Reisigbündel angesteckt wären, und der Henker bereit wäre, das Feuer zu schüren, und wenn sie selbst im Feuer stände, sie würde nichts anderes sagen, und das, was sie im Prozeß gesagt habe, bis zum Tod aufrechterhalten«, beschlossen diese beiden, ›den Fall abzuschließen‹ und Johanna für den nächsten Tag auf den Friedhof von Saint-Ouen zu bestellen, damit sie dort ihr Urteil entgegennähme.

Es war erforderlich, daß noch eine traditionelle Förmlichkeit erfüllt wurde. Bevor der Angeklagte sein Schicksal erfuhr, mußte er ein letztesmal öffentlich aufgefordert werden, seine Irrtümer abzuschwören und sich der Kirche zu unterwerfen[3]. Durch seine Antwort konnte die endgültige Entscheidung noch geändert werden. Wenn er ablehnte, war seine Verurteilung endgültig; wenn er annahm, konnte er im Prinzip durch ein herabgesetztes Strafmaß begünstigt werden.

Am 24. Mai, morgens, wurde Johanna zu dem besagten Friedhof geführt und mußte sich vor ihren Richtern und deren Beisitzern, in Gegenwart der Soldaten, die die Menge zurückhielten, auf ein Gerüst stellen. Guillaume Evrard, Magister der Theologie, richtete zuerst eine allerletzte Mahnrede an sie und forderte sie auf, ihre Taten und Worte dem Urteil der streitbaren Kirche zu unterwerfen[4]. Der Gerichtsschreiber Manchon und der Gerichtsdiener Massieu[5] sagen 25 Jahre später aus, der Prediger habe Karl VII. angegriffen und ihn der ›Ketzerei und des Schismatismus‹ angeklagt, weil er den ›Worten und Taten einer unnützen, verrufenen und ganz ehrlosen Frau‹ gefolgt wäre, darauf habe Johanna ihm das Wort abgeschnitten: »Bei meinem Glauben, rief sie, ich schwöre, er ist der edelste Christ unter allen Christen, der Glauben und Kirche am meisten liebt, und er ist durchaus nicht so, wie Ihr sagt«, sie vergaß sich also selbst sogar in diesem tragischen Augenblick, um die

[1] Champion, II, 257–277. [2] ebd., 281. [3] Tanon, a.a.O., 251.
[4] Champion, II, 282 u. 283. [5] Procès, II, 15 u. 17.

Sache ihres Königs zu verteidigen. »Was die Unterwerfung unter die Kirche betrifft«, fuhr sie fort, »so habe ich ihnen zu diesem Punkt geantwortet, sie sollten alle meine Worte und Taten nach Rom, zu unserem Heiligen Vater, dem Papst, dem ich mich nach Gott als erstem anvertraue, berichten. Und alle meine Worte und Taten wurden im Auftrag Gottes ausgeführt.«

Cauchon, der zwei verschiedene Urteilssprüche bei sich hatte, die für den Fall, ob sie abschwor oder nicht, berechnet waren, begann nun mit der Lesung des zweiten, der sie zum Tod verurteilte und der weltlichen Macht übergab. In diesem Augenblick, als der Karren vor ihr stand, der sie zum Scheiterhaufen bringen sollte, fühlte Johanna ihre Kraft schwinden. Nach den Aussagen zweier anderer Zeugen[1] wurde sie übrigens von mehreren Zuschauern bedrängt, sie solle doch abschwören und ›sich nicht töten lassen‹. Jedenfalls unterbrach Johanna Cauchon bei seiner Lesung, »begann zu reden und sagte, sie wolle alles tun, was die Kirche ihr auferlege . . . und unterwerfe sich in allen Dingen den Richtern und unserer Mutter, der Heiligen Kirche.« Da wurde eine Abschwörungsformel verlesen, die sie wiederholte und mit einem Kreuz und einem Kreis unterzeichnete. Danach verkündete Cauchon das andere, für diesen Fall vorgesehene Urteil, das besagte, Johanna »habe kühn gegen Gott und die Heilige Kirche verstoßen«, und sie »zum Gefängnis auf Lebenszeit mit dem Brot des Schmerzes und dem Wasser der Trauer« verdammte[2].

Es ist nicht daran zu zweifeln, daß Johanna an diesem Tag abgeschworen hat. Alle Zeugen[3] geben das zu und im Protokoll wird deutlich erwähnt, daß der Inquisitor Jean Le Maistre sich am Nachmittag desselben 24. Mai in Begleitung von fünf oder sechs Geistlichen in Johannas Gefängnis begab, um ihr darzulegen, »daß ihr Gott an diesem Tag große Gnade gewährt und die Geistlichen ihr auch sehr viel Barmherzigkeit erwiesen hätten . . . darum schicke es sich jetzt, daß besagte Johanna sich demütig unterwerfe und dem Urteilsspruch gehorche . . . sie solle ihre Irrtümer und alten Erfindungen vollständig aufgeben und nie wieder rückfällig werden . . . wenn sie je wieder rückfällig würde, könne sie die Kirche

---

[1] Procès, III, 53 u. 123. [2] Champion, 284–287.
[3] Procès, II, 5, 8, 14, 17, 21 u. III, 118, 123, 132.

künftig nicht mehr in Gnaden aufnehmen und müsse sie ganz fallen lassen. Außerdem ... solle sie ihre Männerkleider ablegen und Frauenkleider anziehen, so wie es ihr die Kirche befohlen habe.« Und »Johanna erwiderte, sie wolle gern ein Frauenkleid anlegen und würde in allen Dingen den Geistlichen gehorchen und ihrem Rat folgen. Als man ihr Frauenkleider gab, legte sie sie sofort an, nachdem sie die Männerkleider ausgezogen hatte, sie wollte und erlaubte außerdem, daß man ihr die Haare, die sie vorher kurz geschnitten trug, abrasierte[1].«

Es wurde manchmal behauptet, Johanna habe nur der Form halber abgeschworen, es also nicht aus Überzeugung getan und sei in ihrer Gutgläubigkeit übervorteilt worden. Diese Annahme stützt sich nicht auf rein historische Tatsachen, sondern darauf, daß: 1. zwei Zeugen, Jean de Mailly und der Gerichtsschreiber Manchon[2], erklären, Johanna habe bei ihrem Widerruf gelächelt, so daß verschiedene Zuschauer riefen, das sei nur Komödie; 2. daß der Gerichtsdiener Massieu[3] bei seiner letzten Aussage und noch drei andere Zeugen überliefern[4], daß die Johanna verlesene Abschwörungsformel aus nur sieben bis acht Zeilen bestand, während die des Protokolls vierzig Textzeilen umfaßt. Diese Einwände können jedoch nicht anerkannt werden: 1. weil das Lächeln – oder vielleicht nur krampfhafte Mundverziehen – sicher der Reflex einer angstvollen Verwirrung war, die zu dieser instinktiven Reaktion angesichts eines so plötzlichen Endes geführt hatte; 2. weil es Brauch war, dem ungebildeten Angeklagten, wie Johanna, nur eine kurze französische Zusammenfassung der langen lateinischen Sätze und Formeln vorzulesen[5]; 3. weil Johanna zwar wenige Stunden danach im Gefängnis, wie wir gesehen haben, Frauenkleider anlegte und wiederholte, sie wolle sich den Geistlichen unterwerfen, aber vier Tage danach den »Verrat erkannte, den sie beging, als sie abschwur und Widerruf leistete, um ihr Leben zu retten[6]«.

Somit ist sicher, daß Johanna während dieser langen Prüfung am 24. Mai am Ende ihrer Kräfte war und einen Schwächeanfall hatte. Dieses leicht verständliche Versagen kann jedoch das moralische Urteil über sie nicht trüben, denn bereits nach achtundvierzig Stunden hatte sie

---

[1] Champion, II 287 u. 288. [2] Procès, III, 55, 147. [3] Procès, III, 156.
[4] Procès, III, 52, 64, 123. [5] Tanon, a.a.O., 430. [6] Champion, II, 290.

sich wieder in der Gewalt. Am 27. Mai ging das Gerücht um, sie habe wieder Männerkleider angelegt. Zum größten Entsetzen aller ihrer geistlichen Richter beruhte es auf Wahrheit.

Dazu haben verschiedene Autoren vorgebracht, Johanna habe nicht aus freiem Willen so gehandelt, denn zwei Zeugen sagen[1], sie habe dies getan, um sich die Engländer vom Leib zu halten, die sie vergewaltigen wollten, und der Gerichtsdiener Massieu[2] gibt an, die Wächter hätten ihr die Frauenkleider fortgenommen und versteckt. Außer der Tatsache, daß sich diese beiden Erklärungen, kritisch gesehen, gegenseitig aufheben, widerspricht ihnen auch Johannas eigene Aussage.

Als Cauchon nämlich die Nachricht erfuhr, kam er am 28. Mai, morgens, in ihr Gefängnis, »um zu erfahren, wie das geschehen konnte und warum sie wieder Männerkleider angelegt habe.« Johanna hatte ihre Selbstkontrolle wiedergefunden und entgegnete sehr deutlich, »sie habe sie aus eigenem Willen, ohne Zwang, angelegt, sie zöge die Männerkleidung den Frauenkleidern vor . . . wenn sie sagte, Gott habe sie nicht gesandt, würde sie sich selbst verdammen, denn er habe sie in Wahrheit gesandt . . . Sie habe schlecht gehandelt, als sie über ihre Taten sagte, sie wären nicht gut gewesen . . . sie habe ihre Erscheinungen nie widerrufen wollen, und alles was sie getan habe, geschah aus Angst vor dem Feuer . . . Es wäre ihr lieber, einmal ganz zu büßen, d. h. zu sterben, als noch länger im Gefängnis zu leiden[3].«

Aus diesen Worten sprach wieder die wahre Johanna und das Ende des Dramas war nahe. Am 29. entschied das Tribunal hinter verschlossenen Türen, man müsse sie als ›rückfällig‹ behandeln und solle sie am nächsten Tag der weltlichen Macht übergeben, damit sie verbrannt werde.

Am 30., morgens, kamen zwei Mönche, Toutmouillé und Ladvenu[4], zu ihr, um ihr zu eröffnen, daß sie jetzt zum Richtplatz geführt würde, und nach der Aussage des ersten soll Johanna in einem Verzweiflungsanfall gerufen haben: »Wehe! Wird man mich so schrecklich und grausam

---

[1] Procès, II, 5, 365. [2] Procès, II, 18. [3] Champion, II, 289–291.

[4] Procès, II, 3 u. 4. – Der Zeuge erklärt sogar, Johanna habe sich die Haare gerauft, während sie sich dieselben jedoch, dem Protokoll nach, am 24. abends hatte abrasieren lassen.

behandeln, daß mein ganzer Leib, der nie berührt wurde, heute verbrannt und zu Asche wird. Oh! Mir wäre es siebenmal lieber, enthauptet als verbrannt zu werden . . . Ach! Ich werde Gott, dem großen Richter, all das Unrecht und die Schande, die mir angetan wurden, berichten!« Nach der Aussage desselben Zeugen sagte sie zu Cauchon, der anschließend in Begleitung mehrerer Geistlicher in ihre Zelle trat, um sie ein letztes Mal amtlich zu befragen: »Bischof, ich sterbe auf Eure Veranlassung . . . ich werde Euch vor Gott dafür verantwortlich machen.« Das waren, wie es scheint, ihre letzten Worte der Empörung und des Widerstands, denn als Cauchon und die anderen ihr verschiedene Fragen stellten, auf welche Weise sie vor ihrem Tod die Kommunion empfangen wolle, gab sie sehr ruhige Antworten. Nachdem sie ihre früheren Aussagen über die kleinen Engel, die ›in großer Zahl und ganz winzig‹ zu ihr kamen, wiederholt und erklärt hatte, daß ihre ›Stimmen‹ sie enttäuscht hätten – was auf Wahrheit beruhte, denn sie waren nur die Äußerung ihrer persönlichen Hoffnung, gerettet zu werden –, gab sie zu, daß sie selbst der Engel war, der als Zeichen die Krone gebracht hatte. Diese Erklärungen fügen jedoch nichts hinzu und ändern nichts an den bereits bekannten Tatsachen.

Gegen neun Uhr morgens wurde Johanna, nachdem sie kommuniziert hatte, auf einen Karren gefesselt und von achtzig englischen Soldaten zum alten Marktplatz von Rouen geführt. Dort mußte sie in Gegenwart ihrer Richter und vor einer großen Menge noch eine letzte Mahnrede anhören sowie die vollständige Lesung des Urteilsspruches, der sie der weltlichen Gewalt übergab. Dann stieg sie auf den Scheiterhaufen und starb, nachdem sie mehrmals gerufen hatte: »Jesus, Jesus!«

Dies war Johannas Ende. Wenn ihre Verurteilung auch hauptsächlich aus politischen Gründen erfolgte, so war sie, wie wir gesehen haben, doch durch die kirchliche Gesetzgebung und Rechtsprechung der Inquisitionstribunale gerechtfertigt. Nachdem sie das Urteil der streitbaren Kirche für ihre Taten und Worte abgelehnt und diese Haltung, nachdem sie sie zwei Tage lang aufgegeben, von neuem eingenommen hatte, war es zu jener Zeit in der Tat unmöglich, ihre Verbrennung als Ketzerin und Rückfällige zu umgehen.

Während sich Begeisterungsfähigkeit und Kampflust auf ihrem Ritt als ihre Hauptcharakterzüge herausgestellt hatten, zeigten sich während ihres Prozesses im geistigen Bereich eine für ein ungebildetes junges Bauernmädchen erstaunliche Kaltblütigkeit und dialektische Fähigkeit und im moralischen Bereich Reinheit des Herzens, Selbstverleugnung und die unerschütterliche Behauptung ihrer tiefsten Überzeugungen, die die geistigen Grundlagen der Märtyrer bilden.

Wir wollen uns noch einmal den jetzt dargelegten Tatsachen zuwenden und besonders einige wesentliche Punkte ergänzen, um zu versuchen, die wichtigsten Züge von Johannas Persönlichkeit und die Bedeutung ihrer Rolle zu erkennen, die Gegenstand unserer Arbeit waren.

XII

SCHLUSSBETRACHTUNG

Wir besitzen kein einziges ikonographisches Dokument von Johanna, weder von ihrer Physiognomie noch von ihrer allgemeinen Erscheinung. Die kurzen, widersprechenden und vagen Angaben einiger Chronisten sind nicht wert erwähnt zu werden[1], und die knappen Äußerungen Aulons[2], ihres Hofmeisters, oder Alençons[3] enthalten keine verwendbaren Angaben. Wenn wir uns ein Bild ihrer Persönlichkeit – im weitesten Sinn des Wortes – machen wollen, müssen wird die aus der Untersuchung der bekannten Tatsachen gewonnenen Ergebnisse methodisch ordnen.

Was Johannas psychische Anlagen betrifft, so haben wir die Wahrnehmungen ohne Objekt, die sie ›Stimmen‹ nannte, untersucht. Sie lassen eine Neigung zu Halluzinationen erkennen, ohne daß wir ihr genaues Ausmaß bestimmen können. Ein solches Urteil könnte auch nur aufgrund direkter Beobachtung erfolgen, außerdem müssen wir rückblickend die Mentalität des Milieus berücksichtigen, die für das Auftreten solcher Störungen außerordentlich günstig war, und auch den Anteil der Autosuggestion, die im Verlauf der Entwicklung der äußeren Ereignisse in sichtbarer und zunehmender Weise dazu beitrug, diese Äußerungen zu vermehren. Es genügt, in Erinnerung zu bringen, daß diese Projektion ihrer eigenen Gefühle, obwohl sie während Johannas Ritt sicher eine außerordentlich anregende Wirkung hatte, doch nur ein Widerschein ihrer Gefühlsstruktur bleibt. Mit anderen Worten, es handelt sich

---

[1] Procès, IV, 205, 288, 330, 523 u. V, 99. – Rev. historique, VI, 336.

[2] Procès, III, 219. – ›ein schönes und wohlgebautes junges Mädchen‹.

[3] Procès, III, 100. – ›Er sah einige Male ihren Busen, der schön war‹.

dabei nicht um ein Phänomen an sich, sondern um eine Art phänomenales Echo.

Was ihre körperliche Konstitution betrifft, so sahen wir sie: ohne jegliche Vorbereitung in elf Tagen die lange Strecke von Vaucouleurs nach Chinon, d. h. ungefähr fünfhundertfünfzig Kilometer, zu Pferd bewältigen; nach ihren Verletzungen vor Orléans und Paris, deren Heilung immerhin einmal fünfzehn und einmal fünf Tage erforderte, »weiterreiten und streiten«[1]; sich innerhalb von drei Tagen von einem schweren Sturz aus dem Turm zu Beaurevoir erholen; ohne daß ihr Widerstand erschüttert wurde, eine schwere fünfmonatige Kerkerhaft ertragen, während der sie jede Nacht in Eisen gelegt wurde.

Diesen an sich bereits beweiskräftigen Tatsachen können wir noch die Angaben zweier Zeitgenossen hinzufügen, die sie jedoch nur vom Hörensagen und nicht aus persönlicher Erfahrung haben. Einer, Simon Charles[2], sagt aus, »wenn sie in Waffen und zu Pferd war, stieg sie niemals wegen natürlicher Bedürfnisse ab; und die Soldaten waren erstaunt, daß sie so lange auf dem Pferd bleiben konnte.« Der zweite ist Perceval de Boulainvilliers, der am 21. Juni 1429 dem Herzog von Mailand einen Brief schrieb, den wir schon bei der Erörterung von Johannas Geburtsdatum erwähnt haben. Dieser Propagandatext enthielt sicher zahlreiche erdichtete Anekdoten über ihre Kindheit, schließt jedoch mit einer Beschreibung ihres allgemeinen Verhaltens, die der Wahrheit sehr viel näher zu kommen scheint, denn sie berührt Umstände, die durch die Legende kaum verfälscht werden konnten, und wird in fast allen Punkten durch zahlreiche Zeugenaussagen bestätigt[3]. »Diese Jungfrau«, schreibt er, »hat ein schickliches Betragen und gibt vor, wie ein Mann zu handeln, sie spricht wenig und zeigt bei allem, was sie sagt und sagen muß, eine äußerste Vorsicht. Sie hat die helle Stimme einer Frau, ißt wenig und trinkt noch weniger Wein, ihr gefallen Pferde und schöne Waffen, und sie ist gern in Gesellschaft von Soldaten und Edelleuten, aber sie nähert sich nicht gern Menschenansammlungen und spricht dort auch nicht gern, sie weint häufig und zeigt andererseits wieder ein lachendes Gesicht.

---

[1] Champion, II, 36–52 u. Procès, III, 8. [2] Procès, III, 118. [3] Procès, V, 120.

Sie kann unerhört viel arbeiten und ist beim Tragen der Waffen so kräftig, daß sie dieselben sechs Tage und Nächte ununterbrochen anbehalten kann.«

Diese verschiedenen Zeugnisse erlauben uns die sichere Schlußfolgerung, daß Johanna eine für eine Frau bemerkenswerte Kraft und Ausdauer besaß, die natürlich auch ihre Neigung zu energischen Handlungen erklären. Die Feststellung, daß das Individuum bei einem normalen vegetativen Dasein zu Heiterkeit, Optimismus und Lebenslust angeregt wird, läßt sich am Beispiel Johannas nur bestätigen.

Auf jeden Fall erkennen wir von Anfang an bei Johanna ein ungeduldiges Bedürfnis nach einer regeren, einem neuen Gebiet gewidmeten Tätigkeit. Aus eigener Initiative verläßt sie im Dezember 1428 Domremy und gehorcht dabei zweifellos ihren ›Stimmen‹, die sie zur Erfüllung der eigenen Wünsche auffordern, aber sie geht auch mit Vorsicht vor und führt ihren Vater hinters Licht, indem sie ihn durch den Onkel Laxart glauben läßt, sie wolle dessen Frau im Kindbett pflegen. Doch sie kommt ganz allein, gegen die Bräuche jener Zeit und die Vorschriften ihrer Religion, auf den Gedanken, Männerkleidung anzulegen, um sich den königlichen Truppen anschließen und an den Kämpfen teilnehmen zu können. An dieser einfachen Tatsache zeigt sich die ganze psychologische Resonanz eines im wesentlichen männlichen Charakters. Wenn man die erstaunte Neugier bedenkt, die der Anblick einer Frau in Männerkleidung noch in unseren Tagen erregt, so können wir uns leicht vorstellen, wie befremdlich ein solches Bild in den Augen der Untertanen Karls VII. wirken mußte. Als man sie über diesen Punkt zum erstenmal befragte[1], verweigerte sie zuerst die Antwort und sagte dann, »das ginge niemanden etwas an, und änderte noch mehrmals die Aussage«, und endlich, »daß sie notwendigerweise ihre Kleidung gegen Männerkleider austauschen mußte. Und sie wisse wohl, daß ihre Ratgeber ihr einen guten Rat gegeben hätten.« Es ist ganz klar, daß sie ihre ›Ratgeber‹ nur anführte, weil die Richter auf die Beantwortung dieser Frage bestanden. Außerdem sagt Laxart[2] über ihren ersten erfolglosen Versuch, ohne Wissen Baudricourts

---

[1] Champion, II, 35. [2] Procès, III, 444.

abzureisen, aus: »Als besagte Jungfrau erkannte, daß Robert sie nicht an den Ort führen lassen wollte, wo sich besagter Dauphin befand, zog sie die Kleider des Zeugen an und sagte, sie wolle abreisen.« Und als ihre Abreise nach Chinon entschieden war, erklärt Jean de Metz[1]: »Und der Zeuge fragte sie darauf, ob sie in ihren Kleidern abreisen wolle, worauf sie erwiderte, daß sie lieber Männerkleider anzöge.« Und wenn sie andererseits demselben Jean de Metz und Henri Le Royer versichert, sie müsse zum König gehen und wenn sie ›auf Knien‹ dahingehen sollte, und die Frau des letzteren hinzufügt, ›die Zeit wurde ihr lang wie einer Schwangeren‹, so zeugen diese Worte von einem starken natürlichen Drang und nicht von dem Zwang, einen Befehl ausführen zu müssen. Von Anfang an also fällt die Unbefangenheit in der Haltung und den Handlungen Johannas auf und das Freibleiben von allen Einflüssen, wenn es darum geht, ihr Unternehmen auszuführen.

Verschiedene Zeugen berichten, daß sie bei ihrer Ankunft am Hofe angab, sie sei von Gott gesandt, um die Belagerung von Orléans aufzuheben und den König zur Krönung nach Reims zu führen. Sicher hat sie diese Worte ausgesprochen. Vor ihren Richtern enthüllt sie jedoch mit einem Satz die Vorherrschaft ihres angeborenen Tatendrangs über die übernatürlichen Belange und präzisiert, sie habe ihrem König gesagt, daß sie »gegen die Engländer Krieg führen wollte.« In Chinon: »Krieg führen«, in Rouen: »kühn antworten«: Johannas ganzer Charakter liegt in diesen Worten.

Später sehen wir sie, als sie, vor Karl VII. und Alençon eine Lanze wirft, ihren ersten Examinatoren plötzlich in einem Zug den ›Brief an die Engländer‹ diktieren; den Mönch Seguin, der ihr ungeschickte Fragen stellt, ironisch zurechtweisen; den Bischof Cauchon persönlich bedrohen; sich zweimal erzürnen, weil Dunois die Engländer erst nach der Versammlung aller seiner Truppen angreifen will; gegen Gott, lästernde und plündernde Soldaten oder gegen Huren in so großen Zorn geraten, daß sie sie sogar schlägt[2]; in aller Eile und spontan am Angriff auf St. Loup teilnehmen, von dem man sie nicht in Kenntnis gesetzt hatte; Mut vor den Tourelles,

---

[1] Procès, III, 436. [2] Procès, III, 22, 33–35, 81, 99, 116, 117, 119, 126, 203.

vor Jargeau und den Mauern von Paris und noch mehr vor der Androhung der Folter in Rouen beweisen: hier zeigt sich nochmals ihr echter Charakter, der vom Einfluß des Milieus, der Erziehung und sogar von Autosuggestion ganz frei ist.

Die Zeitgenossen verglichen Johanna gern mit den mehr oder weniger mythischen kriegführenden Frauen des Alten Testaments: Deborah, Judith, Esther und sogar Penthesilea, der Königin der Amazonen, und dieser allegorische Vergleich war nicht ohne eine gewisse Berechtigung. Aber ohne so weit in die Vergangenheit zurückzugehen – und ohne auf andere Ähnlichkeiten Bezug zu nehmen –, kann ihre Kampflust mit der der berühmten Gräfin von Montfort[1] verglichen werden, die Mitte des 14. Jahrhunderts, während des Erbfolgekriegs der Bretagne, jahrelang an der Spitze ihrer Partisanen anstelle ihres gefangenen Gatten kämpfte. »Eine Frau mit dem Herzen eines Mannes und eines Löwen«, sagt Froissart und zeigt sie uns, »wie sie die Zügel in die Hand nahm, ohne sich je verblüffen zu lassen«, die Krieger versammelte, ihre Festungen instandsetzte, in Hennebont, das Charles de Blois belagerte, eindrang, wo sie »durch die Straßen ritt und die Leute ermutigte, sich gut zu verteidigen«, die Ritter zu »herrlichen und außergewöhnlichen Waffentaten« veranlaßte, so daß verschiedene Leute sagten – wie die Engländer über Johanna –, »daß der Teufel dieser Gräfin beistünde.«

Aus diesen ihrem Leben entnommenen Tatsachen scheint also mit größter Klarheit hervorzugehen, daß Johannas Tat- und Kampfwille die Grundlage ihres Charakters und den inneren Keim ihres Schicksals bildete. Somit können wir sie zu denen zählen, die Th. Ribot, wegen »der Macht ihrer Energie, die sich anderen Menschen mitteilt«, die ›großen Tatmenschen‹ nennt oder nach La Senne zu den ›leidenschaftlichen präaktiven Menschen‹, die »dazu neigen, den Schwerpunkt ihres persönlichen Lebens mit dem der Gruppe zu identifizieren, der sie angehören.«

Zu klären bleibt noch die Frage, warum Johannas Tatendrang sich nur auf die Kriegführung und nicht z.B. auf religiöse oder wohltätige Werke richtete. Diese, natürlich unbewußte, Wahl hängt notwendigerweise mit

---

[1] Lavisse, IV, Bd. I, 52.

ihrem Gefühlsleben zusammen, denn, so sagt Th. Ribot, »ein lebendiges, nicht ausschweifendes Empfindungsvermögen ohne krankhafte Hyperästhesie paßt gut zu einem aktiven energischen Temperament, denn zwischen Fühlen und Handeln besteht eine natürliche Verbindung.« Dieser tränenreichen Epoche entsprechend ist auch Johanna sehr empfindsam. Boulainvilliers spricht davon und wird von vielen Zeugen bestätigt[1]. Daß sie bei einer Verletzung oder an ihrem Hinrichtungstag weint, ist ganz normal. Das ist auch noch verständlich, wenn sie, wie vor Orléans, von englischen Haudegen beleidigt wird oder sich zwischen Verletzten und Toten befindet. Daß sie jedoch in Tränen ausbricht, wenn sie betet, beichtet, die Messe hört, kommuniziert oder auch mit ihrem König spricht, beweist, daß ihre Einbildungskraft mindestens ebenso stark entwickelt ist wie ihr Tatendrang. Sie ist darum von Natur aus den kollektiven Gefühlen ihres Milieus gegenüber noch zugänglicher als andere; diese Gefühle werden dann assimiliert und zusammen mit den angeborenen und erworbenen Charakterzügen weiterentwickelt.

Was konnte im Herbst 1428 unter den Einwohnern von Domremy eine gemeinsame Erregung erzeugen, wenn nicht der Krieg, die Bedrohung durch die Engländer, die bereits im vergangenen Sommer bis zu den Toren von Vaucouleurs gekommen waren, die Belagerung von Orléans, das Schicksal des Königreichs? Um den Frieden wiederzugewinnen, müßte sich der gute König Karl endlich in Reims krönen lassen und die Engländer müßten in ihr Land zurückgetrieben werden: das hörte Johanna täglich von neuem. Doch nimmt sie nicht teil an der Angst, den Klagen, der Kritik oder Resignation der Leute ihrer Umgebung, denn ihr Charakter eines ›großen Tatmenschen‹ treibt sie zum Handeln, sie proklamiert die Notwendigkeit des Kampfes und will sich auch selbst daran beteiligen.

Hier dürfen wir nicht vergessen, daß die psychologische Analyse zwar in der Forschung von einer recht differenzierten Technologie Gebrauch macht, in der Wirklichkeit jedoch schon die einfachste Handlung all das in Bewegung setzt, was man sonst, bildlich gesprochen, in abstrakte Termini zerlegt wie: Gefühl, Wahrnehmung, Erregung, Erinnerung, Ideen-

---

[1] Procès, III, 32, 66, 100, 104, 108, 114, 116, 120.

bildung, Willen, usw. . . . weil jedes Individuum aus einem einheitlichen vitalen Komplex besteht, der nicht in unabhängige Fragmente zerteilt werden kann. Davon ausgehend wissen wir bereits, daß bei Johanna außer einem angeborenen starken Tatendrang auch der sehr wichtige und anerzogene Faktor ihres naiven Glaubens wirksam ist, von dem ihre Kindheit ganz erfüllt war. Wie alle ihre Zeitgenossen macht auch sie keinen Unterschied zwischen Natürlichem und Übernatürlichem, und wie sie ihren Richtern in bezug auf die himmlische und die streitbare Kirche sagt, kann sie nicht verstehen, daß man »Schwierigkeiten deswegen mache, da beide eins seien[1].« War nicht z.B. in Frankreich um 1340 das Gerücht aufgekommen, Karl von Blois hätte in eine belagerte Stadt einziehen können, weil seine Gebete die Flut zurückgehalten hätten, und wenig später, daß Jesus Christus an Papst Innocenz IV. nach der Niederlage von Poitiers (1356) einen Brief geschrieben habe? Folglich und aufgrund ihrer tiefen Überzeugung von der Echtheit ihrer ›Stimmen‹ war es ganz unvermeidlich, daß die Entwicklung ihrer religiösen Vorstellungen von ihren natürlichen Neigungen gesteuert wurde. Aufgrund dieser psychologischen Komplexion gehört sie zu den Persönlichkeiten mit tätigem Glauben, unter denen H. Delacroix[2] den Heiligen, den Mystiker und den Propheten unterscheidet.

Um die Kategorie bestimmen zu können, in die Johanna gehört, genügt es, die Definitionen dieses Autors kurz darzulegen: der Heilige bemüht sich vor allem, nach den Gesetzen seines Gottes zu leben und seine Sitten und Werke den Vorschriften und Dogmen der von ihm verehrten Tradition anzupassen; der Mystiker zieht sich in die aride Einsamkeit seiner Meditationen zurück, erforscht und analysiert sich und betet mit dem ständig unbefriedigten Wunsch, in diesen ›unaussprechlichen und unfaßlichen‹ Gott einzugehen, nach dem er trachtet; der Prophet ›ist ein leidenschaftliches und unternehmendes‹ Individuum . . . ›ein Seher, der die in seinem Geist entstandenen Ideen als göttliche Offenbarungen ansieht‹ und ›sich eine Sendung‹ zuerteilt . . . ›und der Welt zu erkennen gibt, was er wünscht‹[3].

---

[1] Champion, II, 101. [2] H. Delacroix, Religion et Foi.

[3] Guignebert (Le christianisme antique, S. 48) sagt in dieser Hinsicht sehr richtig: »Man kann sich vorstellen, daß ein einfacher tief religiöser Mensch . . . der von Kindheit an von den Gedanken seines Milieus durchdrungen ist und nur

Diese Definitionen sind ganz klar und brauchen keinen Kommentar. Von ihnen aus gesehen zeigt Johanna ganz deutlich eine prophetische Berufung, denn die von ihr verkündete >Sendung< ist eine Ausstrahlung der allen gemeinsamen Unruhe ihrer Zeit. Eigenartigerweise können wir sogar feststellen, daß, wenn der Prophet auch im Irrtum ist, wenn er eine äußerliche Offenbarung wahrzunehmen glaubt, doch nur die Auslegung irrtümlich ist, denn unbewußt hat er sie ja schließlich von außen, von den unbestimmten Gefühlen seines Milieus, dem Ursprung seiner Gedanken und Wünsche, gewonnen, ehe er sie sich vorstellte.

Eine kurze Zusammenfassung der Kennzeichen der moralischen Haltung Johannas mag genügen. Daß sie gut und hilfreich war, können wir uns wohl vorstellen, obwohl zu viele Zeugen des Rehabilitationsprozesses gerade diese Züge wie auswendig gelernt wiederholen[1]. Am überraschendsten sind jedoch der völlige Mangel an Egoismus und die Selbstverleugnung, durch die sie immer wieder zu Mühe und Opfer bereit ist. Als sie sich in der Umgebung des Hofes befindet, wo grobe Leidenschaften und, trotz der so schwierigen Lage, persönliche schmutzige Streitigkeiten an der Tagesordnung sind, sucht Johanna aus ihrer neuen Stellung weder die Befriedigung eigener Bedürfnisse noch persönlichen Ruhm zu ziehen. Sie bleibt nicht nur äußerst zurückhaltend[2], was an sich wenig bedeutet, sondern ist auch nicht auf ihren Ruhm stolz und lehnt es ab, vom Volk geehrt oder für eine Wundertäterin gehalten zu werden[3]. Sie hat von Gott, dessen Dienerin sie ist und nichts weiter, eine >Sendung< erhalten, die sie erfüllt; und das ist alles. Dieses Verhalten entspricht deutlich dem des Propheten, der all seine Handlungen einer göttlichen Eingebung zuschreibt und sich selbst kein Verdienst zurechnet. Als sie in Rouen für sich selbst kämpfen muß, wird sie diese bescheidene Zurückhaltung weit überschreiten. Mit

---

durch dasselbe geistig, moralisch und religiös lebt, dahin kommt, seine Überzeugungen in Handlungen umzusetzen, wenn er diese wunderbare Fähigkeit besitzt, die Ideen, die in der Luft liegen und die er respiriert (und das ist die Eigentümlichkeit aller Inspirierten), in sich zu sammeln und durch seine Meditation gewissermaßen neu zu erschaffen.«

[1] Procès, II, 413, 424, 427, 430, 438 u. IV, 72, 81, 86, 87.

[2] Procès, III, 9, 15, 18, 22, 69, 84, 125.

[3] Procès, III, 31, 81, 84, 87. – Champion, II, 51, 58, 66–68, 88, 121.

der Glut ihres Charakters, der hohen Würde ihrer Züchtigkeit und dem ›Trost‹ ihres uneigennützigen Ideals widersteht sie dem hinterlistigen Drängen ihrer Richter. Und schließlich zieht sie es vor, sich den zahllosen sogenannten Ketzern und freiwilligen Märtyrern des finsteren Mittelalters auf dem Scheiterhaufen anzuschließen, als ihren gerechten Kampf zu verleugnen.

Kraftvolles Temperament, Tatenlust, Kampfmut; rezeptive Empfindsamkeit, schneller Verstand, beharrlicher Wille; tiefer Glaube, großherzige Güte, Opfergesinnung: dies scheinen, neben einer sehr seltenen moralischen Reinheit, Johannas wesentliche Charakterzüge zu sein, und wir können uns ihr Bild als Triptychon vorstellen, dessen Figuren Spruchbänder tragen: die Kriegerin, die Prophetin, die Märtyrin. Daß das Herz eines ungelehrten jungen Bauernmädchens diese Einheit geistiger Werte fassen konnte, ist in unseren Augen eine überraschende Tatsache; und nach unseren Kenntnissen scheint es in der Vergangenheit kein analoges Beispiel dafür zu geben. Aber es ist eine menschliche Tatsache; wir können sie nur konstatieren, denn die endlose Kette unbekannter Generationen liegt außerhalb jeder Reichweite. Vielleicht hat Huxley[1], ohne dabei an sie zu denken, mit folgenden Zeilen ein für Johanna passendes Schlußwort geschrieben: »Jedes menschliche Wesen ist ein Stück Geschichte, das sich nicht wiederholt. Aber es gehört größtenteils Menschenklassen an, die uns vertraut und leicht erkennbar sind. Bei den außergewöhnlichen Wesen ist das nicht der Fall. Sie stellen die überraschendste Unmöglichkeit dar, die nur das Leben allein wahrmachen kann; denn nur das Leben allein verfügt über genügend Hilfsmittel und Geduld, um bei dieser Lotterie der Vererbung und der Milieueinflüsse so lange mitzuspielen, bis sich unter tausend Chancen einmal die für die Entstehung eines außergewöhnlichen Wesens notwendige Kombination ergibt. Darum ist die Wahrheit so viel überraschender, reicher und interessanter als jede Dichtung.«

Nach dieser Darstellung der Persönlichkeit Johannas müssen wir noch ihre genaue Rolle, d. h. Art und Ausmaß des Einflusses bestimmen, den sie über Menschen und Ereignisse haben konnte.

[1] A. Huxley, Grey Eminence.

Erstens müssen wir uns ihre mehr oder weniger deutlichen Gedanken über ihre ›Sendung‹ klarmachen. Bei der Abreise von Vaucouleurs kannte sie noch nicht den Zusammenhang aller politischen, militärischen, diplomatischen und finanziellen Schwierigkeiten, welche die Regierung Karls VII. zu lösen hatte. Sie ging zum König, weil er nach der Überlieferung der Vater aller seiner Untertanen und das Symbol des Königreichs Frankreich war, ohne zu wissen, welche Persönlichkeiten sie dort finden würde. Solche Erwägungen kamen ihr noch nicht einmal in den Sinn, und auf der Reise sagte sie nur zu ihren Begleitern: »Ihr werdet sehen, wie gut uns der König empfangen wird.« Sah sie ihre ›Sendung‹ nur als neue Propagandamöglichkeit im Kampf gegen die Engländer an, an dem sie teilnehmen mußte, oder wollte sie sich im Namen Gottes die Leitung dieses Unternehmens und die persönlichen Mittel dazu übertragen lassen? Das ist hier die Frage.

Eine Antwort können uns nur ihre Aussagen und die der Zeugen geben. Sie selbst sagt in Rouen: »Sie mußte fort nach Frankreich gehen . . . sie würde die Belagerung von Orléans aufheben . . . sie sei nur ein armes unwissendes Mädchen, das weder reiten noch Krieg führen könne . . . sie wolle gegen die Engländer Krieg führen[1].« Als man sie fragte, ob sie den Sieg von ihrem Banner oder von sich selbst erhoffte, erwiderte sie, »daß sie sie (ihre Hoffnung) nur auf Unseren Herrn und nichts anderes begründet habe[2]«. Selbst in dem herausfordernden ›Brief an die Engländer‹, in dem sie in der ersten Person spricht und z. B. sagt: »Und wo ich Eure Leute finde . . . werde ich sie verjagen . . . lasse ich sie alle töten . . . wenn sie gehorchen wollen, werde ich Gnade walten lassen«, und ihnen mit »ihren treuen Waffengefährten« droht, spricht sie nur ›als Gesandte Gottes‹, in dessen Namen sie ihrem König ›offenbart‹ hat, »er wird im Triumph in Paris einziehen.« Außerdem bestreitet sie ausdrücklich vor ihren Richtern, sich in diesem Brief den Titel eines Feldherrn angeeignet zu haben[3].

---

[1] Champion, II, 34–36.
[2] ebd., II, 105.
[3] Procès, I, 84 (Champion hat diese Stelle sinnwidrig wiedergegeben).

Die Zeugen ihrerseits berichten von Äußerungen, die sie ihnen gegenüber gemacht hat. Zu Laxart[1]: »Sie wolle zum Dauphin nach Frankreich gehen, um ihn krönen zu lassen.« Zu Jean de Metz[2]: »Vor Mittfasten muß ich beim König sein . . . er kann nur von mir Hilfe erhalten . . . ich muß dahin gehen und das tun, weil Unser Herr will, daß ich das tue . . . und ihre Brüder des Paradieses und Gott sagten ihr, sie müsse in den Krieg ziehen, um das Königreich Frankreich neu zu errichten.« Zu Poulengy[3]: »Sie ging auf Geheiß Gottes zu Robert de Baudricourt, damit er den König bitte, sich zurückzuhalten und (noch) nicht den Krieg gegen die Engländer zu beginnen, denn gegen Mittfasten würde Gott ihm Hilfe gewähren . . . sie sagte, der Dauphin würde trotz seiner Feinde König werden, und sie selbst würde ihn zur Krönung nach Reims führen.« Zu Thibault[4]: »Ich komme vom König des Himmels, um die Belagerung von Orléans aufzuheben und den König zur Salbung und Krönung nach Reims zu führen.« Zu Seguin[5]: »Die Stimme sagte ihr, Gott habe großes Mitleid mit dem Königreich Frankreich, und sie müsse nach Frankreich gehen . . . und sie sagte, daß vier Dinge geschehen würden . . . die Engländer würden vernichtet und die Belagerung von Orléans aufgehoben werden . . . der König würde zu Reims gekrönt werden . . ., Paris würde dem König unterworfen werden . . . und der Herzog von Orléans würde aus England zurückkommen.« Zu Dunois[6]: »Ich bringe Euch die beste Hilfe, die je ein Ritter oder irgendeine Stadt erhalten hat, nämlich die Hilfe des Königs des Himmels«, und dieser Zeuge fügt hinzu: »Wenn sie sehr ernst über den Krieg und ihre ›Sendung‹ sprach, behauptete sie nie etwas anderes, als daß sie gesandt sei, um die Belagerung von Orléans aufzuheben . . . und den König nach Reims zu führen.«

Als Aymeric[7] ihr andererseits entgegenhält, daß Gott keine Soldaten brauche, um Frankreich zu befreien, entgegnet sie: »Im Namen Gottes, die Soldaten werden kämpfen und Gott wird den Sieg verleihen.« Die Kommission von Poitiers endlich[8] begnügt sich damit, ihre Tugend festzustellen und zu empfehlen, daß man sie nach Orléans führen solle, wobei

[1] Procès, III, 444. [2] Procès, III, 436 u. 437. [3] Procès, III, 456.
[4] Procès, III, 74. [5] Procès, II, 204 u. 205. [6] Procès, III, 6.
[7] Procès, II, 205. [8] Procès, V, 392.

sie der Hoffnung Ausdruck gibt, daß die von ihr vorausgesagte Befreiung der Stadt aufgrund ihrer Gegenwart das ›Zeichen‹ ihrer göttlichen Eingebungen sein wird.

Diese Texte scheinen also beweiskräftig. Wir haben durchaus keinen Anlaß anzunehmen, Johanna habe sich während ihres Aufgebots als Kandidatin für den Oberbefehlshaberposten der königlichen Armeen ausgegeben. Sie spricht im Gegenteil als einfache Gottesbotin, die nur die tapferen Kämpfer zum Sieg führen wird, und will, daß man ihr als solcher aufs Wort glaubt. Die Logik ihrer Überzeugung fordert natürlich, daß die Gewährung dieser göttlichen Hilfe nur dann sicher scheint, wenn sie sich selbst zu den ausführenden Organen des himmlischen Willens zählt. Das ist so wahr, daß sie sagt, »sie liebte ihr Banner vierzigmal mehr als ihr Schwert . . . daß sie das Banner trug, wenn sie die Gegner angriff, um zu vermeiden, daß sie je (einen) Menschen tötete[1].« Sie ist gewiß eine Kriegerin, stets bereit, ohne auf Mühe und Gefahr zu achten, dem Feind entgegenzugehen; anstelle der militärischen Erfahrung sagte ihr die Intuition, daß – nach einem Wort Julius Cäsars – ›nichts getan ist, solange noch etwas zu tun bleibt‹; aber vor allem ist sie die Prophetin eines siegreichen Evangeliums, das sie den Soldaten verkündet, indem sie das Bild Gottes auf ihrem Banner voranträgt, ohne selbst das Schwert zu ziehen. Und das scheint ganz der Auffassung zu entsprechen, die Johanna von ihrer Sendung hatte.

Die Tatsachen selbst lassen, wie wir gesehen haben, keinen Zweifel zu. Einerseits kann man weder die Bräuche des Rittertums noch das Bestehen einer von Karl V. geschaffenen strengen militärischen Hierarchie übersehen[2]. An ihrer Spitze standen die Generalstatthalter des Königs, die Prinzen königlichen Geblüts sein mußten, und hinter ihnen kamen der Reihenfolge nach: der Konnetabel, die Marschälle von Frankreich, der Oberste der Bogenschützen (d. h. der Infanterie), die Hauptleute und Feldherren. Dieser Regel zufolge, die von ihren eigenen Erklärungen bestätigt wird, waren Dunois und Alençon, Prinzen von Geblüt und Statthalter des Königs, die einzigen verantwortlichen Anführer der Armee von Orléans,

[1] Champion, II, 52. [2] Lavisse, IV, 1, 219.

der des Loirefeldzugs und der des Krönungszuges. Andererseits wissen wir, daß Johanna als nichtadlige Frau, die als einfacher Schildknappe ausgerüstet unter Aulons Obhut stand, niemals in der Armee, bei der ihr Name noch nicht einmal in den Registern geführt wurde, auch nur einen subalternen Rang einnahm. Es steht also unbestreitbar fest, daß sie bei keiner Gelegenheit über irgendeine Autorität verfügte, die ihr ermöglicht hätte, die militärischen Operationen zu führen.

Kann man nun aber annehmen, daß sie die Rolle einer Egeria oder Grauen Eminenz spielte und durch persönliche Vorschläge die Regierungsbeschlüsse Karls VII. beeinflußte? Sie gehörte keinesfalls zum Kronrat, der bei jeder Gelegenheit über die zu fällenden Entscheidungen beriet. Nach den Texten wurde sie nur zweimal, außergewöhnlicher Umstände wegen, dazu berufen: nach Patay in Châteauneuf-sur-Loire und vor Troyes. Im übrigen kommt es häufig vor, daß wichtige Entscheidungen ohne sie oder gegen ihren Willen getroffen werden. Die Entsendung eines Proviantzugs und einer Entsatzarmee für Orléans war bereits vor dem Abschluß des Gutachtens der Untersuchungskommission von Poitiers beschlossen; der Loirefeldzug wurde gegen ihren Wunsch unternommen, der König solle sofort nach Reims gehen. Wegen der traditionellen Politik gegenüber Philipp dem Guten, von deren vielfältigen Voraussetzungen sie keine Kenntnis hatte, wurde der Krönungszug unglücklicherweise einer sich unverhofft bietenden strategischen Chance vorgezogen. Es ist offensichtlich, daß der am 25. Juli 1429 in Soissons beschlossene Rückzug in das Gebiet südlich der Loire und der Waffenstillstand vom 28. August 1429 sowie der spätere Verzicht auf einen Angriff auf Paris sie in ihren wesentlichsten Hoffnungen während ihrer Sendung enttäuschten. Und wenn die Chronisten die Wahrheit berichtet haben, lehnte La Trémoille gegen ihren Willen die Versöhnung mit dem Konnetabel Richemont ab; er schickte sie mit Alençon in die Normandie.

Nichts erlaubt also die Annahme, der Erste Minister und der Kanzler hätten bei irgendeiner Gelegenheit unter Johannas Einfluß gestanden. Es ist im Gegenteil klar, daß auch weiterhin Politik und Diplomatie von diesen beiden Männern bestimmt wurden und Johanna jeweils nach ihrem politischen Gutdünken eingesetzt wurde. Sie konnte die Regierung des

Königs also weder durch Befehle noch durch Überredung beeinflussen. Tatsachen haben stets ihre eigene Logik. Da sie sich als Botin Gottes vorgestellt hatte, daraufhin von Geistlichen untersucht und nach deren Gutachten eingesetzt worden war, konnte Johanna nur auf dem Gebiet des Glaubens aktiv werden, d. h. sie konnte nur auf die geistige Haltung des Milieus einwirken, von dem ihr Glaube stammte.

Das beweist besonders deutlich die Tatsache, daß Dunois, sobald er von Johannas Durchreise durch Gien erfuhr, zwei Boten nach Chinon schickte, die über sie Erkundigungen einziehen sollten, und daß die Bewohner von Orléans sich einige Wochen später schon wie ›entlagert‹ fühlen und die ihnen Unbekannte auf das alleinige Gerücht von ihren übernatürlichen Offenbarungen hin begeistert empfangen. Auch die königliche Propaganda, die vor der Befreiung von Orléans indirekt begonnen und danach öffentlich fortgeführt wurde, und die märchenhaften Erzählungen, die nach dem 9. Mai 1429 in Frankreich und im Ausland umgingen, zeugen von dem Einfluß, den Johanna hauptsächlich auf die Einbildungskraft der Menge ausübte. Hier zeigt sich ihre prophetische Berufung, Echo kollektiver Ängste, mit denen ihre eigentliche Rolle in Zusammenhang gebracht werden muß. Sie trat sofort in die Legende ein, weil sie die nahe Erfüllung der Hoffnungen verhieß, die alle Leute der guten Städte und des offenen Landes schon so lange in ihren Herzen trugen.

Ihre Persönlichkeit hatte gewiß in großem Maß Anteil an diesem wachsenden Vertrauen. Jeder Prophet, der die von den Menschen erwarteten Worte überbringt, wird besser empfangen, wenn er Überzeugungskraft ausstrahlt. An Johanna liebte man die Art ihres Sprechens und ihre Haltung. »Sie zu hören, war ein außerordentliches Erlebnis«, sagen alle Zeugen[1]. Es war einzigartig, ihre ruhigen Versicherungen zu hören, daß Gott auf die Seite des guten Königs Karl VII. getreten sei und wünschte, daß die Engländer aus Frankreich vertrieben würden. Es war wundervoll, die Unschuld, den Mut und die Selbstverleugnung dieses jungen Mädchens zu sehen. Es waren also ihr religiöses Auftreten und der Zauber ihrer Person, die ihr bei der Masse unzählige Zuhörer verschafften, die an sie glaubten.

[1] Procès, III, 27, 29, 107 u. V, 107.

Wenn unser Wissen auch noch nicht ausreicht, die Folgen ihres kurzen historischen Auftretens genau sehen zu können, so sollen wir uns doch wenigstens vor offensichtlich übertriebenen Urteilen hüten. Es wäre z. B. ein ebenso großer Irrtum vorzugeben, sie habe Orléans befreit, die Schlacht von Patay gewonnen und den König zu Reims krönen lassen, wie zu sagen, ihr Ritt sei nur ein aufsehenerregendes Ereignis ohne Folgen geblieben. Die Wahrheit liegt dazwischen. Sicher ist, daß ihr inbrünstiger Glaube, ihr beispielhafter Eifer, diese unbegreifliche Ausstrahlung, die nur von außergewöhnlichen Wesen ausgeht, zu dem übernatürlichen Nimbus ihrer ›Sendung‹ beitrugen und mithalfen, den Freiheitswillen und die Kriegslust eines ganzen Volkes neu zu entfachen. Diese sozusagen allgemeine psychologische Katalyse ermöglichte es der königlichen Regierung, im Rahmen ihrer Möglichkeiten aus Johannas Fähigkeiten für sich größeren Vorteil zu gewinnen: das war übrigens auch das Ziel, das sie seit Mitte April 1429 verfolgte.

Auch Johannas Gestalt erscheint, wie das aller Menschen, die sich aus der Masse hervorheben, an einem Kreuzweg. Damit dieses unbekannte junge Bauernmädchen von einem Tag zum anderen nur durch ihre Gegenwart das Nationalgefühl ihrer Zeitgenossen neu entfachen konnte, mußte vieles zusammenkommen: daß sie außergewöhnliche natürliche Gaben wie einen ungeduldigen Tatendrang, prophetische Rezeptivität und moralische Größe besaß; daß ihre psychische Veranlagung zu unbewußten Verbildlichungen neigte; daß sie ihren blinden Glauben in einem ›von religiösen Vorstellungen gesättigten‹ Milieu gefunden hatte; daß Frankreich sich in einer besonders schlechten Lage befand und endlich, daß die königliche Regierung etwas noch nie Dagewesenes tat, indem sie beschloß, eine Visionärin in das Spiel ihrer Politik einzubeziehen. Fehlte auch nur ein einziges Glied in dieser Kette, wäre Johannas Aufgebot noch nicht einmal denkbar.

Zu diesen Ergebnissen sind wir gekommen. Sie unterstreichen Johannas ursprüngliche und außergewöhnlich anziehende Persönlichkeit sowie ihren sicheren, vom Gefühl bestimmten Einfluß auf die Masse ihrer Zeitgenossen, ohne daß wir jedoch weitergehen können. Wir finden darin also nicht das vom Zauber des Mysteriums verklärte Bild der einfältigen Legende und auch nicht das etwas menschlichere, aber noch immer naive, verworrene und widersprechende Bild, mit dem sich eine romanhafte Literatur für gewöhnlich auch heute noch begnügt. Daß unser Ergebnis ein anderes ist, hängt nicht von uns ab, denn wir haben nach den strengen Regeln der historischen Methode objektiv gearbeitet, mit dem einzigen Ziel, die vergangene Wirklichkeit genau zu rekonstruieren und zu erklären. Zweifellos ist es möglich, wenn nicht gar wahrscheinlich, daß die Fortschritte der Psychologie es eines Tages erlauben werden, diese Ergebnisse noch präziser zu fassen und gewisse Punkte sogar zu revidieren. Uns genügt es, daß sie sich nach dem heutigen Stand der Forschung und der Erkenntnisse, soweit wie möglich der schlichten Wahrheit genähert haben.

ANHANG

ANHANG I

ISABELLE ROMÉE UND DAS JUBELJAHR VON PUY

Es ist bekannt, daß seit Beginn des Mittelalters in den Jahren, in denen der Karfreitag mit Mariä Verkündigung zusammenfiel (d. h. am 25. März), in Puy-en-Velay zu Ehren der schwarzen Jungfrau religiöse Feste stattfanden. Das war auch 1429 wieder einmal der Fall, in dem Jahr, in dem Johanna aufgeboten wurde. S. Luce und andere Autoren sind der Ansicht, Isabelle Romée habe sich nach Johannas Abreise von Vaucouleurs nach Chinon auf diese Wallfahrt begeben und dabei verschiedene Begleiter ihrer Tochter getroffen. Sie wollen diese Begebenheit mit dem Beginn der Sendung Johannas in Zusammenhang bringen und messen ihr, ohne noch eine andere Begründung dafür zu haben, große Bedeutung zu.

Diese Ansicht stützt sich auf einen einzigen Text: den Anfang der Aussage des Beichtvaters Pasquerel, von der wir hier Original und Übersetzung anführen (Procès, III, 101):

Lateinischer Text

»Dum ipse primo habuit nova de ipsa Johanna et qualiter recederat versus regem, ipse loquens erat in villa Aniciensi, in qua villa erat mater ipsius Johannæ et quidam de eis qui eamdem Johannam adduxeravit versus regem; et quia habebant aliquam notitiam cum loquenti, dixerunt eidem loquenti quod conveniens erat quod veniret cum eisdem ad dictam Johannam, et quod eumdem loquentem nunquam dimetterent quousque eum ad ipsam Johannam perduxissent. Et cum eisdem venit usque ad villam de Chinon et dehinc usque ad villam Turonensem, in cujus conventu villae Turonensis ipse loquens erat lector. Et in eadem villa Turonensis ipsa

Übersetzung

»Als er zum erstenmal von Johanna hörte und erfuhr, auf welche Weise sie zum König gekommen war, befand sich der Zeuge in der Stadt Puy, in der sich auch Johannas Mutter und einige der Leute aufhielten, die sie zum König geführt hatten; und da ihnen der Zeuge nicht ganz unbekannt war, forderten sie ihn auf, mit ihnen zu besagter Johanna zu gehen, und sie sagten, daß sie den Zeugen nicht eher verlassen würden, bis sie ihn zu Johanna geführt hätten. Er ging also mit ihnen bis nach Chinon und von da bis nach Tours, wo der Zeuge in einem Kloster Lektor war. Und Johanna wohnte zu dieser Zeit in derselben Stadt Tours, im Hause des Jean Dupuy,

Johanna pro tunc erat hospitata in domo Johannis Dupuy, burgensis Turonensis et eamdem Johannam invenerunt in eadem domo, et eamdem Johannam allocuti fuerunt illi qui eumdem loquentem adduxerant, dicendo: ›Johanna, nos adduximus vobis istum bonum patrem; si eum bene cognosceretis, vos eum multum diligeretis‹. Quibus ipsa Johanna respondit quod bene contentabatur de loquente et quod jam de eo audiverat loqui, quod que in crastino volebat eidem loquenti confiteri. Et in crastino udivit eam in confessione, et coram ea cantavit missam, et ex illa hora ipse loquens semper secutus est eam et cum ea moram traxit usque ad villam Compendii dum ibidem fuit capta.«

eines Bürgers von Tours, wo sie sie antrafen.

Und die, welche den Zeugen herbeigeführt hatten, wandten sich an Johanna und sagten: ›Johanna, wir bringen Euch hier diesen guten Priester; wenn Ihr ihn gut kennengelernt habt, werdet Ihr ihn sehr gern haben‹.

Johanna erwiderte ihnen, daß sie sehr erfreut sei, den Zeugen (zu empfangen), sie habe bereits von ihm reden hören und wolle am nächsten Tag bei dem Zeugen beichten.

Und am nächsten Tag hörte er sie in der Beichte an und hielt die Messe in ihrer Gegenwart; von diesem Zeitpunkt an folgte ihr der Zeuge ständig und begleitete sie bis Compiègne, wo sie gefangengenommen wurde.«

Das Problem liegt darin, festzustellen, ob die lateinische Textstelle ›*in villa Aniciensi*‹, die in der Tat die Stadt Puy bezeichnet, mit der Aussage des Zeugen Pasquerel genau übereinstimmt. Quicherat ist nicht dieser Ansicht und führt folgendes an: ›*Villa Aniciensis*‹, bedeutet die Stadt Puy-en-Velay, um die es sich hier nicht handeln kann. Le Brun des Charmettes nimmt in seiner ›Histoire de Jean d'Arc‹ (Bd. I, S. 418) an, es müsse ›*Villa Aziacensi*‹, was Azay-le-Rideau ergäbe, heißen; man käme jedoch der Wahrheit näher, wenn man ›*Villa Anceiensi*‹, was Anché heißt, lesen würde. Dieser Ort befindet sich zwischen Chinon und der Ile-Bouchard. Le Brun de Charmettes nimmt mit Recht an, daß *mater* (Mutter) ein Schreibfehler ist und man *frater* (Bruder) lesen müsse.«

Diese Ansicht scheint auf den ersten Blick berechtigt, muß jedoch durch Tatsachen und genauere Begründungen belegt werden.

Erstens wird die Anwesenheit eines Verwandten oder Begleiters von Johanna in dem Wallfahrtsort Puy an keiner anderen Stelle erwähnt. Und da das an sich schon unwahrscheinlich ist, hat diese alleinige Aussage Pasquerels in diesem Punkt nicht mehr Wert als viele andere seiner Aussagen.

Schon allein aus der Gegenüberstellung der Daten ergibt sich auf diese Frage eine vollständige Antwort. Dem ganzen Zusammenhang nach ist es offensichtlich, daß das Vorgehen der Gefährten Johannas, die Pasquerel nach Tours führten, um ihn dort Johanna als möglichen Beichtvater vorzustellen, in engem Zusammenhang mit der Aufstellung ihres kleinen persönlichen ›Hofstaats‹ durch Aulon steht, die in derselben Stadt vorgenommen wurde. Der einwöchige Aufenthalt in Tours dauerte vom 15. bis 21. April, d. h. er lag zeitlich nach der königlichen Entscheidung, Johanna einzusetzen, die am 13. April in Chinon getroffen wurde.

Wenn es jedoch wahr ist, daß Pasquerel und einige von Johannas Begleitern sich in Puy-en-Velay beim Jubelfest trafen (d. h. vor dem 25. März), so hätten sie alle, um zu Pferd eine Entfernung von mehr als vierhundert Kilometer zurückzulegen, das Gebiet der Touraine wenigstens acht Tage vorher, d. h. gegen den 17. März, verlassen müssen.

Zu dieser Zeit jedoch befand sich Johanna immer noch in Chinon, und es war noch nicht beschlossen, sie zur Untersuchungskommission nach Poitiers zu schicken. Folglich war ihr Schicksal noch nicht entschieden, und es kam gewiß nicht in Frage, ihr bereits einen persönlichen Beichtvater, der zu ihrem Gefolge gehören sollte, zu suchen, da ihr Einsatz erst vier Wochen später beschlossen wurde. Mit anderen Worten, Johannas Gefährten konnten am 17. März nicht eine Entscheidung ausführen, die nicht vor dem 13. April getroffen wurde.

Quicherat hat somit recht, die lateinische Version ›*Villa Aniciensi*‹ durch ›*Aziacensi*‹ oder ›*Anceiensi*‹ zu ersetzen. Denn es kann sich bei dem von Pasquerel angegebenen Ort sowohl um Azay-le-Rideau wie auch um Anché handeln; denn Pasquerel war, wie er selbst in Erinnerung bringt, Lektor in einem Kloster von Tours. Somit ist es schon aus chronologischen Gründen nicht möglich, daß Isabelle Romée und Johannas Begleiter beim Jubelfest von Puy im Jahre 1429 dabei waren.

Die bedeutungslose Frage, ob Pasquerel in der Touraine Johannas Mutter oder ihren Bruder traf, läßt sich nicht beantworten.

ANHANG II

ITINERAR VON JOHANNAS AUFGEBOT

Wahrscheinliche Daten	Wichtige Begebenheiten	Nachweise
15. Dez. 1428	Abreise von Domremy nach Burey-le-Petit.	Sechswöchiger Aufenthalt in Burey-le-Petit (Laxart)
23. Dez.	Erstes Zusammentreffen mit Baudricourt in Vaucouleurs.	
1. Jan. 1429	Nachforschungen von Baudricourt in Domremy.	
27. Jan.	Briefwechsel zwischen Baudricourt und der Kanzlei.	
28. Jan.	Abreise von Burey-le-Petit nach Vaucouleurs.	Dreiwöchiger Aufenthalt in Vaucouleurs (Catherine Le Royer) (Jean de Metz)
1. Feb.	Zweites Zusammentreffen mit Baudricourt.	
1. Feb.	Teufelsbeschwörung des Priesters Fournier.	
1. Feb.	Wallfahrt nach St. Nicolas de Septfonds (Anhang III).	
12. Feb.	Besuch beim Herzog Karl III. von Nancy.	
13. Feb.	Rückkehr von Nancy nach Vaucouleurs.	
13. Feb.	Entscheidung Baudricourts. Vorbereitungen zur Abreise.	

Wahrscheinliche Daten	Wichtige Begebenheiten	Nachweise
19. Feb. 1. März	Abreise von Vaucouleurs nach Chinon. Ankunft in Chinon.	Elftägige Reise (Poulengy)
1. März 1. März 1. März	Verhör durch die Räte des Königs. Öffentlicher Empfang durch Karl VII. Voruntersuchung. Besuche bei Johanna.	Drei Wochen in Chinon (Johanna) (Kommission von Poitiers)
21. März 22. März 11. April	Abreise von Chinon nach Poitiers. Aufstellung der Untersuchungskommission. ›Brief an die Engländer‹. Verhör. Untersuchung ihrer Jungfräulichkeit. Bekanntgabe der Ergebnisse der Untersuchungskommission.	Drei Wochen in Poitiers (Johanna, Garivel, Dunois, Thibault)
12. April 13. April	Abreise von Poitiers nach Chinon. Entscheidung des Kronrats und Abschied vom König.	Zwei Tage in Chinon (Vermutung)
14. April	Reise von Chinon nach Tours.	
15. April 21. April	Johannas Ausrüstung, Anfertigung des Banners. Aufstellung ihrer persönlichen Begleitmannschaft.	Eine Woche in Tours (Vermutung)
22. April	Reise von Tours nach Blois mit Regnault de Chartres.	

Wahrscheinliche Daten	Wichtige Begebenheiten	Nachweise
23. April 25. April	Aufenthalt in Blois.	Drei Tage in Blois (Pasquerel)
26. April	Abreise von Blois nach Orléans.	$2^1/_2$ Tage Reise (Pasquerel)
28. April	Ankunft vor Orléans. Unterkunft in Rully bei Chécy, am Abend.	Procès, V, 344
29. April	Einzug in Orléans am Abend	Procès, IV, 151, 152

Zu dieser Aufstellung ihres Zuges sind einige Erklärungen nötig. Quicherat (Procès, V, 378ff.) hat einen ›Weg der Jungfrau‹ von Mai 1428 bis Dezember 1430 ausgearbeitet, indem er in chronologischer Ordnung, die mehr oder weniger auf Vermutungen beruht, die Namen der Ortschaften anführt, die im Zusammenhang mit Johannas Durchreise von den Chronisten, den Rehabilitationszeugen und einigen zeitgenössischen Dokumenten erwähnt werden. Diese Aufstellung, deren offensichtliche Irrtümer schon bei der ersten Durchsicht zutage treten, muß auf wahrhaft kritischer Grundlage völlig neu abgefaßt werden. Wir haben uns damit begnügt, in der vorliegenden Tabelle den Weg Johannas während ihres Aufgebots, d. h. von ihrer Abreise von Domremy bis zu ihrer Ankunft in Orléans, soweit dies möglich ist, zu rekonstruieren. Dieser Zeitabschnitt ist in der Tat der wichtigste, da die königliche Regierung zu dieser Zeit ihren Einsatz vorbereitete.

Zuerst muß geklärt werden, ob Johanna – wie viele Autoren glauben – Domremy gegen Mitte Mai 1428 zum ersten Mal verließ, um zu Baudricourt nach Vaucouleurs zu gehen, aber aufgrund seiner Weigerung, sie gleich nach Chinon zu schicken, zu ihren Eltern zurückging, um erst Anfang 1429 ein zweites Mal nach Vaucouleurs aufzubrechen. Mit anderen Worten: unternahm Johanna, bevor sie Domremy endgültig verließ, sieben Monate vorher einen Abreiseversuch, der verhindert wurde? Die Frage ist vom psychologischen Standpunkt aus recht interessant und verdient eine eingehende Nachprüfung.

Die Autoren, die versichern, daß diese erste ergebnislose Abreise aus Domremy tatsächlich stattgefunden habe, gehen ausschließlich von Bertrand de Poulengys Aussage aus, der dazu sagt: »Die Jungfrau kam, wie er meine, am Tag der Himmelfahrt unseres Herrn (14. Mai 1428) nach Vaucouleurs, und er sah sie mit dem

Stadthauptmann Robert de Baudricourt sprechen. Sie sagte, daß sie von Unserem Herrn zu Robert entsandt wäre, damit er zum Dauphin sage, er solle sich zurückhalten und seinen Feinden keine Schlacht liefern, denn gegen Mitte der Fastenzeit würde Unser Herr ihm Hilfe gewähren . . . besagter Robert fragte sie, wer ihr Herr sei, und sie erwiderte, der ›König des Himmels‹. Und nachdem das geschehen war, kehrte sie mit ihrem Onkel Durand Laxart aus Burey-le-Petit in das Haus ihres Vaters zurück. Und danach, zu Beginn der Fastenzeit (d. h. gegen den 13. Februar 1429), kam Johanna nach besagtem Vaucouleurs zurück, um Gefährten zu suchen, die sie zu dem Herrn Dauphin geleiten sollten; und als sie das bemerkten, schlugen der Zeuge und Jean de Metz vor, sie zum König, der damals Dauphin war, zu führen; und danach nahm Johanna an einer Wallfahrt nach St. Nicolas teil und begab sich zum Herzog von Lothringen, der sie mit einem Geleitbrief zu sich bestellt hatte; und nachdem Johanna nach Vaucouleurs in Henry Le Royers Haus zurückgekehrt war, ließen er selbst, Bertrand . . . und Jean de Metz . . . mit Hilfe anderer Einwohner von Vaucouleurs . . . ihr einen Waffenrock und Männerkleider anfertigen . . . und sie machten sich auf den Weg, um zum Dauphin zu gehen.« (Procès, II, 456)

Diese allein dastehende Aussage Poulengys gibt zu folgenden Bemerkungen Anlaß: 1. Sie enthält Irrtümer und Widersprüche, die ihre Wahrscheinlichkeit in Frage stellen. Zuerst teilt er sich und Jean de Metz bei den Vorbereitungen für Johannas Abreise eine führende Rolle zu, während diese in Wahrheit ausschließlich von der Entscheidung Baudricourts abhingen. Außerdem wissen wir von Laxart und Henriette Le Royer, daß Johanna sechs Wochen in Burey-le-Petit und drei Wochen in Vaucouleurs blieb. Während er die zweite Ankunft Johannas in Vaucouleurs erst für den 13. Februar angibt, scheint er über ihren Ortswechsel von Dezember bis Februar nichts zu wissen, obwohl er vorher sagte, daß er Johanna »seit dem Verlassen des väterlichen Hauses oft in Vaucouleurs und im Kriege gesehen hätte.« Außerdem verlegt er den Besuch beim Herzog von Lothringen in die Zeit nach dem 13. Februar, während Jean de Metz (Procès, II, 437) ihn vor diesem Datum angibt: danach verwechselt er offensichtlich Johannas Rückkehr nach Vaucouleurs von der Reise nach Nancy mit ihrer Ankunft bei der Familie Le Royer, als sie in den letzten Januartagen von Burey-le-Petit kam.

Endlich hätte Johanna nicht, wie er angibt, am 14. Mai 1428 zu Baudricourt sagen können, »er solle von dem Dauphin verlangen . . . daß er sich zurückhalte und seinen Feinden (den Engländern) noch keine Schlacht liefere, denn gegen Mitte der Fastenzeit würde Unser Herr ihm Hilfe gewähren.« Soweit eine solche Vorhersage, bei der psychischen Veranlagung Johannas, gegen Ende des Jahres 1428 verständlich sein kann, d. h. nur einige Wochen vorher und zu einem Zeitpunkt, als man die baldige Wiederaufnahme der militärischen Operationen vor Orléans, die, wie wir gesehen haben, wegen des Winters aufgegeben worden waren, bereits voraussehen konnte, so scheint sie doch zehn Monate vorher, vor Sommeranfang, als man die Ereignisse noch nicht vorhersehen konnte, unwahrscheinlich. Außerdem war zu dieser Zeit, am 14. Mai, der vierjährige französisch-englische Waffenstillstand, der am 28. September 1424 unterzeichnet worden war, noch gültig. Wenn die Waffenstillstandsabkommen jener Zeit auch von keiner der

Parteien genau eingehalten wurden – so mußte z.B. Guillaume de Flavy trotz René de Bars Hilfe Beaumont-en-Argonne am 28. Mai 1428 an Jean de Luxembourg übergeben (Champion, G. de Flavy, S. 14ff.) –, so begannen dic Engländer (die Johanna die ›Feinde‹ nennt) mit den Feindseligkeiten doch erst wieder Anfang August ganz offen, als Salisbury allmählich aus Paris abzog, um Orléans zu belagern.

2. Ihr widersprechen die Aussagen aller anderen Zeugen, von denen keiner auf diese beiden angeblich aufeinanderfolgenden Abreiseversuche eine Anspielung macht. Der glaubwürdigste Zeuge ist Laxart, der nur angibt, »daß er selbst Johanna im Haus ihres Vaters abholte, um sie in das seine zu bringen ... und sie sagte (ihm), sie ginge zu Robert de Baudricourt, um ihm zu sagen, er solle sie zum Dauphin führen. Besagter Robert sagte mehrmals zu dem Zeugen, er solle sie zu ihrem Vater zurückführen, und gab ihr Ohrfeigen. Als besagte Johanna erkannte, daß Robert sie nicht zum Dauphin führen wollte, zog sie die Kleider des Zeugen an und sagte, sie wolle fortgehen« (Procès, II, 444). Es ist mehr als wahrscheinlich, daß Laxart, wenn er Johanna zweimal im Abstand von acht Monaten in Domremy abgeholt hätte, sich daran erinnert und es erklärt hätte. Er sagt jedoch aus, daß Johanna sechs Wochen ohne Unterbrechung bei ihm geblieben sei, während Henriette Le Royer ihrerseits angibt, daß sie ›mehrere Male‹, im ganzen drei Wochen, in ihrem Hause gewesen sei.

Die anderen Zeugen, ungefähr zehn Einwohner Domremys (Procès, II, 387, 409, 412, 414, 417, 419, 421, 426, 429, 434), erwähnen alle Johannas Fortgehen als eine vollendete Tatsache, die sie überraschte und der folglich kein anderer Versuch vorausgegangen war. Drei von ihnen präzisieren sogar, daß Johanna, um die Erlaubnis des Vaters zu erhalten, ihm durch Laxart sagen ließ, dieser hole sie ab, damit sie seine Frau im Kindbett pflege; eine Ausflucht, die natürlich nur einmal angewandt werden konnte.

Über den letzten Punkt wissen wir, daß Johanna angab, sie habe ihren Eltern den wahren Grund ihrer Reise nach Burey-le-Petit verborgen, weil sie fürchtete, von ihnen daran gehindert zu werden; ihr Vater hatte nämlich nach einem Traum gesagt, er würde sie lieber ertränken als mit Soldaten davongehen lassen. Somit ist es kaum möglich anzunehmen: 1. daß sie nach der ersten Ablehnung Baudricourts zu ihren Eltern zurückgekehrt sei; 2. daß die Nachricht von diesem erfolglosen Vorgehen, wenn es im Mai 1428 stattgefunden hätte, nicht bis nach Domremy gedrungen sei; 3. daß Johanna danach ihren Vater ein zweites Mal so leicht hätte täuschen können.

3. Johannas persönliche Angaben enthalten keine Anspielung auf diese beiden in längerem Zeitabstand erfolgten Abreiseversuche und widerlegen diese Hypothese ausdrücklich.

Sie erwidert am 22. Februar 1431 (Champion, II, 34) ihren Richtern, »diese Stimme habe ihr gesagt, sie solle sich gut führen und zur Kirche gehen ... zwei- bis dreimal in der Woche ... und sie müsse fort und nach Frankreich gehen ... und die Stimme habe ihr außerdem gesagt, sie würde die Belagerung von Orléans aufheben. Sie sagte noch, die Stimme habe sie geheißen, zu Robert de Baudricourt in der Stadt Vaucouleurs, wo er Stadthauptmann war, zu gehen, und er würde ihr

Leute zu ihrer Begleitung geben . . . Sie sagte auch, daß sie zu einem Onkel gehe, bei dem sie einige Zeit bleiben wolle, und sie blieb dort ungefähr acht Tage. Sie sagte ihrem Onkel, sie müsse nach Vaucouleurs gehen, und der Onkel führte sie dahin . . . und sie sagte zu Robert, sie müsse nach Frankreich gehen. Besagter Robert lehnte das zweimal ab und wies sie zurück, das dritte Mal empfing er sie und gab ihr Leute.« Es ist also ganz klar, daß Johanna sich erst nach Vaucouleurs begab, nachdem ihr die Stimmen gesagt hatten, »sie würde die Belagerung von Orléans aufheben.« Da diese jedoch erst am 12. Oktober 1428 begann, ist es ganz unmöglich, daß sie schon am vorhergehenden 14. Mai davon sprechen konnte.

Außerdem lassen Johannas Enthusiasmus, ihre Zähigkeit, ja selbst Starrköpfigkeit die Annahme nicht zu, daß sie nach dem Entschluß, zu Karl VII. nach Chinon zu gehen, »und sollte sie auf Knien dorthin gehen«, sieben oder acht Monate abgewartet hätte. Eine so lange Verzögerung bei der Ausführung ihres Vorhabens wäre ganz gegen Johannas Charakter, den Charakter eines ›großen Tatmenschen‹, gewesen.

Es steht also fest, daß der angebliche Besuch Johannas bei Baudricourt im Mai 1428 auf einen Irrtum des Kanzleischreibers der Rehabilitation zurückzuführen ist, der, das dürfen wir nicht vergessen, die von den Zeugen in französischer Sprache gemachten Aussagen ins Lateinische übersetzte. Ob er z. B. ›Geburt‹ (was genau dem wahrscheinlichen Datum des ersten Besuchs bei Baudricourt entspräche) mit ›Himmelfahrt‹ verwechselt hat oder ob dieser Irrtum einen anderen Grund hat, kann nicht mehr festgestellt werden. Fest steht jedoch die Tatsache, daß Johanna Domremy im Dezember 1428 zum ersten und letzten Mal verließ.

Über Johannas Weg während ihres Aufgebots liegen nur ungenaue Angaben vor. Man hat über das genaue Datum ihrer Ankunft in Chinon viel diskutiert; denn alle diesbezüglichen Hinweise sind unzuverlässig oder widerspruchsvoll (vgl. Morosini, III, 44, Anm. 2). Die ›Chronik von Tournai‹ gibt den 9. Februar an. Der ›Gerichtsschreiber von La Rochelle‹ (der übrigens sagt, Johanna wäre in Vaucouleurs im Herzogtum Lothringen geboren) nennt den 23. Februar. Perceval de Cagny, der ›Gerichtsschreiber von Albi‹ und Gruel erwähnen den Monat März, ohne genaue Angaben zu machen. Die ›Chronik des Mont Saint-Michel‹ (welche die Einnahme von Jargeau vom 12. auf den 19. Juni verlegt) gibt den 6. März an. Im ›Konsularregister von Cahors‹ findet man ›gegen Mittfasten‹, d. h. etwa zur selben Zeit. Nach Morosini kommt die Zeit gegen Ende März oder Anfang April in Frage. Somit ist es nicht möglich, eine gültige Wahl zwischen diesen verschiedenen Chronisten zu treffen, die keine Referenz angeben und unkontrollierte Nachrichten anführen, die sie nur vom Hörensagen haben.

Bei dem Versuch, Johannas Weg während ihres Aufgebots zu rekonstruieren, haben wir darum nur sichere oder wahrscheinlich sichere Tatsachen zusammengestellt. Es handelt sich um folgende: 1. Johanna blieb sechs Wochen in Burey-le-Petit (Laxart: Procès, II, 443). 2. Acht Tage nach ihrer Ankunft in Burey-le-Petit begab sie sich zum ersten Mal zu Robert de Baudricourt (Jeanne, Champion, II, 34). 3. Sie blieb drei Wochen in Vaucouleurs (Cath. Le Royer: Procès, II, 446). 4. Sie kehrte gegen den 13. Februar von Nancy nach Vaucouleurs zurück (Jean de Metz: Procès, II, 437). 5. Die Reise von Vaucouleurs nach Chinon dauerte elf Tage (Poulengy: Procès, II, 457). 6. Sie wurde sechs Wochen lang untersucht, in Chinon und auch in Poitiers (Ergebnisse der Kommission von Poitiers, Procès, III, 392). 7. Sie wurde je drei Wochen in Chinon und in Poitiers verhört (Jeanne, Champion, II, 50). 8. Die Kommission von Poitiers beriet drei Wochen lang (Dunois: Procès, III, 4, und Garivel: Procès, III, 19). 9. Der >Brief an die Engländer< vom 22. März 1429 wurde von ihr zur Zeit der Verhöre von Poitiers, am ersten Tag, diktiert (Thibault: Procès, III, 74). 10. Der Aufenthalt in Blois dauerte zwei oder drei Tage: die Reise von Blois nach Orléans nahm zweieinhalb Tage in Anspruch (Pasquerel: Procès, III, 104, 105). 11. Am 28. April übernachtete sie in Rully nahe bei Chécy (Adelsurkunde von Guy de Cailly: Procès, V, 344). 12. Am 29. April, abends, zog sie in Orléans ein (Tagebuch der Belagerung, Procès, IV, 151, 152).

Anschließend haben wir Johannas Aufenthalte in den Ortschaften, durch die sie nacheinander kam, in chronologischer Ordnung und nach den Daten der obenerwähnten Texte zwischen drei sicheren oder fast sicheren zeitlichen Anhaltspunkten eingeordnet: Rückkehr von Nancy nach Vaucouleurs am 13. Februar, Beginn der Kommission von Poitiers am 22. März, Einzug in Orléans am 29. April. Die einzige Lücke in dieser Aufstellung findet sich zwischen der Abreise von Poitiers und der Ankunft in Blois; dazwischen liegen die Stationen Chinon und Tours. Um sie zu schließen, haben wir angenommen, daß Johanna zwei Tage in Chinon blieb, um die Entscheidung des Kronrats zu erfahren und um von Karl VII. Abschied zu nehmen, und daß ihre Ausrüstung, die Anfertigung eines Harnischs und eines Banners und die Aufstellung ihrer persönlichen Begleitmannschaft in Tours ungefähr eine Woche dauerten. Diese Annahmen, die nur einen Zeitraum von zehn Tagen betreffen, vom 12. bis 21. April, können übrigens, im ganzen gesehen, nichts an dem Ablauf ihres Aufgebots ändern, das viereinhalb Monate dauerte.

Die auf diese Angaben, d. h. Aussagen von Augenzeugen beruhende Aufstellung ihres Zuges ist also kein absolut zuverlässiger Kalender, gibt jedoch ernstzunehmende Annäherungswerte, die die Untersuchung der verschiedenen Umstände, die Johannas Aufgebot betreffen, erleichtern können.

ANHANG III

JOHANNA IN SAINT-NICOLAS

Drei Zeugen der Rehabilitation, Durand Laxart, Catherine Le Royer und Bertrand de Poulengy, erwähnen eine Wallfahrt oder eine Reise, die Johanna während ihres Aufenthalts in Vaucouleurs nach einer Ortschaft gemacht haben soll, die die beiden letzteren St. Nicolas nennen. Es kann sich dabei nur um die Stadt St. Nicolas-de-Port handeln, die zwölf Kilometer östlich von Nancy liegt und seit Beginn des 11. Jahrhunderts ein bedeutender Wallfahrtsort war, oder um die Einsiedelei St. Nicolas-de-Septfonds, die drei Kilometer nordwestlich von Vaucouleurs lag und zur Prämonstratenserabtei von Septfontaine in der Diözese von Langres gehörte. Alle Historiker, die über Johanna geschrieben haben, nehmen an, daß es sich um St. Nicolas-de-Port handelt, außer A. France, der sie, einer paradoxen Auslegung zufolge, nach denselben Zeugenaussagen nacheinander in die beiden voneinander entfernt liegenden Ortschaften gehen läßt.

Hier die Texte: 1. Durand Laxart: »Als besagte Jungfrau erkannte, daß Robert (de Baudricourt) sie nicht zum Dauphin führen wollte, zog sie die Kleider des Zeugen an und sagte, sie wolle fortgehen, und als sie aufbrach, führte der Zeuge sie nach Vaucouleurs.« (Procès, II, 444)

Quicherat vertritt in einer Anmerkung die Meinung, daß es sich dabei um einen Fehler beim Abschreiben handeln und man statt ›Vaucouleurs‹ ›St. Nicolas‹ lesen müsse. »Durand Laxart«, sagt er, »konnte seine Nichte nicht nach Vaucouleurs führen, weil sie sich schon dort befand.« Diese Überlegung ist nicht ausreichend. Es ist möglich, daß es sich um eine ungenaue Ausdrucksweise handelt. Laxart wollte vielleicht sagen, daß er Johanna nach diesem Abreiseversuch nach Vaucouleurs zurückführte. Es handelt sich auf jeden Fall um dieselben in Frage kommenden Orte, von der die folgende Zeugin spricht.

2. Catherine Le Royer, bei der Johanna in Vaucouleurs wohnte, sagt tatsächlich: »Als Johanna erkannte, daß besagter Robert sie nicht geleiten (lassen) wollte, hörte die Zeugin Johanna sagen, sie müsse an den Ort gehen, wo sich besagter Dauphin befände . . . Johanna wünschte das sehr, und die Zeit, bis man sie zu besagtem Dauphin führte, wurde ihr lang wie einer Schwangeren. Daraufhin glaubten die Zeugin und viele andere ihren Worten, so daß ein gewisser Jacques Alain und Durand Laxart sie geleiten wollten, und sie geleiteten sie bis nach St. Nicolas. Sie kehrten jedoch nach Vaucouleurs zurück, und sie erfuhr, daß besagte

Johanna gesagt hatte, es wäre nicht ziemlich, auf diese Weise abzureisen« (Procès, II, 445).

Quicherat kommentiert diesen Text ebenfalls, jedoch enttäuschend. Er nimmt an, es handelt sich um St. Nicolas-de-Port, und fügt hinzu: »Dieser Ort war als Wallfahrtsort berühmt, lag jedoch genau in der entgegengesetzten Richtung zu der Straße nach Frankreich. Man kann sich nicht vorstellen, daß Durand Laxart diesen Weg eingeschlagen hätte, um die Jungfrau zu Karl VII. zu führen. Er selbst gibt das jedoch an, und nur Bertrand de Poulengy erklärt, daß dieser Umweg aus religiösen Gründen geschah.« Laxart sagt jedoch an keiner Stelle, daß es sich um S. Nicolas-de-Port handelt, ebensowenig Poulengy, der auch in keiner Weise auf die religiösen Gründe anspielt. An dieser Stelle können wir die Worte Rudlers anführen, der die Kritik Quicherats ›als ein überraschendes Gemisch aus scharfblickender Klugheit und Naivität‹ beurteilt. Sehr wahrscheinlich ist dieser Kommentar mit seinen Widersprüchen darauf zurückzuführen, daß der Autor vom Bestehen der Einsiedelei St. Nicolas-de-Septfonds in der Nähe von Vaucouleurs keine Kenntnis hatte und nicht in Betracht zog, daß es sich um einen anderen Ort als St. Nicolas-de-Port handeln könne.

3. Bertrand de Poulengy, dessen geringe Glaubwürdigkeit wir nachgewiesen haben (Anhang II), sagt seinerseits aus: »Der Zeuge und Jean de Metz schlugen ihr zusammen vor, sie zum König, der damals Dauphin war, zu führen. Danach machte Johanna eine Wallfahrt nach St. Nicolas und stellte sich mit einem Geleitbrief dem Herzog von Lothringen vor, der sie sehen wollte.« So legt Poulengy die Wallfahrt nach St. Nicolas vor den Besuch beim Herzog Karl II. in Nancy, und es wäre erstaunlich, wenn es sich um St. Nicolas-de-Port handelte, da Johanna, um zu diesem weiter östlich gelegenen Ort zu gelangen, vorher über Nancy kommen mußte. Wenn andererseits Karl II. ihr einen Geleitbrief ausstellen ließ, so geschah das ausschließlich, damit sie ihn in seinem herzoglichen Palais besuchte.

Zur Vervollständigung dieser drei Zeugenaussagen muß eine Bemerkung von Jean de Metz hinzugefügt werden: »Die Einwohner von Vaucouleurs ließen für sie Männerkleider mit Beinkleidern, Beinschienen und allem Nötigen anfertigen und stellten ein Pferd für sie bereit, das sechzehn Frank kostete; und als sie eingekleidet war und das Pferd bekommen hatte, begab sich die Jungfrau mit einem Geleitbrief des Herrn Karl, Herzog von Lothringen, zu besagtem Herzog, um mit ihm zu sprechen, und der Zeuge begleitete sie bis zur Stadt Toul« (Procès, II, 437). Bei dieser Angabe müssen wir zweierlei herausstellen: 1. Johanna begab sich zu Pferd nach Nancy (und von dort aus vielleicht nach St. Nicolas-de-Port). 2. Sie wurde von Jean de Metz und anderen Männern Baudricourts begleitet.

Der Inhalt dieser Texte ergibt folgende Schlußfolgerungen: 1. Die beiden Zeugen, Laxart und Poulengy, die sowohl die Wallfahrt als auch die Reise nach Nancy nennen, erwähnen erstere vor der letzteren. Laxart sagt überdies ausdrücklich, daß sich Johanna erst nach Nancy begab, ›nachdem‹ sie zum Dauphin hatte gehen wollen.

2. Es ist offensichtlich – Quicherat erkennt das auch, gelangt aber zu der gegensätzlichen Schlußfolgerung –, daß Johanna, die nach Frankreich gehen wollte,

die Richtung nach Westen (über St. Nicolas-de-Septfonds) und nicht nach Osten (über St. Nicolas-de-Port) einschlagen mußte.

3. Nach Laxart und Catherine Le Royer begab sich Johanna aufgrund der Ablehnung aus eigener Initiative und folglich ohne Wissen Baudricourts nach St. Nicolas. Als sie hingegen nach Nancy ging, geschah es mit Zustimmung und in Begleitung der Männer Baudricourts.

4. Johanna ging in den Kleidern ihres Onkels und in Begleitung von besagtem Laxart und Jacques Alain zu Fuß nach Frankreich (Laxart und Cath. Le Royer). Als sie hingegen nach Nancy ging, war sie zu Pferd (J. de Metz), trug Männerkleidung, die von den Einwohnern von Vaucouleurs angefertigt worden waren, und wurde unter anderen von Jean de Metz begleitet.

5. Johanna hatte diese Reise aufgegeben (Cath. Le Royer) und erklärt das so: »Es ist nicht ziemlich, so fortzugehen.« Nehmen wir an, daß sie diese Worte in St. Nicolas-de-Septfonds zu Laxart und Alain sagte, so wirken sie recht glaubhaft: sie erklären ihre Sinneswandlung. In St. Nicolas-de-Port hätten sie keinen Sinn, denn a priori wäre sie dort nur hingegangen, um anschließend nach Vaucouleurs zurückzukehren.

Als Ergebnis dieser Betrachtung ist zu sagen, daß man die Reise Johannas nach dem Ort, der St. Nicolas genannt wird, nicht als nebensächliche Episode ihrer Reise nach Nancy zum Herzog Karl ansehen kann, da die Motive, die äußeren Umstände und die Zeugen dieser beiden Begebenheiten nicht dieselben sind. Darum ergibt sich die überzeugende Schlußfolgerung, daß Johanna sich niemals nach St. Nicolas-de-Port begab, jedoch vor ihrer Reise nach Nancy einen Abreiseversuch nach Frankreich machte und bei der Einsiedelei von St. Nicolas-de-Septfonds wieder umkehrte.

ANHANG IV

DIE >SCHWARZEN REGISTER< VON BRABANT

Diese Anmerkung stellt nur ein Beispiel oder besser eine Anleitung zur inneren und äußeren Kritik einer johannischen Quelle dar.

Johanna soll im voraus gesagt haben, sie würde vor Orléans verwundet werden, jedoch nicht daran sterben. Sie erklärt ihren Richtern, sie habe das Karl VII. gesagt (Champion, II, 52). Pasquerel sagt aus, sie habe am 6. Mai 1429 zu ihm von dem Blut gesprochen, das am nächsten Tag über ihren Busen fließen würde (Procès, III, 109). Der Zeuge A.Viole überliefert dieselben Worte, ohne anzugeben, ob er sie selbst gehört hat (Procès, III, 127). Und endlich wird diese Weissagung in den >Schwarzen Registern< von Brabant erwähnt.

Wenn diese Begebenheit wahr wäre, so könnte sie doch nichts an Johannas psychologischem Bild ändern und bei ihr etwa eine Gabe der Vorhersicht enthüllen. Die menschliche Einbildungskraft, die stets vom Mysterium angezogen und verführt wird, bewertet ein solches Zusammentreffen so hoch, um die viel zahlreicheren Vorhersagen, die sich nicht erfüllt haben, verdecken zu können. Johanna selbst hat sich oft getäuscht, so z.B. über den Erfolg des Angriffs gegen Paris; und Dunois gibt zu, daß sie, um den Kampfeifer der Krieger zu schüren, viele militärische Ereignisse verkündete, die nicht eintrafen (Procès, III, 16). Außerdem sah sie weder ihre Verwundung vor Paris noch ihre Gefangennahme vor den Mauern von Compiègne voraus und verkündete oft im Verlauf des Prozesses ihre bevorstehende Befreiung (Champion, II, 58, 59, 63, 102).

Wir lassen das Problem selbst beiseite und beschränken uns darauf, den wahren Zeugniswert der Angabe, die auf die >Schwarzen Register< von Brabant zurückgeht, zu untersuchen, weil Quicherat, an dessen Vertrauenswürdigkeit alle Historiker Johannas glauben und dem sie folgen, meint, >man könne sie nicht verwerfen, ohne die Grundlagen der Geschichte selbst anzugreifen< (Nouveaux Apercus: 61); diese Behauptung aber scheint uns trotz der Bestimmtheit, mit der Quicherat sie aufstellt, nicht den Anforderungen der Kritik zu entsprechen.

Es handelt sich um folgendes. Im Verlauf des Jahres 1747, während des Feldzugs des Marschalls von Sachsen in den Niederlanden, ließen die französischen Behörden zahlreiche historische Dokumente abschreiben, die sich in den >Schwarzen Registern< der Rechnungskammer des Herzogtums Brabant im Original oder im Auszug befanden. Die Genauigkeit dieser kollationierten und von qualifizierten

Zeugen als richtig befundenen Abschriften ist in jeder Weise gewährleistet. Augenblicklich befinden sie sich in der Nationalbibliothek (Manuskriptabteilung, Sammlung Moreau, Bd. 408). Der erste Band enthält zwei Blätter, 390 und 391, über Johanna: das erste in lateinischer, das zweite in französischer Sprache (vgl. Procès, IV, 425).

Die Übersetzung des ersten lautet: »Es ist auch wahr, daß der obenerwähnte Herr von Rotslaer, der sich in der Stadt Lyon an der Rhône befand und nach einem Bericht, den ein Soldat, Rat und Hofmeister des Herrn Karl von Bourbon, für ihn verfaßt hatte, an verschiedene Herren des Rates des Herzogs von Brabant schrieb, der Nachrichten darüber verlangt hatte, daß der König der Franzosen mit besagten Herrn Karl und anderen Fürsten und Freunden viele Truppen zusammenzog, die sich zur selben Zeit am letzten Tag des Monats April des gegenwärtigen Jahres 1429 versammeln sollten, in der Absicht, nach der Stadt Orléans zu ziehen und diese von der Belagerung durch die Engländer zu befreien. Danach schrieb er, daß nach den Worten desselben Soldaten eine gewisse Jungfrau aus Lothringen, die ungefähr achtzehn Jahre alt sei, sich beim König befände und ihm gesagt habe, sie würde die Einwohner von Orléans retten, die Engländer zwingen, die Belagerung aufzuheben, und selbst während der Schlacht vor Orléans durch einen Pfeil verletzt werden, jedoch nicht daran sterben; und sie soll auch gesagt haben, daß der König in nächster Zeit zu Reims gekrönt würde und noch andere Dinge, die der König für sich behalten hätte. Und diese Jungfrau besteige jeden Tag, wie die anderen Krieger in der Umgebung des Königs, mit der Lanze in der Faust ihr Pferd. Besagter König und seine Freunde hätten viel Vertrauen in die Jungfrau gesetzt, heißt es außerdem noch in dem Brief des obenerwähnten Herrn von Rotslaer, der zu Lyon an der Rhône, am 22. Tag des Monats April, geschrieben wurde.«

»Und was über die obenerwähnte Jungfrau gesagt wurde: die Ereignisse, die sie vorausgesagt hatte, trafen ein; denn die Belagerung von Orléans wurde aufgehoben und die Engländer entweder gefangen oder getötet oder in die Flucht geschlagen, und der König wurde zu Reims gekrönt und gewann fast alle Städte, Festungen, Dörfer und Lager in dieser Gegend zurück, nachdem die Engländer geflohen waren. Daraufhin entstand folgendes Gedicht über die Jungfrau:«

> Es folgt die Wiedergabe des Gedichts in sechzehn lateinischen Versen, das von der königlichen Kanzlei vor der Befreiung von Orléans verbreitet wurde (Vgl. Kap. VII ›Propaganda und Legende‹, S. 185).

Das zweite Blatt ist eine direkte Fortsetzung des ersten und beginnt mit dieser Erklärung (in lateinischer Sprache): »Den Bericht über das Ende besagter Jungfrau findet der Leser auf der nächsten Seite«, und dann folgt in Französisch: »Es ist wahr, daß eine Johanna, Jungfrau genannt, sich seit zwei Jahren bei den Armagnacs und denen, die zum Dauphin hielten, befand; und besagter Dauphin und die Leute seiner Partei setzten großes Vertrauen in sie und ließen das Volk wissen, Gott habe sie zu ihnen gesandt, um das Königreich Frankreich wiederzuerlangen; und besagte Johanna die Jungfrau trug Waffen und volle Kriegsrüstung, wie die kühnsten und besten Ritter der Truppe, und sie schlug und tötete mit dem Schwert

Krieger und andere: darum glaubten der größte Teil des französischen Volkes und andere Leute fest an die Jungfrau, sie glaubten und versicherten, daß sie von Gott gesandt sei; und sie war auch Hauptmann und Kriegsherr über den größten Teil der großen Herren und Feldherren der Armee des besagten Dauphins; und in der Zeit von ungefähr anderthalb Jahren führte sie mit ihnen mehrere Feldzüge durch. Schließlich zog der Herzog von Burgund im Mai 1430 mit seiner ganzen Truppenmacht nach Compiègne, wo sich die Jungfrau mit verschiedenen anderen Hauptleuten aus der Partei des besagten Dauphins befand, um es zu belagern; und als er besagte Stadt Compiègne belagerte, kam die Jungfrau auf prächtigem Roß und in Waffen, den Harnisch von einem Mantel aus rotem Samt bedeckt, in Begleitung mehrerer Krieger und Bogenschützen ihrer Partei aus der Stadt, um der Vorhut meines besagten Herrn, der vor der Stadt lag, ein Scharmützel zu liefern, und sie glaubte, diese Vorhut in Verwirrung bringen zu können. Der Kampf ging jedoch so aus, daß besagte Jungfrau von den Leuten meines Herrn von Burgund gefangen wurde, der sie nach mehreren Verhören Jean de Luxembourg, Herrn von Beaurevoir, zur Bewachung übergab. Und kurze Zeit darauf schickte der König von Frankreich und England zu meinem besagten Herrn Gesandte, um sich besagte Jungfrau, die nach Paris geschickt werden sollte, damit ihr die Universität von Paris den Prozeß mache, ausliefern zu lassen. Was mein besagter Herr von Burgund auch getreulich tat.«

Es handelt sich nun darum, festzustellen, ob der Inhalt dieses Textes, der auf eine Vorhersage Johannas Bezug nimmt, die am 22. April 1429 in Lyon bekannt war, als gültig angesehen werden kann. Die Darlegung folgender Punkte soll darauf die Antwort geben:

1. Die beiden obenerwähnten Blätter, Nr. 390 und 391, die Johanna betreffen – d. h. die Ereignisse der Jahre 1429/30 – befinden sich zwischen Texten über Begebenheiten des 16. Jahrhunderts. Das ermöglicht die Hypothese, daß sie lange Zeit nach Johannas Tod in die ›Schwarzen Register‹ eingefügt wurden.

2. Eine zweite Hypothese wäre, daß der Text dieser beiden Blätter Ende 1430 abgefaßt wurde, da das zweite mit der Angabe endet, der Herzog von Burgund habe Johanna den Engländern übergeben, jedoch weder ihren Prozeß noch ihre Verurteilung erwähnt.

3. Eine dritte Hypothese endlich wäre recht stichhaltig: nämlich, daß das zweite Blatt dem ersten später hinzugefügt wurde. Das erste wäre also gegen Ende August 1429 geschrieben worden, da es die Krönung zu Reims und die Rückeroberung der Ile-de-France erwähnt, ohne den Angriff auf Paris und den Rückzug südlich der Loire auch nur zu erwähnen.

4. Das Datum des ersten Blattes bleibt uns unbekannt; es wurde frühestens vier Monate nach dem wesentlichen Ereignis, das dort berichtet wird, abgefaßt: der Vorhersage, die Johanna am 22. April gemacht haben soll.

5. Wenn wir jedoch diese letzte und unbedeutendste Hypothese in bezug auf das Datum der Abfassung des Textes annehmen, so ist klar: a) daß das erste Blatt eine ungleichartige Kompilation darstellt: einerseits die Zusammenfassung eines Briefes, den der Autor offensichtlich nicht selbst gelesen hat und der für uns somit

nur einen Bericht vom Hörensagen darstellt; andererseits ein lateinisches Gedicht, das vor der Befreiung von Orléans von der königlichen Kanzlei verbreitet wurde; b) wenn der Autor – eine für diese Zeit ungewohnte Genauigkeit – das Datum des 22. April erwähnt, so geschieht das, weil dadurch in seinen Augen der wunderbare Charakter der Weissagungen Johannas zutage tritt, die sich zu diesem Zeitpunkt auf der Höhe ihres Ruhms befand.

6. Das Gerücht ist von wenigstens vier Personen überliefert worden: dem (unbekannten) Offizier des Herzogs von Bourbon, Rotslaer, den (unbekannten) Räten des Herzogs von Brabant, dem (unbekannten) Schreiber der Rechnungskammer.

7. Dieser Bemerkung in den ›Schwarzen Registern‹ von Brabant entspricht genau die des ›Schwarzen Buches‹ des (unbekannten) Schreibers von La Rochelle, die nach Quicherat (Revue historique, Bd. IV, 1877, 327–344) gegen Ende September 1429 aus der Erinnerung heraus niedergeschrieben wurde, zusammen mit ›Berichten, die zum Rathaus gelangten, und Erzählungen, die in der Bevölkerung umgingen‹. Da wir nun klar festgestellt haben, daß der Schreiber von La Rochelle sich irrte, als er ohne jede Referenz Johannas Ankunft in Chinon auf den 23. Februar und ihren Einzug in Orléans auf den 8. Mai legte, kann sich der Schreiber von Brabant ebensogut geirrt haben, als er – um nachträglich ein Wunder zu bezeugen – einen Brief, den er nie gelesen hatte, auf den 22. April datierte.

8. Wenn wir uns den chronologischen Verlauf vergegenwärtigen, erscheint es zweifelhaft, daß ein Ausspruch Johannas, den sie nicht eher machen konnte, bevor ihr nicht die Entscheidung des Kronrats, sie nach Orléans zu entsenden, bekannt war, d. h. sie konnte diesen Ausspruch nicht vor dem 13. April in Chinon getan haben, bereits am 21. April nach Lyon gelangt sein soll (am Tag vor der mutmaßlichen Absendung des Briefes von Rotslaer). Es sei denn, wir nehmen an, ein Sonderkurier habe die vierhundert Kilometer von Chinon nach Lyon in aller Eile zurückgelegt, um diesen Vorfall zu berichten. Das ist jedoch sehr unwahrscheinlich.

Zum Abschluß wollen wir noch einmal darauf hinweisen, daß alle anonymen, undatierten Texte ohne sichere Nachweise – was auch hier der Fall ist – für die strenge historische Kritik ohne jeden Wert sind. Ohne hier diesen strengen Maßstab anzulegen, können wir doch zumindest sagen, daß dieser Text der ›Schwarzen Register‹ dasselbe Niveau hat wie die zeitgenössischen Chroniken, deren Unzuverlässigkeit wir dauernd feststellen konnten, und daß dieser Bericht, der nach einem am 22. April 1429 zu Lyon geschriebenen Brief verfaßt wurde, eher falsch als wahr ist. Folglich ist es nicht möglich, die ›Schwarzen Register‹ von Brabant in dieser Frage ›als Grundlagen der Geschichte selbst‹ zu betrachten, auf denen Quicherat seine persönliche Auslegung aufbauen wollte.

ANHANG V

DIE FRANZÖSISCH-BURGUNDISCHE DIPLOMATIE IN DER ZEIT VON 1422 BIS 1435

Für das Bild einer historischen Persönlichkeit ist die Kenntnis der kollektiven Psychologie und der wesentlichen politischen Ereignisse ihrer Zeit notwendig. Johannas Ritt fand in der Zeit des Kampfes zwischen Armagnacs und Burgundern statt, der eine Folge des Mordes an Johann ohne Furcht auf der Brücke von Montereau im September 1419 war und erst durch den Vertrag von Arras im September 1435 beendet wurde. Es schien uns erforderlich, die diplomatischen Verhandlungen zwischen Frankreich und Burgund während dieser Zeit kurz darzustellen. Deren Kontinuität beweist deutlich, daß der Krönungszug im Sommer 1429 für ihre Beziehungen bedeutungslos blieb. Die folgende Dokumentation hat keinen Originalwert und wurde teilweise der ›Geschichte Karls VII.‹ von Beaucourt entnommen (vgl. Beaucourt im bibliographischen Anhang).

Nach der Ermordung von Johann ohne Furcht wurde der Vertrag von Troyes (20. Mai 1420) geschlossen, und in den Jahren 1420/21 kam es nur vereinzelt zu Feindseligkeiten zwischen Karl VII. und Philipp dem Guten. Erst nach dem Tod Heinrichs V. (31. August 1422) und Karls VI. (21. Oktober 1422) ergriff Papst Martin V. die Initiative und ernannte Ludwig, Herzog von Bar, zu seinem Legaten in Frankreich. Dieser hatte 1419 die Heirat seines Neffen und Nachfolgers René von Anjou, Sohn der Königin Yolande von Sizilien und Schwager Karls VII., mit der einzigen Tochter des Herzogs Karl II. von Lothringen vermittelt und war seitdem dem französischen Königshaus günstig gesonnen. Ludwig von Bar hatte den Auftrag, für einen allgemeinen Frieden zu wirken und die Steuerfreiheit, d. h. die weltlichen Vorrechte der Kirche in Frankreich zu sichern.

Überdies schrieb Martin V. in diesem Sinn an den Herzog Amadeus VIII. von Savoyen, die Herzöge von Bedford, von Burgund, der Bretagne, die Königin Yolande und an Karl VII. sowie verschiedene seiner Räte. Von diesem Zeitpunkt an bemühte sich Amadeus von Savoyen, der ein Onkel Philipps des Guten war, aber im Prinzip der Krone verbunden blieb, Karl VII. und Philipp den Guten zu versöhnen. Darum vermittelte er gegen Ende des Jahres 1422 zwischen den Vertretern dieser beiden Fürsten eine erste Zusammenkunft (B., II, 314ff.).

Januar 1423 (vom 7. bis 22.). Die Verhandlungen fanden in *Bourg-en-Bresse* statt. Die Gesandten der beiden Parteien finden noch keinen direkten Kontakt, und es wird keine Entscheidung getroffen; die Vertreter des Herzogs von Burgund geben jedoch, mit allen Vorbehalten, die Bedingungen für einen späteren Friedensschluß bekannt. Diese Bedingungen stellen gleichsam >den Schlüssel zu den Verhandlungen, die zwölf Jahre lang dauern sollten<, dar und betreffen folgende wichtige Punkte:

1. Karl VII. entschuldigt sich für den Mord von Montereau. 2. Er bestraft die an diesem Verbrechen Schuldigen. 3. Er richtet in Montereau eine ständige religiöse Stiftung ein. 4. Philipp erhält materielle und territoriale Entschädigungen. 5. Er selbst und seine Erben sind zu Lebzeiten Karls VII. von jeglicher Huldigung gegenüber dem König von Frankreich befreit.

Die Grundlagen der zukünftigen Verhandlungen legte Amadeus in einer Niederschrift vom 20. Januar fest, die jedoch von den Vertretern Philipps nicht angenommen wurde; er sah darin einen Waffenstillstand an den französisch-burgundischen Grenzen bis zum 15. Februar vor und danach ein neues Zusammentreffen im April (B., II, 323).

17. *April* 1423. *Vertrag von Amiens.* Bündnis und Konföderation zwischen den Herzögen von Burgund, Bretagne und Bedford. Ein geheimer Vertrag vom 18. zwischen den beiden ersteren sieht vor, daß, wenn sich einer von ihnen mit Karl VII. versöhnen sollte, das gegenwärtige Bündnis doch für ihn gültig bleibe. Somit hielt sich Philipp die Tür nach Frankreich offen (B., II, 333).

8. *April* 1424. Ankunft einer französischen Gesandtschaft in *Rom*, um Papst Martin V. anzuerkennen (B., II, 343).

18. *Mai* 1424. Vertrag von *Nantes* zwischen Frankreich und der Bretagne (im Vertrag von Amiens, am 17. April 1423, vorgesehene Möglichkeit), der den Frieden zwischen den beiden Ländern einleiten sollte. Durch einen Kunstgriff der Kanzlei werden in diesem Text die Angebote Karls VII. an Philipp den Guten festgelegt, obwohl der letztere an dieser Konvention nicht beteiligt war. (B., II, 354).

28. *September* 1424. Vertrag von *Chambéry*, der zwischen den Bevollmächtigten Karls VII. und Philipps des Guten unter dem Vorsitz von Amadeus von Savoyen geschlossen wird. Dieser Vertrag ist sehr wichtig. 1. Er ist der erste, den Karl VII. und Philipp ratifizierten. 2. Er bedeutet den Beginn eines >regionalen Waffenstillstands<, der bis zum Vertrag von Arras (1435) erneuert wird, und besagt, daß: a) der König nicht zulassen dürfe, daß man Herzogtum, Grafschaft und Länder von Burgund, von Nevers, dem Donziois, Charolais und Mâconnais angreife (die Grafschaft Auxerre, die Bedford unrechtmäßigerweise Philipp überlassen hatte, wird nicht erwähnt); b) Philipp seinerseits die Herzogtümer, Grafschaften, Baronien und Länder der französischen Krone respektieren solle, das Bourbonnais, Forez, Lyonnais, Beaujolais, Château-Chinon und Combrailles sowie den Teil des Mâconnais, der dem König gehöre; c) der Herzog Amadeus die Verantwortung für den Waffenstillstand trage und über alle diesbezüglichen Streitigkeiten eine unwiderrufliche Entscheidung treffen werde. Dieser Waffenstillstand befreite Karl VII. praktisch von der burgundischen Bedrohung im Rücken, südlich von Nevers. (B., II, 357).

Dezember 1424. Konferenz von *Mâcon* unter Vorsitz von Amadeus und in Gegenwart Philipps zwischen den bretonischen und französischen Abgeordneten. Dabei wurde die Heirat Karls von Burgund, der als französischer Gesandter teilnahm, mit Agnes von Burgund, der Schwester Philipps, beschlossen. (B., II, 319).

Januar 1425. Erste Konferenz von *Montluel* unter Vorsitz von Amadeus, bei der die französischen und bretonischen Gesandten sowie Richemont sich über vier Punkte einigen, die hauptsächlich die Leitung der königlichen Regierung durch die Herzöge von Savoyen und Bretagne sowie Richemonts Ernennung zum Konnetabel betreffen; dabei werden jedoch auch die vorangegangenen Besprechungen in Bourg-en-Bresse und Nantes über die Wiederherstellung des Friedens zwischen Frankreich und Burgund erwogen. (B., II, 82 u. 361).

30. *Januar* 1425. Amadeus von Savoyen verlängert den regionalen Waffenstillstand von Chambéry bis zum 25. Dezember 1425. (B., II, 361).

7. *März* 1425. Richemont empfängt in *Chinon* den Degen des Konnetabels, und die für die Ermordung von Johann ohne Furcht verantwortlichen Räte der Armagnacs werden vom Hof verjagt. (B., II, 84).

10. *Mai* 1425. Zweite Konferenz von *Montluel* zwischen den Gesandten Frankreichs und Burgunds unter dem Vorsitz von Amadeus. Dabei soll nur die eventuelle Heirat zwischen den beiden Töchtern Amadeus' mit dem Dauphin von Frankreich und dem ältesten Sohn des Herzogs von Bretagne zur Debatte gestanden haben. (B., II, 367).

7. *Oktober* 1425. Vertrag von *Saumur* zwischen Karl VII. und dem Herzog von Bretagne. Der König überläßt dem Bretonen fast seinen gesamten Machtbereich. Letzterer drückt den Wunsch aus, er solle sich bemühen, ›die Männer seines Blutes zu Gehorsam ihm gegenüber auf seine Seite zu bringen‹, vor allem den Herzog von Burgund, indem er sich dabei auf die Paragraphen stütze, die der Herzog von Savoyen im September 1424 zu Mâcon aufgestellt hatte, und die den Richtlinien von Nantes und Chambéry folgten: damit erklärte sich Karl VII. einverstanden. (B., II, 113).

Oktober 1425. Der Herzog von Bretagne teilt Philipp von Burgund die Ergebnisse des besagten Vertrags von Saumur mit und besteht dabei auf dem allgemeinen Wunsch, Karl VII. und Philipp versöhnt zu sehen, indem er eine neue Zusammenkunft vorschlägt, der Amadeus von Savoyen beiwohnen sollte. (B., II, 369–370).

2. *Dezember* 1425. Amadeus, der ›stets um den Vorteil beider Parteien besorgt war und auf einen guten Frieden zwischen ihnen hin arbeitete‹, verlängert zu *Thonon* den regionalen Waffenstillstand bis zum 2. Februar 1426. (B., II, 370).

25. *Dezember* 1425. Der Herzog von Bretagne schreibt an Philipp und fleht ihn noch einmal ›um der Ehre Gottes willen und um Blutvergießen zu verhüten‹ an, seinem Ruf zu folgen und mit dem König so bald wie möglich Frieden zu schließen. (B., II, 371).

28. *Januar* 1426. Dritte Konferenz von *Montluel* zwischen Georges de la Trémoille (Frankreich) und dem Marschall von Toulongeon (Burgund) unter dem Vorsitz von Amadeus. Davon ist nur bekannt, daß die Parteien übereinkamen, den regionalen Waffenstillstand bis zum 31. Mai zu verlängern und Amadeus (was schon vorgesehen war) zu autorisieren, ihn bis Weihnachten hinzuziehen. Das führte er auch später aus. (B., II, 372).

8. *April* 1426. Feststellen läßt sich nur die Anwesenheit von Gesandten Karls VII. bei Philipp in Brügge. Weitere Informationen fehlen. (B., II, 374).

6. *Dezember* 1426. Amadeus verlängert den regionalen Waffenstillstand bis zum 24. Juni 1427. (B., II, 384).

Dezember/Januar 1427. Gesandtschaft aus der Bretagne bei Philipp, um Friedensverhandlungen zu führen. (B., II, 382).

Januar 1427. Konferenz in *Paray-le-Monial*, danach in Moulins, zwischen den französischen und burgundischen Gesandten unter dem Vorsitz von Amadeus; sie führt jedoch zu keinen positiven Resultaten. Man übergibt den Burgundern ›Denkschriften‹, in denen der allgemeine Friedenswille dargelegt wird und weiterhin, daß Karl VII. die Mörder von Johann ohne Furcht von der Amnestie ausgeschlossen und sich in diesem Punkt dem Schiedsspruch der Herzöge von Bretagne und Savoyen unterworfen hat, und daß somit jetzt alles vom Herzog von Burgund abhängt. (B., II, 383–385).

3. *Februar* 1427. Unterhandlungen in *Tournai* zwischen den Gesandten Frankreichs und dem Kanzler von Bretagne mit Philipp. (B., II, 387).

2. *März* 1427. Philipp bevollmächtigt Amadeus, den regionalen Waffenstillstand zu verlängern. (B., II, 388).

Juni und August 1427. Amadeus verlängert den Waffenstillstand bis Weihnachten 1427. (B., II, 389).

2. *Juli* 1427. La Trémoille wird Erster Minister und vertreibt den Konnetabel Richemont vom Hof. (B. II, 148f.).

8. *September* 1427. Wegen der Entlassung Richemonts bricht der Herzog von Bretagne, sein Bruder, den Vertrag von Saumur und verbündet sich mit den Engländern. (B., II, 389).

10. *November* 1427. Amadeus verlängert den regionalen Waffenstillstand in Gegenwart der französischen und burgundischen Gesandten bis zum 28. Juni 1428. (B., II, 389).

22. *Mai* 1428. Vor denselben Gesandten verlängert Amadeus den Waffenstillstand bis zum 1. November 1428. Im Protokoll wird vorgesehen, daß dieser Waffenstillstand noch bis zum 1. November 1431 dauern könnte, wenn er vor dem 28. September 1428 ratifiziert würde. Wir sind nur im Besitz von Philipps Ratifikation, die am 14. September 1428 zu Mons erfolgte. (Vgl.: S. Luce, Jeanne d'Arc à Domremy, 226). (B., II, 389).

17. *April* 1429. Aufgrund einer Verstimmung zwischen Bedford und Philipp zieht letzterer seine Truppen von der Belagerung Orléans' zurück. (›Tagebuch der Belagerung‹, dasselbe Datum).

Juni 1429. Auf Philipps Wunsch schickt Amadeus von neuem Gesandte nach Frankreich und Burgund, um dort neue Friedensverhandlungen einzuleiten. (B., II, 400–401).

23. *Juni* 1429. Über die Grafschaften Valentinois und Diois wird zwischen Frankreich und Savoyen eine besondere Konvention unterzeichnet. (B. II, ebd.).

30. *Juni* 1429. Der Rat von Burgund schickt Boten zu La Trémoille nach Jargeau und Beaugency, um zu erfahren, »ob der Dauphin die Absicht habe und gewillt sei, das Waffenstillstandsabkommen, das sowohl von ihm als auch von unserem besagten

Herrn unterzeichnet worden sei, einzuhalten, und auch um sich über die Absichten des besagten Dauphins zu informieren.« (B., II, 400–401, Anm. 4).

Ende Juni 1429. In einem von Johanna unterzeichneten Brief wird der Herzog von Burgund zur Krönung des Königs nach Reims eingeladen. (Procès, V, 126).

5. *Juli* 1429. Der Rat von Burgund schickt zu La Trémoille nach Auxerre abermals einen Boten, »um ihm Verschiedenes darzulegen und um ihn bei der Ehre meines besagten Herrn (Philipp) und seiner Untertanen um die Gewährung dieser Wünsche zu bitten.« (B., II, 401, Anm. 5).

10. *Juli* 1429. Ankunft des Herzogs von Burgund in *Paris*, der mit Bedford an einer Zeremonie teilnimmt, durch die der Mord an Johann ohne Furcht in Erinnerung gebracht und das Volk aufgefordert wird, den beiden Herzögen, ›die bei ihrem Glauben gelobten, die gute Stadt Paris zu verteidigen‹, die Treue zu schwören. (›Le Bourgeois de Paris‹, Ed. Jonquières, 219, 220).

Juli 1429. Philipp verpflichtet sich, für die Engländer eine Armee zur Verstärkung aufzustellen, und erhält den Betrag von 40 000 Pfund in Bargeld und Juwelen. (B., II, 403, Anm. 1).

16. *Juli* 1429. Jean de Villeneuve, einer der burgundischen Gesandten am französischen Hof, verläßt Dijon, »um schnell von besagtem Ort Dijon zu meinem Herrn, dem Herzog (der sich in Laon befand), zu gehen und ihm verschiedene Dinge darzulegen, die ihm besagter Dauphin und La Trémoille mündlich mitgeteilt hatten . . . und um von dort den besagten Herren, dem Marschall und den Räten (von Dijon) den Wunsch und Willen meines besagten Herrn (Philipp) zu überbringen.« (B., II, 402).

17. *Juli* 1429. Drei angevinische Herren schreiben von Reims aus an die Schwiegermutter und an die Frau Karls VII., man sage, daß »der Herzog von Burgund dort (in Paris) gewesen und dann nach Laon zurückgekehrt sei, von wo er jetzt hergekommen ist. Gleich nach seiner Ankunft in dieser Stadt hat er zum König geschickt. Zu dieser Stunde hoffen wir, daß es vor ihrer Abreise zu einem guten Vertrag kommen wird.« (Procès, V, 130).

17. *Juli* 1429. Ein langer, von Johanna unterzeichneter Brief wird an den Herzog von Burgund gesandt, der darin gebeten wird, ›mit dem König von Frankreich einen guten und festen, langdauernden Frieden zu schließen‹. (Procès, V, 126).

5. *August* 1429. Brief mit Unterschrift Johannas an die Reimser, der besagt, »daß der König mit dem Herzog von Burgund einen fünfzehntägigen Waffenstillstand geschlossen hat, und daß er (der Herzog) ihm die Stadt Paris nach Ablauf der fünfzehn Tage kampflos übergeben wird.« (Procès, V, 139).

13. *August* 1429. Bedford ernennt den Herzog von Burgund zum Statthalter von Paris (B., II, 408).

16. *August* 1429. Eine französische Gesandtschaft, die sich unter Führung des Kanzlers Regnault de Chartres seit einigen Tagen in *Arras*, wo sich auch der Herzog von Burgund aufhält, befindet, übergibt ihm, nachdem sie ihn um eine Audienz gebeten hatte, die von den Gesandten aus Savoyen aufgezeichneten Vorschläge der königlichen Regierung und die Bedingungen, die Amadeus für eine Übereinstimmung als günstig angesehen hat.

Die Gesandten Bedfords und die Herzogin selbst, eine Schwester Philipps, befanden sich in Arras, um den Burgunder zu bedrängen, sich nicht von der englischen Partei zu lösen. Im Anschluß an diese Vorverhandlungen begab sich eine burgundische Gesandtschaft unter Jean de Luxembourgs Führung zu Karl VII. nach *Compiègne*. (B., II, 404ff.).

Am 27. antwortete Karl VII. den Gesandten von Savoyen und Burgund in einer Versammlung, wo er unter anderem durch La Trémoille, Regnault de Chartres, die Grafen von Clermont und Vendôme, Dunois, Robert le Maçon, Gaucourt, René d'Anjou vertreten war, mit einer Denkschrift, in der auf alle Angebote vom 16. August eingegangen wurde und die vom König akzeptierten Lösungen präzisiert wurden.

1. Er wies auf die Nachteile hin, die Philipps Forderung nach einer Verurteilung und Bestrafung der Anstifter des Mordes von Montereau mit sich brachte, versprach jedoch, bei Friedensschluß dem Herzog Genugtuung zu geben. 2. Was die religiösen Stiftungen betraf, die in Montereau zur Ruhe der Seele von Johann ohne Furcht eingerichtet werden sollten, so unterwarf er sich den Vereinbarungen, die zwischen Amadeus und Jean de Luxembourg getroffen worden waren. 3. Zur materiellen Wiedergutmachung bot er fünfzigtausend Golddukaten und die Kette von Johann ohne Furcht. 4. Er willigte ein, die Grafschaften Auxerre und Mâcon und die Burgvogteien Péronne, Montdidier und Ruze sowie die von Bar-sur-Seine als Apanage abzutreten, ohne jedoch die Rechte der Krone aufzugeben. 5. Den Fürsten erließ er die Schulden. 6. Er akzeptierte, daß ihm der Herzog zu Lebzeiten keine Huldigung darbrachte und erst nach seinem Tod seinem Sohn gegenüber wieder dazu verpflichtet war. Die Vasallen des Herzogs konnten nur zu einem außergewöhnlichen Krieg berufen werden (d. h. nicht gegen die Engländer). 7. Er willigte ein, die den Dienern Johanns ohne Furcht zu Montereau geraubten Wertgegenstände zurückzugeben. 8. Er verzichtete darauf, Gebiete und Erbschaften wiederzuerlangen. 9. Er willigte bis auf Stellung von Geiseln ein, die für die Erhaltung des Friedens geforderten Sicherheiten zu gewähren. 10. Er akzeptierte einen Waffenstillstand zwischen ihm und dem Herzog für alle ihre Untertanen und Gebiete; er erbot sich außerdem, mit den Engländern bis Weihnachten einen Waffenstillstand zu schließen, der alle Länder nördlich der Seine von Nogent-sur-Seine bis Harfleur betraf. Wenn die Engländer über einen Frieden verhandeln wollten, sollten sie »den Herzog von Orléans, den Herzog von Bourbon und den Grafen von Eu vor dem 30. November nach Frankreich bringen, damit in ihrer Gegenwart diskutiert werden könne.« Und endlich verlangte der König, daß der Herzog nun endgültig und zum letzten Mal alle die nennen sollte, die er verdächtigte an der Ermordung seines Vaters mitbeteiligt gewesen zu sein.

Für einen siegreichen König wären das zu versöhnliche Bedingungen gewesen. Sie bezeugen vor allem, daß das Hauptziel der eingeleiteten Verhandlungen, wie das aller Verhandlungen seit sieben Jahren, darin bestand, ausschließlich auf Kosten der Krone zu einem endgültigen Frieden mit dem Herzog von Burgund zu gelangen. (B., II, 408, 409).

28. *August* 1429. Am Tag nach der Übergabe des königlichen Schreibens begnügt man sich in *Compiègne* damit, einen Waffenstillstand zu verkünden, der dem

regionalen Waffenstillstand, den Amadeus 1424 verlängert hatte, übergeordnet war. (Revue de Normandie, Bd. IV, 30. Juni 1866. Vgl. Morosini, IV, 336 ff.).

1. Der Waffenstillstand zwischen dem König und dem Herzog von Burgund war bis zum 25. Dezember 1429 gültig; dem König von England stand es frei, sich später anzuschließen. 2. Er erstreckte sich auf das gesamte Gebiet nördlich der Seine von Nogent-sur-Seine bis Harfleur und schloß außerdem ungefähr fünfzehn Städte der Pikardie ein, die der französischen Partei günstig gesinnt waren. 3. Paris wurde vom Waffenstillstand ausgeschlossen; der Herzog von Burgund wurde jedoch ermächtigt, die Stadt gegen jeden Angriff des Königs von Frankreich zu verteidigen. 4. Außerdem waren die Festungen und Städte, die ›einen Seineübergang‹ boten, ausgeschlossen; für sie wurde der Kriegszustand beibehalten (d. h. der König verfügte nur über die Übergänge von Troyes und von Bray-sur-Seine, (zweiundzwanzig Kilometer östlich von Provins).

Bei diesem Waffenstillstand wurde die französische Regierung betrogen, denn: a) sie konnte keine der nördlich der Seine gelegenen Städte mehr unterwerfen; b) der Herzog von Burgund konnte den Engländern zu Hilfe eilen, wenn der König Paris angriff; c) der französischen Armee blieb für einen eventuellen Rückzug nur der Seineübergang von Bray (Revue de Normandie, Bd. III, 30. Juni 1866 und Morosini, IV, 336 ff.).

8. *September* 1429. Erfolgloser Angriff der königlichen Armee auf Paris.

13. *September* 1429. Karl VII. verläßt an der Spitze seiner Armee St. Denis und zieht sich zur Loire zurück. Vor seinem Abzug schreibt er den Reimsern einen Brief und gibt ihnen bekannt: 1. daß er mit dem Herzog von Burgund bis Weihnachten einen Waffenstillstand abgeschlossen hat; 2. daß er sich mit der Absicht, eine größere Armee aufzustellen, in das Gebiet südlich der Seine zurückzieht; 3. daß er den Grafen von Clermont zu seinem Generalstatthalter für die Länder nördlich der Seine ernannt hat und daß die Grafen von Vendôme und Christophe d'Harcourt ihm zur Seite stehen. (B., III, 511).

18. *September* 1429. Ein – unter Vorsitz des Grafen von Clermont – zu Senlis unterzeichnetes Abkommen des Kronrats schließt in die Waffenstillstandszone ein: Paris, die Brücke St. Cloud, die Stadt St. Denis, die Brücke von Charenton und das Schloß von Vincennes. Das bedeutet den Verzicht auf einen neuen Angriff gegen Paris. (B., II, 411, Anm. 2 – Morosini, IV, 342 f.).

26. *September* 1429. Der Herzog von Burgund kommt ›mit zahlreicher edler Begleitung‹ in Paris an. (›Le Bourgeois de Paris‹, Ed. Jonquières 224).

10. *Oktober* 1429. Konferenz von *St. Denis* zwischen Regnault de Chartres für Karl VII., dem Kardinal von Winchester für Bedford und Jean de Luxembourg für Philipp den Guten. Man beschloß, eine Versammlung zum 1. April 1430 in Auxerre zwischen den Vertretern der drei Parteien unter Vorsitz von Amadeus und mit Vermittlung der durch den Papst ernannten Kardinäle einzuberufen (B., II, 412, 413).

13. *Oktober* 1429. Bedford überträgt Philipp die Statthalterschaft von Paris und überläßt ihm die Verwaltung der Bezirke Chartres, Melun, Sens, Troyes, Chaumont, St. Jaugon, Vermandois, Amiens, St. Amand und Ponthieu mit allen Vollmachten (B., II, 35, Anm. 2).

15. *Oktober* 1429. Philipp der Gute schreibt an den Herzog von Savoyen, um ihn zu bitten, persönlich nach Auxerre zu kommen. (B., II, 401 u. 413, Anm. 1).

20. *Oktober* 1429. Der Graf von Clermont gibt den burgundischen Gesandten in Montdidier bekannt, daß er bereit sei, Compiègne dem Herzog von Burgund zu übergeben (B., II, 414, Anm. 1).

18. *Dezember* 1429. Der allgemeine Waffenstillstand wird bis zum 25. Januar 1430 verlängert, danach bis zum 15. März, vielleicht sogar bis zum 15. April (Morosini, IV, 346, Anm. 1 und 2).

16. *Januar* 1430. Amadeus verlängert den alten regionalen Waffenstillstand um drei Jahre (B., II, 419).

8. *März* 1430. Bedford übergibt dem Herzog von Burgund die Grafschaften Champagne und Brie (B., II, 418).

27. *März* 1430. Amadeus teilt Karl VII. mit, daß der Herzog von Burgund nicht zu der für den 1. April vorgesehenen Konferenz von Auxerre kommen wird. (B., II, 419).

6. *Mai* 1430. Der Bericht seines Rates über die Gebiete nördlich der Seine und über die Kriegsvorbereitungen Philipps veranlassen Karl VII., in Compiègne ein Manifest zu veröffentlichen, das den Abbruch der Beziehungen zwischen ihm und dem Herzog von Burgund bekanntgibt. (B., II, 423).

25. *Mai* 1430. Philipp schreibt an den Herzog von Savoyen, um die Verzögerung der Konferenz von Auxerre zu begründen und ihm die Gefangennahme Jeanne d'Arcs bekanntzugeben. (B., II, 420, 421).

8. *September* 1431. Da der Feldzug von 1430 für ihn ungünstig verlaufen war, hatte Philipp seit April 1431 neue Beziehungen zu Karl VII. aufgenommen. In *Chinon* gelangte man – ohne die übliche Vermittlung durch Amadeus von Savoyen – zu einem direkten Übereinkommen, das einen zweijährigen Waffenstillstand für die an die Champagne und Burgund angrenzenden Nachbarländer vorsah. (B., II, 439).

1. *Oktober* 1431. Karl VII. bevollmächtigt Regnault de Chartres, Christophe d'Harcourt und Adam de Cambrai, mit dem Herzog von Burgund über einen endgültigen Friedensvertrag zu verhandeln. (B., II, 440).

13. *Dezember* 1431. Diese Verhandlungen führten zum Vertrag von *Lille*, der zwischen Philipp und den Gesandten Karls VII. unterzeichnet wurde und zum ersten Mal einen sechsjährigen Waffenstillstand festsetzt, der für alle Besitzungen der beiden Fürsten gültig ist. (B., II, 442).

17. *April* 1432. La Trémoille und Regnault de Chartres kommen in *Dijon* an, und man vereinbart die nächste ›Tagung‹ für den 8. Juli in Auxerre, an der englische Gesandte und der Kardinal von Ste-Croix, Legat des Papstes, teilnehmen sollen. (B., II, 445).

30. *Juli* 1432. Die Gesandten Frankreichs kommen in *Semur* an, wo beschlossen wird, die ›Tagung‹ auf den 31. Oktober in Auxerre zu verlegen, da die Engländer nicht erschienen waren. Der Kardinal von Ste-Croix erklärt, daß, wenn die Engländer schließlich doch nicht kommen sollten, zwischen Karl VII. und dem Herzog von Burgund ein Sonderfriede geschlossen werden soll. (B., II, 446, 447).

27. *November* 1432. Nach mehreren Verzögerungen kamen die Gesandten Frankreichs, Burgunds, Englands und der Bretagne unter Vorsitz des Kardinals von Ste-Croix in *Auxerre* zusammen. Das einzige Ergebnis war die Vertagung der Konferenz auf den 21. März 1433 (B., II, 451).

Januar 1433. Wiederaufnahme der Feindseligkeiten in der Champagne und in Burgund (B., II, 461).

21. *März* 1433. Konferenz von *Seine-Port* zwischen denselben Teilnehmern. Ohne Ergebnis. (B., II, 453).

Juli 1433. Konferenz von *Corbeil* zwischen denselben Beteiligten. Ohne Ergebnis. (B., II, 454).

August 1433. Der Herzog von Bretagne schickt Gesandte nach England, die dort allgemeine Friedensverhandlungen führen sollen. (B., II, 463).

Sommer 1433. Das Konzil von *Basel* beschäftigt sich mit den Friedensaussichten unter den christlichen Fürsten. (B., II, 475).

5. *Dezember* 1433. Kaiser Sigismund setzt sich anläßlich des Konzils für einen allgemeinen Frieden ein und kritisiert öffentlich die ehrgeizigen Bestrebungen des Herzogs von Burgund. (B., II, 480).

Februar 1434. Am 12. Februar 1434 fanden zu Chambéry anläßlich der Hochzeit des ältesten Sohnes von Amadeus mit Anna von Zypern große Feierlichkeiten statt. Unter anderen befanden sich dort: der Herzog von Burgund und René von Anjou, Herzog von Bar, in Begleitung der Abgesandten des Königs von Frankreich. Amadeus nahm die Gelegenheit wahr, zwischen Frankreich und Burgund neue Verhandlungen anzuknüpfen. (B., II, 506).

21. *Juni* 1434. Kaiser Sigismund gibt ein Manifest heraus, in dem er erklärt, der Herzog von Burgund, Vasall des Heiligen Reiches habe die kaiserliche Majestät verachtet und Fürstentümer des Kaiserreichs widerrechtlich in seinen Besitz gebracht. Darum wolle er ihn zu Pflicht und Ehre zurückführen und verbünde sich mit dem König von Frankreich. Ein bedeutendes diplomatisches Ereignis, das der entscheidende Anlaß zum Frieden von Arras war, der ein Jahr später zwischen Karl VII. und Philipp geschlossen wurde. (B., II, 482).

Dezember 1434. Nach den durch Schriftstücke und Kuriere zwischen Philipp und seinem Schwager Richemont eingeleiteten Verhandlungen wurde ein Treffen der französischen und burgundischen Gesandten für Anfang 1435 festgelegt. (B., II, 513, 514).

6. *Februar* 1435. Dieses Treffen fand in *Nevers* statt. Auf französischer Seite: Regnault de Chartres, Christophe d'Harcourt, der Marschall de La Fayette und Richemont. Auf burgundischer Seite: Philipp und der Graf von Nevers mit zahlreichem Gefolge. Die Verhandlungen begannen am 16. Januar und führten am 6. Februar zur Unterzeichnung eines Präliminarfriedens, >um zum Abschluß eines allgemeinen und endgültigen Friedens zu gelangen<. Der Herzog von Burgund erklärte, daß er seinerseits, wenn der König von England die ihm gemachten >vernünftigen Angebote< nicht annehmen wolle, alles tun werde, was in seiner Macht stehe, >um dem Königreich Frieden zu bringen<, und daß er sich so einsetzen würde, >daß ein jeder klar erkennen könne, daß er genug tun werde<. Und endlich

wurde für den 1. Juli 1435 eine >Tagung< in Arras festgesetzt, zu der der König von England berufen wurde. Karl und der Herzog von Burgund baten den Papst, die Kardinäle von Ste-Croix und von Arles als Vermittler dorthin zu entsenden. (B., II, 514, 518).

August–September 1435. Nach dem Eintreffen aller Gesandten wurde die >Tagung< von Arras am 5. August eröffnet. Die französische Gesandtschaft bestand aus: Regnault de Chartres, dem Konnetabel Richemont, dem Herzog von Bourbon, dem Grafen von Vendôme, Christophe d'Harcourt, dem Marschall de La Fayette und anderen Herren mit einem Gefolge von tausend Reitern. Der Herzog von Burgund war mit seinem Kanzler Nicolas Robin anwesend sowie dem Herzog von Geldern und zahlreichen Bischöfen und Herren. Die englische Gesandtschaft wurde vom Erzbischof von York und dem Grafen von Suffolk angeführt, die von sehr vielen Edelleuten und Prälaten, unter ihnen Pierre Cauchon, Bischof von Lisieux (Johannas Richter in Rouen) begleitet wurden. Der Kardinal von Winchester schloß sich ihnen am 23. August an. Nach erfolglosen Vorverhandlungen zwischen Engländern und Franzosen verabschiedeten sich die englischen Gesandten vom Herzog von Burgund und verließen Arras am 6. September, um angeblich Instruktionen ihrer Regierung einzuholen: in Wahrheit jedoch, weil es für sie keinen Ausweg gab.

Fünf Tage später, am 11. September, begannen im Beisein der beiden Legaten des Papstes, die Verhandlungen für einen Sonderfrieden zwischen Frankreich und Burgund. Am 21. September kam der Friede von Arras zustande, dessen Bedingungen zu einer endgültigen Versöhnung zwischen Karl VII. und Philipp dem Guten führten. Der König gewährte dem Herzog alle moralischen und materiellen Genugtuungen, die er bereits angeboten hatte, verpflichtete sich, den Herzog zu unterstützen, wenn die Engländer wegen des gegenwärtigen Vertrags mit ihm Krieg führen wollten, und verzichtete auf das Bündnis, das er mit dem Kaiser von Deutschland gegen ihn abgeschlossen hatte.

Das war das Ende des Streites zwischen Armagnacs und Burgundern, der von 1419 bis 1435, also sechzehn Jahre lang, die Aufgabe der königlichen Regierung, die bereits gegen die englische Invasion ankämpfen mußte, so sehr erschwert hatte.

QUELLEN

Alle bekannten Texte, Manuskripte oder gedruckte Schriften, des 15. und selbst des beginnenden 16. Jahrhunderts über Johanna gelangten erst seit dem 19. Jahrhundert zur Veröffentlichung. Es genügt, an die Texte zu erinnern, die in folgenden Sammlungen erschienen: Petitot (1819–1829), Buchon (1824–1929), Michaud und Poujoulat (1836–1839). Von 1841 bis 1849 sammelte Quicherat alle die damals bekannten, Johanna betreffenden Dokumente, in einem bedeutenden Werk, das die wesentliche Grundlage für die johannische Forschung ist. Später vervollständigten Quicherat und andere Gelehrte diese bedeutsame Sammlung durch die Veröffentlichung neuer Texte, von denen einige uninteressant sind und die alle nur wenig ergiebiges Material enthalten. Wer sich darum auf die wesentlichen johannischen Dokumente beschränken will, die selbst in Auszügen noch brauchbar sind, kann die >Quellen< der Geschichte Jeanne d'Arcs, die jetzt leicht zugänglich sind, in folgenden Veröffentlichungen finden:

J. Quicherat, >*Procès de condamnation et de réhabilitation de Jeanne d'Arc* . . . Mit einem Anhang aller erreichbaren historischen Dokumente, mit Notizen und Erklärungen<. Paris, S. Renouard et Co. 1841–1849, 5 Bde. (Soc. de l'histoire de France).

Dieses Werk umfaßt: Bd. I: den Verurteilungsprozeß von Rouen (1431); Bd. II und III: den Rehabilitationsprozeß (1450–1456), mit einem Anhang verschiedener Meinungen und Denkschriften, die zu Lebzeiten Johannas außergerichtlich veröffentlicht wurden; Bd. IV: die französischen, burgundischen und ausländischen Chronisten des 15. Jahrhunderts sowie verschiedene >indirekte Zeugenaussagen<; Bd. V: die Dichter des 15. Jahrhunderts; Johannas Briefe; amtliche Akten und verschiedene Schriften aus den Rechnungsbüchern; die Dokumente, die die Wiederaufnahme des Festes vom 8. Mai in Orléans betreffen; die Texte über die >dame des Armoises<, die falsche Jeanne d'Arc; Anmerkungen über die Manuskripte und die Herausgabe der Akten beider Prozesse. Der letzte Band schließt mit einem allgemeinen, außergewöhnlich vollständigen und praktischen Register.

J. Quicherat, >*Relation inédite sur Jeanne d'Arc*< (Rev. historique, IV. (1877) 329 bis 344).

Zeitgenössische Zusammenfassung der Johanna betreffenden Ereignisse von Chinon bis Rouen durch den Gerichtsschreiber des Rathauses von La Rochelle, wiedergegeben nach einer Abschrift des 16. Jahrhunderts.

J. Quicherat, ›*Supplément aux témoignages contemporains sur Jeanne d'Arc*‹ (Rev. historique (1882), XIX, S. 60–83).

Analyse einer flämischen Chronik und Fragmente der burgundischen Chronik, der Chronik der ›Cordeliers‹.

J. Quicherat, ›*Nouvelles preuves des trahisons essuyées par la Pucelle*‹ (Rev. de Normandie IV (1866) S. 396–401).

Die Texte des französisch-burgundischen Waffenstillstands vom 28. August 1429 und eines späteren königlichen Erlasses vom 18. September 1429. Quicherat legt sie in tendenziöser Weise aus.

J. Quicherat, ›*Lettre de Jacques de Bourbon à Guillaume de Champeaux*‹ (Bull. du comité historique et philologique, 1892, S. 56–65).

Bericht vom 24. Juli 1429 über die Schlacht von Patay und über den Einzug in Reims.

J. Quicherat, ›*Histoire de Charles VII et de Louis XI*‹ par Thomas Basin. Paris 1855–1859, 4 Bde. (Soc. de l'histoire de France).

Thomas Basin (1412–1491), ehemaliger Bischof von Lisieux, faßte 1471–1473 den Teil des Werkes ab, der die Regierungszeit Karls VII. betrifft. Er stützte sich dabei auf die burgundische Chronik Monstrelets.

L. Delisle, ›*Nouveau témoignage sur la mission de Jeanne d'Arc*‹ (Biblioth. de l'École des Chartres, XLVI, S. 649–668). Vgl. Quicherat (Revue Historique XLVI, (1885), S. 649ff.).

Anmerkung zu Johanna, die ein französischer Geistlicher im Sommer 1429 einer Kopie des ›Breviarium historiale‹, dessen Autor er war, hinzufügte.

L. Delisle, ›*Notes de Nicolas de Sauvigni*, avocat parisien du XVe siècle sur les exploits de Jeanne d'Arc et sur divers evénéments de son temps‹ (Bull. de la Soc. de l'histoire de Paris, I. (1874) S. 42–44).

G. Lefèvre-Pontalis et L. Dorez, ›*Chronique d'Antonio Morosini*‹. Paris, Libr. Renouard 1898–1902, 4 Bde. (Soc. de l'Histoire de France).

Auszüge der von einem Mitglied einer Dogenfamilie abgefaßten venezianischen Chronik, die französische Ereignisse betreffen. Der 3. Band umfaßt die johannische Epoche und enthält Nachrichten, die durch Briefe aus Flandern, Frankreich und Italien in der Zeit von 1429 bis 1433 nach Venedig gelangt waren. Sie enthalten viele falsche oder legendäre Auskünfte, geben aber auch nützliche Hinweise über die Aufnahme dieser Ereignisse in der französischen und europäischen Öffentlichkeit. In seinen Kommentaren im 3. Band und seinen Anmerkungen im Anhang des 4. Bandes hat G. Lefèvre-Pontalis eine sorgfältige Auswahl der johannischen Quellen vorgenommen. Leider ließ er sich bei der Auswertung oftmals vom Gefühl leiten.

G. Lefèvre-Pontalis, ›*Les sources allemandes de l'histoire de Jeanne d'Arc*‹. Paris, Fontemoing 1903.

Auszüge aus einer zeitgenössischen biographischen Denkschrift des Kaisers Sigismund (1411–1437), abgefaßt von Eberhard Windecke, der in seinen Diensten stand. Quicherat hatte bereits einen Teil dieser Texte veröffentlicht, die, wie die ›Chronik von Morosini‹, geringen historischen Wert haben, jedoch vom psychologischen Standpunkt aus ebenso interessant sind und außerdem sehr wichtige Dokumente wiedergeben. G. Lefèvre-Pontalis' Kommentare und allgemeine Betrachtungen sind in diesem Zusammenhang ebenfalls sehr interessant.

›*Lettre de Charles VII au conseil delphinal*‹ (Bull. de l'Académie delphinale, 1847, II, 459).

Nachricht des Königs an seine Untertanen in der Dauphiné über die Einnahme von Beaugency und den Sieg von Patay.

Loiseleur, ›*Compte des dépenses faites par Charles VII pour secourir Orléans pendant le siège de 1428*‹ (Mémoires de la Soc. archéologique de l'Orléanais, XI, 1868, S. 1–209 und 537–538).

Charpentier und Cuissard, ›*Journal du siège d'Orléans* 1428–1429, augmenté de plusieurs documents‹. Orléans, Herluison 1896.

Das ›Tagebuch der Belagerung‹ war schon von Quicherat veröffentlicht worden. Das Neue an diesem Werk besteht in den Auszügen aus den Rechnungsbüchern und einem Brief Karls VII., die im Anhang wiedergegeben werden. Das Vorwort hat keinen kritischen Wert.

L. Jarry, ›*Le compte de l'armée anglaise au siège d'Orléans 1428–1429*‹ (Mémoires de la Soc. archéologique de l'Orléanais, XXIII, 1892, S. 433–672).

Dumuys, ›*Documents relatifs au siège d'Orléans et à la délivrance de Beaugency et de Jargeau*‹ (Bull. de la Soc. archéologique de l'Orléanais. IX, 32–37).

Erwähnung der Hilfstruppen, die von Poitiers nach Orléans geschickt wurden, und Mitteilungen über Johannas Erfolg.

Denifle und Chatelain, ›*Chartularium et Auctarium Universitatis Parisiensis*‹. Paris, Delalain 1890–1905, 6 Bde.

Der 4. Band, Nr. 2369–2390, enthält Schriftstücke, die es ermöglichen, die Rolle der Pariser Universität beim Prozeß in Rouen zu bewerten.

Das sind die ältesten Texte, die Johanna erwähnen oder Angaben über sie enthalten. Die Herausgeber haben bei der Edition die äußere Kritik, d. h. die Wiederherstellung der Texte und die Erforschung ihrer Provenienz solide durchgeführt, obgleich sich Textkorrekturen – vor allem bei Quicherat – vermuten lassen, die Anlaß zur Kritik geben könnten. Die technischen Grenzen dieser vorbereitenden Arbeit haben sie hingegen nicht überschritten; auf dem wichtigsten Gebiet der inneren Kritik, die sich bemüht, die Semantik, die subjektive Wahrheit und objektive Genauigkeit der Dokumente festzustellen, haben sie nicht gearbeitet. Eine echte kritische Ausgabe der johannischen Quellen gibt es nicht, und alle, die die Quellen benutzen wollen, sind auf ihr eigenes Urteilsvermögen angewiesen. Wenn qualifizierte Historiker der mittelalterlichen Geschichte Johannas historische Rolle in ihren Einzelheiten studiert hätten, so hätte sie diese Arbeit zweifellos zu einer kritischen Auswahl des Wesentlichen geführt. Wir haben jedoch bereits festgestellt, daß dies nicht der Fall war, und soviel wir wissen, hat nur ein einziger Autor, A. France, im Vorwort seines Buches ›Vie de Jeanne d'Arc‹ einige allgemeine, unvollständige, aber recht zutreffende Bemerkungen über den Wert der Quellen gemacht; Bemerkungen, nach denen er selbst sich jedoch oft nicht richtete, wenn er die Quellen benutzte.

Jeder Historiker, der über Johanna schreibt, muß nach dem Studium der Quellen über die Quellen hinausgelangen, dem Milieu und den Umständen, aus denen sie stammen, Rechnung tragen und sich bemühen, ihren jeweiligen Aussagewert festzustellen. Dies ist der wichtigste und auch schwierigste Teil seiner Arbeit Sie besteht aus zwei aufeinanderfolgenden Aufgaben: 1. Eine Gesamtübersicht' die die Dokumente verschiedenen Gruppen zuordnet; 2. Individuelle Nachprüfung jeder Einzelheit. Dies kann praktisch nur in einer textkritischen Ausgabe erreicht werden (das war nicht unser Ziel) oder in einer diskursiven Darstellung der Tatsachen, zu der wir im Verlauf unserer Arbeit gelangt sind. Wir beschränken uns hier also auf allgemeine Überlegungen, die sich ergaben, als wir die Quellen kritisch nach ihrer Herkunft klassifizierten.

1. Texte aus Archiven und Rechnungsbüchern

Diese Gruppe betrifft Texte mit amtlichem Charakter, wie z.B. die Schriftstücke aus der königlichen Kanzlei oder aus Stadt- oder anderen Archiven. Sie sind die glaubwürdigsten. Ihre objektive Genauigkeit ist nur dann anzuzweifeln, wenn sie eine Beurteilung der Tatsachen enthalten. Leider sind sie nicht sehr zahlreich, und es ist erstaunlich, daß sich in den vielen Urkunden aus der Regierungszeit Karls VII., die uns überliefert wurden, nur wenige Angaben über Johanna befinden. Alle Historiker bedauern ganz besonders, daß das Protokoll der Untersuchungskommission von Poitiers, die im März/April 1429 auf Verlangen Karls VII. zusammentrat, um Johanna zu prüfen, unauffindbar ist. Der unerklärliche Verlust dieses Dokuments, das bestimmt abgefaßt wurde, bildet neben dem Verlust anderer johannischer Dokumente, deren Existenz als sicher angenommen werden kann, eine der größten Lücken in den Quellen zu ihrer Geschichte.

2. Johannas Briefe

Wir besitzen im Original oder als Kopie zehn von Johanna unterzeichnete Briefe an folgende Empfänger: drei an die Einwohner von Reims und je einen an die Engländer, die Einwohner von Riom, Troyes und Tournai, den Herzog von Burgund, den Grafen von Armagnac und die Hussiten. Um ihre Bedeutung richtig einschätzen zu können, muß man sich zunächst vergegenwärtigen, daß Johanna, die weder lesen noch schreiben konnte, sie nicht selbst abgefaßt hat. Am 17. März in Rouen spricht sie von ›Schreibern, die ihre Briefe geschrieben hätten‹. Daher ist es unangebracht, der Syntax oder Terminologie, d. h. dem Text dieser Nachrichten große Bedeutung zuzumessen. Man sollte, indem man sich die Umstände und die jeweiligen Empfänger vergegenwärtigt, vor allem danach fragen, inwieweit Johanna die Initiative ergriff oder den wesentlichen Inhalt diktierte. Die Echtheit dieser Schriftstücke kann nicht bestritten werden.

3. *Johannas Aussagen* (Kondemnationsprozeß)

Johannas Aussagen werden im Bericht des Kondemnationsprozesses von 1431 wiedergegeben, der einige Jahre später nach den Akten und Protokollen des Verhörs lateinisch abgefaßt wurde. Es wurde oft darauf hingewiesen, daß dieser Prozeß in seinem Ursprung und Ziel hauptsächlich politischer Natur war. Nach dem Vertrag von Troyes (1420) war der junge König von England, Heinrich VI., am 16. Dezember 1430 im Alter von neun Jahren in der Kathedrale von Notre Dame zu Paris zum König von Frankreich gekrönt worden. Die englischen Behörden, die Johanna verurteilten, wollten dadurch ganz offensichtlich ein diplomatisches Argument gegen die Gültigkeit der ebenfalls religiösen Krönung Karls VII. gewinnen, die am 17. Juli 1429 zu Reims erfolgte, und die somit nach dem Urteilsspruch unter dem Schutz einer ketzerischen, gotteslästerlichen und den Dämonen verfallenen Frau stattgefunden hatte. Dadurch verlor die Krönung jeden traditionellen Wert. Dieses außergerichtliche Vorhaben und Ziel kann nicht in Zweifel gestellt werden.

Andererseits darf man jedoch nicht darüber hinwegsehen, daß die Verhandlungen von Rouen in Form und Verlauf einen der in jener Zeit so häufigen >Glaubensprozesse< darstellen[1], die gewöhnlich der Rechtssprechung des Inquisitionstribunals der Diözese unterlagen. Die beiden Richter Johannas, Pierre Cauchon, Bischof von Beauvais, und der Dominikaner Jean Le Maistre, Jean Graverents Stellvertreter, >vom Apostolischen Stuhl nach Frankreich entsandter Inquisitor der ketzerischen Gottlosigkeit<, sowie ihre zahlreichen beratenden religiösen Beisitzer waren aus persönlichen Gründen Anhänger der englischen Partei und somit a priori geneigt, wenn nicht schon entschlossen, Johanna als Ketzerin zu verurteilen. Wenn wir uns jedoch vergegenwärtigen, mit welcher Leichtgläubigkeit eine solche Anklage zu jener Zeit bereitwillig akzeptiert wurde und auf welch hinfällige und willkürliche Angaben sie sich stützte, neigen wir dazu anzunehmen, daß die feindliche Einstellung aller dieser Geistlichen Johanna gegenüber größtenteils wohl aufrichtig war und sie ihr Amt ehrlich ausübten.

1416 wurden Johann Hus und Hieronymus von Prag, die eine Reform des Papsttums herbeiführen wollten und die die Bibel als oberste Autorität ansahen, durch das Konzil von Konstanz zum Tod auf dem Scheiterhaufen verurteilt. Als die Richter von Rouen Johanna fünfzehn Jahre später als Ketzerin und Rückfällige zu derselben Strafe verurteilen, weil sie die direkten Beziehungen, die sie mit der himmlischen Kirche durch Vermittlung ihrer >Stimmen< zu haben vorgab, nicht dem Urteil der streitenden Kirche unterwerfen wollte, und weil sie die Männerkleider,

---

[1] Ohne die zahlreichen ausschließlich auf Verdächtigungen begründeten Prozesse zu erwähnen, ließ die Inquisition im Verlauf des 15. Jahrhunderts in Europa Tausende von >Hexen< verbrennen.

nachdem sie sie abgelegt hatte, von neuem anzog, zeigen sie sich im Grunde genommen nicht parteiischer oder intoleranter als die Richter von Konstanz und viele andere. Diesem besonderen Aspekt der Mentalität der Zeit müssen wir Rechnung tragen, um beurteilen zu können, in welchem Maß der Prozeßbericht von 1431 Johannas Angaben genau wiedergibt: das ist für die Geschichtsbetrachtung äußerst wichtig.

Wir wissen in diesem Zusammenhang, daß Johannas Antworten auf die im Verlauf der Verhöre gestellten Fragen von den Gerichtsschreibern in französisch aufgezeichnet und dann nach jeder Sitzung von ihnen unter der Kontrolle von Cauchon oder einem seiner Vertrauensmänner resümiert wurden. Diese drei Gerichtsschreiber, die im Rehabilitationsprozeß befragt wurden, haben versichert, daß sie ihre Arbeit trotz eines gewissen Druckes, den Cauchon besonders zu Anfang auf sie ausübte, gewissenhaft ausgeführt hätten. Einer von ihnen, Boisguillaume, gibt sogar an, daß sich Johanna, wenn sie über einen bereits behandelten Punkt befragt wurde, ihre vorherigen Antworten vorlesen ließ. Ein anderer, Manchon, der an der endgültigen Abfassung des Protokolls in Latein nach dem französischen Konzept beteiligt war, fügt hinzu, daß in Zweifelsfällen Johanna sogar der Text vorgelegt wurde. Diese Männer, die jetzt einer neuen Behörde unterstanden, deren Ziel es war, eine gerichtliche Entscheidung, bei der sie mitgewirkt hatten, für ungültig zu erklären, konnten jedoch aus Gründen der Vorsicht, um ihrer eigenen Sicherheit willen gar nicht anders sprechen; die Aussagen zu ihren eigenen Gunsten haben somit nur geringen Wert. Außerdem wird in dem Bericht angegeben, daß Manchon am 24. März 1431 am Ende des ›Offizialprozesses‹ Johanna das Register mit den gestellten Fragen und ihren Antworten in Französisch vorlas und sie deren Richtigkeit anerkannte. Diese schriftliche Behauptung muß jedoch mit demselben Skeptizismus bewertet werden wie die Aussagen der Gerichtsschreiber. Kurzum, allein aufgrund der direkten oder indirekten Aussage, kann dieser Text wohl nicht als konform angesehen werden.

Andere Tatsachen hingegen geben uns stichhaltigere Anhaltspunkte. Im Protokoll wurden zweifellos mehrere Angaben absichtlich ausgelassen. So z. B. die Nachforschungen über Johanna, die auf Cauchons Veranlassung in Domremy stattfanden, und ›gewisse Denkschriften‹ über verschiedene Anklagepunkte, deren Spuren in der siebzig Paragraphen umfassenden Anklagerede zu finden sind, oder auch – nach dem Zeugen Isembart de la Pierre – verschiedene für ihre Verteidigung günstige Aussagen Johannas. Diese beabsichtigten Auslassungen entsprechen dem damals üblichen Brauch, nach dem der Inquisitionsrichter nicht verpflichtet war, alle Aussagen wiederzugeben, sondern die auswählen konnte, die ihm am besten die Wahrheit auszudrücken schienen[1]. Es gibt jedoch kein Anzeichen dafür, daß Johanna Worte unterschoben wurden, die sie nicht gesagt hatte. Und diese negative Feststellung wird von einer positiven Tatsache bestätigt: die häufige und von gewissen Antworten Johannas offensichtliche Abweichung zwischen der tendenziösen Auslegung durch die besagte, aus siebzig Paragraphen bestehende Anklagerede

[1] Tanon, Hist. des tribunaux de l'Inquisition en France, S. 350.

und dem Text der Antworten selbst. Da die Autoren des Protokolls keine Vorsichtsmaßnahmen trafen, diese sichtbaren Widersprüche zu tilgen, indem sie Johannas Aussagen durch ihre Formulierungen dem Sinn anpaßten, den ihnen die Ankläger gaben, können wir logischerweise daraus schließen, daß sie auch nicht die viel schwerwiegendere Tat begangen haben, sie durch überlegte Einschiebungen mehr oder weniger zu fälschen. Und selbst wenn wir das nicht auf ihre Ehrlichkeit zurückführen wollen, können wir annehmen, daß sie zu ihrer Verurteilung solche Ausflüchte nicht nötig hatten, da Johanna, indem sie sich weigerte, der streitenden Kirche zu gehorchen, in ihren Augen eine notorische Ketzerin war.

Ebensowenig scheint es angebracht, an der Wahrheit von Johannas Antworten zu zweifeln, die sie am Morgen ihrer Hinrichtung den sieben Richtern gab, die von Cauchon zu einem halbamtlichen Verhör beordert waren; die Gerichtsschreiber wollten den Bericht nicht unterzeichnen, da sie nicht dabei gewesen waren. Er befindet sich am Ende des eigentlichen Prozeßberichts, zwischen fünf später datierten Akten. Die Geistlichen übten zweifellos auf Johanna einen hinterlistigen Druck aus und profitierten von der moralischen und körperlichen Niedergeschlagenheit, in der sie sich nach so langen und anstrengenden gerichtlichen Verfolgungen im Augenblick vor ihrer Hinrichtung befinden mußte, um sie mit dem Versprechen, ihr die Eucharistie zu gewähren, zur Verleugnung ihrer Stimmen zu bringen. Tatsächlich steht im Protokoll, daß sie zugab, ›ihre Stimmen hätten sie enttäuscht‹. Sie dementierte ebenfalls, was sie über den Engel gesagt hatte, der Karl VII. ›von Gott‹ eine Krone brachte, und sagte, ›sie wäre selbst der Engel gewesen, der ... gesagt und versprochen hatte, daß sie ihn in Reims krönen lassen würde‹, dann bestätigte sie verschiedene Aussagen, die sie im Verlauf des Prozesses gemacht hatte, über die Art ihrer ›Stimmen‹ und die Umstände, unter denen sie sich gezeigt hatten. Diese Schwäche vor ihrem Tod, die Johanna einige Augenblicke später bereits wieder überwunden hatte, ist psychologisch sehr verständlich, andererseits konnten ihre Richter ihr wegen der Erklärungen über besagte ›Stimmen‹ nichts weiter anhaben.

Folglich sind wir berechtigt, alle Aussagen Johannas, die während des Kondemnationsprozesses aufgezeichnet wurden, als echt anzusehen. Der einzige wichtige Vorbehalt ist, daß es sich, mit Ausnahme einiger Sätze, die genau wiedergegeben sind und textlich in einem klaren Zusammenhang stehen, nur um eine Zusammenfassung ihrer Antworten durch die Gerichtsschreiber handelt. Hier und in ihren Briefen werden uns Johannas Gedanken nur durch eine Übertragung von fremder Hand mitgeteilt; wir können sie also nicht wörtlich nehmen, sondern nur nach dem allgemeinen Inhalt auslegen.

Wir müssen nun von diesen Aussagen, deren Authentizität wir feststellten, ausgehen, um erkennen zu können, inwieweit Johannas Worte aufrichtig waren und tatsächlich der Wahrheit entsprachen. Die Frage nach ihrer Aufrichtigkeit scheint leicht zu beantworten zu sein. Von Beginn des Prozesses an erklärte und schwor Johanna, sie wolle gern alles sagen, ›was sie getan habe, seit sie nach Frankreich gegangen war‹, fügte jedoch hinzu, sie würde nicht über die den König betreffenden Offenbarungen sprechen. Wenn sie folglich nur über ihre eigene

Person befragt wird, so z.B. über ihr Leben in Domremy, ihre >Stimmen<, das Schwert von Fierbois, ihr Banner, ihre Kriegstaten, die Briefe, die Männerkleidung, ihre Vorhersagen, ihre Beziehungen zu anderen Persönlichkeiten als Karl VII., antwortet sie so klar und deutlich, wie es ihr die manchmal etwas verwischten Erinnerungen erlauben. Höchstens, wenn sie eine Falle vermutet oder sich bedroht fühlt, weigert sie sich, sofort zu antworten und verlangt Zeit zum Überlegen. Wenn die gestellte Frage hingegen mehr oder weniger auf Karl VII. und ihre >Sendung< Bezug nimmt, weicht sie aus, antwortet ungenau oder erzählt eine allegorische Geschichte, wie die vom Engel, der dem König eine Krone brachte. Beim Lesen der Verhöre ist dieser Unterschied sorgfältig zu beachten.

Bei der Frage nach der Wahrheit kann man logischerweise einen ähnlichen Standpunkt einnehmen. Sowie Johanna aufrichtig ist, wenn es sich nur um sie selbst handelt, ist sie auch ehrlich, wenn die Tatsachen oder deren Auslegung ihrer Ansicht nach nicht mit ihrem Glauben an ihre >Sendung< in Zusammenhang gebracht werden können. Wenn diese hingegen mehr oder weniger mit hineinbezogen wird, ist es nötig, ihre Behauptungen nachträglich zu berichtigen, indem sie von den unbewußten illusorischen Verschleierungen Johannas befreit werden und ihr genauer objektiver Wert wiederhergestellt wird. Eine solche psychologische Analyse ist zweifellos recht heikel, aber unerläßlich, wenn wir Johannas Persönlichkeit verstehen wollen.

Johannas Aussagen sind im allgemeinen authentisch, sie sind in ihrer Aufrichtigkeit unterschiedlich und ihre Wahrhaftigkeit muß oft nachgeprüft werden. Doch bilden sie die reichste und sicherste Informationsquelle über sie. Wenn sie fehlten, wäre es sinnlos zu versuchen, etwas über sie zu erfahren.

4. *Zeugenaussagen über Johanna* (Rehabilitationsprozeß)

Diese Zeugenaussagen bestehen aus den Angaben von Johannas Zeitgenossen und wurden im Verlauf des Rehabilitationsprozesses (1450–1456), mehr als zwanzig Jahre nach ihrem Tod, aufgezeichnet. Dieser Prozeß ist wie der Verurteilungsprozeß – das Urteil wurde beide Male zu Rouen gesprochen – in seiner Intention eine ausschließlich politische Maßnahme, allerdings mit gegensätzlichem Ziel. Die Verurteilung von 1431 war durch ein ordentliches apostolisches Tribunal ausgesprochen worden, bei dem der Papst wie üblich durch den Glaubensinquisitor vertreten war. Der Mentalität der Zeit entsprechend bedeutete diese Verurteilung daher eine gewisse Beeinträchtigung des allgemeinen Glaubens an den religiösen Wert der Krönung zu Reims. Obwohl Karl VII., wie es der Absicht der englischen Behörden entsprach, durch Johannas Verurteilung mitbetroffen wurde, wagte er zu diesem Zeitpunkt nicht, gegen diesen zwar amtlich rechtmäßigen, aber an der Wirklichkeit gemessen, ungerechten Richterspruch zu protestieren. Erst nachdem er sein Königreich zurückerobert und nach Paris auch Rouen besetzt hatte, ließ er, gestärkt durch seine Siege und das wiedergewonnene Prestige, eine amtliche Untersuchung einleiten und trat danach in Verhandlungen mit dem Apostolischen Stuhl – die um so schwieriger waren, als die >Pragmatische Sanktion< von Bourges in der Zwischenzeit bereits öffentlich bekanntgegeben worden war –, um vom Papst –

dem einzigen, der darüber entscheiden konnte – die Nichtigkeitserklärung der Verurteilung Johannas zu erlangen. Um den politischen Charakter dieser Maßnahme zu verbergen und den noch lebenden Geistlichen, die an dem Prozeß von 1431 teilgenommen, sich jetzt aber natürlich dem König zugewandt hatten, nicht zu schaden, kam man überein: 1. daß das Gesuch, den Verurteilungsprozeß einer Revision zu unterziehen, nicht von der königlichen Regierung, sondern von Johannas Mutter, Isabelle Romée und ihren beiden Brüdern, Pierre und Jean, die noch am Leben waren, eingereicht wurde; 2. daß alle Verantwortung für den Irrtum dem verstorbenen Jean d'Estivet, Hauptankläger des Verurteilungsprozesses, zugeschoben wurde, der, nach dem Text dieses Gesuchs, »Pierre gegenüber, damals Bischof von Beauvais, der sich noch gut daran erinnere (sic!), und dem verstorbenen Jean Le Maistre gegenüber, Lehrer des Predigerordens und Vertreter des Inquisitors (Graverent), über ketzerische Mißstände in diesem Teil des Landes falsche Angaben gemacht habe.« Aufgrund dieser vorherigen Übereinkunft erscheint der Bericht der Rehabilitation als das beabsichtigte Werkzeug einer politisch-diplomatischen Abmachung. Er hat somit einen noch einseitigeren und tendenziöseren Charakter als der des Verurteilungsprozesses. 1431 findet in Rouen ein wenn auch ungleicher Kampf zwischen zwei tatsächlich anwesenden Parteien, zwischen Johanna und ihren Richtern, statt, die sich streitend einander gegenüberstehen und dabei ihre verschiedene Einstellung zeigen. 1456 hingegen stimmen in Rouen alle Beteiligten über das zu verfolgende Ziel und somit über das, was zu sagen ist, überein.

Der Form nach ist der Rehabilitationsprozeß eine Untersuchung, die sich auf die Niederschriften mündlicher Aussagen stützte und von Denkschriften und juristischen und theologischen Gutachten Gebrauch machte. Letztere sind in bezug auf Johannas Person und Taten historisch uninteressant, und es genügt, den allgemeinen Wert der Zeugenaussagen festzustellen. Dazu ist hauptsächlich zu sagen: 1. Aufrichtigkeit und Wahrheitsliebe aller Geistlichen, die am Prozeß von 1431 teilnahmen und bei der Voruntersuchung von 1450 oder der Hauptuntersuchung (1452 bis 1456) befragt wurden, sind sehr zweifelhaft. Sie versuchen ganz offensichtlich, sich der persönlichen Verantwortung an einer Verurteilung zu entziehen, an der sie direkt beteiligt waren. 2. Die Aufrichtigkeit der anderen Zeugen, die zwischen 1452 und 1456 in Domremy, Reims, Orléans und Paris befragt wurden, ist sehr viel wahrscheinlicher; die sogenannte Wahrheit ihrer Aussagen ist jedoch gewiß von der allgemeinen Tendenz des Prozesses beeinflußt. Es hat sich immer wieder und überall gezeigt, daß eine Untersuchung bewußt geführt werden kann, und daß es sehr viel leichter ist, von einem Zeugen die gewünschte Meinung über eine dritte Person als genaue Tatsachen zu erhalten. Die Möglichkeit zu freier Aussage des Zeugen wird durch den Rahmen der einförmigen Fragen eingeengt, die so gestellt werden, daß Johannas orthodoxe Frömmigkeit hervortritt, und die alles, was auf Ketzerei Bezug haben könnte, übergehen.

Außerdem dürfen wir nicht vergessen, daß diese Zeugen nur die Erinnerung an Vorfälle wiedergeben, die schon ein Vierteljahrhundert zurückliegen, daß sie nur abgeschwächte Eindrücke oder nicht beobachtete Geschehnisse schildern. Das bedeutet, unvermeidlich in solchen Fällen, Auslassungen und Entstellungen. Wenn wir z.B. die Angaben Dunois', der die königliche Armee von Orléans befehligte und dreiundzwanzig Jahre später in seinem einundfünfzigsten Lebensjahr aussagte, auf die Tatsachen hin nachprüfen, so stellen wir fest: 1. Als der Proviantzug, der von den Marschällen Rais und Boussac in Begleitung Johannas nach Orléans geführt wurde, nach der Durchquerung der Sologne an die Loire kam, hätten die Boote, in die man den Proviant lud, ›stromaufwärts fahren müssen, um nach Orléans zu gelangen‹: das ist jedoch vollkommen falsch, denn diese Operation wurde oberhalb der Stadt ausgeführt[1]. 2. Johanna sei am 27. Mai 1429 auf dem Bollwerk der Brücke von Orléans verletzt worden. In Wirklichkeit war die Belagerung zu diesem Zeitpunkt bereits seit neunzehn Tagen aufgehoben[2]. 3. Johanna habe sich nach der Belagerung von Orléans mit ihm nach Loches zum König begeben ›und ihn gebeten, die *Festungen an der Loire so bald wie möglich anzugreifen*, d. h.: Mehun, Beaugency, Jargeau, damit er seine Krönung zu Reims frei und sicher vollziehen könne‹; und eine Seite weiter heißt es, daß sie zu ihm sagte: »Edler Dauphin, haltet doch nicht länger Rat; *geht so schnell wie möglich nach Reims*, um die Euch gebührende Krone zu empfangen.« Hier werden Johanna also bei derselben Gelegenheit zwei aufeinanderfolgende widersprechende Aussagen zugeschrieben.

Wenn wir sehen, daß eine so bedeutende Persönlichkeit, die doch zu jener Zeit genau informiert gewesen sein muß, ihre Erinnerungen so offensichtlich verwechselt und solche Irrtümer formuliert, können wir mit berechtigter Besorgnis nach dem Wert jener Aussagen fragen, die von weniger zuständigen Zeugen stammen. Was soll man z.B. von den Worten Charlotte Harets denken, die im Alter von zehn Jahren mit Johanna das Bett teilte, und später aussagt, sie habe damals weder in Johannas Worten noch in ihren Taten ›ein Zeichen von Verdorbenheit oder Geilheit‹ bemerkt, oder von der Bemerkung der Marguerite La Touroulde, die meint, daß Johanna, die bei ihr wohnte, ›ihrer Ansicht nach fast nichts wußte, außer von Dingen, die auf den Krieg Bezug hatten‹? Das sind allem Anschein nach Urteile, zu deren spontanen Aussage weder die erste – aufgrund ihres damaligen Alters – noch die andere – in Anbetracht ihrer militärischen Unerfahrenheit – fähig sein konnten. Sie wurden ihnen folglich von den Untersuchungsrichtern nahegelegt, wenn nicht gar diktiert.

In ihrer Gesamtheit gesehen berechtigen die restrospektiven Zeugenaussagen über Johanna zu zwei allgemeinen Bemerkungen. 1. Sie sind von der legendären Atmosphäre beeinflußt, die sich bereits nach Johannas Ankunft in Chinon bildete und sich nach der Aufhebung der Belagerung von Orléans in allen königstreuen

---

[1] B. de Molandon, Première expédition de Jeanne d'Arc. Le ravitaillement d'Orléans. Orléans, Herluison, 1878.

[2] Dieser chronologische Irrtum wird von dem Zeugen Jean Luillier, einem Bürger von Paris, wiederholt. Nach Quicherat (Procès, V, 436) soll allerdings das Originalmanuskript des Rehabilitationsprozesses von den Gerichtsschreibern in äußerst nachlässiger Weise abgefaßt worden sein und ›die Zahlen . . . in Ziffern . . . oder in Buchstaben . . . sind fast alle falsch‹.

Kreisen mit einer bemerkenswerten Schnelligkeit und Intensität ausbreitete. Diese Beeinflussung wird noch durch den zeitlichen Abstand und die Art, in der die Untersuchung betrieben wird, erhöht. 2. Sie geben unkontrollierte, episodische Tatsachen wieder, ohne sichere Gewähr. Insgesamt lassen sie die Vorstellung erkennen, die Johannas Zeitgenossen in den Jahren 1452–1456 von ihr hatten und sehr viel weniger das, was sie gegen 1429 genau gesehen und gewußt hatten. Somit können wir von diesen Zeugenaussagen nur dann Gebrauch machen, wenn wir sie einer strengen kritischen Untersuchung auf ihre Wahrscheinlichkeit hin unterzogen und eine gültige Bestätigung dafür gefunden haben.

5. *Briefe und zeitgenössische Aufzeichnungen*

Es gibt ungefähr ein Dutzend Dokumente dieser Art, deren Wert jedoch sehr unterschiedlich ist. Die einen, wie z.B. der Brief (8. Juni 1429) der beiden jungen Herren von Laval an ihre Mutter und Großmutter oder das Schreiben (17. Juli 1429) der drei angevinischen Edelleute an die Frau und die Schwiegermutter Karls VII., enthalten von Augenzeugen bestätigte Tatsachen. Die anderen, wie der Brief des Perceval de Boulainvilliers (21. Juni, 1429) an den Herzog von Mailand oder das Fragment eines anonymen Briefes mit unbekanntem Adressaten, der ungefähr am 25. Juni 1429 geschrieben wurde, berichten nur vom ›Hörensagen‹ und sind fast vollständig erdichtet. Wenn übrigens der Auszug eines Briefes von Bedford, der zweifellos im Juli 1429 geschrieben wurde, uns deutlich die nach der Befreiung von Orléans erfolgte ›englische Panik‹ bestätigt, welchen Glauben können wir dem Bericht über die Ereignisse von 1429 schenken, der wahrscheinlich am Ende dieses Jahres von einem Ratsschreiber von La Rochelle abgefaßt wurde, der, bevor er einfach die umlaufenden Gerüchte notiert, seinen Text mit dem doppelten Irrtum einleitet, Johanna wäre ›in Vaucouleurs im Herzogtum Lothringen geboren‹? Diese fragmentarischen Quellen müssen also nacheinander einer sorgfältigen Prüfung unterzogen werden, bei der alle historisch nicht stichhaltigen Angaben eliminiert werden.

6. *Die Chroniken*

Die Memoirenschreiber und Chronisten, die von 1429 bis zum Ende des 15. Jahrhunderts mehr oder weniger ausführlich über Johannas Taten geschrieben haben, sind verhältnismäßig zahlreich. Es sind ungefähr zwanzig. Der größte Teil widmete Johanna jedoch nur episodische Bemerkungen, und wir begnügen uns hier, die wichtigsten anzuführen:

a) Morosini und Windecke. Die einzigen zeitgenössischen Chroniken sind die von Morosini und Windecke, zusammen mit dem ›Journal du Bourgeois de Paris‹, das über Johanna nur wenige nützliche Angaben enthält. Sie wurden 1429 abgefaßt: die erste ist das Werk eines Venezianers, die zweite stammt von einem Deutschen. Außer einigen amtlichen Dokumenten (bei Windecke) enthalten sie, wie wir bereits gesagt haben, zahlreiche grobe Irrtümer. Ihr Hauptziel besteht darin, uns die Auslegung der Geschehnisse um Johanna zu beweisen, die von Anfang an in entstellender Weise erfolgte.

b) Perceval de Cagny. Der eigentliche Autor der >Chronique des ducs d'Alençon<, die einen Bericht über den johannischen Ritt enthält, ist ein unbekannter Geistlicher, dessen Arbeit 1436, fünf Jahre nach Johannas Tod, im Auftrag von Perceval de Cagny begonnen wurde, einem Gefolgsmann von Jean II. von Alençon, dem >edlen Herzog<, der Johannas Begleiter beim Loirefeldzug und auf dem Weg von Reims nach Paris gewesen war. Der Autor überträgt also die Erinnerungen Johannes' II. an Johanna aus dritter Hand mit offensichtlichen Übertreibungen, die er in einem unkontrollierbaren Ausmaß mit Auskünften von unbekannter Seite – vor allem über die Belagerung von Orléans, an welcher der Herzog von Alençon nicht teilnahm – vermischte. Quicherat hält diesen von ihm entdeckten Chronisten für den >am besten informierten<, den >umfassendsten< und >aufrichtigsten<, der je über Johanna berichtet hat. Wenn wir uns jedoch die zahlreichen Irrtümer, Auslassungen und tendenziösen Auslegungen seines dreiunddreißig Seiten umfassenden Resümees, das ohne Nachweis nachträglich abgefaßt wurde, vergegenwärtigen, so können wir diese übertrieben günstige Beurteilung nur schwer teilen. Allen ähnlichen Dokumenten sind demnach von vornherein Unsicherheitsfaktoren zu unterstellen.

c) Monstrelet. Dieser Chronist, dessen Berichte, die von 1440 bis 1453 geschrieben wurden, die erste Hälfte des 15. Jahrhunderts umfassen, stand in Diensten des Hauses Luxemburg-Ligny, das damals zur burgundischen Partei gehörte. Mehrere Male spricht er in feindseligem Ton von Johanna, ohne sich auf irgendwelche direkte persönliche Information berufen zu können. Außerdem sah er Johanna nur ein einziges Mal in Gegenwart des Herzogs von Burgund, der sie nach ihrer Gefangennahme aufsuchte, und kann sich nicht einmal an die während seiner Anwesenheit gewechselten Worte erinnern.

d) Gilles le Bouvier, genannt Héraut Berri. In seiner >Chronique et histoire du règne de Charles VII<, die 1455 abgefaßt wurde, widmet der Autor Johanna ungefähr zehn Seiten, die zahlreiche, schon bei der ersten Durchsicht offensichtliche Irrtümer über damalige Geschehnisse enthalten.

e) Jean Chartier. Dieser Mönch von St. Denis hat Karls VII. Geschichte geschrieben, die sich in dem 1472 herausgegebenen Band der >Grandes chroniques de France< befindet. Quicherat ist der Ansicht, daß er die Ereignisse nur sehr oberflächlich erfaßt und beurteilt und unvollständig und ungenau analysiert hat. Er nimmt an, daß er das Material für seinen etwa vierzig Seiten langen Bericht über Johanna im Zeitraum zwischen 1440 bis 1450 zusammengetragen hat. Man weiß nicht, woher er sein Wissen bezog, das, wie das des vorher genannten, offensichtlich Irrtümer enthält und oft in legendärer Form wiedergegeben wurde.

f) Das >Journal< du siège d'Orléans et du voyage de Reims. Der Autor dieser Kompilation, die aus der Zeit um 1467 stammt, ist unbekannt. Ihr ungefähr hundert Seiten umfassender Text ist teilweise einem Tagebuch entnommen (daher der Titel der Sammlung), das von Oktober 1428 bis Mai 1429 von einem Einwohner von Orléans geführt wurde, und außerdem den Niederschriften Jean Chartiers, Gilles le Bouviers und dem Bericht des Rehabilitationsprozesses. Den Originalteil selbst, >Le Journal du siège<, kann man leicht zwischen den späteren Einschiebungen erkennen, er sagt uns jedoch nichts über den Autor. Aus dem Zusammenhang können wir nur entnehmen, daß es sich um einen Geistlichen, Juristen oder Bürger von Orléans handeln muß, der übrigens nicht als Augenzeuge an den Ereignissen teilnahm, sondern dem es gefiel, das ihm Zu–Ohren–Gekommene aufzuzeichnen. Außerdem handelt es sich gewiß nicht um den ursprünglichen Text, sondern um die Übertragung ›in der Art einer Chronik‹, die achtunddreißig Jahre später erfolgte. Darum enthält dieser Text wahrscheinlich zahlreiche Irrtümer, ist jedoch für den Ablauf der wichtigsten Ereignisse und für einige Einzelheiten, die das äußere Geschehen betreffen, nicht ohne Bedeutung.

g) Chronique de la Pucelle. Wie das ›Journal du siège‹, jedoch nur halb so umfangreich, ist diese ›Chronik‹ eine anonym gebliebene Kompilation, obwohl Vallet de Viriville sie – ohne schlüssigen Beweis – Guillaume Cousinot, Herrn von Montreuil, zuschreiben wollte. Dieser Text wurde nach 1467 abgefaßt. Wie der vorhergehende enthält er zu etwa zwei Fünfteln Angaben, die einer anonymen Chronik aus dem Jahre 1429 mit dem Titel ›Les gestes des nobles francais...‹ entnommen wurden, und denen mit vielen Wiederholungen, Auslassungen und Änderungen Stellen von Jean Chartier, aus dem ›Journal du siège‹ (das Jean Chartier paraphrasiert) und aus dem Rehabilitationsprozeß hinzugefügt wurden. Das Ganze hinterläßt einen Eindruck besonderer Verworrenheit.

Diese summarischen Angaben, die wir nicht auf zweitrangige Texte, die ebenfalls dieser Gruppe angehören, auszudehnen brauchen, ergeben deutlich, daß die johannischen Chronisten dem gleichen Fehler unterliegen wie alle mittelalterlichen Chronisten: Leichtgläubigkeit, Ungenauigkeit, oratorische oder gefühlsmäßige Entstellung der Ereignisse, Außerachtlassen jeglicher Nachweise und vollständiger Mangel an kritischem Urteilsvermögen. In Wahrheit handelt es sich nicht um Chronisten, sondern um Erzähler, die zur Zerstreuung oder Erbauung schreiben, sich jedoch nie ernsthaft bemühen, wahre Tatsachen zu berichten.

Ein allgemeiner Überblick über die johannischen Quellen ermöglicht darum drei wesentliche Schlußfolgerungen: 1. Trotz Ausschmückung vieler Einzelheiten sind die Texte sehr lückenhaft. Über einige Punkte wie: Johannas Kindheit in Domremy, den Beginn des Aufgebots, den Aufenthalt in Tours und Blois vor dem Abzug nach Orléans, die letzten acht Monate ihres aktiven Lebens (von der Aufgabe der Belagerung von Paris, September 1429, bis zu ihrer Gefangennahme in Compiègne, Mai 1430), wissen wir nichts oder zu wenig. 2. Die Glaubwürdigkeit der Zeugenaussagen ist sehr unterschiedlich, und es wäre falsch, ihnen allen das gleiche Vertrauen zu schenken. Hier stehen die zahlreichen Berichte vor einem Hintergrund, an dem alles Berechnung und Geheimnis ist. Dort wird ein authentisches, wertvolles Dokument mit Hirngespinsten zusammengebracht. An anderer Stelle wiederum enthält eine zwar erdichtete Wiedergabe durchaus verwendbare Angaben. Alle Texte müssen analysiert und ihr Aussagewert muß festgestellt werden. 3. Diese Quellen sind von der legendären Atmosphäre beeinflußt. Johanna glaubt, eine göttliche Sendung direkt erhalten zu haben. Die Parteigänger Karls VII. und vor allem das Volk teilen den Enthusiasmus dieses Glaubens. Ihre Gegner hingegen hielten sie für eine vom Teufel besessene Zauberin. Und alle waren aufrichtig in ihren Aussagen; aber eben dadurch, daß sie die Tatsachen von übernatürlichen Kräften ableiteten, entstellten Mitspieler und Zuschauer, ohne es zu wollen, das wirkliche Geschehen.

Die johannische Legende, die bereits zu Johannas Lebzeiten entstand, ist das Phänomen einer Mythisierung, das durch ein für seine Entfaltung besonders aufnahmebereites Milieu und durch günstige Umstände hervorgerufen wurde. Wenn wir die darin enthaltene menschliche Wahrheit erkennen wollen, müssen wir in diesen Aktenbergen, die nach Ursprung und Wert verschieden sind, zuerst nach den Texten suchen, die einen echten Aussagewert haben, und den Mörtel der Träume, mit dem sie ursprünglich zusammengefügt wurden, beseitigen. Ohne etwas hinzuzuerfinden, werden wir schließlich versuchen müssen, zu einer Synthese zu kommen, in der das in fünf Jahrhunderten erworbene Wissen vom Menschen enthalten ist.

BIBLIOGRAPHIE

Die Quellen bilden die Grundlage jeder historischen Forschung. Spezialuntersuchungen oder allgemeine Darstellungen unter Hinzuziehung der Hilfswissenschaften sind nur in dem Maß zu gebrauchen, als sie Tatsachen, die zur Vervollständigung oder Klärung beitragen, oder außergewöhnliche Ansichten, enthalten. Jede Bibliographie stellt also eine Auswahl der Bücher dar, die der Autor für die wichtigsten für das zu behandelnde Thema hält und die er für seine Arbeit herangezogen hat. In diesem Sinn haben wir unsere nur ungefähr fünfzig Titel enthaltende Bibliographie zusammengestellt; wir hoffen, daß sie dem am johannischen Problem interessierten Leser dienlich ist.

Für alle diejenigen, die über die zahlenmäßig wenigen Bücher, die Johanna selbst betreffen, erstaunt sind, möchten wir die 1904 geäußerten Worte eines bewährten Biographen anführen: A. Molinier[1]: »Die Literatur zu diesem Thema ist außerordentlich zahlreich . . . aber . . . dieser Reichtum verbirgt nur die Armut. Außer einigen detaillierten Monographien sind die meisten Schriften über Johanna völlig wertlos.« Vierzig Jahre später, 1945, schrieb ein geachteter Historiker für mittlere Geschichte, Ed. Perroy[2]: »Wenn wir zu Johanna gelangen, wird die Flut der Bücher erdrückend, aber nur wenige verdienen vom Historiker beachtet zu werden.« Diese Urteile aus berufenem Mund sind auch heute noch gültig.

---

[1] Les sources de l'histoire de France, a.a.O., S. 307.

[2] La guerre de Cent ans, Paris, Gallimard 1945, S. 316.

ALLGEMEINE GESCHICHTE

Langlois et Seignobos, >*Introduction aux études historiques*<. Paris, Hachette 1898.

Obwohl dieses Handbuch der historischen Methodologie bereits ein halbes Jahrhundert alt ist, ist es doch immer noch für die Einführung in die Geschichtswissenschaft am dienlichsten. Wir nennen es an erster Stelle, weil es vor Beginn einer Untersuchung über Johanna unerläßlich ist, sich die wesentlichsten Prinzipien für eine objektive Darstellung der Vergangenheit zu vergegenwärtigen.

A. Molinier, >*Les sources de l'histoire de France*<. Bd. IV. Paris, Alph. Picard 1904.

Das Buch enthält alle erforderlichen bibliographischen Angaben über Johanna, die bis zu seinem Erscheinen vorlagen. Für die Zeit nach 1904 sind der Katalog der Nationalbibliothek (Paris) und die Register der wichtigsten historischen Zeitschriften heranzuziehen. Wir möchten nicht unerwähnt lassen, daß dem Band V. dieses Werkes ein interessantes kritisches Vorwort über die Chronisten des vierzehnten und fünfzehnten Jahrhunderts vorangestellt ist.

E. Lavisse, >*Histoire de France*<. Bd. III (1 u. 2) und Bd. IV (1 u. 2), Paris, Hachette 1909–1911, 4 Bde.

Dieses Werk ist in seiner Art noch immer das beste. Die vier Bände über die Zeit von 1137 bis 1492 wurden von anerkannten Historikern für mittelalterliche Geschichte geschrieben und sind nicht überholt. Die politische, soziale und geistige Entwicklung der Zeit ist ausgezeichnet dargestellt. Ch. Petit-Dutaillis hat über Johanna nur zweiundzwanzig Seiten und über ihre Rolle und Persönlichkeit nur ungefähr zwanzig Zeilen geschrieben; sie sind jedoch methodisch bis heute das Zutreffendste.

F. Lot, >*La France des origines à la guerre de Cent ans*<. Paris, Gallimard 1941.

Dieser hervorragende Wissenschaftler hat aufgrund genauer Unterlagen ein umfassendes Bild der französischen Politik für die ersten vierzehn Jahrhunderte entworfen. Sein Werk enthält zahlreiche allgemeine und spezielle Erkenntnisse. Der Hundertjährige Krieg wird leider nur in einem kurzen letzten Kapitel von elf Seiten behandelt. Es sollte jedoch das ganze Buch gelesen werden.

G. Dupont-Ferrier, >*La Formation de l'état français et de l'unité française*<. Paris, A. Colin 1934.

Diese Arbeit ist, im Gegensatz zu dem obenerwähnten Werk, das sie vervollständigt, ein analytisches >breviarium< der aufeinanderfolgenden Ereignisse, aus denen sich die französische Einheit herausbildete. Eine summarische, aber nützliche Bibliographie beschließt das Buch.

L. Mirot, ›*Manuel de géographie historique de la France*‹. Paris, A. Picard 1930.

Solides, vollständiges chronologisches Verzeichnis mit zahlreichen Karten. Dieses Handbuch berücksichtigt alle früher erschienenen Werke zu diesem Thema und stellt den gegenwärtigen Forschungsstand dar.

P. Corbin, ›*Histoire de la politique extérieure de la France*‹. Bd. I. Les origines et la période anglaise (jusqu'en 1483). Paris, A. Picard 1912.

Es handelt sich um ein solides sekundäres Werk. Es gibt einen Gesamtüberblick der Politik Frankreichs zu Anfang des fünfzehnten Jahrhunderts gegenüber seinen großen Vasallen, gegenüber England, dem Kaiserreich und dem Papsttum.

N. Valois, ›*Le pape et le concile, 1418–1450*‹. Paris, A. Picard et fils 1902, 2 Bde.

Bedeutende, grundlegende Arbeit, welche das ausgezeichnete vierbändige Werk desselben Autors ›La France et le grand schisme d'occident, 1378–1418‹ vervollständigt, das ebenfalls berücksichtigt werden sollte. Es handelt sich ausschließlich um eine Darstellung der inneren religiösen Schwierigkeiten des Apostolischen Stuhls, die sich jedoch notwendigerweise in seiner Außenpolitik auswirken.

V. de Viriville, ›*Histoire de Charles VII*‹. Paris, J. Renouard 1862–1865, 3 Bde.

Viriville hat dieses Werk zu einer Zeit geschrieben, als sich die Geschichtswissenschaft gerade entwickelte. Er hat alles, was zu diesem Thema gehörte, mit viel Gelehrsamkeit und Unvoreingenommenheit aufgrund seines breiten Wissens zusammengetragen. In seiner Interpretation der Ereignisse spiegelt sich seine manchmal beunruhigende Selbstgefälligkeit wider. Kritischer Sinn fehlt ihm sehr oft. Über Johanna, der er zweihundert Seiten widmet, schreibt er als Historiker. Trotzdem läßt er die apologetische Erklärung gelten; das bedeutet – wir haben bereits darauf hingewiesen – einen Widerspruch in sich. Sein Verdienst ist es allerdings, daß er erstens seine Darstellung chronologisch genau vorlegt und zweitens jedesmal den Nachweis für die zahlreichen von ihm benutzten Quellen bringt: Sein Werk kann nur als eine Sammlung von Ereignissen benutzt werden, die noch kritisch zu beurteilen sind.

F. de Beaucourt, ›*Histoire de Charles VII*‹. Paris, Libr. de la Sté Bibliographique 1881–1891, 6 Bde.

Beaucourt, Schüler Virivilles, hat das Werk seines Lehrers in einer Weise fortgesetzt, die deutlich seine Neigung für Karl VII. erkennen läßt. Dieser systematische Panegyrikus kann von der Historik nicht akzeptiert werden. Außerdem ist das Werk schlecht aufgebaut; die politischen, militärischen und diplomatischen Ereignisse werden in gesonderten Kapiteln zusammenhanglos behandelt; das macht Wiederholungen unvermeidlich. Wie Viriville akzeptiert er de plano die ursprüngliche johannische Legende. Sein Wissen ist jedoch noch umfassender, seine Ausführungen sind durch vollständige Zitierungen oder schriftliche Belege besser fundiert. Aus letztgenannten Gründen ist dieses Werk für die Forschung sehr wertvoll.

G. Dodu, ›*Les Valois. Histoire d'une maison royale*‹. Paris, Hachette 1934.

Diese auf eine umfangreiche Bibliographie gestützte Arbeit über Temperament und Charakter der Fürsten aus dem einst Frankreich regierenden Haus Valois trägt schon aufgrund ihres Sujets dazu bei, die Entwicklung der Ereignisse im Verlauf des Hundertjährigen Krieges besser verständlich zu machen.

E. Cosneau, ›*Le Connétable de Richemont*‹. Paris, Hachette 1886.

Eine durch viele Urkunden belegte Biographie, mit zahlreichen Nachweisen und ›Beweisstücken‹. Die Persönlichkeit Richemonts wird hier zweifellos zu vorteilhaft dargestellt; in diesem Buch finden sich jedoch auswertbare Tatsachen, die es ermöglichen, die Haltung der großen Vasallen, besonders des Herzogs von Bretagne, Karl VII. gegenüber zu erkennen.

E. Cosneau, ›*Les grands traites de la guerre de Cent ans*‹. Paris, A. Picard 1889.

Wiedergabe der Verträge von London (1359), Brétigny (1360), Paris (1396), Troyes (1420), Arras (1435) und Tours (1444), mit Anmerkungen und Kommentaren. Die Kenntnis dieser Verträge ist für die Geschichte jener Zeit unerläßlich.

A. Luchaire, ›*La Société française au temps de Philippe-Auguste*‹. Paris, Hachette 1909.

Ein klassisches Werk, dessen wesentliche Grundgedanken wir in Bd. III[1] der Geschichte Frankreichs von Lavisse wiederfinden können. Obwohl es das dreizehnte Jahrhundert behandelt, sind darin Informationen und Ansichten zu finden, die für das Verständnis des beginnenden fünfzehnten Jahrhunderts, daß sich moralisch und geistig nicht allzusehr von jenem unterschied, nützlich sind.

G. Guibal, ›*Histoire du sentiment national en France pendant la guerre de Cent ans*‹. Paris, Sandoz et Fischbacher 1875.

Der Autor gibt zu, daß er dieses Buch, das er Elsaß-Lothringen widmete, unter dem Eindruck der französischen Niederlage von 1870–1871 geschrieben hat. Es enthält darum gefühlsmäßige und literarische Elemente, die die historische Objektivität etwas beeinträchtigen und manchmal folgt er zu leichtgläubig nicht zuverlässigen Chronisten wie Froissart, Monstrelet und dem Mönch von St. Denis. Es handelt sich sonst jedoch um eine solide Arbeit, aus der manche Stellen verwendbar sind.

J. Huizinga, ›*Le déclin du moyen âge*‹. Paris, Payot 1932.

Dieses nicht genügend bekannte Werk, für höchste Ansprüche, wurde von einem Professor der Universität Leyden geschrieben. Es handelt sich um eine gelehrte und historisch wertvolle Schrift, die alle anderen Bücher zu diesem Thema weit übertrifft. Aus der geschickten Zusammenstellung der gut ausgewählten Tatsachen entwickelt er geistvoll und verständlich die allgemeinen Ideen. Der einzige Vorwurf, der dem Autor zu machen wäre, besteht darin, daß er einer nicht ausreichend strengen Methode folgt und sich öfters wiederholt. Von diesem formalen Vorbehalt abgesehen, ist es ohne genaue Kenntnis dieses Werkes unmöglich, die geistige Einstellung der Zeit, in der Johanna lebte, und damit Johanna selbst zu verstehen.

L. Tanon, ›*Histoire des Tribunaux de l'Inquisition en France*‹. Paris, Larose et Forcel 1893.

Grundlegendes Werk, dessen Kenntnis unerläßlich ist, um dem Verfahren von Johannas Verurteilungsprozeß folgen und verstehen zu können.

EINZELDARSTELLUNGEN ÜBER JOHANNA

Mit Ausnahme von Michelets Darstellung haben wir uns auf die Ausgaben beschränkt, die zeitlich nach der Veröffentlichung der ›Quellen‹ durch Quicherat liegen, da diese Publikation für die Entwicklung der johannischen Forschung einen Wendepunkt bedeutet. Alle früheren Arbeiten, wie die von Lenglet-Dufresnoy (1753), Averdy (1790), Lebrun de Charmettes und Berriat-St.-Prix (1817) und Prosper de Barante (1824) sind so überholt, daß sie praktisch wertlos sind.

J. Michelet, ›*Jeanne d'Arc*‹ in ›*Histoire de France*‹, Bd. V, LX, 1. Aufl., 1841.

Noch heute sollte Michelet in allen Bibliographien über Johanna angegeben werden, weil er ihr Seiten gewidmet hat, die trotz ihres etwas altmodischen Romantizismus von einer beschwingten und rührenden Beredsamkeit sind. Vom kritischen Standpunkt aus ist dieses Kapitel seiner ›Geschichte Frankreichs‹ nur mittelmäßig. Neben allgemeinen, manchmal überraschenden, manchmal gewagten Ansichten fehlt dieser an Irrtümern und Vermutungen reichen Darstellung der Zusammenhang. Der ›berühmte Seher‹, wie ihn J. Bainville nennt, hat hier wie auch oft an anderer Stelle zu schnell und aus zweiter Hand gearbeitet und mehr sein Herz und seine Eingebung als die objektive Genauigkeit gewertet. Seine Beurteilung des Wunders, das an vielen Stellen in den ›Quellen‹ erwähnt wird, ist verworren und widerspruchsvoll. Im allgemeinen vertritt er nicht den apologetischen Standpunkt; allerdings gibt er legendären Zügen unbewußt einen unverdienten historischen Wert. Im ganzen betrachtet, hat Michelet eher sich und seine persönlichen Gefühle beschrieben als ein wahres Bild von Johanna gegeben.

G. Rudler, ›*Michelet, historien de Jeanne d'Arc*‹. Paris, Presses Univ. de France 1925, 2 Bde.

Der Lektüre von Michelet muß das Studium von Rudler folgen, der die historische Unterrichtung und die Methoden der Kritik einer peinlich genauen Analyse unterzieht, die in ihrer Art einzigartig ist. Die stückweise Zerlegung stellt eine für die historische Facharbeit lehrreiche Übung dar. Es handelt sich um ›eine praktische Übung‹, deren zahlreiche Einzeluntersuchungen um so aufschlußreicher sind, da sie sich auf johannische Geschehnisse beziehen.

J. Quicherat, ›*Aperçus nouveaux sur l'histoire de Jeanne d'Arc*‹. Paris, J. Renouard 1850.

Quicherat war damals ein junger, in der Diplomatik und im Regestieren spezialisierter Gelehrter. Aus diesem Grund hat er sich damit begnügt, die johannischen Originaltexte nach gründlicher Auswahl auf 165 Seiten, in Form von sechsundzwanzig fragmentarischen Aperçus über gewisse Einzelheiten, zu veröffentlichen. Das hatte vor ihm niemand getan und wird zweifellos kein anderer mehr tun. Die meisten betreffen Tatsachen, die nicht direkt mit Johanna in Zusammenhang stehen: die Situation Frankreichs, die Umgebung des Königs, die Gefangennahme zu Compiègne und vor allem gewisse juristische Gesichtspunkte des Prozesses von 1431. Johannas eigentlicher Persönlichkeit widmet er nur vier Abschnitte: das Aufgebot, die unvollständige Erfüllung ihrer Mission, ihre Gesichte, die eingetroffenen Vorhersagen. Sie sind keinesfalls die besten, denn es fehlen strenge Kritik und klare Schlußfolgerungen. Diese Arbeit ist jedoch trotz ihrer Kürze die erste und eine der seltenen Schriften über Johanna, deren Autor nicht von vorgefaßten Meinungen ausgeht.

Sainte-Beuve, >*Procès de Jeanne d'Arc, publiés pour la première fois par J. Quicherat*<. >Les Lundis< vom 19. August 1850.

Es handelt sich nur um einen Artikel in einer Wochenschrift, der über die Veröffentlichung des >Procès< und der >Aperçus< von Quicherat berichtet. Er wurde jedoch von dem scharfsinnigsten und klarsten Geist des 19. Jahrhunderts geschrieben. Keiner hat die Persönlichkeit Johannas besser verstanden bzw. besser erraten. Das geht aus den Textauszügen hervor, die wir unserer Arbeit als Vorwort vorangestellt haben. Auf wenigen Seiten unterstreicht er mit gewandter Feder die wesentlichen Züge und weist den Historikern den psychologischen Weg.

G. F. Eyssel, >*Johanna d'Arc genannt die Jungfrau von Orleans*<. Regensburg 1864.

Die beste Arbeit über Johanna in deutscher Sprache: nicht überschwenglich, mit Verständnis geschrieben, aber ein wenig schwerfällig, veraltet.

F. Lowell, >*Joan of Arc*<. Boston, Hougthon, Mifflin and Co. 1896.

Die beste Arbeit in englischer Sprache. Ihr Autor hat als erster die Unwahrscheinlichkeit des >Abreiseversuchs< von Domremy aufgedeckt, den Johanna im Mai 1428 gemacht haben soll.

H. Wallon, >*Jeanne d'Arc*<. Paris, Hachette, 5. Aufl., 1879. 2 Bde.

Die erste Ausgabe dieses Werkes erschien 1860. Lange Zeit galt es in Frankreich als die einzige ernstzunehmende johannische Biographie, weil sie, was bei den anderen nicht der Fall war, eine Sammlung von Quellentexten enthielt. In Wahrheit handelt es sich um eine schlichte, wenig bedeutende apologetische Arbeit. Der Autor gehörte der katholischen Senatspartei an und war einer der dreiunddreißig von Msgr. Dupanloup zwischen 1874 bis 1876 berufenen Gutachter, die in Rom die Seligsprechung vorbereiten sollten. Sein Hauptziel bestand also darin, sie vorzubereiten, und er bemühte sich, durch konstruiert wirkende Gedankengänge Quicherats Meinung und die Tatsachen selbst zu widerlegen und zu beweisen, daß Johanna die Sendung dessen erfüllt hatte, >der sie aussandte, um Frankreich zu retten<. Folglich fehlt jede Spur einer psychologischen Forschung; es handelt sich um eine Darstellung, die vom konfessionellen Glauben geprägt wurde und an sich zwar zu beachten ist, aber durch ihr Postulat gegen die historische Methode verstößt. Die Lektüre dieses Werkes, das nach einem Ausspruch Saint-Beuves >die Schwäche selbst< ist, hat insofern einen gewissen Nutzen, als es die so häufige Verwirrung zwischen Glauben und Wissen deutlich werden läßt, die der johannischen Forschung so viel geschadet hat.

S. Luce, >*Jeanne d'Arc à Domremy*<, mit Quellenmaterial. Paris, H. Champion 1886.

Diese Arbeit mit dem Untertitel >Recherches critiques sur les origines de la mission de la Pucelle< umfaßt 310 Seiten Text und 318 Seiten Quellenmaterial, hält jedoch keinesfalls die im Vorwort gemachten Versprechungen. Der Autor ist wie J. Quicherat vor allem Archivar und Kompilator, unterliegt allerdings in größerem Maß der nachteiligen Einwirkung seines Berufs, da er den von ihm entdeckten kleineren Fakten übergroße Bedeutung zumißt oder ihnen seine besondere Aufmerksamkeit widmet. Da er außerdem weder geistige Strenge noch Urteilsvermögen besitzt, läßt er sich oft zu recht waghalsigen und sogar erdichteten Annahmen verleiten, vor allem was die angebliche Anwesenheit Isabelle Romées in dem Wallfahrtsort Puy im Jahre 1429 oder die angebliche Rolle der Minoriten bei Johanna betrifft. Andererseits beschäftigt er sich nur mit den äußeren allgemeinen Umständen und folglich mit allen Zeitgenossen, die auf Johanna hätten einwirken können, ohne zu versuchen, Johanna selbst zu erfassen. S. Luce hat im wesentlichen das Verdienst, bis dahin unveröffentlichtes interessantes Material bekanntgemacht zu haben, wie das über einen mit Bedingungen verknüpften Vertrag, der die Übergabe von Vaucouleurs an die Burgunder im Jahr 1428 betrifft; und wir können bei ihm manche nützliche, urkundlich belegte Einzelheiten finden. Der Hauptwert dieses Werkes besteht in der Veröffentlichung des Quellenmaterials. Der Benutzer muß es jedoch selbst auswerten und darf dem Autor nicht bei seinen übertriebenen Deduktionen folgen, die er daraus ableiten will.

Denifle et Chatelain, >*Le procès de Jeanne d'Arc et l'Université de Paris*<. Nogent-le-Rotrou 1897.

Diese wissenschaftliche Arbeit stützt sich hauptsächlich auf das >Urkundenbuch der Universität von Paris<, das von diesen beiden Autoren veröffentlicht und bereits im Anhang >Quellen< genannt wurde.

M. L. Amiet, >*La condamnation de Jeanne d'Arc*<. Paris, Nouvelles Editions du Siècle 1934.

Diese Arbeit, mit einem Vorwort von J. Bainville, stellt den politischen Charakter des Prozesses von Rouen (1431) heraus, die Schwäche der England ergebenen französischen Geistlichen, die bewußte Zurückhaltung Roms Johanna gegenüber, Wege und Umwege der Inquisitionsmethoden und die politischen Kombinationen, von der der Rehabilitationsprozeß ausging. Nicht alles, was der Autor sagt, kann akzeptiert werden, da er zu einem gewissen Gefühlsüberschwang neigt; er gibt viele aufschlußreiche Hinweise.

A. France, >*Vie de Jeanne d'Arc*<. Paris, Calman-Lévy 1904, 2 Bde.

Dieses bedeutende Werk rief, weil es vom apologetischen Standpunkt abwich, bei seiner Veröffentlichung heftige Polemik hervor, die das verdeutlicht, was wir im Vorwort über den leidenschaftlichen Ton der gegenwärtigen johannischen Literatur gesagt haben. Abgesehen von einem schwerwiegenden Fehler, hat das Buch, objektiv betrachtet, große Qualitäten. Außer dem unvergleichlichen Schriftstellertalent des Autors hat es noch weitere Vorzüge: 1. eine bis heute noch nicht erreichte Gelehrsamkeit, die so zahlreiche Nachweise bringt, daß die Anmerkungen zu den einzelnen Seiten eine vorbildliche Bibliographie über dieses Thema ergeben; 2. eine klare und chronologisch folgerichtige Darstellung, in der wir stets an der richtigen Stelle ›Auszüge‹ aus Hagiographien und allgemein zutreffende Bemerkungen finden; 3. das unter allen johannischen Monographien größte Verständnis für die Mentalität des 15. Jahrhunderts. Das sind solide Grundlagen.

Einen grundlegenden Fehler hat A. France allerdings gemacht – ohne von dem oft etwas peinlich ironischen Ton noch der oft romanhaften und oberflächlichen Textauslegung zu sprechen. Obwohl er seinen Weg fern von ›dem blühenden Strauch der Legende‹ nimmt und mit Recht nur Historiker sein will, versucht er, im Gegensatz zu seinen eigenen Prinzipien, eine andere Legende zu schaffen, die nur von dem Postulat seiner persönlichen Einbildungskraft ausgeht. Zweifellos erkannte er Johannas Mut, ihre Selbstverleugnung, Reinheit und ›Heiligkeit‹ an, führt ihren Ritt jedoch a priori darauf zurück, daß sie von den Geistlichen, die ihr ›großes Mitleid mit dem Königreich Frankreich‹ kannten und die den die Krone und ihre weltlichen Güter bedrohenden Krieg schnell beendet sehen wollten, abgerichtet und beim Kampf eingesetzt wurde. Die Texte bieten für diese Anschauung keinerlei Anhaltspunkte und widersprechen ihm überdies auch noch in allem, was wir von der johannischen Psychologie begreifen können. Mit einem Wort, die Auslegungen von A. France sind nicht stichhaltig; das ist ein schwerwiegender Nachteil seiner Arbeit, die im übrigen reich dokumentiert ist und gelesen werden sollte.

A. Lang, ›*La Pucelle de France*‹. 1908. Franz. Übersetzung, Paris, Nelson 1910.

Der Autor, ein bekannter Mythologe, schrieb dieses Werk nur, um in die johannische These von A. France eine Bresche zu schlagen. Diese unerwartete und manchmal aggressive Empfindlichkeit läßt ihn trotz seiner Kompetenz den mythischen Charakter der johannischen Legende aus dem Blick verlieren, und darum haben seine an sich beachtenswerten Bemerkungen kaum zur Lösung des Problems beigetragen.

G. Hanotaux, ›*Jeanne d'Arc*‹. Paris, Hachette et Cie. 1911.

Wie das Buch von A. Lang wurde auch das von G. Hanotaux offensichtlich geschrieben, um den Eindruck des Werkes von A. France abzuschwächen. Ohne jedoch den letzteren direkt zu kritisieren, ist dazu zu sagen, daß der Autor allgemeinen Gedankengängen verhaftet bleibt und sich bemüht, Apologetik und Geschichte zu vereinen. Dieser Kompromißversuch – unvereinbar mit den Regeln der Methodologie – führt ihn dazu, das Thema wie eine Art Apokalypse in mehreren Bildern zu behandeln, die voller Widersprüche und Unklarheiten sind. Außerdem vernachlässigt er die Berichtigung zahlreicher ungenauer oder zweifelhafter Details, die immer wieder übernommen wurden. Diese Arbeit, die übrigens originell aufgebaut ist, enthüllt sowohl eine gewisse Hast als auch die verschleierte Absicht zu zeitgenössischer Opportunität. Er wird nicht von dem Bestreben nach unparteiischer Forschung geleitet; anstatt Johannas Fall erst zu analysieren und dann das Wesentliche herauszustellen, verdunkelt und verwässert er ihn mit großsprecherischen Worten. Man findet jedoch sehr scharfsinnige allgemeine Anmerkungen, und alles, was die burgundische und englische Politik betrifft, wird klar und mit Kompetenz dargelegt.

P. Champion, >*Procès de Condamnation de Jeanne d'Arc*<. Paris, H. Champion 1920, 2 Bde.

Der Autor gibt mit diesem Werk eine französische Übersetzung des Verurteilungsprozesses von 1431, die endgültig scheint und auf die wir bei Gelegenheit Bezug nahmen. In dieser Arbeit findet man außerdem: 1. eine >kritische Notiz< – äußere und innere Kritik – über den Text selbst, der die Angaben Quicherats resümiert und vervollständigt und das Wesentliche enthält; 2. eine weniger gelungene, hundert Seiten umfassende >Einleitung<, in der gelehrte Betrachtungen unmethodisch mit panegyrischen Auslegungen ohne wesentliche Schlußfolgerungen zusammenstehen. 3. >Anmerkungen< über die beim Prozeß vorgeladenen Persönlichkeiten und über verschiedene Gegenüberstellungen von Tatsachen, die oft nützliche Informationen bieten, die allerdings manchmal korrigiert werden müssen.

P. Champion, >*Guillaume de Flavy*<. Paris, H. Champion 1906.

Eine Arbeit, die schriftliche Belege über die ersten Monate des Jahres 1431 enthält, deren Urteile über Johanna jedoch nicht allgemeingültig sind.

B. Shaw, >*Sainte-Jeanne*<. Franz. Übersetzung. 9. Aufl., Paris, Calmann-Lévy 1925.

Shaws Vorwort zu seinem Stück über Johanna sollte gelesen werden. Man muß in der Tat zugeben, daß dieser vielschreibende Essayist, dieser ironische und paradoxe Geist über Johannas psychische Verfassung sehr aufschlußreiche Bemerkungen gemacht hat. Zweifellos irrt er sich, wenn er sie als Vorläuferin der Reformation ansieht und darum bei ihren Richtern jeden politischen Hintergedanken ausschließen will. Wenn er hingegen über die Mentalität der Zeit, Johannas soziale Stellung, ihre Stimmen, ihr männliches Temperament und ihre Unschuld schreibt, macht er unmittelbare und objektive Bemerkungen, die von einem sehr menschlichen Verständnis für das Problem zeugen, das ihre Rolle und ihre Persönlichkeit für uns darstellen.

H. Jadart, >*Jeanne d'Arc à Reims*<. Reims 1887.

Der praktische Wert dieses Buches besteht in der Wiedergabe aller Johanna betreffenden Texte aus den Archiven von Reims.

PSYCHOLOGISCHE BIBLIOGRAPHIE

Th. Ribot, >*La psychologie des sentiments*<. 11. Aufl., Paris, F. Alcan 1922.

Th. Ribot war einer der ersten, der die frühere >intellektualistische Theorie< von Herbart (1776–1841), einem Schüler Kants, zurückwies, nach der die affektiven Zustände nur nebensächliche Phänomene sind, die von der Koexistenz friedlicher oder sich widerstreitender Ideen in unserem Geist ausgehen und darum als Äußerungen einer >verwirrten Intelligenz< auftreten. Er hingegen folgt der >physiologischen Theorie<, die bereits von Lange, W. James, Bain und H. Spencer formuliert wurde und die die affektiven Zustände als ursprüngliche Erscheinungen ansieht, die unmittelbar aus dem vegetativen und instinktiven Leben hervorgehen. Von diesem Prinzip ausgehend, das heute allgemeingültig scheint, zog er zwei wesentliche allgemeine Schlußfolgerungen: 1. daß die Erforschung der Gefühle, wenn sie Sinn haben soll, in Anbetracht der Entwicklung moralischer, sozialer, religiöser und ästhetischer Zustände erfolgen muß, die ihre Ausdrucksformen sind; 2. daß die krankhafte Veränderung der Nerven, die nicht immer genau vom sogenannten >Normalzustand< unterschieden werden kann, für diesen wesentliche Informationselemente liefert, weil, so sagt er, >nichts einen Mechanismus besser verstehen läßt als der Ausfall eines Rädchens<.

Das Werk selbst setzt sich aus einem analytischen Teil – dem wichtigsten – und einer Synthese zusammen, die die Haupttypen unterscheidet. Obwohl dieses Werk aus dem vergangenen Jahrhundert stammt, hat es seinen Wert behalten, und alle Autoren, die seitdem die Psychologie der Gefühle behandelt haben, sind ihm verpflichtet.

Th. Ribot, >*La logique des sentiments*<. 5. Aufl., Paris, Alcan 1926.

Diese Arbeit, die im ganzen eine Ergänzung zu der vorhergehenden darstellt, behandelt die Ätiologie der >Werturteile<, die sich vorgefaßten Schlußfolgerungen anpassen, die ihrerseits von den Instinkten des Individuums abhängen. Bei der Häufigkeit dieser affektiven Urteile im gewöhnlichen Leben erweist es sich für jeden Historiker als nachteilig, sich ganz auf sie zu verlassen, und es ergibt sich die Notwendigkeit für ihn, sie bei den Persönlichkeiten, die er untersucht, aufzuspüren.

R. Lacroze, >*La fonction de l'imagination*<. Paris, Boivin et Cie. 1938.

Der Autor wird, indem er historisch feststellt, daß >das mythische Denken nicht vor dem Fortschritt der Wissenschaft zurückweicht, sondern nur den Gegenstand wechselt<, zu der Schlußfolgerung geführt, die Funktion der Einbildung bestehe im wesentlichen weder darin, dem Bedürfnis nach einer Erklärung zu genügen, das jeder vor Tatsachen empfindet, die er nicht begreift, noch darin, einen Antrieb zum praktischen Leben zu geben; sondern darin, dem Menschen eine befriedigende Evasion aus der Wirklichkeit, die er nicht erlangen oder beherrschen kann, zu ermöglichen. Die Seiten, die Lacroze der Rolle der mythischen Einbildungskraft gewidmet hat, müssen als besonders wichtig für das johannische Problem angesehen werden.

Le Senne, ›*Traité de caractérologie*‹. Paris, Presses Universitaires des France 1945.

Wie aus dem Titel hervorgeht, ist dieses Werk ausschließlich dem Charakterstudium gewidmet, d. h. der ›Gesamtheit der angeborenen Anlagen, die das moralische Skelett des Menschen bilden‹. Es gibt – in recht trockener Form, da es in übertriebenem Maß abstrakte Termini und Neologismen enthält – die gegenwärtige Situation des Problems wieder, und zwar im Rahmen der grundlegenden Eigenschaften und Charaktertypen, die bereits von Heymans und der ›Schule von Groningen‹ aufgestellt wurden.

H. Delacroix, ›*La Religion et la Foi*‹. Paris, F. Alcan 1922.

Dieses beachtliche, in jeder Hinsicht meisterhafte Werk untersucht die psychologische Natur der Religion, nicht ihre historischen Formen. Die Kapitel, die verschiedenen Aspekten des Glaubens, der mystischen Gewißheit und prophetischen Eingebung gewidmet sind, stellen die scharfsinnigste und tiefgehendste Auslegung dar, die je über das religiöse Gefühl in seinen elementaren Formen und außergewöhnlichen Erscheinungen gemacht wurde. Sie erklären in überraschender Weise die uns bekannten Elemente der kollektiven Mentalität des 15. Jahrhunderts und der Persönlichkeit Johannas.

H. Delacroix, ›*Les grands mystiques chrétiens*‹. Paris, F. Alcan 1938.

Die Literatur ist sehr reich an Werken über die großen Mystiker. Die Originalität dieses Buches, das ihnen dieser hervorragende Denker widmet, besteht, neben dem Hinweis auf die neuropathischen Züge, die stets bei ihnen zu finden sind, darin, daß es auch das persönliche und ursprüngliche Element herausstellt, das ihnen oft eine gewisse Genialität verleiht und für ihren Fall wesentlich ist. Die Seiten über die heilige Theresa von Avila sind unübertrefflich.

H. Delacroix, ›*Le langage et la pensée*‹. 2. Aufl., Paris, F. Alcan, 1931.

Diese wichtige Arbeit erwähnen wir, weil das 1. Kapitel über die ›Hyperendophase und Worthalluzinationen‹ sehr interessante allgemeine Bemerkungen über Form und Art der halluzinatorischen Störungen enthält.

A. Bastide, ›*Les problèmes de la vie mystique*‹. Paris, F. Alcan 1931.

Dieses kleine Buch, für eine Reihe geschrieben, ist nicht besonders originell. Es nimmt häufig Bezug auf das Werk von H. Delacroix über ›Les grands mystiques chrétiens‹, faßt jedoch die gegenwärtigen Anschauungen auf diesem Gebiet gut zusammen.

Ch. Blondel, ›*Introduction à la psychologie collective*‹. Paris, Alcan.

Der Autor, der die Texte von Durkheim, G. de Tarde und Lévy-Bruhl miteinander vergleicht, sagt in der Einleitung: »Solange kein Werk über kollektive

Psychologie vorliegt, kann die Geschichte keine Fortschritte machen.« In dieser kategorischen Behauptung liegt etwas Wahres, und die Bemerkung, die er später hinzufügt, ist durchaus richtig, daß »unsere allgemeinen Wahrnehmungen nicht nur aus dem bestehen, was von unseren Sinnen ausgeht, sondern auch, und vielleicht vor allem, aus dem, was die kollektiven Vorstellungen ihnen auferlegen.« Dies sollte der Geschichtsforscher nie außer acht lassen.

Centre International de Synthèse, ›*La Foule*‹. Paris, F. Alcan 1934.

Die in dieser mit einer guten Bibliographie versehenen Sammlung veröffentlichten Arbeiten fassen die verschiedenen Aspekte des Problems zusammen. Die Stellen über die ›historischen Massen‹ sollten mit besonderer Aufmerksamkeit gelesen werden.

R. W. Emerson, ›*Hommes représentatifs*‹. Franz. Übersetzung, Paris, G. Crès et Cie. 1919.

Diese Vorlesungen, um 1850 zum erstenmal in englischer Sprache veröffentlicht, sind über ein Jahrhundert alt. Durch ihre direkte, hervorragende und tiefe Menschenkenntnis stehen sie weit über dem bekannteren Werk von Carlyle ›On Herves‹. – »Ich halte den für einen großen Menschen«, schreibt Emerson, »der in einer höheren Gedankensphäre lebt, zu der sich andere Menschen nur mit Mühe und Schwierigkeit erheben: Er braucht nur die Augen zu öffnen, um das wahre Gesicht der Dinge in den großen Zusammenhängen zu sehen.« Diese Definition kann uns wie viele andere tiefgründige Bemerkungen dazu verhelfen, Johannas Persönlichkeit zu begreifen.

M. Dide et Guiraud, ›*Psychiâtrie du médecin-praticien*‹. Paris, Masson et Cie. 1929.

Ein klinisches Handbuch über die Semiologie, die psychopathischen Konstitutionen und Krankheitsbilder. Zu diesen Themen könnten auch andere Bücher zu Rate gezogen werden; die Ausführungen über die Semiologie der Halluzinationen entsprechen jedoch noch dem augenblicklichen Forschungsstand.

Ph. Tissie, ›*Les Rêves. Physiologie et Pathologie*‹. Paris, F. Alcan 1890.

Dieses Werk enthält interessante Angaben über die hypnagogischen Halluzinationen.

M. Baillarger, ›*Recherches sur les maladies mentales*‹. Bd. 1. Paris, G. Masson 1890.

Wir erwähnen dieses Werk wegen des III. Teils, der ›Physiologie des hallucinations‹, dessen Ansichten über die Nosogenie zwar veraltet sind, der jedoch zahlreiche klinische Teste und semiologische Betrachtungen von bleibendem Wert enthält.

D. Lagache, ›*Les hallucinations verbales et la parole*‹. Paris, F. Alcan 1934.

Methodische und klare Forschungsarbeit über den ›Alienationsprozeß des eigentlichen Wortes, auf den im allgemeinen jede Sprachhalluzination zurückzuführen ist‹.

H. Ey, ›*Hallucinations et délire*‹. Paris, F. Alcan 1934.

Dieses Buch, Vorwort von Professor Séglas, zeigt den augenblicklichen Stand ›des Problems der Halluzination‹, das ›auch heute noch nicht gelöst ist‹. Der Autor geht vorbehaltlos von der ›dynamischen‹ psychopathologischen Theorie der

Arbeiten von Bleuler, Freud, Janet und Bergson aus; nach ihm ist eine Halluzination >ein Irrtum, (der) subjektiven Gedankengängen angeblich eine mehr oder weniger objektive Realität verleiht ... (jedoch) stets von der Persönlichkeit des Subjekts durchdrungen bleibt und sich seinem Handeln anpaßt<.

A. Brierre de Boismont, >*Des hallucinations*<. Paris, G. Baillière 1862.

Dieses Werk wird häufig in Zusammenhang mit Johanna angeführt, weil es zum erstenmal ihre >Stimmen< vom medizinisch-psychologischen Standpunkt aus erforschte. Es ist jedoch veraltet, gefühlvoll und romantisch; der Autor benützt die Dokumentation völlig kritiklos und sucht mühsam seine medizinischen Kenntnisse mit dem Glauben seiner Konfession zu vereinen. Sein Verdienst liegt jedoch darin, daß er verstanden hat, daß halluzinatorische Störungen bei einem Individuum auftreten können, das keine anderen Anzeichen geistiger Spaltung aufweist und sich sonst normal beträgt.

G. Dumas, >*Le surnaturel et les dieux*<, d'après les maladies mentales (Essai de théogonie pathologique). Paris, Presses Universitaires de France 1946.

Das Endziel dieser Arbeit besteht darin, >das pathologische Übernatürliche in seinen Ursprüngen und seiner Bedeutung mit dem sozialen Übernatürlichen zu vergleichen, d. h. mit dem, was die Gesellschaft hervorbringt oder akzeptiert, und das ebenfalls in seinen Ursprüngen und seiner Bedeutung dargelegt wird<. Diese Untersuchung von Johannas >Stimmen< geht von einem allgemeinen psychologischen und sogar philosophischen Standpunkt aus.

J. Zürcher, >*Johanna von Arc, vom psychologischen und psychopathologischen Standpunkt*<. Leipzig 1895.

Dissertation eines deutsch-schweizerischen Medizinstudenten, die, seit ihrer Veröffentlichung von fast allen Autoren übersehen, die vollständigste und gediegenste Forschungsarbeit über die psychische Entwicklung der >Stimmen< darstellt. Zürcher, der seine Aufgabe vom psychopathologischen Standpunkt aus behandelt, kommt der menschlichen Wahrheit viel näher als alle vorgefaßten Denkformen. Die Kenntnis dieses Werkes ist für die johannische Forschung unerläßlich.

Guillaume, >*Les Problèmes de l'histoire de Jeanne d'Arc*<. Paris 1909.

Dieses kleine Buch fehlt wie das vorige in den Bibliographien; es ist jedoch ebenfalls eine maßvolle, fundierte und leidenschaftslose Forschungsarbeit über verschiedene Aspekte der johannischen Geschichte. Der Verfasser stimmt mit Zürcher über die allgemeinen Probleme der >Stimmen< überein, gibt darüber hinaus kritische Untersuchungen über verschiedene Details, die dieser unberücksichtigt ließ.